예레미야 · 예레미야애가의 이해

Jeremiah · Lamentations

양 창 삼

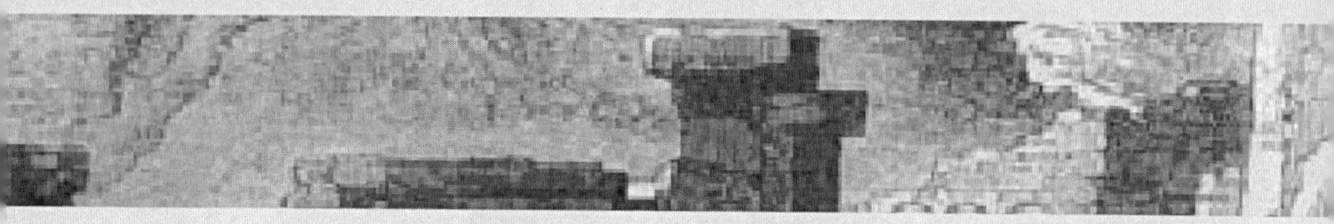

예레미야 · 예레미야애가의 이해

2021년 10월 15일 초 판 1쇄 인쇄
2021년 10월 20일 초 판 1쇄 발행

저 자 • 양 창 삼
발행인 • 조 경 혜
발행처 • 도서출판 그리심
07030 서울시 동작구 사당로2길 72 인정 인정 B동 (B01)
등록번호 • 제 7-258호(1998. 4. 23)
출 판 사 • 전화 523-7589 팩스 523-7590
전자우편 • grisimcho@hanmail.net
홈페이지 • grisim.net
• http://smartstore.naver.com/grisimgrisim

값: 표지 뒷면에

ISBN 978-89-5799-462-7 93230

양 창 삼

저 서

『기독교와 현대사회』로 한양대에서 우수저술상을 받았고,
『헨리 나우웬의 실천하는 영성』은
문화관광부 우수교양도서로 선정되었다.
함께 쓴 『뒤르케임을 다시 생각한다』는
대한민국 학술원 우수학술도서로 선정되었다.

기독교 관계 주요 저서로
『기독교사회학의 인식세계,』
『뒤틀린 삶의 문제와 기독교적 해답,』
『자아의식과 예수의식,』
『조선을 섬긴 행복: 서서평의 사랑과 인생』 등이 있다.

바른 성경읽기에 관심을 가져
『창세기』를 비롯한 모세오경, 『열왕기 상하 읽기』, 『시편 읽기』,
『잠언의 이해』, 『이사야의 이해』, 『다니엘서』, 『소선지서』, 『마태복음
의 이해』를 비롯한 사복음서, 『사도행전의 이해』, 『로마서의 이해』,
『고린도전서와 고린도후서의 이해』, 『빌립보서』,
『히브리서의 이해』, 『베드로전서와 베드로후서의 이해』,
『요한1 · 2 · 3서와 요한계시록』 등을 내놓았다.

머리말

이 책은 "예레미야"(the Book of Prophet Jeremiah)와 "예레미야애가"(the Lamentations of Jeremiah)를 함께 다루고 있다. 설교자들이 두 책에 대해 언급은 자주 하지만 실제 본문은 잘 다루지 않는다. 다룬다 해도 몇 가지에 한정되어 있다. 그만큼 소외되었다고 해도 과언이 아니다. 그러나 우리가 자주 그리고 많이 읽어야 할 책은 바로 이 책이다.

그 이유는 간단하다. 현재 우리의 영적인 상태를 돌아보고, 앞으로 하나님 앞에서 어떻게 살아야 하는가를 생각할 수 있게 하기 때문이다. 당시 유다는 이집트나 바벨론 등 열강의 세력다툼 속에 있었고, 살아남기 위해 노력했다. 하지만 하나님은 예레미야를 통해 철저한 회개를 선포하게 하셨고, 그들의 도 넘은 우상숭배 행위를 질타하셨다. 영적인 타락이 근원적인 문제라는 말씀이다. 하지만 유다는 그 말씀을 따르지 않았다. 결국 유다는 심판을 받아 바벨론에 망하고 말았다. 이 메시지는 현대를 살아가는 우리에게도 그대로 적용된다는 점에서 "살아있는 교과서"가 아닐 수 없다.

"예레미야"와 "애가" 두 책은 대선지서에 속한다. 선지서는 모두 17권이다. 대선지서와 소선지서로 구분되는 데, 대와 소는 선지자들의 경중을 가리는 것이 아니라 책의 분량이 서로 다르기 때문이다. 대선지서에는 이사야, 예레미야, 예레미야 애가, 에스겔, 다니엘 등 5권이 있고 소선지서에는 호세아에서 말라기까지 12권이 있다.

책이 쓰인 시기도 각각 다르다. 이스라엘 몰락기에 요엘, 요나, 아모스, 호세아, 이사야, 미가가 쓰였다. 유다 몰락기에는 스바냐, 나훔, 예레미야,

하박국, 오바댜가 쓰였다. 바벨론 포로기에 다니엘과 에스겔이 쓰였고, 포로 귀환 기에 학개, 스가랴, 말라기가 쓰였다.

메시지 대상을 보면 아모스와 호세아는 이스라엘 민족에게, 요나와 나훔은 니느웨에게, 다니엘은 바벨론에게, 에스겔은 바벨론 포로에게, 오바댜는 에돔에게, 요엘 · 이사야 · 미가 · 예레미야 · 하박국 · 스바냐 · 학개 · 스가랴 · 말라기는 유다에게 향해 있다. 저자의 성격으로 보면 예레미야와 에스겔은 제사장 겸 선지자이고, 이사야 · 다니엘 · 스바냐는 왕족 출신 선지자이며, 아모스는 목자였다. 선지자의 주된 예언은 우상숭배에 대한 경고, 예루살렘의 멸망과 회복, 그리고 가지, 곧 다윗의 계보로 오실 그리스도에 집중되어 있다.

"예레미야서"는 남 왕국 유다가 몰락해가는 시기에 기록된 것으로, 선지자 예레미야는 요시야 13년에서 예루살렘이 바벨론에 의해 함락된 이후 얼마동안 활동했다. 당시 유다 아하스 왕은 북방 아람과 이스라엘 연합군의 침공을 방어할 목적으로 아시리아에게 군사원조를 요청한 계기로 약 100년 동안 아시리아의 속국이 되었다.

제사장 힐기야의 아들로 태어난 예레미야는 제사장과 선지자적 성격을 겸비한 인물로, 일반적으로 "눈물의 선지자", "고독한 선지자"라는 별명을 가지고 있다. 그는 멸망하는 이스라엘과 유다 왕국의 비운을 같이 겪으면서 그들의 죄악을 지적함으로써 회개를 촉구하고 하나님이 제시하는 약속을 선포하였다. 그리고 이스라엘을 통해 하나님의 우주적 통치가 이뤄지기를 바랐다.

"예레미야서"의 가장 큰 특징은 "새 언약"이다. 이 약속은 예레미야 당대에 편만했던 모세 언약이나 다윗 언약에 근거한 단순한 회복이나 실현이 아니다. 이전의 언약이 철폐되는 것은 아니지만 이전 언약에 비해 새롭고 획기적이다.

새 언약에는 하나님의 새로운 은혜 활동이 담겨있다. 그들을 심판하게 되었던 모세언약아래의 율법과 이미 보장된 여호와의 약속들 사이에 놓여있는 엄청난 간격이 하나님의 은혜에 의해 해결된다는 점에서 새롭다. 하나님의 새로운 은혜란 하나님께서 자신의 백성의 죄악을 용서할 뿐 아니라 각 개인의 심령을 새롭게 창조하여 하나님을 향해 새로운 생명을 가진 자로 세우시겠다는 것이다.

하나님은 그들이 하나님 나라의 백성으로서 하나님의 법을 온전히 지킬 뿐 아니라 사죄의 은총을 받아 죄악을 극복할 수 있는 길을 열어놓으신 것이다. 이것은 의로운 통치자인 메시야의 사역으로 이뤄진다. 오실 그분은 하나님 왕국을 통치하실 의로운 통치자 메시야시다.

나아가 그는 "출애굽 신학"을 제시한다. 앞으로 있을 구원이 출애굽의 구원과 비교되어 제시되기 때문이다. 그러나 이 구원은 역사상 바벨론 포로로부터의 귀환을 가리키는 것이 아니다. 앞으로 있을 구원은 출애굽의 완성이다. 이집트 세력이 세상 죄악, 곧 흑암의 권세를 상징한다면 바벨론 세력은 더 본격적이고 적극적인 세상 죄악의 권세를 상징한다. 새로운 언약아래서 메시야의 인도로 진행될 구원사건은 하나님 백성의 근본적인 대적 세력인 세상 권세가 심판을 받고 하나님의 왕국이 온전하게 승리하게 되는 역사적 의미가 있다. 이러한 역사적인 사건은 출애굽 사건과 비교해볼 때 더 큰 구원이다. 그래서 제2의 출애굽, 어떤 의미에서 진정한 새로운 출애굽 사건이라 할 수 있다. 예레미야는 우리로 하여금 미래를 바라보게 한다.

예레미야는 "애가"를 지었다. 애가란 "큰 소리로 높여 운다."는 뜻을 가지고 있다. 이스라엘이 포로로 잡혀가고 예루살렘이 황폐하게 된 후 예레미야가 앉아서 울면서 이 애가를 읊었다. 예루살렘이 폐허화되고 언약의 백성이 포로로 잡혀간 후 백성들은 회의에 빠졌지만 그는 현재의 당면한 불행과 고통 중에서도 옛날부터 그들이 소유해온 언약백성으로서의 귀중한 약속을 기쁘게 회상하였다.

"여호와여 주는 영원히 계시오며 주의 보좌는 대대에 이르나이다."(애 5:19) 절망에 빠진 그들에게 있어서 하나님의 영원성과 그 통치의 보편성은 불변의 언약으로 회귀하게 하는 근거가 된다. 그는 절망 중에도 감사하며 그 날을 기다렸다. "여호와여 우리를 주께로 돌이키소서 그리하시면 우리가 주께로 돌아가겠사오니 우리의 날들을 다시 새롭게 하사 옛적 같게 하옵소서." (애 5:21) "살아 있는 사람은 자기 죄들 때문에 벌을 받나니 어찌 원망하랴." (애 3:39)

이 두 책이 독자 여러분의 신앙생활에 지침이 되기 바라는 마음 간절하다. 우리가 진정 하나님의 백성이라면 하나님으로부터 멀어져 가는 이 시대의 여러 모습들을 보면서, 하루가 다르게 파괴되어가는 우리의 참상을 보면서 눈물을 흘려야 한다. 예레미야의 눈물이 우리의 눈물이 되어야 한다. 우리가 참회개를 할 때 징계를 돌이키실 것이다. 교회가 새로워지고, 가정이 새로워지고, 나라가 새로워질 것이다. "새 언약"은 우리에게도 유효하다. 이런 의미에서 "예레미야"와 "애가"는 우리를 살리는 영적인 치료제임에 틀림없다.

양 창 삼

차 례

[예레미야]

차 례

[예레미야애가]

예레미야

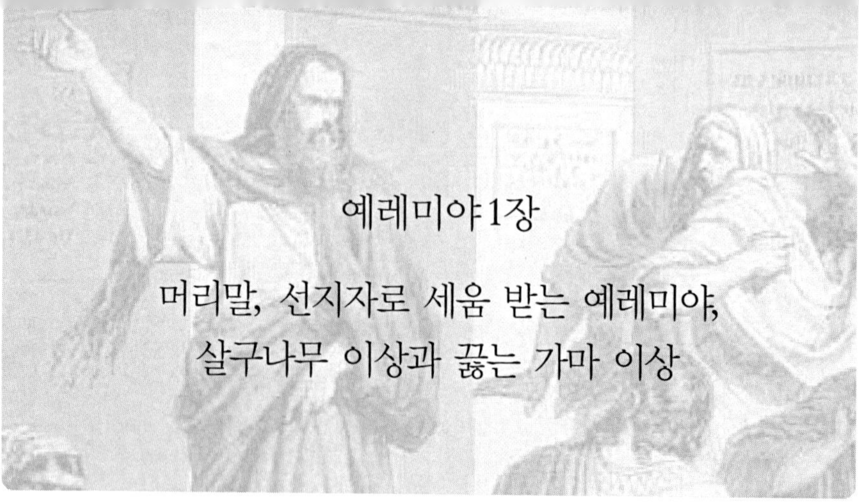

예레미야 1장

머리말, 선지자로 세움 받는 예레미야, 살구나무 이상과 끓는 가마 이상

1. 머리말: 예언의 시기와 주제(1-3절)

예레미야서에 기록되어 있는 것은 예레미야가 한 말이다. 그는 베냐민 땅 아나돗 마을의 제사장 출신인 힐기야의 아들이다(1절). 이 책을 쓴 예레미야가 제사장 출신 힐기야의 아들임을 밝히고 있다. 아나돗(Anathoth)은 예루살렘 북쪽 4.8km에 있는 곳으로, 베냐민 지파 땅 중 레위 지파에게 할당된 성읍 가운데 하나이다. 시글락에서 다윗을 도왔던 예후도 이곳 출신이다.

예레미야(*yirmeyahu*, Jeremiah)는 "여호와께서 높이신다", "여호와께서 세우신다"는 뜻을 가지고 있다. "여호와께서 던지신다", "여호와께서 내팽개치신다."로 해석하는 학자도 있다. 그 이름은 하나님이 세우셨으나 그 하나님을 등지고 이방인에게 잡혀갈 유다의 앞날을 예언하는 성격을 잘 드러내고 있다.

그는 이사야보다 약 100년 후의 사람으로, 요시야 왕의 종교개혁과 더불어 예언활동을 시작하여 바빌로니아에 의해 유다가 멸망할 때까지 약 40년간 예언했다. 그가 거친 왕으로 요시야를 비롯해 여호아하스, 여호야김, 여호야긴, 시드기야 등이 있다.

그는 바빌로니아로부터 예루살렘을 구하려 했으나 실패했다. 예루살렘은 황폐된다. 아시리아, 이집트, 바빌로니아 3국 투쟁에서 바빌로니아가 아시리아를 꺾고, 갈그미스 전투에서 이집트를 분쇄하여 70년간 세계를 지배했다. 이

기간 유다는 포로가 되었다. 예레미야는 바빌로니아에게 망하게 될 것을 예언했다. 바벨론 왕은 예레미야를 선대했다. 그러나 예레미야는 바빌로니아의 멸망도 예언했다.

아몬의 아들 유다 왕 요시야가 다스린 지 십삼 년에 여호와의 말씀이 예레미야에게 임하였다(2절) 유다의 요시야 왕 13년은 유다가 아시리아에 지배를 받던 시기였다. 이 때 하나님께서 예레미야에게 말씀하셨다. 그는 이 때부터 40년 동안 예언 사역을 했다.

요시야의 아들 여호야김이 왕이 되었을 때 여호와께서는 다시 예레미야에게 말씀하셨다. 그 후에 요시야의 아들인 유다의 시드기야 왕 11년까지 여호와께서 그에게 수차례에 걸쳐 말씀하셨는데 그 해 5월에 예루살렘 주민들이 포로로 잡혀갔다(3절) 바빌로니아 왕 느브갓네살이 보낸 느부사라단에 의해 예루살렘이 함락된 것을 가리킨다. 예레미야는 예루살렘이 함락된 사실뿐 아니라 그곳 거민들이 사로잡혀 간 사실까지 말해주었다. 그는 이후에도 몇 년간 더 예언을 계속해야 했다.

2. 선지자로 세움 받는 예레미야(4-10절)

여호와께서 예레미야에게 말씀하셨다. "내가 모태에서 네 형태를 만들기 전에 너를 알았고 네가 태어나기도 전에 너를 구별하여 온 세상의 선지자로 세웠다." (4, 5절) "알았고" (*yada*, knew)는 서로 친밀하게 안다는 뜻이다. 여기서는 예레미야에 대해 창조주 하나님께서 미리 아셨고, 선택하셨음을 보여준다. "구별하였다" (sanctified, separated, consecrated)는 것은 거룩하게 구별하여 바친다는 뜻으로, 선지자의 직분을 드러낸다. "세웠노라" (appointed, ordained)는 그에게 기름 부어 선지자의 직임을 맡게 하였다는 말이다.

"온 세상의 선지자"(a prophet to the nations)는 하나님께서 예레미야를 단순히 유다의 선지자에 국한시키지 않고 모든 이방 국가의 백성들을 향해 하나님의 말씀을 대언하도록 하실 것이라는 말씀이다.

그때 나는 "아, 하나님, 나는 아직도 아이여서 말할 줄도 모릅니다." 하고 대답하였다(6절). "아이"(*naar*, youth)는 나이 어린 소년이라기보다 아직 경험이 없는 청년이라는 뜻이다. 말씀을 대언하기에는 거침이 있다는 것이다. 이로 미루어 보아 예레미야는 20대에 선지자로 부르심을 입을 것으로 보인다.

그러나 하나님께서 예레미야에게 말씀하셨다. "너는 아이라 하지 말라. 내가 너를 누구에게 보내든지 너는 그에게로 가고, 내가 너에게 무슨 명을 내리든지 너는 그대로 말하라."(7절) 어리다고 하지 말고 내가 명령한 것을 다 말하라 하셨다. 선지자로서의 사명을 주신 것이다. 선지자는 왕이라 할지라도 하나님이 주신 말씀을 두려움 없이 그대로 전해야 한다. "아이라 하지 말라. 무엇을 명령하든지 말하라." 하나님은 거침없이 말할 수 있는 사람을 찾고 있다.

"너는 그런 사람들을 두려워하지 말라. 내가 늘 너와 함께 있으면서 보호해 주겠다. 나 여호와의 말이다."(8절) 권력자가 선지자가 대언하는 말을 다 듣고자 하는 것은 아니다. 듣기 싫어하면 그를 죽일 수도 있다. 그러나 그런 극단적 상황에 처한다 할지라도 하나님은 선지자와 함께 하고 보호해 주시겠다고 약속하셨다.

그리고서 하나님께서는 손을 내밀어 그의 입에 대시며 말씀하셨다. "보라, 내가 내 말을 네 입에 두었노라."(9절) 이것은 앞으로 예레미야가 하는 말은 살아계신 하나님의 말씀이라는 것을 보증하는 말씀이다.

"내가 오늘 너에게 많은 민족과 나라를 다스리며 그들을 뽑고 파괴하고 파멸시키고 넘어뜨리고 건설하며 심는 권한을 주겠다."(10절) 하나님의 말씀의 진리가 예레미야를 통해 많은 나라와 민족을 가르치며 그 안에 있는 거짓되고 악한 것들을 멸망시키도록 하겠다는 것이다. 열국의 흥망성쇠는 예레미야에게 달려있다는 말이다. 그가 전하는 말은 바로 하나님의 말씀이기 때문이다.

3. 살구나무 이상과 끓는 가마 이상(11-19절)

11-12절은 하나님이 예레미야에게 보여준 살구나무 이상에 관한 것이다.

하나님께서 또 예레미야에게 말씀하셨다. "예레미야야, 너는 무엇을 보고 있느냐?" 내가 대답하였다. "저는 살구나무 가지를 보고 있습니다."(11절)

"살구나무"(*saqed*, shaked, almond tree)는 "주의 깊게 지켜보라"는 뜻을 가진 히브리어 "shoked"와 어원이 같다. 하나님의 말씀은 반드시 지켜지실 것이므로 주의를 기울여 보라는 말씀이다. 살구나무는 이른 봄 가지에 가장 먼저 싹을 틔우는 나무이다. 임박한 멸망 너머에 있는 희망을 암시하기도 한다.

그러자 하나님께서 말씀하셨다. "잘 보았다. 이것은 내 말을 이루기 위한 것이다."(12절) 하나님께서 하신 말씀이 그대로 이루어지리라는 것이다.

13-16절은 끓는 가마에 관한 이상이다.

하나님께서 다시 예레미야에게 "네가 무엇을 보느냐?" 물으셨다. 그래서 나는 대답했다. "물이 끓는 가마(a boiling pot)를 보고 있는데 그 물이 북에서 남쪽으로 기울어졌습니다."(13절) 그 솥의 물이 북쪽에서부터 넘쳐흐르고 있다는 것이다.

그때 하나님께서 예레미야에게 말씀하셨다. "재앙이 북쪽에서 일어나 이 땅의 모든 백성에게 미칠 것이다."(14절) 아시리아가 북에서 쳐들어와 남쪽에 있는 예루살렘을 멸망시킬 것이라는 말씀이다.

내가 북방 왕국의 모든 족속을 부를 것이니 그들이 모두 몰려와서 예루살렘 성문 입구에 제각기 자리를 잡고 그 성과 유다의 모든 성들을 칠 것이다.

여호와의 말이니라(15절). 북방 왕국의 모든 족속은 하나님께서 유다를 심판하실 도구로 그들을 선택하셨음을 보여준다. 구체적으로는 느브갓네살 왕이 통치하는 바빌로니아 제국을 가리킨다. 유다에 대한 침공이 엄청날 것임을 보여준다.

내가 내 백성 유다를 심판하여 벌하려고 하는 것은 그들이 나를 버리고 다른 신들에게 분향하며 자기들의 손으로 우상을 만들어 섬김으로 죄를 범했기 때문이다(16절) 하나님은 유다가 우상을 섬긴 죄를 물으셨다. 우상을 섬김은 하나님을 버린 것이기 때문이다.

그러므로 너는 이제 허리에 띠를 띠고 준비하라. 일어나라. 내가 너에게 명하는 모든 말을 그들에게 전하라. 너는 그들을 두려워하지 말라. 네가 그들을 두려워하면, 오히려 내가 너를 그들 앞에서 무서워 떨게 하겠다(17절). 인간을 두려워하지 말고 담대하게 입에 준 말을 남김없이 선포하라 하신다. 허리띠를 띠라는 것은 닥칠 어려움을 각오하고 단단히 준비할 것을 말한다.

보라. 이 땅에 있는 모든 사람들, 곧 유다의 왕들과 지도자들과 제사장들과 모든 백성이 너를 대적할 것이다. 그러나 내가 너에게 그들과 맞서 싸울 힘을 주겠다. 너는 그들 앞에서 요새화된 성과 쇠기둥과 놋 성벽과 같을 것이다(18절) 예레미야가 하나님의 말씀을 대언할 때 유다 백성들은 완강하게 저항할 것이다. 하지만 그들에게 있어서 예레미야는 견고한 성읍, 쇠기둥, 놋 성벽과 같을 것이다. "견고한 성읍, 쇠기둥, 놋 성벽"은 예레미야에 대한 하나님의 철저한 보호를 상징하고 있다. 하나님이 그렇게 만들어주시기 때문에 거짓 세력들은 결코 예레미야를 막을 수 없다.

그들이 너를 대적하여도 이기지 못할 것이다. 이것은 내가 너와 함께 하여 너를 구할 것이기 때문이다. 이것은 나 여호와의 말이다(19절) 어느 누구도 하나님이 보호하시는 예레미야를 이길 자는 없다. 그러니 그들을 향해 거침없이 말하라는 말씀이다.

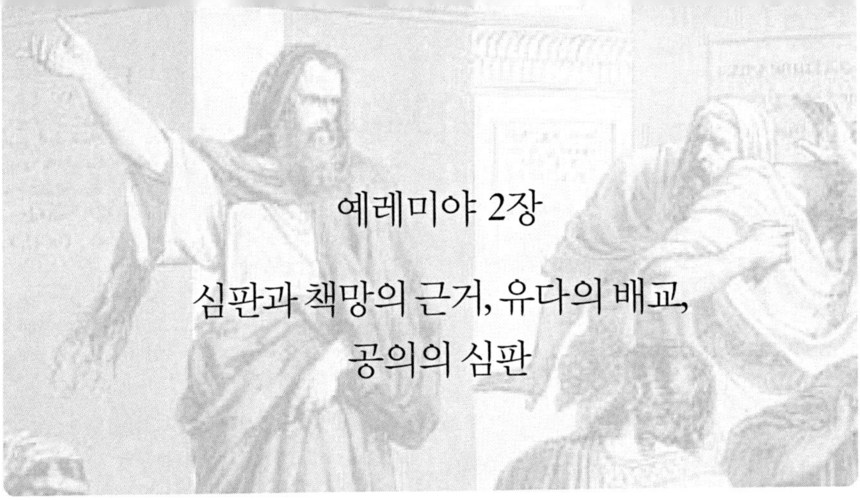

예레미야 2장

심판과 책망의 근거, 유다의 배교, 공의의 심판

1. 심판과 책망의 근거(1-13절)

1-8절은 첫 사랑과 변절에 대한 말씀이다.

1-3절은 이스라엘이 하나님을 사랑하고 따랐던 초기의 순결함을 말하고 있다. 여호와께서 예레미야에게 말씀하셨다. "너는 가서 예루살렘 주민들에게 나 여호와가 이렇게 말씀하신다고 외치라. 내가 너를 위하여 네 청년 때의 인애와 네 신혼 때의 사랑(*ahabat*, love)을 기억하노니 곧 씨 뿌리지 못하는 땅, 그 광야에서 나를 따랐음이니라"(2절) 네가 젊은 시절에 얼마나 나에게 성실하였는지, 네가 신부 시절에 얼마나 나를 사랑하였는지, 저 광야에서, 씨를 뿌리지 못하는 저 땅에서, 네가 어떻게 나를 따랐는지, 내가 잘 기억하고 있다.

이 말씀은 초기에 이스라엘이 하나님과 얼마나 긴밀한 관계를 유지했고 순수했는가를 보여준다. "청년 때의 인애와 네 신혼 때의 사랑"은 출애굽 당시 광야에서 이스라엘이 순종하던 모습을 나타낸다. "인애"(*hesed*, kindness, goodness, faithfulness)는 언약으로 맺어진 하나님과 이스라엘과의 긴밀한 관계를 나타낸다. NIV에서는 "헌신"(devotion)으로 번역하였다. 성실했다는 말이다.

"이스라엘은 여호와를 위한 성물(*qodes*, holiness) 곧 그의 소산 중 첫 열매이니 그를 삼키는 자면 모두 벌을 받아 재앙이 그들에게 닥치리라 여호와의 말씀이니라."(3절). 하나님에게 있어서 이스라엘은 거룩하게 구별된 나의 수확 중 첫 열매(*resit*, the firstfruits)다. 그들을 해치는 자들은 모조리 벌을 받아 재앙을 만나리라. 하나님의 말씀이다.

"야곱의 집과 이스라엘의 집 모든 족속들아 여호와의 말씀을 들으라."(4절) 야곱의 후손인 이스라엘 자손들아, 하나님의 말씀(*debar*, the word)을 들어라.

"나 여호와가 이와 같이 말하노라 너희 조상들이 내게서 무슨 불의함(*awel*, injustice)을 보았기에 나를 멀리 하고 가서 헛된 것을 따라 헛되이 행하였느냐."(5절) 하나님이 물으신다. 너희 조상들이 내게서 무슨 잘못을 발견하였기에 나를 버리고 우상을 좇아 헛된 짓을 하였느냐? "헛된 것"(*habebel*, idols)은 하나님과 대조되는 우상을 가리킨다. 이것을 따랐다는 것은 우상의 노예가 되었음을 의미한다.

"이집트 땅에서 우리를 이끌고 올라오신 분, 광야에서 우리를 인도하신 분, 그 황량하고 구덩이가 많은 땅에서, 죽음의 그림자가 짙은 그 메마른 땅에서, 어느 누구도 지나다니지 않고 어느 누구도 살지 않는 그 땅에서, 우리를 인도하신 하나님은 어디에 계십니까? 하고 묻지도 않는구나."(6절) 하나님께서 이스라엘 백성을 이집트 땅에서 이끌어내어 메마른 광야를 통과하도록 인도했는데도 불구하고 그들은 하나님에게 아무런 관심도 없었다.

7-8절은 하나님이 이스라엘을 위해 베푸신 은혜를 상기시키고 있다.

내가 그들을 기름진(*hakkarmel*, fertile, bountiful) 땅으로 인도하여 그것의 열매와 그것의 아름다운 것을 먹게 하였으나 너희가 들어와서는 내 땅을 더럽히고 내 기업을 역겨운 것으로 만들었다(7절) 비옥한 땅으로 인도해 과일과 풍성한 농작물을 먹게 했는데도 불구하고 그들은 내 땅을 더럽히고 내가 그들에게 준 유산을 역겨운 것(*letowevah*, an abomination), 곧 죄악의 땅으로 만들었다.

"제사장들은 여호와께서 어디 계시냐 말하지 아니하였으며 율법을 다루는 자들은 나를 알지 못하며 관리들도 나에게 반역하며 선지자들은 바알의 이름으로 예언하고 무익한 것들을 따랐느니라." (8절) 제사장들은 하나님은 하나님이 어디에 있는지 찾지 않았고, 율법을 다루는 자들이 나를 알지 못하며, 통치자들은 나에게 맞서서 범죄하며, 선지자들도 바알 신의 이름으로 예언하며, 아무 도움도 주지 못하는 우상들(worthless idols)만 좇아다녔다. 배은망덕하기 그지없다. 은혜를 배신으로 갚은 것이다.

9-13절은 생수의 근원과 터진 웅덩이에 관한 말씀이다.

"그러므로 내가 다시 싸우고(I will bring charges against you, accuse you) 너희 자손들과도 싸우리라 여호와의 말씀이니라." (9절) 그래서 하나님이 다시 너희뿐 아니라 너희 후손들도 책망할 것이라는 말씀이다.

"너희는 깃딤 섬들에 건너가 보며 게달에도 사람을 보내 이 같은 일이 있었는지를 자세히 살펴보라." (10절) 너희는 키프로스 섬 서쪽 연안 지역에 건너가 보고, 또 북쪽 게달에도 사람을 보내 이런 일이 있었는지 한번 알아보라.

"깃딤" (*kittiyim*, Kittim, Cyprus)은 이스라엘 서쪽에 있는 키프로스 섬을 통칭하는 말이다. 깃딤은 고대 페니키아 사람들이 그곳에 세운 중요한 해양무역 도시이다. 여기에서는 먼 서쪽을 나타낸다. "게달" (*qedar*, Kedar)은 동방 아라비아(Syro-Arabia) 사막에 정착해 살았던 유목민 부족을 가리킨다. 여기서는 먼 북쪽을 나타낸다. 이 구절에서 깃딤과 게달은 모든 이방 나라들을 상징하고 있다.

"어느 나라가 그들의 신들을 신 아닌 것과 바꾼 일이 있느냐 그러나 나의 백성은 그의 영광(their Glory, 자기들에게 영광이 되었던 나)을 무익한 것(worthless idols, 전혀 쓸데없는 것들, 아무런 도움이 되지 않는 우상)과 바꾸었도다."(11절) 이방 나라들도 그들이 섬기던 종교를 버린 일이 없는데, 이스라엘은 하나님을 버렸다는 말씀이다. 참으로 어처구니없는 일이 벌어졌다는 말씀이다.

"너 하늘아 이 일로 말미암아 놀랄지어다 심히 떨지어다 두려워할지어다 여호와의 말씀이니라."(12절) 이것은 하늘도 두려워 떨고 놀랄 일이다.

"내 백성이 두 가지 악(two evils)을 행하였나니 곧 그들이 생수의 근원(the fountain of waters) 되는 나를 버린 것과 스스로 웅덩이를 판 것인데 그것은 그 물을 가두지 못할 터진 웅덩이들(broken cisterns)이니라."(13절) 내 백성이 범한 두 가지 죄가 있다. 하나는 생수의 샘인 나를 버린 것이고, 다른 하나는 물을 담을 수 없는 터진 웅덩이를 스스로 판 것이다.

"그들이 생수의 근원되는 나를 버렸다." 하나님만이 우리의 목마름을 해결할 수 있는 생수의 근원이신데, 그럼에도 불구하고 이스라엘은 생수의 근원을 버렸다. 그리고 그들은 스스로 "물을 가두지 못할 터진 웅덩이들을 팠다." 터진 웅덩이는 유다가 무익한 우상을 섬긴 것을 가리킨다.

이스라엘이 하나님으로부터 책망을 듣고 있다. 우리의 진정한 샘은 어디인가? 참 행복의 근원이신 하나님 아버지께 돌아가는 것이다. 주님은 말씀하신다. "누구든지 목마르거든 내게로 와서 마시라 나를 믿는 자는 성경에 이름과 같이 그 배에서 생수의 강이 흘러나오리라."(요 7:37-38) "누구든지 내 음성을 듣고 문을 열면 내가 그에게로 들어가 그와 더불어 먹고 그는 나와 더불어 먹으리라."(계 3:20) 주님이 답이다. 당신을 너무 사랑하시는 아버지와 깊이 사귀라.

2. 유다의 배교(14-28절)

14-19절은 포로가 된 이유에 대해 말씀하고 있다.

"이스라엘이 종이냐 씨종이냐 어찌하여 포로가 되었느냐."(14절) 이스라엘이 노예냐? 집에서 태어난 종이냐? 그런데 어찌하여 잡혀 가서 원수들의 노예가 되었느냐. "종"(*haebed*, servant)은 돈을 주고 사온 종을 말하고, "씨종(*bayit*, homeborn slave)"은 부리는 남종과 여종 사이에서 난 종을 말한다. 하나님은 이스라엘을 이집트의 종의 신분에서 구해주었는데, 왜 다시 종이 되었느냐 물으신다.

"어린 사자들이 그를 향하여 부르짖으며 소리를 질러 그의 땅을 황폐하게 하였으며 그의 성읍들은 불타서 주민이 없게 되었으며."(15절) 너의 대적들이 사자처럼 으르렁거리며 달려들어 네 땅을 못 쓰게 만들었고 성들을 불태워 폐허로 만들었다.

"어린 사자들"(*kepirim*, young lions)은 시리아와 아시리아 왕들을 가리키는 말이다. 그들의 군대가 먹이를 발견하고 사나운 사자처럼 으르렁거리며 이스라엘 땅을 황폐하게 만들고 성읍을 약탈하고 불태워 멸망시킬 것이라는 말이다. 북이스라엘은 이미 멸망했다. 남 유다도 계속 공격당하고 있다.

"놉과 다바네스의 자손도 네 정수리(*qadeqod*, the crown of your head)를 상하였으니."(16절) 멤피스와 다바네스 사람들도 네 머리의 면류관을 부숴버렸다. 이집트도 이스라엘을 공격했다. 아시리아와 이집트가 이스라엘을 먹이로 본 것이다.

"놉과 다바네스"는 이집트의 주요 도시들로, 이집트를 통칭하는 말로 사용되었다. "놉"(Noph)은 나일 강변에 위치한 하(下) 이집트의 고도로, "멤피스"(Memphis)라고도 한다. 통일 이집트의 최초의 수도로, 전설적인 통일자요 초대 왕이었던 메네스가 건설한 것으로 전해지고 있다. "다바네스"(Tahpanhes)는 하(下) 이집트 나일 강 삼각주 동부, 멘잘레(Menzaleh) 호수 근처에 있는 고대 성읍으로, 지금의 "텔 데프네"(Tel Defneh)이다. 아시리아가 침략하기 전에 팔레스타인에서 도망한 유대인들의 피난처였다.

17-18절은 이스라엘이 이처럼 강대국의 먹이가 된 것은 그들이 하나님의 인도하심을 거부하고 스스로 배교의 길을 걸었기 때문임을 밝히고 있다.

"네 하나님 여호와가 너를 길로 인도할 때에 네가 그를 떠남으로 이를 자취함이 아니냐." (17절) 하나님이 너의 길을 인도하여 주는데도, 네가 주를 버리고 떠났으니, 너 스스로 이런 재앙을 자청한 것이 아니냐. 배도의 결과라는 말씀이다.

"네가 시홀의 물을 마시려고 애굽으로 가는 길에 있음은 어찌 됨이며 또 네가 그 강물을 마시려고 앗수르로 가는 길에 있음은 어찌 됨이냐." (18절) 그런데도 이제 네가 시홀 강물을 마시려고 이집트로 달려가니 그것이 무슨 일이며, 유프라테스 강 물을 마시려고 아시리아로 달려가니, 이 또한 무슨 일이냐.

"시홀" (Shihor)은 이집트 북동쪽에 있었던 것으로 추정되는 나일 강의 한 수원지로, 이집트를 비유하는 말로 사용되었다. "시홀의 물"은 "검은 물"이라는 뜻으로, 나일 강을 가리킨다. 이 물을 마신다는 것은 이집트를 의지하여 살고자 하는 것을 의미한다. "그 강물" (*nahar*, the River)은 유프라테스 강을 가리키는 말로, 아시리아를 뜻한다. 유다는 이집트와 아시리아에 군사적 도움을 받고자 했다. 하나님이 아니라 이방 세력을 믿고 동맹을 맺으며 그들에게 닥친 난관을 극복하고자 했다. 이것은 하나님을 포기하고 세상적인 방법을 택한 것이다.

"네 악이 너를 징계하겠고 네 반역이 너를 책망할 것이라 그런즉 네 하나님 여호와를 버림과 네 속에 나를 경외함이 없는 것이 악이요 고통인 줄 알라 주 만군의 여호와의 말씀이니라." (19절) 네가 저지른 악이 너를 벌할 것이고 나를 버린 배신행위가 너를 책망할 것이다. 유다 백성의 죄악은 하나님 여호와를 저버린 것(*azebek*, forsaken)과 네 속에 하나님을 경외하는 마음이 없는 것(*lo*, is not)이다. 바로 그것이 얼마나 악하고 쓰라린 고통인 것을 네가 알게 될 것이다. 이것은 만군의 여호와의 말이다.

20-25절은 발정한 짐승처럼 유다가 행음했음을 지적하고 있다.

"네가 옛적부터 네 멍에를 꺾고 네 결박을 끊으며 말하기를 나는 순종하지 아니하리라 하고 모든 높은 산 위에서와 모든 푸른 나무 아래에서 너는 몸을 굽혀 행음하도다."(20절) 오래 전에 너는 내 멍에(yoke)를 부러뜨리고 내 속박(bonds, 묶은 줄)을 끊어 버리며 나를 섬기지 않겠다고 소리치더니 모든 높은 산과 모든 푸른 나무 아래서 우상 앞에 절하였다.

유다가 스스로 하나님과의 관계를 끊고 멍에를 벗은 짐승처럼 행동하더니 결국 더러운 우상을 섬기는 존재로 타락했다는 것이다. "네 멍에를 꺾고 네 결박을 끊으며"는 당시 유다 백성이 얼마나 하나님의 말씀에 순종하지 않았는가를 보여준다.

"내가 너를 순전한 참 종자 곧 귀한 포도나무로 심었거늘 내게 대하여 이방 포도나무의 악한 가지가 됨은 어찌 됨이냐."(21절) 나는 너를 종자가 아주 좋은, 제일 좋은 포도나무(choice vine)로 심었는데, 어떻게 하여 네가 엉뚱하게 이방의 들 포도나무(corrupt, wild vine)로 바뀌었는가. 순전한 참 종자(the very best seed, a completely faithful seed), "귀한 포도나무"는 하나님의 특별한 사랑과 선택을 받은 이스라엘을 말한다. "이방 포도나무"(foreign vine)는 하나님을 불신하는, 죄악 된 이방백성을 가리킨다.

"주 여호와의 말씀이니라 네가 잿물로 스스로 씻으며 네가 많은 비누를 쓸지라도 네 죄악이 내 앞에 그대로 있으리니."(22절) "잿물"(neter, lye)은 천연탄산소다를 뜻하며, 표백제로 사용된 광물성 알카리 액을 말한다. 당시 유다 백성들은 염색할 때 잿물을 사용하였다. 본문에서는 죄를 씻고자 하는 유다 인들의 여러 인간적 수단을 의미한다. 인간적인 수단으로는 유다의 죄악을 깨끗하게 할 수 없음을 말하기 위해 이 단어를 사용했다.

"네가 스스로의 몸을 더럽히지 않았고, 바알 신들을 따라가지도 않았다고 말할 수 있느냐? 네가 골짜기에서 한 일을 생각해 보라. 네가 무엇을 했는지 깨달으라. 너는 이리저리 날뛰는, 발이 빠른 암낙타와 같았다."(23절). "골짜기"(*gay*, the valley)는 힌놈 골짜기처럼 우상숭배로 이용된 골짜기를 말한다. 이 구절에서 이스라엘의 죄악상을 암 낙타에 비유했다. 암 낙타(*bikrah*, dromedary, young camel)는 거짓을 추구하는 욕망(우상숭배)을 상징한다.

"너는 사막에 익숙한 야생 암나귀와 같았다. 암내만 나면 헐떡이는 그 짐승, 그 짐승이 발정하면 누가 그것을 가라앉힐 수 있겠느냐? 그런 암컷을 찾아다니는 수컷은 어느 것이나 힘들이지 않고서도 발정기가 된 암컷을 만나게 된다."(24절) 이 구절에서는 이스라엘의 죄악상을 발정 난 야생 암나귀에 비유했다. 야생 암나귀(*pereh*, wild donkey)는 악행을 즐기는 욕구(행음, 성적 난잡함)를 상징한다.

예레미야는 하나님을 떠나 우상을 숭배한 유다를 본능에 따라 움직이는 암낙타, 암나귀에 비유함으로써 유다가 얼마나 맹목적으로, 열심히 우상을 섬겼는가를 빗대어 말하고 있다.

"나는 너에게 '신발을 벗은 채 목이 타도록 헤매고 다니면서 이방신을 찾지 말라.' 고 했지만 너는 '아니오, 가망 없는 일입니다. 내가 이방 신들을 사랑했으니 나는 그들을 따라가겠습니다.' 하였다."(25절) 우상숭배에 정신이 빠진 유다를 보여준다. 우상을 섬기기 위해 이리 뛰고 저리 뛰다 신발이 벗겨지고, 목이 탄다. 하나님은 제 몸 돌볼 겨를도 없이 우상을 쫓아다니는 유다를 향해 이방신을 따르지 말라 그토록 말렸지만 오히려 자기는 이방신들을 사랑한다고 했다. 배도다. 우상을 섬기고자 하는 그들의 욕망은 어느 누구도 말리지 못할 만큼 강했다.

26-28절은 유다의 우상숭배가 얼마나 극심했는가를 보여준다.

"도둑이 붙들리면 수치를 당하는 것처럼 이스라엘의 집(*bet*, house), 곧 왕들과 지도자들과 제사장들과 선지자들도 수치를 당할 것이다."(26절) 도둑(*gannab*, thief)이 붙잡히면 창피를 당하듯 하나님의 백성으로 하여금 하나님을 떠나 우상을 섬기게 했던 유다 지도자들도 창피를 당해보라는 말씀이다. 하나님 보시기에 그들은 지도자가 아니라 도둑들이다.

"그들은 나무를 보고 '너는 나의 아버지다' 하고 돌을 보고서는 '너는 나를 낳았다.' 하며 나에게 등을 돌리고 나를 외면하다가도 환난을 당할 때는 '오셔서 우리를 구원하소서.' 하고 말한다."(27절) 돌과 나무는 이방종교의 신상을 가리킨다. 나무를 보고 "아버지"라 하고 돌을 향해 "어머니"라 한 것은 그들이 얼마나 우상에 깊이 빠져 있는가를 보여준다. 그러다가도 환난을 당하면 하나님을 찾으며 구해 달라 떼를 쓴다. 염치없는 민족이다.

"네가 스스로 만들어 섬긴 너의 신들이 지금 어디에 있느냐? 네가 환난을 당할 때에는, 네 신들이 일어나서 너를 도와주어야 옳지 않겠느냐? 유다야, 너는 네 성읍의 수만큼 많은 신들을 만들어 놓았구나."(28절) "너의 신들"(*eloheka*, your gods)은 고대 근동 지방의 성읍들은 각각 수호신들, 또는 성읍을 세운 신들을 숭배했고, 그 중 수많은 성읍이 그 신들의 이름을 따라 지었다. 유다도 그들의 성읍 수만큼이나 많은 우상들을 섬겼는데, 그 우상들이 환난(심판) 때 너희를 구원해 주어야 하지 않겠는가. 너희가 섬기던 그 신들은 어디에 있는가. 이 구절은 우상을 따르는 자는 멸망뿐이며 오직 하나님을 믿고 의지하는 길만이 구원이 있음을 강조하고 있다.

3. 공의의 심판(29-37절)

29-37절은 유다 백성의 죄악이 점입가경임을 지적하고, 그에 대한 심판이 있을 것임을 말해주고 있다.

"너희가 나에게 대항함은 어찌 됨이냐 너희가 다 내게 잘못하였느니라 여호와의 말씀이니라."(29절) "대항함"(*taribu*, plead)은 법적 용어로, 하나님이 이스라엘의 잘못을 고소한 것에 대해 이스라엘이 오히려 반박하는 행위(법적 소송행위)를 가리킨다. 너희가 모두 나를 배신하고 떠나갔다. 그런데도 너희가 어떻게 나와 변론할 수 있겠느냐? 따질 수 있겠느냐? 도대체 너희 불만이 무엇이냐? 너희가 어째서 나를 반역하느냐?

"내가 너희 자녀들을 때린 것이 무익함은 그들이 징계를 받아들이지 아니함이라 너희 칼이 사나운 사자 같이 너희 선지자들을 삼켰느니라."(30절) 내가 너희 자녀들을 벌하였으나 아무 소용이 없었다. 그들도 내가 타이를 때 듣지 않았다. 너희의 칼은 사람을 삼키는 사자처럼 너희 선지자들을 죽였다.

"사나운 사자"에서 "사나운"(*mashit*, destroying)의 히브리어는 "멸망시키다", "진멸하다"는 뜻을 가지고 있다. 너희가 사나운 사자처럼 선지자들을 죽였다는 것이다.

"너희 이 세대여 여호와의 말을 들어 보라 내가 이스라엘에게 광야가 되었었느냐 캄캄한 땅이 되었었느냐 무슨 이유로 내 백성이 말하기를 우리는 놓였으니 다시 주께로 가지 아니하겠다 하느냐."(31절) 이 세대의 사람들아, 너희는 그래도 나 여호와의 말을 명심하여 들어라. 내가 이스라엘 백성에게 막막한 광야가 되었느냐? 어둡고 캄캄한 땅이 되었느냐? 어찌하여 나의 백성이 우리가 자유롭게 돌아다니게 되었으니, 다시는 주께로 돌아가지 않겠다고 말하느냐?

"이 세대"(*haddowr*, generation)는 죄악이 극심한 당시 이스라엘의 상황을 통칭하는 것으로, 부정적인 의미(사악한 세대)가 담겨 있다. "캄캄한 땅"(a land of darkness)은 직역하면 "흑암의 땅"으로, 하나님께서 보내신 칠 흙 같은 어두움이 있는 땅을 가리킨다. "놓였으니"(*radnu*, we are lords)는 문자적으로 "우리가 지배권을 갖다", "우리가 주인이 되었다"는 뜻으로, 하나님을 떠난 인간의 교만한 마음 상태를 풍자적으로 나타낸 말이다.

"처녀가 어찌 그의 패물을 잊겠느냐 신부가 어찌 그의 예복을 잊겠느냐 오직 내 백성은 나를 잊었나니 그 날 수는 셀 수 없거늘."(32절) 처녀가 어찌 자기의 보석을 잊으며, 신부가 어찌 결혼식에 입을 예복을 잊을 수 있겠는가. 그런데도 나의 백성은 이미 오래 전에 나를 잊었다. 얼마나 오래 되었는지 셀 수도 없구나.

"패물"(*edyah*, ornaments)은 금, 은, 주옥 등 모든 장식물을 총칭한 것이다. 하나님은 처녀 이스라엘에게 거룩한 진리의 말씀을 주셨고, 신부 이스라엘에게 진리의 말씀으로 옷 입혀 주셨다. 그런데 하나님을 배반하고 이방 남자들에게 안겼다. 그리고 까마득하게 하나님을 잊어버렸다.

"네가 어찌 사랑을 얻으려고 네 행위를 아름답게 꾸미느냐 그러므로 네 행위를 악한 여자들에게까지 가르쳤으며."(33절) 사람을 호리는 네 수법(*darkek*, your way)이 보통이 아니구나. 악한 여자들(*haraowt*, the wicked women), 곧 경험 많은 창녀도 오히려 너에게 와서 한 수 더 배운다.

다른 여자들에게도 악행을 가르칠 정도로 능숙한 것은 그것이 일회적인 실수가 아니라 반복적이고 습관화되었음을 보여준다. 이 구절은 이스라엘, 곧 유다가 우상을 섬기고 거짓으로 옷을 입고 있으면서도 뉘우치지 않고 주의 말씀을 대적하며 악행을 오히려 정당화하고 있음을 지적하고 있다.

"또 네 옷단에는 죄 없는 가난한 자를 죽인 피가 묻었나니 그들이 담 구멍을 뚫었기 때문이 아니라 오직 이 모든 일 때문이니라."(34절) 너의 치맛자락(your skirts)에는 가난한 사람들의 죄 없는 피가 묻어 있다. 너는 그들을 죽였다. 그들이 담을 뚫고 들어오다가 너에게 붙잡힌 것도 아니다.

"담 구멍을 뚫었다"(*bammateret*, by secret searching, breaking in)는 것은 도둑이나 강도의 침입을 나타낸 말이다. 현장에서 잡힐 경우 이러한 경우는 사형으로 다스려졌다(출 22:2). 그런데 너희 옷에는 집 안에 침입한 강도의 피가 아니라 가난하고 죄 없는 사람의 피가 묻어 있다. "죄 없는 가난한 자"(the innocent poor), 곧 무죄하고 가난한 자, 의로운 자의 생명까지 해치는 악행을 저질렀다. 여기에는 이스라엘의 죄를 비판하다 죽임을 당한 선지자도 포함되어 있다.

"그러나 너는 말하기를 나는 무죄하니 그의 진노가 참으로 내게서 떠났다 하거니와 보라 네 말이 나는 죄를 범하지 아니하였다 하였으므로 내가 너를 심판하리라."(35절) 그런데도 너희는 뻔뻔스럽게 "나에게는 아무런 죄가 없다! 하나님이 진노하실 일은 하지 않았다"(나에게는 아무 죄가 없으므로 여호와께서 분노를 내게서 돌이키셨다) 하는구나. 그러나 너희가 죄를 짓지 않았다고 말하기 때문에 나는 너희를 심판대 앞에 세우고 심판할 것이다.

"네가 어찌하여 네 길을 바꾸어 부지런히 돌아다니느냐 네가 앗수르로 말미암아 수치를 당함 같이 또한 애굽으로 말미암아 수치를 당할 것이라."(36절) 너희가 어째서 그처럼 이리저리 바쁘게 쫓아다니느냐? 왜 간에 붙었다 쓸개에 붙었다 하느냐는 말이다. 너는 참 지조도 없다. 그러므로 너는 아시리아에게서 수치를 당했던 것처럼 이집트에게서도 수치를 당할 것이다. "애굽으로 말미암아 수치를 당할 것이라."는 것은 유다 왕 여호야김이 이집트에 뇌물을 바치며 의지하려 했다가 실패한 사실을 가리키는 표현이다(왕하 23:35).

"네가 두 손으로 네 머리를 싸고 거기서도 나가리니 이는 네가 의지하는 자들을 나 여호와가 버렸으므로 네가 그들로 말미암아 형통하지 못할 것임이라."(37절) 결국 너희는 이집트에서도 얼굴을 들지 못하고 떠나게 될 것이다. 이것은 너희가 의지하는 자들을 나 여호와가 버렸기 때문이다. 그들이 너를 도와주어도, 네가 형통하지 못할 것이다. 그들에게서 아무런 도움을 받지 못할 것이다. 이스라엘이 의지해야 할 것은 외세가 아니라 하나님밖에 없다.

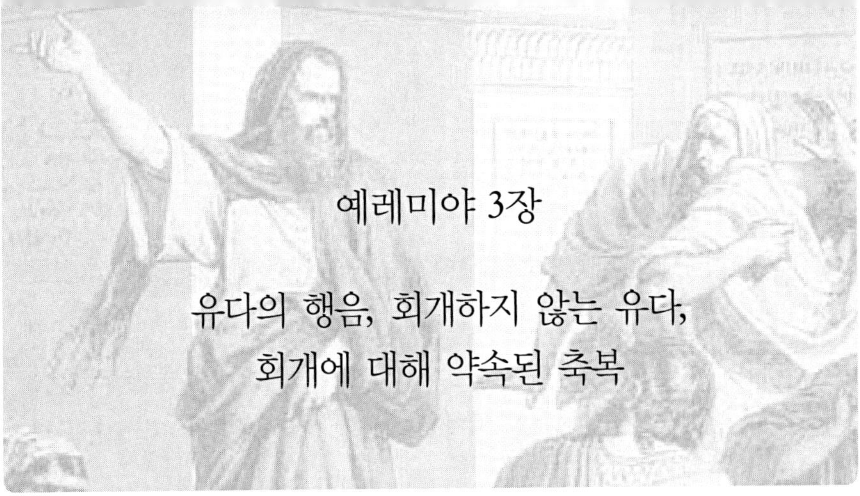

예레미야 3장

유다의 행음, 회개하지 않는 유다, 회개에 대해 약속된 축복

1.유다의 행음(1-5절)

1-5절은 행음을 하고도 뻔뻔스러운 유다를 묘사하고 있다.

"그들이 말하기를 가령 사람이 그의 아내를 버리므로 그가 그에게서 떠나 타인의 아내가 된다 하자 남편이 그를 다시 받겠느냐 그리하면 그 땅이 크게 더러워지지 아니하겠느냐 하느니라 네가 많은 무리와 행음하고서도 내게로 돌아오려느냐 여호와의 말씀이니라."(1절) 여인이 음행한 이유로 남편이 여인과 헤어지고, 그 여인이 다른 남자와 재혼을 했을 경우 본 남편은 그 여인을 다시 받아들일 수 없다. 이 논리에 따르면 하나님을 배신하고 우상을 섬긴 이스라엘, 이미 이방 남자와 어울린 이스라엘은 심판을 결코 피할 수 없다는 말씀이다. 하나님의 기적적인 은혜가 아니고서는 재결합할 가능성은 전혀 없다. "그리하면 그 땅이 크게 더러워지지(be polluted greatly) 아니하겠느냐"는 것은 그 여인을 받아주는 것은 부정한 일임을 말해준다. 우상을 섬기는 것은 영적으로 그 땅을 더럽히는 것이나 다름이 없다.

"네 눈을 들어 헐벗은 산을 보라 네가 행음하지 아니한 곳이 어디 있느냐 네가 길 가에 앉아 사람들을 기다린 것이 광야에 있는 아라바 사람 같아서 음란과 행악으로 이 땅을 더럽혔도다."(2절) 눈을 들어 저 벌거숭이 산언덕(*sepayim*, the desolate heights)을 바라보아라. 네가 창녀처럼 행하지 않은 곳이 한군데라도 있느냐? 너는 사막에 있는 아랍 사람처럼 길가에 앉아 사람을 기다리며 더러운 매춘 행위로 이 땅을 더럽혔다. "아라바 사람"(an Arabian)은 광야를 여행하는 사람들의 장막을 수선하기 위해 광야에 거하는 아라비아인을 말한다. 새번역은 "사막에 숨어서 사람을 기다리다가 물건을 터는 유목민"이라 하였다.

"그러므로 단비가 그쳤고 늦은 비가 없어졌느니라 그럴지라도 네가 창녀의 낯을 가졌으므로 수치를 알지 못하느니라."(3절) 그래서 소나기도 없고 봄비도 내리지 않는다. 그런데도 너는 창녀처럼 뻔뻔스럽게 부끄러운 줄도 모른다.

"단비"(*rebibim*, the showers)의 원문은 "소나기"이다. 새번역은 "이른 비", 곧 10, 11월 파종에 도움을 주는 가을비로 번역했다. "늦은 비"(*malqowos*, latter rain)는 곡식 성장과 결실에 도움을 주는 3, 4월에 내리는 봄비를 말한다. 성경에서는 늦은 비가 제때 오지 않는 것을 저주로 간주하기도 한다(암 4:7).

이스라엘의 여름은 건기이다. 우기는 가을과 봄이 시작되는 시점인 10월경에서 이듬해 4월경까지로, 이른 비, 겨울비, 늦은 비 등 세 시기로 나뉜다. 겨울비는 본격적인 장맛비로, 12~2월경에 내린다. 이스라엘에서는 건기를 대비해 이때 내리는 비를 저장해 사용했다.

네가 이제부터는 내게 부르짖기를 나의 아버지여 아버지는 나의 청년 시절의 보호자이시오니 노여움을 한없이 계속하시겠으며 끝까지 품으시겠나이까 하지 아니하겠느냐 보라 네가 이같이 말하여도 악을 행하여 네 욕심을 이루었느니라 하시니라."(4, 5절) 바로 얼마 전만 해도 너는 "나의 아버지시여, 아버지는 내가 어렸을 때부터 나를 사랑하셨다. 하나님은 끝없이 화를 내시는 분이 아니다. 언제까지나 진노하시는 분이 아니다" 하며 악이란 악은 다 행하였다. 하나님의 긍휼을 기대하는 그들의 마지막 소원마저도 너무나 위선적이고 가증하다. 오히려 하나님은 진노하시는 분이 아니라 자위하면서 서슴없이 악을 자행하였다.

2. 회개하지 않는 유다(6-10절)

3:6-6:30은 예레미야가 요시야 개혁 이후에 유다를 향해 행한 예언이다.

"요시야 왕 때에 여호와께서 또 내게 이르시되 너는 배역한 이스라엘이 행한 바를 보았느냐 그가 모든 높은 산에 오르며 모든 푸른 나무 아래로 가서 거기서 행음하였도다."(6절) 요시야 왕 때에 하나님께서 예레미야에게 말씀하셨다. "너는 저 배신한 이스라엘이 한 일을 보았느냐? 그가 높은 산마다 올라가서 음행을 하였고, 또 푸른 나무가 있는 곳마다 그 밑에서 음행을 하였다."

"배역한 이스라엘"(backsliding Israel)은 "배교한 북 이스라엘"(unfaithful Israel)을 말한다. "행음"(fornication)은 외간 남자와 정을 통하는 것으로, 여기서는 참 신랑이신 여호와를 떠나 우상을 섬기는 것을 말한다. "높은 산"(high mountain)은 이방 신을 섬기는 산당이 있던 곳을 말한다. "푸른 나무"(green tree)는 이스라엘 백성들이 이방신을 섬기던 장소로, 주로 잎이 무성한 상수리나무를 가리킨다(겔 6:13).

"그가 이 모든 일들을 행한 후에 내가 말하기를 그가 내게로 돌아오리라 하였으나 아직도 내게로 돌아오지 아니하였고 그의 반역한 자매 유다는 그것을 보았느니라."(7절) 그래도 나는, 그가 이 모든 음행을 한 다음에 다시 나에게로 돌아오려니 하고 생각하였다. 그러나 그는 끝내 돌아오지 않았다. 간음에 대한 심판으로 그들은 포로로 잡혀갔다. 하지만 회개하지 않았다. 신실하지 못한 그의 아우 유다까지도 언니의 변절하는 모습을 보았다.

"내게 배역한 이스라엘이 간음을 행하였으므로 내가 그를 내쫓고 그에게 이혼서까지 주었으되 그의 반역한 자매 유다가 두려워하지 아니하고 자기도 가서 행음함을 내가 보았노라."(8절) 북 이스라엘이 하나님을 배신하고 음행하다가 바로 그것 때문에 하나님으로부터 이혼장을 받고 내쫓기는 것을 남 유다는 보았다. 그러나 이 믿음 없는 아우 유다는 두려운 줄도 모르고, 오히려 우상숭배에 더 열을 올렸다. 그것을 하나님이 직접 보았다. 회개하지 않는 유다를 본 것이다.

"이혼서"(a certificate of divorce)는 모세의 율법에 따라 부정한 아내에게 써주어 내보내던 증서로, 사회질서를 회복하기 위한 조치였다. 여기서는 하나님의 사랑을 배반한 북이스라엘에게 하나님께서 공식적으로 결별을 선언하신 사실을 의미한다. 북이스라엘은 아시리아에 멸망당했다. 남 왕국 유다도 북왕국 이스라엘이 우상숭배하다 망한 것을 보고도 스스로 경계하지 않았다.

"그가 돌과 나무와 더불어 행음함을 가볍게 여기고 행음하여 이 땅을 더럽혔거늘."(9절) 그는 돌과 나무로 만든 우상에게 절하는 것을 가볍게 여기고 그것들을 음란하게 섬겼다. 거짓된 우상을 섬기는 영적 간음은 거짓을 사랑하고 말씀을 미워하는 행위이다. 선하고 아름다운 것들을 상실했다. 땅도 더럽혀졌다.

"이 모든 일이 있어도 그의 반역한 자매 유다가 진심으로 내게 돌아오지 아니하고 거짓으로 할 뿐이니라 여호와의 말씀이니라."(10절) 이 모든 일을 행하고서도 하나님을 배신한(*bagowdah*, treacherous) 북이스라엘의 자매 유다는 나에게 진심으로 돌아오지 않았다. 간음하여 이 땅을 더럽혔다. "거짓으로 할 뿐이니라."(*beseqer*, in pretense)는 진심으로 돌아오지는 않고 건성으로 나에게 돌아온 척만 했다는 것이다. 진정성이 전혀 없었음을 보여준다.

3. 회개에 대해 약속된 축복(11-25절)

"여호와께서 내게 이르시되 배역한(backsliding) 이스라엘은 반역한

(treacherous) 유다보다 자신이 더 의로움이 나타났나니."(11절) 비록 북이스라엘이 나를 배신하였다고 하지만 신실하지 못한 유다보다는 낫다. 신의 없는 북이스라엘은 그래도 거짓된 유다보다 낫다는 말이다.

"너는 가서 북을 향하여 이 말을 선포하여 이르라 여호와께서 이르시되 배역한 이스라엘아 돌아오라 나의 노한 얼굴을 너희에게로 향하지 아니하리라 나는 긍휼이 있는 자라 노를 한없이 품지 아니하느니라 여호와의 말씀이니라."(12절) "북"(*pownah*, the North)은 아시리아에 패망한 북 이스라엘을 가리킨다. "돌아오라"(*subah*, return)는 하나님께 돌아와 얼굴을 보이라는 뜻으로, 잘못된 길에서 바른 길로 삶의 방향을 수정하도록 촉구하는 말이다.

너는 오직 네 죄를 자복하라 이는 네 하나님 여호와를 배반하고 네 길로 달려 이방인들에게로 나아가 모든 푸른 나무 아래로 가서 내 목소리를 듣지 아니하였음이라 여호와의 말씀이니라(13절) 너는 다만 네 죄를 인정하고 네 하나님 여호와를 배반한 것과 모든 푸른 나무 아래서 이방 신들에게 절하고 내 말에 순종하지 않은 것을 고백하라. "자복하라"(*dei*, acknowledge)은 문자적으로 "깨달으라", "인정하라"는 뜻이다. 자복은 자신이 죄인 됨을 인정하고 하나님의 은혜로운 처분을 기다리는 것은 참된 회개의 전제조건이다.

"여호와의 말씀이니라 배역한 자식들아 돌아오라 나는 너희 남편임이라 내가 너희를 성읍에서 하나와 족속 중에서 둘을 택하여 너희를 시온으로 데려오겠고."(14절) 나를 배신한 자녀들아, 돌아오라! 내가 너희의 보호자다. 내가 성읍마다 한 사람씩, 가문마다 두 사람씩 택하여, 너희를 시온 산으로 데려오겠다. "내가 너희 남편이라"의 원문은 "내가 너와 결혼하였다"(I am married to you)이다. 이것은 하나님이 이스라엘의 남편임을 강조하신 것으로, 하나님이 간음한 백성을 결코 포기하지 않으셨음을 보여준다. "시온"(*siyown*, Zion)은 우상숭배에서 돌이켜 새롭게 태어난 이스라엘을 포로 된

곳에서 하나님이 계시는 시온으로 데려와 함께 하시겠다는 것이다.

"내가 또 내 마음에 합한 목자들을 너희에게 주리니 그들이 지식과 명철로 너희를 양육하리라." (15절) "내 마음에 합한 목자들" (*roim kelibbi*, shepherds after my own heart)은 귀환한 포로들을 다스릴 지도자를 가리킨다. 유대인들은 이들이 다윗의 혈통에서 나올 것이라 믿었다. "그들이 지식(*deah*, knowledge)과 명철(*haskel*, understanding)로 너희를 양육하리라"는 것은 그들이 너희를 지혜롭게 인도할 것이라는 말이다.

"여호와의 말씀이니라 너희가 이 땅에서 번성하여 많아질 때에는 사람들이 여호와의 언약궤를 다시는 말하지 아니할 것이요 생각하지 아니할 것이요 기억하지 아니할 것이요 찾지 아니할 것이요 다시는 만들지 아니할 것이며." (16절) "언약궤" (*arown berit*, the ark of the covenant)는 하나님이 함께 하시고 자기 백성을 만나는 보좌의 상징하였다. 유대인들은 이것을 자랑했지만 진정한 임재를 믿지 않고 궤만 믿다가 블레셋과의 싸움에서 이 궤를 빼앗기기도 했다. 중요한 것은 궤가 아니라 하나님을 믿고 따르는 신실함임을 이 구절은 가르쳐주고 있다. 화석화된 언약궤 신앙이 아니라 하나님과의 진솔한 관계가 중요하다. 언약궤는 B. C. 587년 갈대아인들이 예루살렘 성전을 파괴할 때 언약궤도 함께 파괴한 것으로 추정되고 있다.

"그 때에 예루살렘이 그들에게 여호와의 보좌라 일컬음이 되며 모든 백성이 그리로 모이리니 곧 여호와의 이름으로 말미암아 예루살렘에 모이고 다시는 그들의 악한 마음의 완악한 대로 그들이 행하지 아니할 것이며." (17절) "그 때" (*baet*, at time)는 북이스라엘이 하나님을 찾고 포로에서 돌아올 때를 말한다. 그 때는 사람들이 예루살렘을 "여호와의 보좌" (*kisse*, the Throne)라고 부를 것이다. 지금까지는 언약궤가 하나님 보좌의 상징이었지만 앞으로는 예루살렘이 하나님 보좌의 상징이 된다는 것이다. 그 때는 모든 민족이 나에게 경배하기 위해서 예루살렘에 모이고 그들이 다시는 마음의 악한 고집대로 행하지 않을 것이다.

"그 때에 유다 족속이 이스라엘 족속과 동행하여 북에서부터 나와서 내가 너희 조상들에게 기업으로 준 땅에 그들이 함께 이르리라."(18절) 그때 남 유다와 북 이스라엘 백성이 포로가 되었던 북쪽 나라(바빌로니아)에서 함께 나와 내가 너희 조상들에게 준 땅으로 돌아올 것이다. 그 때 둘로 갈라졌던 유다와 이스라엘이 하나님 안에서 하나가 된다.

19-25절은 회개를 촉구하는 동시에 회개하는 기도를 소개하고 있다.

"내가 말하기를 내가 어떻게 하든지 너를 자녀들 중에 두며 허다한 나라들 중에 아름다운 기업인 이 귀한 땅을 네게 주리라 하였고 내가 다시 말하기를 너희가 나를 나의 아버지라 하고 나를 떠나지 말 것이니라 하였노라."(19절) 내가 너희를 나의 자녀로 삼고, 너희에게 아름다운 땅을 주어서, 뭇 민족 가운데서 가장 아름다운 유산을 받게 하면, 너희가 나를 "아버지"(*abi*, My Father)라고 부르며 나만을 따르고, 나를 떠나가지 않을 것이라고 생각하였다.

"귀한 땅"(*eres hemdah*, pleasant land, desirable land)은 문자적으로 "소망하던 땅"이다. 이것은 "간절히 고대하다", "열망하다"는 어원에서 비롯된 말로, 소망하던 약속의 땅, 곧 가나안 땅을 뜻한다. "아름다운 땅", "좋은 땅" 등으로 번역되기도 했다. 이것은 종말에 궁극적으로 실현될 복된 하나님의 나라를 암시한다.

"그런데 이스라엘 족속아 마치 아내가 그의 남편을 속이고 떠나감 같이 너희가 확실히 나를 속였느니라 여호와의 말씀이니라."(20절) 그런데 이스라엘 백성이 마치 남편에게 정절을 지키지 않은 여인처럼 너희는 나를 배신하였다. 이스라엘이 하나님께 신실하지 못했음을 지적하고 있다.

“소리가 헐벗은 산 위에서 들리니 곧 이스라엘 자손이 애곡하며 간구하는 것이라 그들이 그들의 길을 굽게 하며 자기 하나님 여호와를 잊어버렸음이로다.”(21절) 산언덕에서 우는 소리가 들린다. 이것은 이스라엘 자손들이 죄악의 길로 행하며 자기들의 하나님 여호와를 잊어버린 것을 생각하고 울며 부르짖는 소리이다.

“헐벗은 산 위”(*al sepayim*, on the desolate heights)는 우상의 제단이 있어 우상에게 제사를 드리던 장소를 상징한다. 그 산이 오히려 고통이 임하는 장소가 될 것을 암시하고 있다. 벌거숭이산에서 슬피 운다는 것은 거짓된 우상에 속았음을 보여주고 있다.

“배역한 자식들아 돌아오라 내가 너희의 배역함을 고치리라 하시니라 보소서 우리가 주께 왔사오니 주는 우리 하나님 여호와이심이니이다.”(22절) 하나님께서 “너희 변절한 자녀들아, 내가 너희의 변절한 마음을 고쳐 줄 터이니 나에게로 돌아오너라.” 하시자 그들은 말한다. “우리가 지금 주님께 돌아옵니다. 주님만이 주 우리의 하나님이십니다.” 예레미야는 하나님께서 이스라엘을 용서하실 때 회개하고 돌아올 것을 촉구하고 있다.

“작은 산들과 큰 산 위에서 떠드는 것은 참으로 헛된 일이라 이스라엘의 구원은 진실로 우리 하나님 여호와께 있나이다.”(23절) 나아가 그들은 고백한다. “우리가 산언덕에서 떠들어대며 우상을 섬겼으나 헛것이었습니다. 참으로 이스라엘의 구원은 우리 하나님 여호와에게만 있습니다.” “떠드는 것”(*hamon*, commotion, tumult of multitude)은 문자적으로 “술 취한 듯이 소란을 피우는 것”으로, 우상숭배의 무질서함과 공허함을 표현하는 말이다.

“부끄러운 그것이 우리가 청년의 때로부터 우리 조상들의 산업인 양 떼와 소 떼와 아들들과 딸들을 삼켰사온즉”(24절) 그들의 회개는 계속된다. “옛부터 우리 조상이 애써서 얻은 모든 것을, 그 수치스러운 우상이 삼켜 버렸습니다. 우리 조상이 애써 모은 양 떼와 소 떼와 아들과 딸들을 모두 삼켜 버렸습니다." "부끄러운 그것"(*habboset*, shame)은 이스라엘의 우상 숭배, 특히 바알 숭배를 가리킨다. 우상숭배는 수치를 가져온다.

"우리는 수치 중에 눕겠고 우리의 치욕이 우리를 덮을 것이니 이는 우리와 우리 조상들이 청년의 때로부터 오늘까지 우리 하나님 여호와께 범죄하여 우리 하나님 여호와의 목소리에 순종하지 아니하였음이니이다."(25절) "부끄러워 얼굴도 들 수 없습니다. 우리와 우리 조상들이 어렸을 때부터 하나님께 범죄하고 순종하지 않았기 때문입니다." 주님께 순종치 않았음을 고백한다.

예레미야 4장

회개의 촉구, 유다에게 임박한 심판 경고, 민족에 대한 예레미야의 슬픔

1. 회개의 촉구(1-4절)

1-4절은 불성실한 이스라엘에 대해 심각한 어조로 지적하고 회개와 각성을 촉구하는 내용을 담고 있다.

1-2절은 이스라엘이 세계 구원의 도구임을 보여주고 있다.

"여호와께서 이르시되 이스라엘아 네가 돌아오려거든 내게로 돌아오라 네가 만일 나의 목전에서 가증한 것을 버리고 네가 흔들리지 아니하며."(1절) 하나님은 이스라엘을 향해 어서 나에게로 돌아오라(*tasub*, return) 말씀하신다. 하나님이 싫어하는 그 역겨운 우상들(*siqquseka*, your abominations, detestable idols)을 하나님이 보는 앞에서 버려라. 네 마음이 흔들리지 않게 하라. 회개는 택함을 받은 이스라엘의 의무이다. 악과 거짓을 떠나야 하나님을 영접할 수 있고, 잃었던 사랑을 회복할 수 있다.

"진실과 정의와 공의로 여호와의 삶을 두고 맹세하면 나라들이 나로 말미암아 스스로 복을 빌며 나로 말미암아 자랑하리라."(2절) 네가 "하나님의 살아 계심을 두고" 진리(truth)와 공평(justice, judgment)과 정의(righteousness)로 서약하면 세계 만민이 나 주를 찬양할 것이고, 나도 그들에게 복을 베풀 것이다. 다시 말해 살아 있는 나 여호와의 이름으로 맹세하고 또 네가 진실하며 정직하고 깨끗하게 살면 세상 모든 나라가 너를 보고 나에게 와서 복을 구하며 나를 찬양할 것이다.

예레미야는 이스라엘을 향해 잘못된 삶의 형식을 버리고 진정 하나님께 돌아올 것을 강조하고 있다. 하나님보다 하나님 이외의 것을 추구하고, 그 추구 과정에서 발생하는 각종 거짓됨과 불의와 부정을 과감히 버리고 하나님이 원하시는 진리와 공평과 정의를 찾으라는 것이다. 이렇게 되면 모든 나라가 이스라엘을 다시 보게 될 것이고 이스라엘이 세계 구원의 도구가 될 것임을 말해주고 있다.

3-4절은 마음 가죽을 베는 할례, 곧 회개를 하라 촉구하고 있다.

여호와께서 유다와 예루살렘 사람에게 이와 같이 이르노라 너희 묵은 땅을 갈고 가시덤불에 파종하지 말라(3절) 묵은 땅은 인간의 완고하고 패역한 마음 상태를 표현한 것이고, "가시덤불"은 비 진리와 인간의 마음에 뿌리박고 있는 세상의 악한 성향을 가리킨다. 하나님은 너희 묵은 땅을 갈고, 가시덤불 속에 씨를 뿌리지 말라 명령하신다.

"묵은 땅"(*nir*, fallow ground, unplowed ground)은 원래 갈아만 놓고 놀리고 있는 땅, 1년이고 묵히고 있는 땅을 말한다. 이것은 땅이 안식을 누려 그 비옥함을 보존할 수 있도록 매 7년마다 땅을 묵혀 두도록 한 제도에서 비롯된 것이다. 안식년동안 그 땅에서 나온 소산은 가난한 사람과 가축의 식물로 주어야 했다. 그런데 묵은 땅이 더 이상 경작되지 아니하여 가시덤불과 잡초가 무성하고 옥토였던 땅마저 박토로 변했다. 이런 땅은 갈아엎고 다시 씨를 뿌려야 한다.

성경에 "너희의 묵은 땅을 갈라"는 내용의 말씀이 두 군데 있다. 이 구절과 함께 호세아 10:12에도 있다. 이 모두 이스라엘의 회개를 촉구하는 내용을 담고 있다. 영적으로 볼 때 묵은 땅은 심령이 경작되지 않아 절망적으로 타락의 길을 걷고 있는 상태를 의미한다. 성경에서도 묵은 땅은 "완악한 마음 밭"

(the hard ground of your hearts), "완고함"(the hardness)으로 해석되고 있다. 이 단단한 마음 밭을 깨뜨리고(break up), 갈아엎으라(plow up)는 것이다.

"유다인과 예루살렘 주민들아 너희는 스스로 할례를 행하여 너희 마음 가죽을 베고 나 여호와께 속하라 그리하지 아니하면 너희 악행으로 말미암아 나의 분노가 불 같이 일어나 사르리니 그것을 끌 자가 없으리라."(4절) 너희는 나 하나님이 원하는 할례를 받고, 너희 마음의 포피를 잘라 내라. 그렇지 않으면 너희의 악한 행실 때문에 나의 분노가 불처럼 일어나서 너희를 태울 것이며 아무도 그 불을 끌 수 없을 것이다.

"마음 가죽(the foreskins of your hearts)을 베고"는 마음의 할례, 곧 회개를 뜻한다. 성령의 소욕을 거스르는 온갖 육체의 소욕과 죄를 버리고 오직 하나님께로 구별될 것을 상징적으로 표현하고 있다. 회개를 하고 하나님께 돌아와야 한다는 점에서 묵은 땅을 가는 것과 같다.

2. 유다에게 임박한 심판 경고: 북쪽에서 적이 쳐들어온다(5-18절)

5-9절은 환난이 임박했음을 말해주고 있다.

"너희는 유다에 선포하며 예루살렘에 공포하여 이르기를 이 땅에서 나팔을 불라 하며 또 크게 외쳐 이르기를 너희는 모이라 우리가 견고한 성으로 들어가자 하고."(5절) 유다에 알리고, 예루살렘에 선포하라. 너희는 이 땅 방방곡곡에 나팔(*sowpar*, trumpet)을 불어서 알리고 큰소리로 외쳐서 알려라. "어서 모여서, 견고한 성(the fortified cities)으로 들어가자!"

"나팔을 불라"는 것은 전쟁이 시작되었음을 알리는 것이다. 큰 재난이 닥치는 비상사태가 발발할 것이므로 상황이 급박하다. 예레미야는 유다가 어서 회개하지 않기 때문에 큰 재난이 다가올 것을 경고하고 있다. "견고한 성"은 요새를 말한다. 유다가 피할 성은 오직 하나님뿐이다. 마음 밭을 갈며 철저히 회개하지 않으면 하나님의 보호를 받을 수 없다. 어서 그리로 들어가자. 상황이 급박하다.

"시온을 향하여 깃발을 세우라, 도피하라, 지체하지 말라, 내가 북방에서 재난과 큰 멸망을 가져오리라."(6절) 시온으로 가는 길에 깃발을 세우고 지체하지 말고 안전하게 피하라. 내가 북쪽에서 재앙과 큰 멸망을 불러일으킬 것이다. 지체하지 말고 시온으로 도피하라. 하나님이 유다를 벌할 자들을 북방에서 보낼 것이다. 여기서 시온(*Siyown*, Zion)은 하나님이 계신 거룩한 곳, 하나님의 통치가 구현되는 곳을 상징한다. 하나님께 피하라는 말씀이다.

"사자가 그 수풀에서 올라왔으며 나라들을 멸하는 자가 나아 왔으되 네 땅을 황폐하게 하려고 이미 그의 처소를 떠났은즉 네 성읍들이 황폐하여 주민이 없게 되리니."(7절) 사자가 숲속에서 나오듯 세상을 멸망시킬 자가 나와서 너희 땅을 황폐하게 하려고 달려오고 있다. 너희 성들은 폐허가 되고 주민은 없게 될 것이다. 여기서 "사자"(the lion), "나라들을 멸하는 자"(the destroyer of nations)는 유대 민족을 침략해올 바빌로니아를 가리킨다. 바벨론의 느부갓네살 왕으로 보기도 한다.

"이로 말미암아 너희는 굵은 베를 두르고 애곡하라 이는 여호와의 맹렬한 노가 아직 너희에게서 돌이키지 아니하였음이라."(8절) 굵은 베 옷(sackcloth)을 허리에 두르고 주님의 맹렬한 분노(fierce anger)가 아직도 우리에게서 떠나가지 않았음을 탄식하며 슬피 울라는 말씀이다.

"여호와의 말씀이니라 그 날에 왕과 지도자들은 낙심할 것이며 제사장들은 놀랄 것이며 선지자들은 깜짝 놀라리라."(9절) 그 날이 오면 왕이 용기를 잃고, 지도자들도 낙담하고, 제사장들도 당황하고, 예언자들도 소스라치게 놀랄 것이다. 하나님의 말씀이다.

"내가 이르되 슬프도소이다 주 여호와여 주께서 진실로 이 백성과 예루살렘을 크게 속이셨나이다 이르시기를 너희에게 평강이 있으리라 하시더니 칼이 생명에 이르렀나이다."(10절) 그때 예레미야가 이렇게 아뢰었다. "주 여호와여, 주께서는 이 백성과 예루살렘을 완전히 속이셨습니다. '너희에게 평화가 있으리라.' 고 말씀하셨는데 오히려 칼이 우리 목에 와 닿았습니다."

"크게 속이셨나이다."(greatly deceived this people) 이 말은 불경하게 들릴 수 있다. 하지만 이 말은 거짓선지자들이 "너희에게 평강이 있으리라" 외쳤던 거짓 예언을 반어적으로 표현한 것이다. 당시 거짓 선지자들은 평화를 외쳤다. 그러나 지금 유다에게 심판이 다가오고 있다. 하나님이 속이신 것이 아니라 그들이 하나님을 빙자하여 달콤한 말로 사람들을 속였다. 거짓 예언이 참이 아님이 드러나고 있다.

11-18절은 뜨거운 바람, 더 강한 바람, 구름, 회오리바람, 독수리 등으로 유다에 대한 철저한 심판과 멸망이 있을 것을 말해주고 있다. 유다가 저지른 죄악 때문이다.

"그 때에 이 백성과 예루살렘에 전할 자가 있어서 뜨거운 바람이 광야에 있는 헐벗은 산에서 내 딸 백성에게 불어온다 하리라 이는 키질하기 위함도 아니요 정결하게 하려 함도 아니며."(11절) 그 때에 유다 백성과 예루살렘이 들을 말은 심판의 말이다. "사막에서 부는 뜨거운 바람"(a scorching wind from the barren heights)은 겨나 날려 보내는 산들바람이 아니라 모든 식물을 고사시키는 뜨거운 열풍이다. 이 바람은 격렬하고 잔혹하게 유다를 멸망시킬 바빌로니아를 가리킨다. 이 바람은 곡식을 키질하라고 부는 서늘한 바람도 아니고, 알곡을 가려내라고 부는 바람도 아니다(not for winnowing, nor for cleansing).

"이보다 더 강한 바람이 나를 위하여 오리니 이제 내가 그들에게 심판을 행할 것이라."(12절) 그보다 훨씬 강한 것으로 하나님이 일으키는 바람, 곧 심판의 바람이다. "더 강한 바람"(a wind too strong)은 침략자 바벨로니아의 격렬함과 잔혹함을 비유적으로 표현한 것이다.

"보라 그가 구름 같이 올라오나니 그의 병거는 회오리바람 같고 그의 말들은 독수리보다 빠르도다 우리에게 화 있도다 우리는 멸망하도다 하리라."(13절) 원수가 구름(clouds)처럼 몰려오는데 그들의 전차는 회오리바람(whirlwind)처럼 밀려오고 그들의 말들은 독수리(eagles)보다 더 빨리 달려온다. 이제 우리는 화를 당하게 되어 있다. 우리는 망했다.

"예루살렘아 네 마음의 악을 씻어 버리라 그리하면 구원을 얻으리라 네 악한 생각이 네 속에 얼마나 오래 머물겠느냐."(14절) "마음의 악"(your heart from wickedness)은 외식적인 의식과 모양만 있고 하나님께 순종하는 영적 성결이 없음을 말한다. "씻어버리라"(*kabbesi*, wash)는 것은 단지 손으로 씻는 정도가 아니라 발로 밟아서 씻는 것을 말한다. 철저히 씻어야 구원을 얻을 수 있다.

"단에서 소리를 선포하며 에브라임 산에서 재앙을 공포하는도다."(15절) "단"(Dan)은 단 지파가 헤르몬 산 남쪽에 세운 이스라엘 최북단 도시이다. 북방세력이 팔레스타인을 침략할 때 관문 역할을 했다. "단에서 소리를 선포하며"는 이미 단에서 전쟁을 알리는 소리(*qowl*, voice), 곧 흉보가 날라든다. "에브라임 산"(Mount Ephraim)은 팔레스타인 중부의 구릉지역으로 에브라임 지파에 할당된 영역이다. 남 유다와 북 이스라엘의 접경지역에 위치해 있다. 유다의 대적이 이곳까지 이르렀다는 것은 유다에게 환난이 임박했음을 보여주고 있다.

"너희는 여러 나라에 전하며 또 예루살렘에 알리기를 에워싸고 치는 자들이 먼 땅에서부터 와서 유다 성읍들을 향하여 소리를 지른다 하라."(16절) 적들이 먼 땅으로부터 몰려와 유다 성들을 에워싸고 소리(*qowlam*, their voice), 곧 전쟁의 함성을 지른다. 이 사실을 온 세상에 알리고 예루살렘에도 알리라는 것이다.

"그들이 밭을 지키는 자 같이 예루살렘을 에워싸나니 이는 그가 나를 거역했기 때문이니라 여호와의 말씀이니라."(17절) 적군이 논밭지기들(field keepers)처럼 사방으로 예루살렘을 둘러싼다. 그 성이 하나님을 거역했기 때문이다.

"네 길과 행위가 이 일들을 부르게 하였나니 이는 네가 악함이라 그 고통이 네 마음에까지 미치느니라."(18절) 너의 모든 길(your ways)과 행실(your doings)이 이런 것을 불러들였다. 이것은 너의 악함(your wickedness) 때문이니 그 고통이 네 마음에까지 미칠 것이다.

3. 민족에 대한 예레미야의 슬픔(19-31절)

19-31절은 예레미야가 자기 백성의 임박한 멸망으로 인해 황폐하게 될 조국을 바라보면서 슬퍼하고 있는 모습을 담고 있다.

"슬프고 아프다 내 마음속이 아프고 내 마음이 답답하여 잠잠할 수 없으니 이는 나의 심령이 나팔 소리와 전쟁의 경보를 들음이로다."(19절) 내가 전쟁의 나팔(*sowpar*, trumpet) 소리와 전쟁의 함성(*teruat*, alarm)을 들었으니 창자가 뒤틀려서 견딜 수 없고, 심장이 두근거려 견딜 수 없구나. 충격을 받은 예레미야의 괴로움이 극에 달했음을 보여준다. 시제가 과거로 표현되었지만 이것은 선지자가 미래의 일을 앞서 본 것이다.

"패망에 패망이 연속하여 온 땅이 탈취를 당하니 나의 장막(my tents)과

휘장(my curtains)은 갑자기 파멸되도다." (20절) 파멸(*seber*, destruction), 곧 재앙이 꼬리를 물고 일어난다. 온 나라가 황폐해진다. 홀연히 나의 천막집도 무너지고, 순식간에 나의 장막집도 찢긴다. 순식간에 모든 집들이 파괴되었다. 그는 단지 조국의 멸망을 안타까워하고 있는 것이 아니다. 이 지상에 세워진 하나님 왕국의 파멸을 바라보며 절망하고 있다.

"내가 저 깃발을 보며 나팔 소리 듣기를 어느 때까지 할꼬." (21절) 내가 저 전쟁의 깃발(*nes*, the standard, the signal flag)을 언제까지 더 바라보고 있어야 하고, 저 나팔 소리를 언제까지 더 듣고 있어야 하는가.

"내 백성은 나를 알지 못하는 어리석은 자요 지각이 없는 미련한 자식이라 악을 행하기에는 지각이 있으나 선을 행하기에는 무지하도다." (22절) 나의 백성은 참으로 어리석다(*ewil*, foolish). 그들은 나를 알지 못한다. 그들은 모두 어리석은(*sekalim*, silly, sottish, stupid) 자식들이요, 전혀 깨달을 줄 모르는(no understanding) 자식들이다. 악한 일을 하는 데는 약삭빠르면서도(wise skilled, shrewd) 선을 행하는 데는 무지하다(no knowledge). "미련한 자식"은 선지자들의 경고를 받아들이지 않는 백성들의 어리석음을 지적하고 있다.

"보라 내가 땅을 본즉 혼돈하고 공허하며 하늘에는 빛이 없으며." (23절) "내가 땅을 본즉" (*raiti*, beheld)은 문자적으로 "내가 보았다"는 말로, 예레미야가 미래의 일을 벌써 과거의 일처럼 확신하고 있음을 나타낸다. "땅을 본즉 혼돈하고 공허하며"는 창조 이전의 혼돈 상태를 표현한 것으로, 적들이 쓸고 간 땅을 보니 형태를 알아볼 수 없을 정도로 쑥밭이 되었다는 말이다. "하늘에는 빛이 없으며"는 재난이 하늘에 미칠 만큼 우주적이었음을 보여준다. 이것은 심판으로 인한 폐허가 아주 클 것임을 보여준다.

"내가 산들을 본즉 다 진동하며 작은 산들도 요동하며." (24절) 산들을 바라보니, 모든 산이 진동하고, 모든 언덕이 요동한다. 높은 산이든 낮은 산이든 모든 산이 요동할 정도다.

"내가 본즉 사람이 없으며 공중의 새가 다 날아갔으며."(25절) 아무리 둘러보아도 사람 하나 없고, 하늘을 나는 새도 모두 날아가고 없다.

"보라 내가 본즉 좋은 땅이 황무지가 되었으며 그 모든 성읍이 여호와의 앞 그의 맹렬한 진노 앞에 무너졌으니."(26절) 내가 둘러보니 옥토는 황무지로 변했다. 이 땅의 모든 성읍이 하나님 앞에서, 그의 무서운 진노 앞에서 무너졌다. 하나님의 심판을 피할 자는 아무도 없다. 유다라고 예외가 되지 못한다.

"여호와께서 이와 같이 말씀하시길 이 온 땅이 황폐할 것이나 내가 진멸하지는 아니할 것이며."(27절) 내가 온 땅을 황폐하게는 하여도 완전히 멸망시키지는 않겠다고 하셨다. 하나님은 자기 백성을 하나도 남기지 않고 모두 멸망시키지 않으신다.

"이로 말미암아 땅이 슬퍼할 것이며 위의 하늘이 어두울 것이라 내가 이미 말하였으며 작정하였고 후회하지 아니하였은즉 또한 거기서 돌이키지 아니하리라 하셨음이로다."(28절) 이 때문에 땅이 슬퍼하고 하늘이 어두워질 것이다. 그러나 내가 이미 말하였고 작정하였으니 후회하거나 돌이키지 않을 것이다. 아무리 땅이 애곡하고 슬퍼한다 해도 하나님께서 한 번 정하신 마음을 바꾸지 않으신다.

"기병과 활 쏘는 자의 함성으로 말미암아 모든 성읍 사람들이 도망하여 수풀에 들어가고 바위에 기어오르며 각 성읍이 버림을 당하여 거기 사는 사람이 없나니."(29절) 기병들과 활 쏘는 군인들의 함성(*qol*, noise, voice, sound, 달려오는 소리)에 놀라 성읍 사람들이 혼비백산하여 도망한다. 숲 속에 숨고, 바위 위로 기어 올라간다. 이렇게 모두 성읍을 버리고 떠나니, 성읍에는 주민이 한 사람도 없다.

"멸망을 당한 자여 네가 어떻게 하려느냐 네가 붉은 옷을 입고 금장식으로 단장하고 눈을 그려 꾸밀지라도 네가 화장한 것이 헛된 일이라 연인들이 너를 멸시하여 네 생명을 찾느니라."(30절) 처량하게 된 예루살렘아, 네가 무엇을 하느냐? 네가 망하였는데도 네가 화려한 옷을 입고, 금패물로 몸단장을 하고, 눈 화장을 짙게 하다니. 도대체 어찌된 일이냐? 하지만 너의 화장이 모두 헛일이 될 것이다. 너의 연인들은 너를 멸시하며 너를 죽이려고만 한다.

"눈을 그려 꾸밀지라도"(enlarge your eyes with paint)는 문자적으로 "화장으로 눈을 크게 할지라도"이다. 바빌로니아의 침략을 당한 유다가 이집트 원조를 요청하기 위해 노력하는 모습을 일컫는다. 붉은 옷을 입고 금장식으로 단장하고 눈을 그리는 것은 적들에게 아첨하는 모습을 비유적으로 묘사한 것이다. 그럼에도 불구하고 적들은 그들을 멸망시키리라. 죄악 세상에 탐닉하고 헛되고 부질없는 대책에 몰두하는 것은 무익하다.

"내가 소리를 들은즉 여인의 해산하는 소리 같고 초산하는 자의 고통 하는 소리 같으니 이는 시온의 딸의 소리라 그가 헐떡이며 그의 손을 펴고 이르기를 내게 화가 있도다 죽이는 자로 말미암아 나의 심령이 피곤하도다 하는도다."(31절) 내가 소리를 들어보니 그것은 마치 해산하는 여인의 소리, 곧 첫 아이를 낳는 여인의 비명 소리 같은 소리가 들린다. 이것은 딸 시온(예루살렘)이 숨을 헐떡거리며 손을 휘저으며 부르짖는 소리다. "살인자들 때문에 내 영혼(*napsi*, my soul)이 피곤하다." 대적들이 나를 죽이려고 달려드니 이제 나는 망하였다는 말이다.

"여인의 해산하는 소리 같고 초산하는 자의 고통 하는 소리"는 인간의 사활을 가름할 정도로 끔찍한 고통을 상징하는 말이다. 이것은 유다가 멸망하기 이전의 처참한 상황을 묘사하는 표현이다. "죽이는 자"(murderers)는 유다를 멸망시키는 대적들이다.

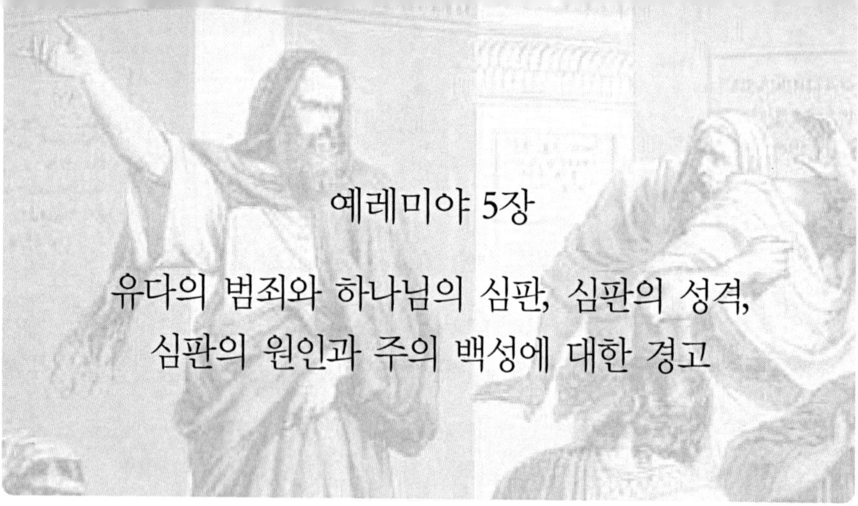

예레미야 5장

유다의 범죄와 하나님의 심판, 심판의 성격, 심판의 원인과 주의 백성에 대한 경고

1. 유다의 범죄와 하나님의 심판(1-9절)

"너희는 예루살렘 거리로 빨리 다니며 그 넓은 거리에서 찾아보고 알라 너희가 만일 정의(*mispat*, justice)를 행하며 진리(*emunah*, truth)를 구하는 자를 한 사람이라도 찾으면 내가 이 성읍을 용서하리라."(1절) 예루살렘에 한 사람의 의인도 찾아볼 수 없다는 것으로, 심판을 피할 수 없다는 말이다.

"그들이 여호와께서 살아 계심을 두고 맹세할지라도 실상은 거짓 맹세니라."(2절) 하나님의 이름으로 맹세한다고 말하지만 그것은 거짓말이다. 거짓 맹세를 일삼는다.

"여호와여 주의 눈이 진리를 찾지 아니하시나이까 주께서 그들을 치셨을지라도 그들이 아픈 줄을 알지 못하며 그들을 멸하셨을지라도 그들이 징계를 받지 아니하고 그들의 얼굴을 바위보다 굳게 하여 돌아오기를 싫어하므로."(3절) 완악해서 아무리 징계를 해도 아픈 줄 모르고 하나님께 돌아오지 않는다. "바위"(sela, rock)는 예루살렘 거민의 완악한 성품을 비유적으로 표현한 것이다.

"내가 말하기를 이 무리는 비천하고 어리석은 것뿐이라 여호와의 길(*derek*, the way), 자기 하나님의 법(*mispat*, law, ordinance, justice)을 알지 못하니."(4절) "비천하고 어리석은 것뿐이라." 원문은 "가난한 자들은 어리석었다." 이다. 이것은 백성들 속에 하나님이 없었다는 말이다.

"내가 지도자들에게 가서 그들에게 말하리라 그들은 여호와의 길, 자기 하나님의 법을 안다 하였더니 그들도 일제히 멍에를 꺾고 결박을 끊은지라." (5절) "지도자들" (*haggedolim*, the great men)은 권세가 있고 부유하며 유식한 자들을 가리킨다. 그들 속에도 역시 하나님이 없었다. "멍에(yoke)를 꺾고 결박(bonds)을 끊은지라." 하나님의 법이 지도자들에게는 거추장스런 멍에요 결박이라 생각하고 그것과의 관계를 끊었다는 말이다. 백성은 물론 이고 지도자들도 하나같이 자기들의 하나님을 거절하고 고삐 풀린 망아지가 되어 우상을 섬겼다.

"그러므로 수풀에서 나오는 사자가 그들을 죽이며 사막의 이리가 그들을 멸하며 표범이 성읍들을 엿본즉 그리로 나오는 자마다 찢기리니 이는 그들의 허물이 많고 반역이 심함이니이다." (6절) 사자, 이리, 표범은 맹수처럼 무자비하게 유다를 공격해올 바빌로니아를 가리킨다. 그들은 모두 찢겨 죽을 것이다. 재앙에 속수무책으로 당한다. 그들의 죄가 아주 크고 하나님을 배반한 행위가 매우 크기 때문이다.

"내가 어찌 너를 용서하겠느냐 네 자녀가 나를 버리고 신이 아닌 것들로 맹세하였으며 내가 그들을 배불리 먹인즉 그들이 간음하며 창기의 집에 허다히 모이며." (7절) 너의 자녀들마저 우상을 섬긴다. 용서할 수 없다. 하나님이 선한 말씀으로 먹여주었지만 소용이 없다. 그들은 창녀의 집으로 몰려가 음행을 하였다. 우상 섬김과 종교적 매춘 행위가 극에 달했다.

"그들은 두루 다니는 살진 수말 같이 각기 이웃의 아내를 따르며 소리지르는도다." (8절) 그들은 잘 먹고 정욕이 왕성한 수말(*susim*, stallions)처럼 서로 색정을 이기지 못해 자기 이웃의 아내를 찾아다닌다. 성적으로도 타락한 사회가 되었다. 하나님께서 말씀의 꼴을 충분히 먹여주었음에도 불구하고 그들은 게걸스런 수말처럼 은혜의 말씀을 짓밟아버렸다.

"여호와의 말씀이니라 내가 어찌 이 일들에 대하여 벌하지 아니하겠으며 내 마음이 이런 나라에 보복하지 않겠느냐."(9절) 하나님께서 그들을 심판하지 않을 수 없다.

2. 심판의 성격(10-19절)

"너희는 그 성벽에 올라가 무너뜨리되 다 무너뜨리지 말고 그 가지만 꺾어 버리라 여호와의 것이 아님이니라."(10절) "그 성벽"(her walls)은 예루살렘 성벽을 가리킨다. 문사적으로 "포도원"으로도 번역될 수 있다. 백성들은 다 심판을 받아 마땅하지만 포도나무를 완전히 못 쓰도록 하지는 말고 그 가지(branches)만 꺾으라. 그 가지는 나 여호와의 것이 아니기 때문이다. 심판 중에서도 하나님은 자비를 잃지 않으시고 약속대로 남은 자를 보호하신다. 이스라엘은 메시야가 오기 위한 통로가 되기 때문에 멸절시키지는 않으신다.

"여호와의 말씀이니라 이스라엘의 집과 유다의 집이 내게 심히 반역하였느니라."(11절) 이스라엘과 유다가 완전히 하나님을 배반하고 떠나갔다. 그 때문에 가지를 꺾어 태워버리라 하신 것이다.

"그들이 여호와를 인정하지 아니하며 말하기를 여호와께서는 계시지 아니하니 재앙이 우리에게 임하지 아니할 것이요 우리가 칼과 기근을 보지 아니할 것이며."(12절) "인정하지 아니하며"(*kihasu*, lied)는 문자적으로 "기만하다", "실망케 하다"는 뜻이다. 유다 백성이 하나님을 만홀히 여기고 거부했다는(denied) 말이다.

"계시지 아니하니"(*lo hu*, it is not He)는 문자적으로 "그는 존재하지 않는다," "그는 아무 것도 아니다"는 뜻이다. 하지만 "그분은 아니다", "그분은 그렇게 하지 않는다."로 해석하기도 한다. 여기서는 "그는 절대 그럴 분이 아니다"는 것으로, 하나님은 그의 백성에게 재앙을 내릴 분이 아니다, 하나님은 그들을 벌하시지 않는다는 이스라엘 사람들의 무책임한 선민의식을 반영해주는 표현이다. 하나님과 그의 사역에 대한 무지가 그의 존재에 대한 무감각으로 변질되었음을 보여준다.

선지자들은 바람이라 말씀이 그들의 속에 있지 아니한즉 그같이 그들이 당하리라 하느니라(13절) 선지자들은 바람에 불과하다. 그들에게는 여호와의 말씀이 없으므로 그들이 예언한 바로 그 재앙이 그들 자신에게 미칠 것이다. "바람이라"(*leruah*, wind)는 것은 예루살렘 거민들이 선지자의 말을 지나가는 바람처럼 가벼이 여겼다는 뜻이다. 그들은 선지자들의 말을 허풍으로 간주했다. 참 선지자의 경고까지도 귀담아 듣지 않았음을 보여준다.

"그러므로 만군의 하나님 여호와께서 이와 같이 말씀하시니라 너희가 이 말을 하였은즉 볼지어다 내가 네 입에 있는 나의 말을 불이 되게 하고 이 백성을 나무가 되게 하여 불사르리라."(14절) 그들의 말이 씨가 되게 하시겠다는 말씀이다. "불"(*lees*, fire)은 바람과 대조되는 표현으로, 불이 나무를 사르듯 선지자들의 경고 메시지가 결국 하나님의 말씀을 가벼이 여긴 유다 백성들을 사르게 될 것임을 말해준다.

"여호와의 말씀이니라 이스라엘 집이여 보라 내가 한 나라를 먼 곳에서 너희에게로 오게 하리니 곧 강하고 오랜 민족이라 그 나라 말을 네가 알지 못하며 그 말을 네가 깨닫지 못하느니라."(15절) 내가 먼 곳에 있는 강한 이방 나라를 데려다가 유다를 치게 하겠다. 이방나라, 바빌로니아를 도구 삼아 유다를 심판하시겠다는 말씀이다.

"그 화살 통은 열린 무덤이요 그 사람들은 다 용사라."(16절) "그 화살 통은 열린 무덤이요"는 비유적인 표현으로, 화살 통(quiver)에 담긴 화살을 모두 쏘아 많은 사람을 죽인다는 뜻이다. 이것은 바벨론 군사들의 만행이 잔혹하여 하나님을 배반한 유다 인들이 무자비하게 살육될 것을 암시하고 있다.

"그들이 네 자녀들이 먹을 추수 곡물과 양식을 먹으며 네 양 떼와 소 떼를 먹으며 네 포도나무와 무화과나무 열매를 먹으며 네가 믿는 견고한 성들을 칼로 파멸하리라."(17절) 그들이 살육과 노략으로 유다를 초토화시킬 것임을 말하고 있다.

"여호와의 말씀이니라 그 때에도 내가 너희를 진멸하지는 아니하리라."(18절) 하지만 그 때에도 하나님께서 유다를 완전히 전멸시키지는 않으리라 하셨다. 언약의 성취를 위해 남은 자를 두시기 위함이다. 나아가 하나님이 유다를 심판하시는 것은 그들을 멸망시키기보다 구원하시기 위함임을 보여준다.

"그들이 만일 이르기를 우리 하나님 여호와께서 어찌하여 이 모든 일을 우리에게 행하셨느냐 하거든 너는 그들에게 이르기를 너희가 여호와를 버리고 너희 땅에서 이방 신들을 섬겼은즉 이와 같이 너희 것이 아닌 땅에서 이방인들을 섬기리라 하라."(19절) 하나님이 유다를 심판하신 것은 하나님을 버리고 우상을 섬긴 때문이다. "너희 것이 아닌 땅"은 유다가 포로로 끌려갈 이방 땅, 곧 바벨론을 암시하고 있다. "섬겼은즉"(*taabdu*, served)은 문자적으로 "종노릇하다", "예속되다"는 뜻이다. 우상숭배 행위는 죄에 종속되어 종노릇하는 것임을 보여준다.

3. 심판의 원인과 주의 백성에 대한 경고(20-31절)

"너는 이를 야곱 집에 선포하며 유다에 공포하여 이르기를."(20절) 유다와 이스라엘 백성에게 나 여호와의 말을 이렇게 선포하도록 하라.

"어리석고 지각이 없으며 눈이 있어도 보지 못하며 귀가 있어도 듣지 못하는 백성이여 이를 들을지어다."(21절) 너희는 눈이 있어도 보지 못하고 귀가 있어도 듣지 못하는 미련하고 지각없는 백성들이다. 이제 하나님의 말씀을 들어라.

"여호와의 말씀이니라 너희가 나를 두려워하지 아니하느냐 내 앞에서 떨지 아니하겠느냐 내가 모래를 두어 바다의 한계를 삼되 그것으로 영원한 한계를 삼고 지나치지 못하게 하였으므로 파도가 거세게 이나 그것을 이기지 못하며 뛰노나 그것을 넘지 못하느니라."(22절) 나는 모래로 바다의 경계선을 만들어 놓고, 바다가 넘어설 수 없는 영원한 경계선(*gebul*, bound, border)을 그어 놓았다. 비록 바닷물이 출렁거려도 그 경계선을 없애지 못하고, 아무리 큰 파도가 몰아쳐도 그 경계선을 넘어설 수가 없다. 바닷물도 하나님의 말씀을 순종한다. 그런데도 너희는 만물을 통치하시는 내가 두렵지도 않으냐? 떨리지도 않느냐?

"그러나 너희 백성은 배반하며 반역하는 마음이 있어서 이미 배반하고 갔으며."(23절) 목이 곧은 너희는 이미 나를 배반하고 멀리 떠나고 말았다.

"또 너희 마음으로 우리에게 이른 비와 늦은 비를 때를 따라 주시며 우리를 위하여 추수 기한을 정하시는 우리 하나님 여호와를 경외하자 말하지도 아니하니."(24절) 내가 너희에게 때를 따라 가을비와 봄비를 내려 주고 추수하는 계절을 주었으나 너희는 나를 존중하거나 두려워하지 않았다. "이른 비"는 팔레스타인의 기후 조건에서 곡식을 심게 하는 가을비를, "늦은 비"는 곡식을 여물게 하는 추수기의 봄비를 가리킨다.

"너희 허물이 이러한 일들을 물리쳤고 너희 죄가 너희로부터 좋은 것을 막았느니라."(25절) 너희는 너희 허물(your iniquities)과 죄 때문에 내가 주는 좋은 것(*hattow*b, good), 곧 복을 빼앗기고 말았다.

"내 백성 가운데 악인이 있어서 새 사냥꾼이 매복함 같이 지키며 덫을 놓아 사람을 잡으며."(26절) 내 백성들 가운데는 새를 잡기 위해 그물을 치는 사람처럼 사람을 잡기 위해 덫을 놓는 악인이 있다. "새 사냥꾼이 매복함 같이"(like fowlers lying in wait)는 새의 생명을 좌우할 수 있는 사냥꾼처럼 백성을 불의로 실족하게 할 태세를 갖추고 있는 모습을 나타낸다.

"새장에 새들이 가득함 같이 너희 집들에 속임이 가득하도다 그러므로 너희가 번창하고 거부가 되어."(27절) 새 장에 새들을 가득히 잡아넣듯이 너희 집에는 남을 속여서 빼앗은 재물로 가득하다. 속임(*mirmah*, deceit), 곧 불의와 협잡이 많았다. 그렇게 해서 세도를 부리고 벼락부자가 되었다. 그만큼 비정상이라는 말씀이다.

"살지고 윤택하며 또 행위가 심히 악하여 자기 이익을 얻으려고 송사 곧 고아의 송사를 공정하게 하지 아니하며 빈민의 재판을 공정하게 판결하지 아니하니."(28절) 그들은 피둥피둥 살이 찌고, 살에서 윤기가 돈다. 그들의 악한 행위는 끝이 없고, 자기들의 잇속만 채운다. 고아의 억울한 사정을 들어 바르게 재판하지도 않고, 가난한 사람들의 권리를 지켜 주는 공정한 판결도 하지 않는다. 공의와 정의가 무너졌다.

"내가 이 일들에 대하여 벌하지 아니하겠으며 내 마음이 이 같은 나라에 보복하지 아니하겠느냐 여호와의 말씀이니라."(29절) 내가 이런 일을 보고서도 어떻게 그들을 벌하지(punish) 않겠느냐? 이런 나라에 내가 보복하지(avenge) 않겠느냐? 그들은 심판을 받아 마땅하다는 말씀이다.

"이 땅에 무섭고 놀라운 일이 있도다."(30절) 지금 이 나라에서는 놀랍고도(*sammah*, astonishing) 끔찍스러운 일(*saarurah*, horrible thing)이 일어나고 있다.

"선지자들은 거짓을 예언하며 제사장들은 자기 권력으로 다스리며 내 백성은 그것을 좋게 여기니 마지막에는 너희가 어찌하려느냐."(31절) 선지자들은 거짓으로 예언을 하고, 제사장들은 거짓 선지자들이 시키는 대로 다스리며, 나의 백성은 이것을 좋아하니, 마지막 때에 너희가 어떻게 하려는 것이냐.

"자기 권력으로"(*al yedehem*, by their own power)는 크게 두 가지로 해석되고 있다. 하나는, "그들의 지도대로"라는 뜻이다. 당시 제사장들이 하나님의 뜻이 아니라 거짓 선지자들의 지시대로 다스렸다는 의미이다. 다른 하나는 "그들 자신의 권한대로"(by their own authority), 즉 자기들 마음대로(제멋대로) 권력을 휘둘렀다는 것이다.

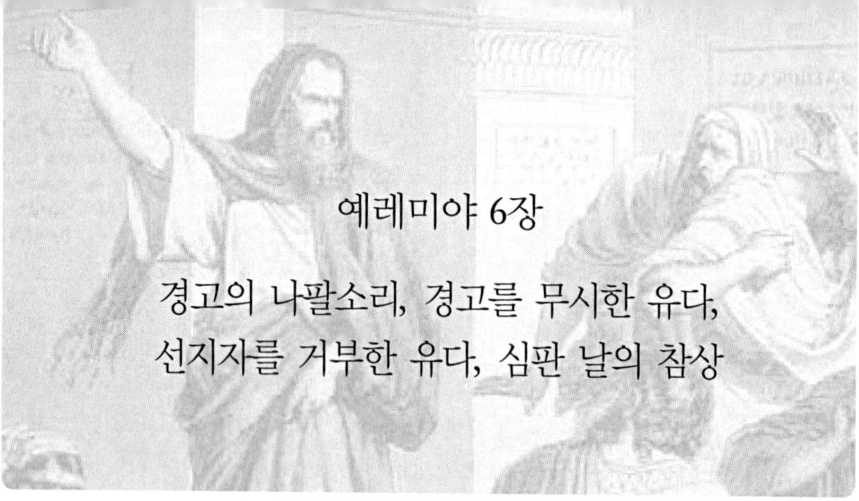

예레미야 6장

경고의 나팔소리, 경고를 무시한 유다, 선지자를 거부한 유다, 심판 날의 참상

1. 경고의 나팔소리: 임박한 시온의 멸망(1-6절)

6장은 전체적으로 유다 멸망에 대한 예언의 말씀을 담고 있다.

"베냐민 자손들아 예루살렘 가운데로부터 피난하라 드고아에서 나팔을 불고 벧학게렘에서 깃발을 들라 재앙과 큰 파멸이 북방에서 엿보아 옴이니라."(1절) 베냐민 자손들을 향해 예루살렘에서 피신하도록 경고하고 있다. 재앙과 큰 멸망이 북쪽에서 밀려오고 있기 때문이다.

"베냐민 자손들"은 예루살렘에 피난 온 아나돗 주민이라는 주장과 유다 사람, 곧 예루살렘 전 주민이라는 주장이 있다. 예루살렘에 거주하던 백성을 뜻한다. 예레미야는 베냐민 자손이기도 하다.

"드고아에서 나팔을 불고 벧학게렘에서 깃발을 들라." "드고아"(Tekoa)는 베들레헴 남쪽에 있는 성읍으로 선지자 아모스의 고향이다. 이곳은 사해까지 뻗은 광야의 가장자리로 전략적으로 중요한 곳이다. 이곳에서 울리는 경고의 나팔 소리는 위험이 닥쳐올 때 경계하도록 미리 알리는 것을 말한다. 벧학게렘(Beth Haccerem)은 예루살렘과 베들레헴 사이에 있는 고지대로, 여기서 깃발(*maset*, fire signal), 곧 봉화를 올리면 드고아에서도 그 불을 볼 수 있다.

"아름답고 우아한 시온의 딸을 내가 멸절하리니."(2절) 딸 시온은 아름답고 곱게 자랐으나, 이제 내가 멸망시키겠다. 아름다운 시온 성, 곧 예루살렘을 완전히 없애 버리겠다는 말씀이다.

"목자들이 그 양 떼를 몰고 와서 주위에 자기 장막을 치고 각기 그 처소에서 먹이리로다."(3절) 이방 왕들이 군대를 몰고 예루살렘 성으로 접근하여, 성읍 사방에 진을 칠 것이다. 그들은 제각기 원하는 자리에 진을 칠 것이다. 여기서 "목자들"은 북에서 오는 대적들을 가리킨다.

"너희는 그를 칠 준비를 하라 일어나라 우리가 정오에 올라가자 아하 아깝다 날이 기울어 저녁 그늘이 길었구나."(4절) "너희는 그를 칠 준비를 하라." 바벨론 군대에게 전쟁을 일으키라는 하나님의 명령이다. 그들은 공격 개시 시각을 정오(noon) 정각이라 한다. 그러다가 갑자기 야간 공격으로 바꾸면서 "너무 늦었다. 날이 저문다. 저녁 그림자가 점점 길어진다."라고 한다.

"일어나라 우리가 밤에 올라가서 그 요새들을 헐자 하도다."(5절) 그러다 야간 공격을 해서 시온의 요새들(*armenowteha*, fortified buildings, palaces), 곧 궁전들을 헐어 버리자 한다.

"만군의 여호와께서 이와 같이 말하노라 너희는 나무를 베어서 예루살렘을 향하여 목책을 만들라 이는 벌 받을 성이라 그 중에는 오직 포학한 것뿐이니라."(6절) 하나님께서 명령하신다. "너희는 나무를 베어서 예루살렘을 향하여 공성용 흉벽을 쌓아라. 이 성은 벌을 받아 마땅하다. 그 안에는 포악한 일이 가득하다."

목책(木柵)은 나무를 박은 울타리를 말한다. 주로 방어용인데, 본문에서는 공격용이다. 나무를 베어서 만들라 했기 때문에 목책으로 번역한 것으로 보인다. 하지만 "목책"의 원문은 "솔레라"(*solelah*, mound)로, 전쟁 시 더 유리한 입장에서 적을 공격하기 위한 흙 언덕이다. 흉벽으로 번역하기도 한다. 예루살렘을 점령하기 위한 흙 언덕이다. 그것을 쌓을 때 그 언덕을 튼튼히 세우기 위해 나무를 사용했을 것이다. "포학"(*oseq*, oppression)은 문자적으로 "학대," "억압" 등 불의로 상대에게 직접 또는 간접으로 폭력을 가하는 것을 말한다. 예루살렘에 포학이 가득하니 심판을 받지 않을 수 없다.

"샘이 그 물을 솟구쳐냄 같이 그가 그 악을 드러내니 폭력과 탈취가 거기에서 들리며 질병과 살상이 내 앞에 계속하느니라."(7절) 샘이 물을 솟구쳐 내듯이 그 성은 악을 뿜어내고 있다. 그 성에서 들리는 것은 폭력과 파괴의 소리뿐이다. 내 앞에 보이는 것은 언제나 병들고 상처 입은 사람들뿐이다.

"예루살렘아 너는 훈계를 받으라 그리하지 아니하면 내 마음이 너를 싫어하고 너를 황폐하게 하여 주민이 없는 땅으로 만들리라."(8절) 예루살렘아, 너는 훈계를 받으라(be instructed). 이것은 이 고난을 경고(warning)로 받아들이라는 것으로, 유다를 향한 하나님의 마지막 경고이다. 그렇지 않으면, 나의 마음이 너에게서 떠나갈(*teqa*, depart) 것이다. 네가 듣지 않으면 내가 너를 버리고 너를 황폐한 땅(a desolate land)으로 만들어 사람이 살지 못하게(not inhabited) 할 것이다.

2. 경고를 무시한 유다(9-15절)

9-15절은 하나님과 예레미야의 대화형식으로 구성되어 있으며, 하나님께서 한편으로는 심판을, 다른 한편으로는 구원의 길을 제시하며 백성들로 하여금 각성하도록 촉구하고 있다.

"만군의 여호와께서 이와 같이 말씀하시되 포도를 따듯이 그들이 이스라엘의 남은 자를 말갛게 주우리라 너는 포도 따는 자처럼 네 손을 광주리에 자주 자주 놀리라 하시나니."(9절) 하나님께서 예레미야에게 말씀하셨다. 너희 원수들이 포도를 따내는 것처럼 이스라엘에 남은 자를 샅샅이 뒤져 모조리 집어 낼 것이다. "포도를 따듯이"는 이스라엘의 남은 자들도 하나씩 침략자들에 의해 죽게 되거나 포로로 잡혀가게 될 것을 상징적으로 표현한 것이다. 이것은 하나님의 진노가 모든 백성에게 빠짐없이 미칠 것을 보여준다. "말갛게 주우리라"(shall glean throughly)는 문자적으로 "철저히 줍게 하리라"는 뜻으로, 이방 침략자들이 이스라엘의 남은 자들까지도 철저하게 괴롭히고 고통을 줄 것을 말해준다.

"너는 포도 따는 자처럼 네 손을 광주리에 자주자주 놀리라." 그러므로 예레미야 너는 아직 시간이 있을 때에 포도 따는 사람이 포도덩굴을 들추어보는 것처럼 될 수 있는 대로 구할 수 있는 모든 사람을 구해내라. "광주리"(*salsillowt*, the branches)는 문자적으로 "가지," "넝쿨"을 뜻한다. 본문은 포도가 달려있는 가지에 손을 자주 놀려 포도를 미리 따 남은 자들을 대적으로부터 구하라는 뜻이다.

"내가 누구에게 말하며 누구에게 경책하여 듣게 할꼬 보라 그 귀가 할례를 받지 못하였으므로 듣지 못하는도다 보라 여호와의 말씀을 그들이 자신들에게 욕으로 여기고 이를 즐겨 하지 아니하니."(10절) "하나님, 내가 경고한다고 해서 사람들이 내 말을 듣겠습니까? 그들은 귀가 할례를 받지 못해서(*arelah*, uncircumcised), 즉 귀가 닫혀져 있어서 들을 수가 없습니다. 그들은 여호와의 말씀을 수치스럽게 여기고 말씀 듣기를 좋아하지 않습니다." "경책하여"(*aidah*, give warning)는 경고하는 것을 말한다. 문자적으로 "증인으로 세우다," "증거하다"는 뜻으로, 선한 뜻을 증거 하시는 하나님의 열성을 보여준다.

"그러므로 여호와의 분노가 내게 가득하여 참기 어렵도다 그것을 거리에 있는 아이들과 모인 청년들에게 부으리니 남편과 아내와 나이 든 사람과 늙은 이가 다 잡히리로다."(11절)

예레미야는 계속해서 말한다. "그들을 향하신 주님의 진노가 제 속에서도 부글부글 끓고 있어서, 제가 더 이상 주님의 진노를 품고 있을 수도 없습니다." 그러자 하나님은 말씀하신다. "그러면 나의 분노를 길거리의 아이들에게 쏟아라. 젊은이들이 모인 곳에다가 쏟아라. 결혼한 남자들과 결혼한 여자들이 잡혀 갈 것이다. 청년이 잡혀 가고, 노인도 잡혀 갈 것이다."

"내가 그 땅 주민에게 내 손을 펼 것인즉 그들의 집과 밭과 아내가 타인의 소유로 이전되리라 여호와의 말씀이니라."(12절) "내가 손을 들어 이 땅의 백성들을 벌하겠다. 그들의 집과 밭은 물론 그들의 아내까지 남의 소유가 될 것이다." 그들이 세상에서 귀하게 여겼던 모든 것이 다 없어진다.

"이는 그들이 가장 작은 자로부터 큰 자까지 다 탐욕을 부리며 선지자로부터 제사장까지 다 거짓을 행함이라."(13절) 이것은 가장 말단에 있는 사람(힘이 없는 자)으로부터 가장 높은 자리에 있는 사람(힘이 있는 자)까지 모두 물질을 탐하고 자기 잇속을 채우며 심지어 선지자들과 제사장들까지도 거짓된 일, 곧 백성을 속여 재산을 모았기 때문이다.

"탐욕"(*basa*, covetousness)은 문자적으로 음식이나 재물을 탐내는 것을 말한다. 탐욕을 부린다는 것은 남을 해쳐가며 자신의 이기심을 채운다는 말이다.

"그들이 내 백성의 상처를 가볍게 여기면서 말하기를 평강하다 평강하다 하나 평강이 없도다."(14절) 백성이 상처를 입어 앓고 있을 때 상처가 별로 숭하지 않은 것처럼 그것을 어루만지며 "괜찮다"(*salowm*, peace), "괜찮다" 하고 말하지만 괜찮기는 어디가 괜찮으냐? "가볍게"(*neqallah*, slightly)는 문자적으로 "심각하지 않다는 듯이"이다. 하찮게 여기는 것을 말한다. 백성이 당하는 고통을 위선적으로 대하는 지도자들의 모습을 풍자한 것이다. 거짓 선지자들이 피상적인 위로와 격려로 백성들의 고통을 달래주고 있을 뿐이다. 이것은 제사장과 선지자들이 백성의 죄악상을 심각하게 보지 않고 가벼이 여겼음을 암시해주고 있다.

"그들이 가증한 일을 행할 때에 부끄러워하였느냐 아니라 조금도 부끄러워하지 않을 뿐 아니라 얼굴도 붉어지지 않았느니라 그러므로 그들이 엎드러지는 자와 함께 엎드러질 것이라 내가 그들을 벌하리니 그 때에 그들이 거꾸러지리라 여호와의 말씀이니라."(15절) 그들은 가증한 일(*towebah*, abomination), 곧 더러운 행위를 하고서도 조금도 부끄러워하지 않았고, 얼굴 하나 붉히지 않았다. 그러므로 그들은 다른 자들과 함께 거꾸러질 것이니 내가 벌을 내릴 때에 그들은 파멸될 것이다.

"엎드러지는 자"(*bannopelim*, those who fall)는 하나님이 벌할 때 그 벌을 받아 넘어지는 자들, 곧 죽는 자들이 많을 터인데 그들이 넘어져 있는 그 상태에 또 넘어져 시체가 쌓일 정도로 엄청난 재앙이 일어날 것을 말해준다. 이것은 유다 백성들이 선지자와 제사장들로부터 잘못된 지도를 받았기 때문이다.

3. 선지자를 거부한 유다(16-21절)

"여호와께서 이와 같이 말씀하시되 너희는 길에 서서 보며 옛적 길 곧 선한 길이 어디인지 알아보고 그리로 가라 너희 심령이 평강을 얻으리라 하나 그들의 대답이 우리는 그리로 가지 않겠노라 하였으며."(16절) 하나님은 가던 길을 멈추어 서서 옛날에 걷던 선한 길(*hattowb derek*, the good way)이 어느 것인지 알아보고 그 길로 걸어가면 마음의 안식을 찾을 것이라 하셨다. 그런데도 너희는 그 길로는 가지 않겠다고 하였다.

"옛적 길"(old way)은 유대 민족이 일찍이 순전하게 하나님을 믿으며 사랑하던 생활 노선을 말한다. "옛적"(*olam*, old)은 "영원한"이란 뜻도 가지고 있다. 따라서 이 말은 "영원하고 선한 길"로, 시내산 언약을 돌아가는 것이다.

"내가 또 너희 위에 파수꾼을 세웠으니 나팔 소리를 들으라 하나 그들의 대답이 우리는 듣지 않겠노라 하였도다."(17절) 나는 또 너희를 지키려고 파수꾼들(*sopim*, watchmen)을 세워 놓고, 경고의 나팔 소리가 나거든 귀담아 들으라고 가르쳐 주었다. 그러나 너희는 귀담아 듣지 않겠다고 하였다

나팔소리는 침략의 위급 신호이다. 하나님은 선지자들을 보내 경고하셨다. 그 소리를 듣고 행동을 결정하도록 하신 것이다. 그럼에도 그들은 그 권고를 단호히 거절하였다.

"파수꾼"은 유월절이나 월삭(매월 초하루, 새달맞이) 축제 때 초승달이 처음 떠오르는 것을 지켜보다가 그 사실을 순례자들에게 신호해주는 사람, 적군의 침입을 알려주는 사람을 말한다. 여기서는 하나님이 유다를 각성시키기 위해 보낸 신지자들을 가리킨다.

"그러므로 너희 나라들아 들으라 무리들아 그들이 당할 일을 알라."(18절) 그러므로 세상나라들아, 온 회중아, 똑똑히 알아 두어라. 말을 듣지 않는 내 백성에게 어떤 일이 일어날지를 보아라. 보고 배우라는 말씀이다.

"땅이여 들으라 내가 이 백성에게 재앙을 내리리니 이것이 그들의 생각의 결과라 그들이 내 말을 듣지 아니하며 내 율법을 거절하였음이니라."(19절) 땅아, 너도 들어라. 내가 이 백성에게 재앙을 내릴 것이다. 이것은 그들이 생각한 결과(the fruits of their thoughts), 곧 사악한 죄에 대한 결과이다. 그들은 내 말(My word)을 듣지 않았고 또 나의 율법(My law)도 거절하였다.

"시바에서 유향과 먼 곳에서 향품을 내게로 가져옴은 어찌함이냐 나는 그들의 번제를 받지 아니하며 그들의 희생제물을 달게 여기지 않노라."(20절) 시바에서 들여오는 향(frankincense)과 먼 땅에서 가져 오는 향료(sweet cane)가, 나에게 무슨 소용이 있느냐? 너희가 바치는 온갖 번제물(burnt offerings)도 싫고, 온갖 희생제물(sacrifices)도 마음에 들지 않는다.

시바(Sheba)는 아라비아 남서부, 곧 지금의 예멘 지역으로, 제사용품인

"유향과 향품"의 주산지였다. 솔로몬을 방문한 시바 여왕이 통치했던 곳이다. 하나님이 원하시는 것은 유향이나 향품 등 그런 것들이 아니라 인격 그 자체, 곧 인격적인 삶 자체를 제물로 드리라는 것이다.

"그러므로 여호와께서 이와 같이 말씀하시니라 보라 내가 이 백성 앞에 장애물을 두리니 아버지와 아들들이 함께 거기에 걸려 넘어지며 이웃과 그의 친구가 함께 멸망하리라."(21절) "장애물"(*miksolim*, stumbling blocks)은 넘어지게 하는 거침돌로, 유다 백성이 겪게 될 전쟁을 가리킨다.

"여호와께서 이와 같이 말씀하시되 보라 한 민족이 북방에서 오며 큰 나라가 땅 끝에서부터 떨쳐 일어나나니."(22절) 한 민족이 북에서 나오며 큰 나라가 땅 끝에서 떨치고 일어났다. 바빌로니아가 유다를 침략할 것임을 말해주고 있다.

4. 심판 날의 참상(23-30절)

"그들은 활과 창을 잡았고 잔인하여 사랑이 없으며 그 목소리는 바다처럼 포효하는 소리라 그들이 말을 타고 전사 같이 다 대열을 벌이고 시온의 딸인 너를 치려 하느니라 하시도다."(23절) 활과 창으로 무장한 그들은 난폭하고 잔인하다. 그들은 성난 바다처럼 요란한 소리를 지르며 말을 타고 예루살렘을 치려고 전열을 갖춰 나아올 것이다.

"우리가 그 소문을 들었으므로 손이 약하여졌고 고통이 우리를 잡았으므로 그 아픔이 해산하는 여인 같도다."(24절) 우리는 그 소문을 듣고 손에 맥이 풀렸다. 해산하는 여인처럼 불안하고 두려움에 사로잡혔다.

"너희는 밭에도 나가지 말라 길로도 다니지 말라 원수의 칼이 있고 사방에 두려움이 있음이라."(25절) 너희는 밭(the field), 곧 들녘에도 나가지 말고 거리에서 돌아다니지도 말라. 원수들은 칼을 가졌고 사방은 두려움으로 가득 차 있다.

"딸 내 백성이 굵은 베를 두르고 재에서 구르며 독자를 잃음 같이 슬퍼하며 통곡할지어다 멸망시킬 자가 갑자기 우리에게 올 것임이라."(26절) 나의 딸, 나의 백성아, 너는 굵은 베 옷(*saq*, sackcloth)을 허리에 두르고 잿더미(*eper*, ashes) 속에서 뒹굴어라. 외아들을 잃은 어머니처럼 통곡하고, 슬피 울라. 멸망시킬 자가 갑자기 밀어닥칠 것이다.

27-30절은 유다가 내어버린 은과 같게 될 것을 말하고 있다.

"내가 이미 너를 내 백성 중에 망대(tower)와 요새(fortress)로 삼아 그들의 길을 알고 살피게 하였노라."(27절) 그때 하나님께서 예레미야에게 말씀하셨다. "내가 이미 너를 내 백성 가운데서 망대, 곧 살피는 자(*behown*, assayer, 선지자로서 예언자적 임무를 띠고 백성들을 보살피는 자)와 요새(지키고 보호하는 자)로 삼아 그들을 살피고 시험하도록 하였다." 예레미야를 유다의 제련사(refiner), 시험하는 자(tester)로 삼아, 금속을 시험하듯 유다를 시험해서 도대체 내 백성의 정체가 무엇인지 밝혀 보라했다는 말씀이다.

"그들은 다 심히 반역한 자며 비방하며 돌아다니는 자며 그들은 놋과 철이며 다 사악한 자라."(28절) 시험 결과 그들은 모두 고집스런 반역자들이며 다니면서 비방이나 하고 놋처럼 뻔뻔스럽고 철처럼 억세며 하나같이 다 부패하였다. 하나님은 예레미야를 유다를 단련하는 자로 택함을 받았으나 유다를 단련하는 데는 실패했음을 보여준다. 불에 달구면 녹이 소멸되고 깨끗해야 할 터인데 유다가 그 불(정련)을 거부함으로써, 즉 선지자를 통한 하나님의 선한 권고를 거부함으로써 심판을 자초하였다. "놋과 철"은 유다 백성의 무가치함을 단적으로 드러낸 말이다.

"풀무 불을 맹렬히 불면 그 불에 납이 살라져서 단련하는 자의 일이 헛되게 되느니라 이와 같이 악한 자가 제거되지 아니하나니."(29절) 풀무질을 세게 하면 불이 뜨거워지고 그 뜨거운 불 속에서 납이 녹으련만 불순물도 없어지지 않으니 금속을 단련하는 일이 헛수고가 되고 만다. 그들의 죄악이 도무지 제거되지 않는다. "단련하는 자의 일"은 도가니에 납과 은을 함께 넣고 달구어 은을 정제하는 작업을 말한다. 본문에서는 유다 백성을 정제하고자 했던 예레미야의 예언 사역 일체를 말한다. 유다는 정련하는 자의 수고를 헛되게 만들었다.

"사람들이 그들을 내버린 은이라 부르게 될 것은 여호와께서 그들을 버렸음이라."(30절) 하나님께서 그들을 버렸으므로 사람들이 그들을 "내버린 은"(*nimas kesep*, rejected silver), 곧 쓸모없는 "은 찌꺼기"라고 부를 것이다. 정련 작업을 통해서도 전혀 얻을 것이 없었기 때문이다. 결국 유다는 버림을 당하게 되었다.

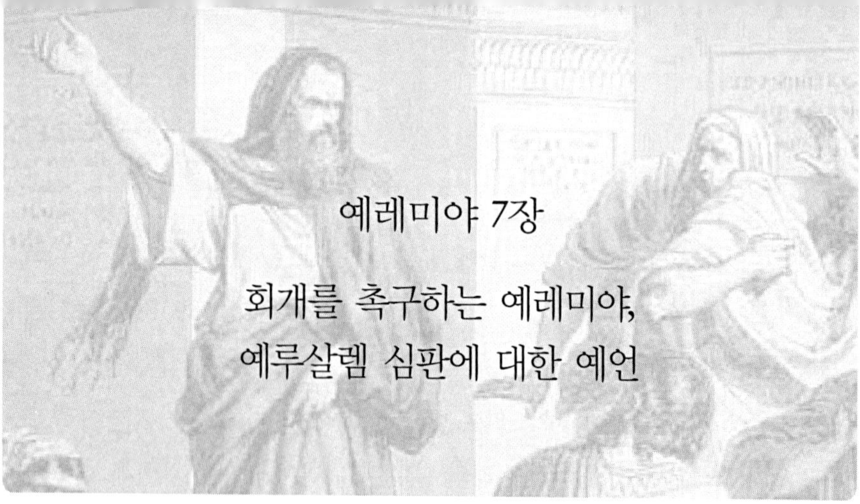

예레미야 7장

회개를 촉구하는 예레미야, 예루살렘 심판에 대한 예언

1. 회개를 촉구하는 예레미야(1-20절)

1-7절은 공의를 행함이 해결책임을 말하고 있다.

하나님께서 예레미야에게 말씀하셨다(1절). “너는 여호와의 집 문에 서서 이 말을 선포하여 이르기를 여호와께 예배하러 이 문으로 들어가는 유다 사람들아 여호와의 말씀을 들으라.”(2절) 성전 입구에서 서서 하나님께 경배하려고 이 문으로 들어가는 모든 유다 사람들에게 이 말씀을 선포하고 듣게 하라는 명령이다. 여호야김이 유다의 왕으로 즉위한 초기 때다.

“만군의 여호와 이스라엘의 하나님께서 이와 같이 말씀하시되 너희 길과 행위를 바르게 하라 그리하면 내가 너희로 이 곳에 살게 하리라.”(3절) 너희의 생활 방식(your ways)과 행실(your doings, deeds)을 고치면 내가 너희를 계속 이 곳에 살게 하겠다는 것이다.

“너희는 이것이 여호와의 성전이라, 여호와의 성전이라, 여호와의 성전이라 하는 거짓말을 믿지 말라.”(4절) 너희는 성전(*hekal*, the temple)이 예루살렘에 있으므로 안전할 것이라는 거짓말을 믿지 말라. “여호와의 성전”은 하나님의 임재 처소요 통치 보좌이다. 그러나 유다 백성들은 형식적인 성전 숭배에 빠지고, 하나님을 배반함으로 인해 그들의 신앙의 대상이었던 성전이 오히려 하나님을 모독하는 장소가 되었다. 이제 하나님이 계시지 않은 명목적인 성전은 더 이상 자신들의 생명을 지켜줄 보루가 되지 못한다.

"너희가 만일 길과 행위를 참으로 바르게 하여 이웃들 사이에 정의를 행하며."(5절) 하나님은 이 구절에서 유다 백성들이 해야 할 일을 두 가지 제시하신다. 하나는, 모든 삶의 양식과 행실을 바르게 고치는 일(change, correction)이고, 다른 하나는 이웃끼리 서로 정직하게 살라는 것(practice justice)이다. 이것은 성전 건물에만 묶인 신앙이 아니라 말씀을 따라 삶의 변화가 있어야 한다는 말씀이다.

"이방인과 고아와 과부를 압제하지 아니하며 무죄한 자의 피를 이 곳에서 흘리지 아니하며 다른 신들 뒤를 따라 화를 자초하지 아니하면."(6절) 나아가 하지 말아야 할 것 세 가지를 제시하셨다. 첫째는 나그네(*ger*, the stranger)와 고아(*yatowm*, the fatherless)와 과부(*almanah*, the widow)를 억압하지 않는 것이다. 하나님께서는 나그네와 고아와 과부를 중히 여길 것을 가르치셨다. 둘째는 죄 없는(*naqi*, innocent) 사람을 살해하지 않는 것이다. 끝으로, 다른 신들, 곧 우상을 섬겨 스스로 재앙을 불러들이지 않는 것이다.

"내가 너희를 이 곳에 살게 하리니 곧 너희 조상에게 영원무궁토록 준 땅에니라."(7절) 이 명령을 잘 따른다면 너희 조상들에게 준 이 땅에서 너희가 계속 살 수 있게 하겠다는 것이다. "이 곳"은 가나안 복지를 말한다.

8-11절은 두 개의 얼굴을 가진 유다를 지적하고 있다.

"보라 너희가 무익한 거짓말을 의존하는도다."(8절) 너희는 거짓된 말(lying words)을 믿고 있다. 그것은 무익하여, 아무 도움을 주지 못한다.

"너희가 도둑질하며 살인하며 간음하며 거짓 맹세하며 바알에게 분향하며 너희가 알지 못하는 다른 신들을 따르면서."(9절) 도둑질, 살인, 간음, 거짓 맹세, 우상 숭배 등 하나님이 그토록 싫어하는 행위들을 일삼고 있다.

"내 이름으로 일컬음을 받는 이 집에 들어와서 내 앞에 서서 말하기를 우리가 구원을 얻었나이다 하느냐 이는 이 모든 가증한 일을 행하려 함이로다." (10절) 이런 일들을 저지르고서도 하나님 이름으로 불리는 이 성전에 들어와, 내 앞에 서서 "우리는 구원을 받았다(we are delivered)," 다시 말해 "우리는 안전하다"고 말한다. 말이 안 된다. 그럼에도 이렇게 말하는 것은 그 역겨운 모든 일들(these abominations)을 되풀이하고 싶어서 그런 것 아니겠는가.

"내 이름으로 일컬음을 받는 이 집이 너희 눈에는 도둑의 소굴로 보이느냐 보라 나 곧 내가 그것을 보았노라 여호와의 말씀이니라."(11절) 하나님 이름으로 불리는 이 성전이, 너희의 눈에는 도둑들이 숨어도 되는 곳으로 보이느냐? 여기에서 벌어진 온갖 악을 나도 똑똑히 다 보았노라.

"도둑의 소굴(a den of thieves)로 보이느냐?" 이 말씀은 도둑, 살인자, 간음한 자들이 성전에 모여 자신들의 죄를 용서받고 안전하다고 주장하는 모습을 나타낸 것이다. 무수한 악행을 저지르며 하나님을 배반하고 우상을 섬기면서도 자신들은 하나님이 택하신 백성이기에 안전하다고 믿고 있는 유다 백성들의 모습을 빗대어 말하고 있다.

12-16절은 실로와 성전, 에브라임과 유다에 대해 말하고 있다.

"너희는 내가 처음으로 내 이름을 둔 처소 실로에 가서 내 백성 이스라엘의 악에 대하여 내가 어떻게 행하였는지를 보라."(12절) 실로는 처음으로 하나님의 이름(My name)을 두었던 실로였다. 너희는 실로에 있는 내 처소(My place)로 가서, 내 백성(My people) 이스라엘의 죄악 때문에 내가 그 곳을 어떻게 했는지 보라.

"실로"(Shiloh)는 벧엘 북쪽과 세겜에서 예루살렘에 이르는 큰 길 동편에 위치한 에브라임 지파의 성읍이다. 종교의 중심지로, 가나안에 정착한 후 성막을 고정적으로 설치한 곳이다(수 18:11). 여호수아 때부터 사무엘 때까지 법궤와 성막이 있어 이스라엘의 예배 중심지였다. "내가 처음으로 내 이름을 둔 처소 실로"는 성소의 본격적인 의미가 여호수아의 가나안 정복시대부터 비롯되었음을 암시하고 있다. 이 성막은 이스라엘 백성의 죄악으로 인하여 블레셋에 의해 파괴되었다. 하나님께서는 실로의 성막, 곧 인간에게 세우신 장막을 떠나시고 버리셨다(시 78:60). 예레미야는 예루살렘의 운명도 이와 같을 것이라고 말하고 있다. 실로의 폐허는 예루살렘 성전의 운명과 비교가 될 정도로 철저한 황폐의 상징이 되었다.

"여호와의 말씀이니라 이제 너희가 그 모든 일을 행하였으며 내가 너희에게 말하되 새벽부터 부지런히 말하여도 듣지 아니하였고 너희를 불러도 대답하지 아니하였느니라."(13절) 너희가 온갖 죄를 지었기 때문에 내가(하나님께서) 너희에게 서둘러서 경고하였지만 너희는 듣지 않았다. 내가 불렀으나, 너희는 대답조차 하지 않았다.

"그러므로 내가 실로에 행함 같이 너희가 신뢰하는바 내 이름으로 일컬음을 받는 이 집 곧 너희와 너희 조상들에게 준 이 곳에 행하겠고."(14절) 그러므로 내가 실로에서 한 것과 똑같이, 내 이름으로 불리며 너희가 의지하는 이 성전, 곧 내가 너희와 너희 조상에게 준 바로 이곳에도, 내가 똑같이 하겠다. 실로처럼 예루살렘 성전도 파괴될 것을 말씀하고 있다.

"내가 너희 모든 형제 곧 에브라임 온 자손을 쫓아낸 것 같이 내 앞에서 너희를 쫓아내리라 하셨다 할지니라."(15절) "에브라임 온 자손"은 아시리아에 멸망한 북 이스라엘에 속한 열 지파를 말한다. 북이스라엘이 멸망해 포로가 된 것처럼 남 유다도 내 앞에서 멀리 쫓아 버리겠다. 포로가 될 것을 말씀하신다.

"그런즉 너는 이 백성을 위하여 기도하지 말라 그들을 위하여 부르짖어 구하지 말라 내게 간구하지 말라 내가 네게서 듣지 아니하리라."(16절) 그러므로 너 예레미야는 이 백성을 보살펴 달라고 나에게 기도하지 말라. 너는 그들을 도와달라고 나에게 호소하거나 간구하지도 말고, 나에게 조르지도 말라. 나는 이제 너의 말을 들어주지 않을 것이다. 이것은 하나님께서 유다를 멸망시키기로 작정하셨음을 말한다. 하나님이 이미 유다에 대해 정하신 일은 예레미야가 아무리 기도하고 간구해도 소용이 없다는 말씀이다.

"너는 그들이 유다 성읍들과 예루살렘 거리에서 행하는 일을 보지 못하느냐."(17절) 하나님은 예레미야를 향해 오히려 "너는 그들이 유다 성들과 예루살렘 거리에서 행하는 일을 보지 못하느냐" 물으셨다. 그 일은 바로 유다 백성들이 이방의 우상을 섬긴 것을 가리킨다.

"자식들은 나무를 줍고 아버지들은 불을 피우며 부녀들은 가루를 반죽하여 하늘의 여왕을 위하여 과자를 만들며 그들이 또 다른 신들에게 전제를 부음으로 나의 노를 일으키느니라."(18절) 이것은 유다 백성들이 얼마나 우상숭배에 열심이었는가를 보여준다. 하나님에 대한 무지와 불신은 우상을 숭배하는 어리석음을 낳게 된다.

"하늘의 여왕"(queen of the heaven)은 이곳에서만 소개되는 것으로, 이방신을 가리킨다. 이 신은 므낫세 시대에 널리 퍼진 하늘의 일월성신, 곧 천체에 대한 숭배와 관련이 있을 것이라는 주장이 강하고, 풍년과 전쟁의 여신으로 숭배된 가나안의 아스다롯, 또는 바벨론의 이쉬타르라는 주장도 있다. 여기에서는 "다른 신들"(other gods)이 따로 언급되고 있기 때문에 전자의 주장이 타당하다.

"과자"(cakes)는 하늘의 여왕, 곧 이방 신에게 바치는 제물을 말한다. "전제"(drink offerings)는 부어드리는 제사를 말한다. 주로 독주를 부어 제사를 드렸다. 그들이 만든 과자나 전제는 모두 이방신을 위한 것이었다. 이 모든 것은 하나님의 분노를 사기에 충분한 행위이다.

"여호와의 말씀이니라 그들이 나를 격노하게 함이냐 자기 얼굴에 부끄러움을 자취함이 아니냐."(19절) 그들이 그렇게 하는 것은 나를 격노(anger)하게 하는 것으로 그치지 않는다. 오히려 그들 스스로를 해치고, 자신들에게 수치(shame)를 안겨다 줄 뿐이다. 이 헛된 일을 왜 하느냐는 말씀이다.

"그러므로 주 여호와께서 이와 같이 말씀하시니라 보라 나의 진노와 분노를 이 곳과 사람과 짐승과 들나무와 땅의 소산에 부으리니 불 같이 살라지고 꺼지지 아니하리라 하시니라."(20절) 그러므로 나 주 여호와가 나의 분(My anger)과 진노(My fury)를 이 성전에 쏟고 또 사람과 짐승, 나무와 농작물에도 쏟을 것이니 그것이 꺼지지 않는(not be quenched) 불이 되어 모든 것을 태워 버릴 것이다.

2. 예루살렘 심판에 대한 예언(21-34절)

21-28절은 순종이 제사보다 나음을 말하고 있다.

"만군의 여호와 이스라엘의 하나님께서 이와 같이 말씀하시되 너희 희생제물과 번제물의 고기를 아울러 먹으라."(21절) 내가 너희에게 받고 싶은 것은 제사가 아니다. 너희가 번제(your burnt offerings)는 다 태워 내게 바치고 다른 제물은 너희가 먹는다고 하지만, 내가 허락할 터이니, 번제든 무슨 제사든 고기는 다 너희들이나 먹어라.

번제물은 하나님께 전적으로 헌신한다는 믿음의 상징으로, 제물을 온전히 불에 태워 드리도록 되어 있다. 이것은 화목제물과는 달리 사람들이 먹을 수 없었다. 하지만 유다 백성들이 드리는 번제물은 아주 형식적일뿐 마음은 하나님을 떠나 있다. 그들이 하나님께 드리는 제사는 우상을 섬기는 이방인의 제사와 하등 다를 것이 없다. 따라서 하나님께서 그들을 향해 번제물의 고기를 먹으라 하는 것은 그들의 거짓된(마음이 없는), 형식적인 예배를 거부하신다는 뜻을 확고히 담고 있다.

"사실은 내가 너희 조상들을 애굽 땅에서 인도하여 낸 날에 번제나 희생에 대하여 말하지 아니하며 명령하지 아니하고."(22절) 내가 너희 조상을 이집트 땅에서 데리고 나왔을 때 내가 그들에게 번제물이나 다른 어떤 희생제물을 바치라고 말하거나 명령하지 않았다.

"오직 내가 이것을 그들에게 명령하여 이르기를 너희는 내 목소리를 들으라 그리하면 나는 너희 하나님이 되겠고 너희는 내 백성이 되리라 너희는 내가 명령한 모든 길로 걸어가라 그리하면 복을 받으리라 하였으나."(23절) 하나님이 원하신 것은 나의 목소리(*beqowli*, My voice)를 들으라(*simu*, obey)는 것이다. 제사나 제물이 아니라 순종이었다는 말씀이다. 순종을 하면 나는 너희 하나님(*eloim lakem*, Your God)이 되고 너희는 내 백성(*li leam*, My people)이 될 것이며, 내가 명령한 그 길(*badderek*, the ways)로만 가면 모든 일이 다 잘 될 것이라 했다.

"그들이 순종하지 아니하며 귀를 기울이지도 아니하고 자신들의 악한 마음의 꾀와 완악한 대로 행하여 그 등을 내게로 돌리고 그 얼굴을 향하지 아니하였으며."(24절) 그들은 순종하지 않았다. 내 말에 귀를 기울이지도 않았다. 오히려 자기들의 악한 마음에서 나오는 온갖 계획과 어리석은 고집대로 살고, 얼굴을 나에게로 돌리지 않고, 오히려 등을 나에게서 돌렸다. 전진하는 신앙이 아니라 뒷걸음질하는 신앙이었다.

"너희 조상들이 애굽 땅에서 나온 날부터 오늘까지 내가 내 종 선지자들을 너희에게 보내되 끊임없이 보내었으나."(25절) 이집트에서 나온 날부터 지금까지 내가 나의 종 선지자들을 너희에게 수없이 보냈지만 듣지 않았다. "너희가 나에게 순종하지 아니하며 귀를 기울이지 아니하고 목을 굳게 하여 너희 조상들보다 악을 더 행하였느니라."(26절) 조상보다도 더 고집이 세고 악하였다.

"네가 그들에게 이 모든 말을 할지라도 그들이 너에게 순종하지 아니할 것이요 네가 그들을 불러도 그들이 네게 대답하지 아니하리니."(27절) 예레미야, 네가 내 백성에게 이 모든 말을 전하여도 그들은 네 말을 듣지 않을 것이고 네가 불러도 대답하지 않을 것이다. 외쳐도 아무 반응을 하지 않는 민족으로 변하였다.

"너는 그들에게 말하기를 너희는 너희 하나님 여호와의 목소리를 순종하지 아니하며 교훈을 받지 아니하는 민족이라 진실이 없어져 너희 입에서 끊어졌다 할지니라."(28절) 유다 민족은 하나님께 순종하지 않는 민족, 그의 가르침을 받지 않는 민족, 그들의 입에서 진실이 사라진지 이미 오래된 민족이 되었다. 하나님의 진노를 스스로 부르고 있다.

29-34절은 힌놈의 아들 골짜기가 살육의 골짜기로 변할 것으로 말하고 있다.

"너의 머리털을 베어 버리고 벗은 산 위에서 통곡할지어다 여호와께서 그 노하신 바 이 세대를 끊어 버리셨음이라."(29절) 여호와께서 노하셔서 이 세대를 버리셨다. 너희는 긴 머리털을 잘라서 던지고 산언덕에서 슬피 울라. "머리털을 베어 버리고." 이스라엘 사람들은 비탄과 참회를 나타낼 때나 하나님께 대한 헌신의 맹세를 파기할 때 머리털을 잘랐다(민 6:9-12)

"여호와께서 말씀하시되 유다 자손이 나의 눈앞에 악을 행하여 내 이름으로 일컬음을 받는 집에 그들의 가증한 것을 두어 집을 더럽혔으며."(30절) 유다 백성이 내가 보는 데서 악을 행하여 바로 내 성전에다 그들의 우상을 세워 성전을 더럽혔다.

"힌놈의 아들 골짜기에 도벳 사당을 건축하고 그들의 자녀들을 불에 살랐나니 내가 명령하지 아니하였고 내 마음에 생각하지도 아니한 일이니라."(31절) 그들은 힌놈 골짜기에 도벳 사당을 건축하고 그들의 자녀를 제물로 불에 태웠다. 이것은 내가 명령한 것도 아니고 마음에 생각했던 일도 아니다.

"힌놈의 아들 골짜기"(the Valley of the Son of Hinnom)는 예루살렘에 있는 골짜기이다. "도벳"(*topet*, Tophet)은 힌놈의 아들(Ben Hinnom) 골짜기와 기드론 골짜기가 합한 곳의 명칭으로, 원래는 아름다운 곳이었으나 바알 숭배지가 되면서 불결한 장소로 전락되었다(대하 28:3, 33:6). 이곳에 세워진 사당에서 몰렉을 위해 어린이를 번제로 바치기도 했다. 도벳의 원뜻은 "난로", "용광로"이다. "게 힌놈"(*ge hinnom*, 힌놈의 골짜기)에서 "지옥", "꺼지지 않는 불"을 뜻하는 "게헨놈"(Gehennom), "게헨나"(Gehenna)가 유래되었다. 종교적인 맹신과 열정에 빠질 경우 이처럼 천륜을 어기는 죄악도 서슴없이 저지르게 된다.

"그러므로 여호와께서 말씀하시니라 날이 이르면 이 곳을 도벳이라 하거나 힌놈의 아들의 골짜기라 말하지 아니하고 죽임의 골짜기라 말하리니 이는 도벳에 자리가 없을 만큼 매장했기 때문이니라."(32절) 심판의 날이 이르면 이곳을 더 이상 도벳이나 힌놈 골짜기라고 부르지 않고 "살육의 골짜기"(*ge haharegah*, the Valley of Slaughter)라고 부를 때가 올 것이다. 그 때는 죽은 시체가 너무 많아 묻을 곳이 없어 그 시체를 이 골짜기에 버릴 것이기 때문이다. 언약을 어긴 유다 백성들의 죽을 자리가 바로 그곳이라는 말씀이다.

"이 백성의 시체가 공중의 새와 땅의 짐승의 밥이 될 것이나 그것을 쫓을 자가 없을 것이라."(33절) 그뿐 아니다. 이 백성의 시체가 공중의 새와 들짐승의 밥이 되어도 아무도 그것을 쫓아줄 사람이 없을 정도로 철저히 파괴된다. 비극이 아닐 수 없다.

"그 때에 내가 유다 성읍들과 예루살렘 거리에 기뻐하는 소리, 즐거워하는 소리, 신랑의 소리, 신부의 소리가 끊어지게 하리니 땅이 황폐하리라."(34절) 심판 때, 곧 유다가 바벨론에 침략을 당할 때에는 유다의 성읍들과 예루살렘의 모든 거리에서 더 이상 흥겨워하는 소리(the voice of joy)와 기뻐하는 소리(the voice of gladness), 즐거워하는 신랑의 소리(the voice of bridegroom), 신부의 목소리(the voice of bride)를 들을 수 없게 된다. 온 나라가 황무지로 변한다. 하나님의 심판은 엄중하다.

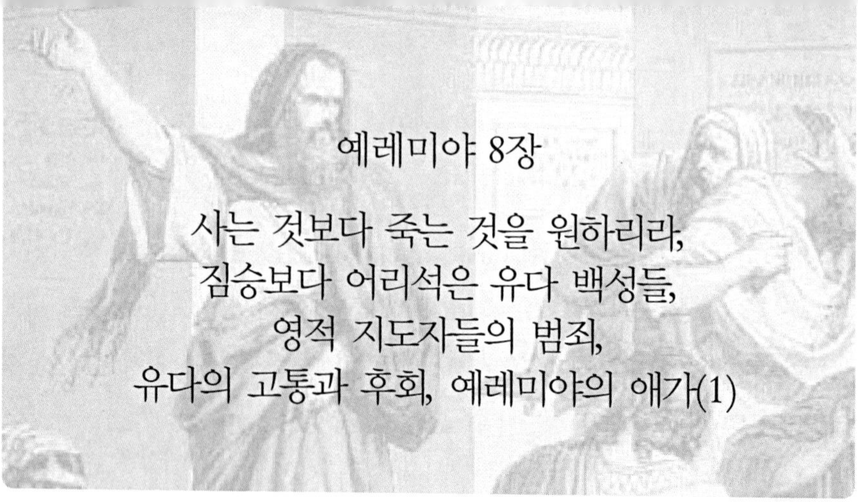

예레미야 8장

사는 것보다 죽는 것을 원하리라, 짐승보다 어리석은 유다 백성들, 영적 지도자들의 범죄, 유다의 고통과 후회, 예레미야의 애가(1)

1. 사는 것보다 죽는 것을 원하리라(1-3절)

"여호와의 말씀이니라 그 때에 사람들이 유다 왕들의 뼈와 그의 지도자들의 뼈와 제사장들의 뼈와 선지자들의 뼈와 예루살렘 주민의 뼈를 그 무덤에서 끌어내어."(1절) "그 때에"는 바빌로니아가 유다를 침략해올 때를 가리킨다. "뼈를 끌어내어"는 정복자들이 피정복 백성들을 모욕하기 위해 피정복인 조상들의 무덤을 파헤치는 행위를 의미한다. 시체 훼손 및 유기는 죽은 자에 대한 최대의 모욕이다. 본문은 유다 왕을 비롯하여 지도자들이 죽은 후라도 그들이 바라던 안식을 얻지 못할 것을 가리킨다. 다시 말해 죽어서라도 그들의 신앙이 잘못되었음을 깨닫게 되리라는 것이다. 하나님의 길을 외면하고 거짓된 가르침을 따르던 자는 죽어서도 안식을 누리지 못한다.

"그들이 사랑하며 섬기며 뒤따르며 구하며 경배하던 해와 달과 하늘의 뭇 별 아래에서 펼쳐지게 하리니 그 뼈가 거두이거나 묻히지 못하여 지면에서 분토 같을 것이며."(2절) 그들이 그토록 좋아하고 섬기며 따르고 찾아다니고 숭배하던 해와 달과 하늘의 무수한 별 아래 흩어버리고 그것을 거두거나 묻지 않을 것이다. 그 뼈들은 분뇨처럼 땅에 흩어진 채 그대로 있을 것이다. "분토"(*domen*, dung, refuse)는 문자적으로 분뇨를 의미한다. 묻히지 못한 그 뼈들이 땅바닥에서 거름이 되고 말 것이다. 일월성신을 섬기던 자들의 완전한 몰락이다.

"이 악한 민족의 남아 있는 자, 무릇 내게 쫓겨나서 각처에 남아 있는 자들이 사는 것보다 죽는 것을 원하리라 만군의 여호와의 말씀이니라."(3절) 그리고 이 악한 백성 가운데서 살아남아 있는 자들은 내가 쫓아 보낸 여러 유배지에서 사는 것보다 차라리 죽는 쪽을 원할 것이다.

2. 짐승보다 어리석은 유다 백성들(4-7절)

"너는 또 그들에게 말하기를 여호와의 말씀에 사람이 엎드러지면 어찌 일어나지 아니하겠으며 사람이 떠나갔으면 어찌 돌아오지 아니하겠느냐."(4절) 누구나 넘어지면 다시 일어나고, 떠나가면, 다시 돌아온다.

"이 예루살렘 백성이 항상 나를 떠나 물러감은 어찌함이냐 그들이 거짓을 고집하고 돌아오기를 거절하도다."(5절) 그런데 유다 백성들은 하나님을 떠난 후에 다시 돌아오지 않는다. 너희는 거짓된 것에 집착하여 돌아오기를 거절하고 있다. "거짓"(*tarmit*, deceit)은 문자적으로 "속임", "잘못 됨"을 의미한다. 하나님을 속이며 거짓된 우상에 집착한 것이다.

"내가 귀를 기울여 들은즉 그들이 정직을 말하지 아니하며 그들의 악을 뉘우쳐서 내가 행한 것이 무엇인고 말하는 자가 없고 전쟁터로 향하여 달리는 말 같이 각각 그 길로 행하도다."(6절) 내가 귀를 기울이고 들어 보니 너희는 진실 된 말을 하지 않고 아무도 자기 악을 뉘우치는 자가 없다. "내가 잘못할 것이 무엇인가" 묻는 자도 없다. "내가 이런 일을 하다니!" 자책하며 자신의 악행을 뉘우치는 사람도 없다. 모두 전쟁터로 달려가는 말처럼 제각기 자기 길, 곧 그릇된 길로 가고 있다.

"전쟁터로 향하여 달리는 말같이"는 전쟁터에서 싸움터로 달려가는 말같이 사납고 제어하기 어렵고 제멋대로인 모습을 나타낸 것이다. 죄를 범하는 유다의 모습이 바로 이와 같다는 말씀이다.

"공중의 학은 그 정한 시기를 알고 산비둘기와 제비와 두루미는 그들이 올 때를 지키거늘 내 백성은 여호와의 규례를 알지 못하도다."(7절) "학, 산비둘기, 제비, 두루미"는 본능적으로 하나님이 정하신 자연 질서에 순응하여 기후가 변하면 지역을 따라 이동하는 철새이다. 하지만 도래지를 다시 찾아오는 특성이 있다. 이처럼 새들도 하나님의 법과 질서를 따르는 데 내 백성은 하나님의 법규, 곧 하나님이 요구하는 삶을 거부하고 오히려 역행하고 있다.

3. 영적 지도자들의 범죄(8-12절)

"너희가 어찌 우리는 지혜가 있고 우리에게는 여호와의 율법이 있다 말하겠느냐 참으로 서기관의 거짓의 붓이 거짓되게 하였나니."(8절) 너희가 어떻게 "우리는 지혜를 가진 사람들이요, 우리는 주님의 율법을 안다."고 할 수가 있느냐? 사실은 서기관들(the scribes)의 거짓된 붓(the deceitful pen)이 율법을 거짓말로 만들었다. 서기관은 율법을 보존하고 해석하는 자들이다. 그런 책임을 가진 자들이 오히려 하나님의 말씀을 왜곡하고 나선 것이다. 서기관들부터 스스로 속이는 자가 되었다.

"지혜롭다 하는 자들은 부끄러움을 당하며 두려워 떨다가 잡히리라 보라 그들이 여호와의 말을 버렸으니 그들에게 무슨 지혜가 있으랴."(9절) 그러므로 지혜롭다 하는 자들이 부끄러움을 당하고, 공포에 떨며 붙잡혀 갈 것이다. 하나님의 말씀을 버렸는데 그들에게 무슨 지혜가 있다고 하겠느냐.

"그러므로 내가 그들의 아내를 타인에게 주겠고 그들의 밭을 그 차지할 자들에게 주리니 그들은 가장 작은 자로부터 큰 자까지 다 욕심내며 선지자로부터 제사장까지 다 거짓을 행함이라."(10절) 그러므로 내가 그들의 아내를 다른 사람에게 주고, 그들의 토지를 새 소유주에게 넘겨 줄 것이다. 그들은 가장 말단에 있는 사람으로부터 가장 높은 자리에 있는 사람까지 모두 물질을 탐하고 심지어 선지자나 제사장들까지도 거짓된 일을 하였다.

"선지자"(*nabi*, the prophet)는 하나님으로부터 "부르심을 받은 자"를 가리킨다. 선지자는 하나님의 뜻을 백성에게 전하는 하나님의 입으로 현재뿐 아니라 미래에 대해서도 예언했다. 본문에서는 진실을 말해야 할 그런 선지자들이 백성을 속였다고 말한다. 거짓 선지자가 된 것이다.

"그들이 딸 내 백성의 상처를 가볍게 여기면서 말하기를 평강하다, 평강하다 하나 평강이 없도다."(11절) 유다 백성들은 영적으로 깊은 병을 앓고 있는데도 그들은 그 상처를 만지며 별로 중하지 않은 것처럼 "평안하다"(*shalom*, peace), 곧 "괜찮다"고 말한다. 하지만 사실 괜찮기는 뭐가 괜찮은가. 그들에게 평안은 없다.

"그들이 가증한 일을 행할 때에 부끄러워하였느냐 아니라 조금도 부끄러워하지 않을 뿐 아니라 얼굴도 붉어지지 아니하였느니라 그러므로 그들이 엎드러질 자와 함께 엎드러질 것이라 내가 그들을 벌할 때에 그들이 거꾸러지리라 여호와의 말씀이니라."(12절) 그들은 그렇게 역겨운 일(*towebah*, abomination), 곧 우상숭배를 하고도 부끄러워하지도 않았고, 얼굴을 붉히지도 않았다. 그러므로 그들이 심판을 받아 시체 더미를 이룰 것이다. 내가 그들을 심판할 때 모두 쓰러져 죽게 될 것이다.

4. 유다의 고통과 후회(13-17절)

"여호와의 말씀이니라 내가 그들을 진멸하리니 포도나무에 포도가 없을 것이며 무화과나무에 무화과가 없을 것이며 그 잎사귀가 마를 것이라 내가 그들에게 준 것이 없어지리라 하셨나니."(13절) 내가 그들의 농작물을 거두어 가겠다. 포도나무에는 포도가 없을 것이요 무화과나무에는 무화과가 없고 잎이 마를 것이다. 내가 그들에게 준 것이 다 사라지고 말 것이다. 그 열매가 전혀 없다는 것은 유다 백성들이 하나님의 심판을 받아 하나님의 백성으로서의 존재가치가 완전히 상실되었음을 말해준다.

"우리가 어찌 가만히 앉았으랴 모일지어다 우리가 견고한 성읍들로 들어가서 거기에서 멸망하자 우리가 여호와께 범죄하였으므로 우리 하나님 여호와께서 우리를 멸하시며 우리에게 독한 물을 마시게 하심이니라."(14절) 그때 유다 백성들이 이렇게 말할 것이다. "모두 모여라. 그냥 앉아서 죽을 수는 없다. 견고한 성읍들을 찾아 들.가서, 죽어도 거기에서 죽자. 우리가 하나님께 죄를 범했기 때문에 하나님께서 우리에게 독이 든 물을 마시게 하여 우리를 죽이려 하신다." 하나님께서 유다를 멸망시키기로 작정하셨음을 비로소 깨닫는다.

"독한 물"(*me ros*, water of gall, poisoned water)은, 쓰고 독한 열매를 맺는 독초의 뿌리에서 나온 즙을 가리킨다. 포도와 무화과 등의 과실을 맺어야 할 땅이 독한 열매를 맺는 땅으로 변했음을 암시해주고 있다. "우리가 평강을 바라나 좋은 것이 없으며 고침을 입을 때를 바라나 놀라움뿐이로다."(15절) 우리가 평안(peace)을 기대하나 평안이 없다. 좋은 일이라고는 하나도 없다. 우리가 고침 받을 때를 기대하지만 두려움(*beatah*, trouble, terror)뿐이다. 이 상처가 나아 건강하기만을 고대하였는데 오히려 무서운 일만 당하고 있다.

"그 말의 부르짖음이 단에서부터 들리고 그 준마들이 우는 소리에 온 땅이 진동하며 그들이 이르러 이 땅과 그 소유와 성읍과 그 중의 주민을 삼켰도다."(16절) 적군의 말들이 내는 소리가 이미 단에서부터 들려오고, 그 힘센 말들이 부르짖는 소리에 온 땅이 진동한다. 적군이 들어와서 이 땅과 그 안에 가득 한 농작물을 휩쓸고, 성읍과 그 안에 사는 사람들을 다 삼킨다. 유다는 꼼짝없이 당한다.

“여호와의 말씀이니라 내가 술법으로도 제어할 수 없는 뱀과 독사를 너희 가운데 보내리니 그것들이 너희를 물리라 하시도다.”(17절) “술법으로도 제어할 수 없는 뱀(serpents)과 독사(vipers)”는 어떤 수단을 동원해도 막을 수 없는 대적을 뜻한다. 곧 이들이 초래할 결과는 치명적인 것이 될 것을 말해준다. 뱀과 독사는 불순종한 백성을 심판할 때 사용되었다(레 26:22, 민 21:6).

5. 예레미야의 애가(1)(18-22절)

“슬프다 나의 근심이여 어떻게 위로를 받을 수 있을까 내 마음이 병들었도다.”(18절) 나의 기쁨이 사라졌다. 나의 슬픔(*yagown*, sorrow)은 나을 길이 없고, 이 가슴(*libbi*, my heart)은 멍들었다(*dawway*, faint). 예레미야는 걷잡을 수 없는 슬픔에 괴로워한다. 예레미야 애가다.

“딸 내 백성의 심히 먼 땅에서 부르짖는 소리로다 여호와께서 시온에 계시지 아니한가, 그의 왕이 그 가운데 계시지 아니한가 그들이 어찌하여 그 조각한 신상과 이방의 헛된 것들로 나를 격노하게 하였는고 하시니.”(19절) “저 소리는 나의 딸, 나의 백성이 울부짖는 소리가 아니가. 그 소리가 먼 이방 땅에서 들려온다. 이제 하나님께서는 시온을 떠나셨단 말인가? 시온에는 왕도 없단 말인가?” 그러나 하나님께서 말씀하신다. “그러게 어쩌자고 새겨 만든 신상과 헛된 이방의 우상을 남의 나라에서 들여다가 나를 노하게 만들었는가?” 다 우상을 섬긴 때문이라는 말씀이다. “심히 먼 땅”은 유다 백성이 포로로 잡혀가서 살게 될 먼 이방 땅을 말한다.

“추수할 때가 지나고 여름이 다하였으나 우리는 구원을 얻지 못한다 하는도다.”(20절) 백성들이 또 울부짖는다. “곡식을 거둘 때가 지나고 여름철이다 지났는데도 우리는 아직 구원을 받지 못했습니다."

4-6월까지가 팔레스타인의 추수기이다. 여름은 추수기가 지난 7-8월로, 무화과와 포도 등 과실의 수확기이다. 유다 백성이 곡식도 흉작이기에 여름 과일의 작황을 기대했는데 그 기대마저도 무너져 아무 것도 얻은 것이 없다는 뜻이다. 악화일로로 치닫고 있다는 말이다. 이것은 여호야김과 시드기야 시대에 이집트의 원조를 바랬으나 아무 도움도 받지 못하고, 결국 바빌로니아 침략 앞에서 구원의 가능성도 전혀 보이지 않는 암담한 상황에 직면해 있음을 가리킨다.

"딸 내 백성이 상하였으므로 나도 상하여 슬퍼하며 놀라움에 잡혔도다." (21절) 나의 백성, 나의 딸이 채찍을 맞아 상하였기에 내 마음도 상처를 입는구나. 슬픔과 공포가 나를 사로잡는구나. 유다 백성의 상심이 크다. 예레미야도 같은 민족으로 마음 아파하고 슬퍼하며 놀라움에 사로잡힌다.

"길르앗에는 유향이 있지 아니한가 그 곳에는 의사가 있지 아니한가 딸 내 백성이 치료를 받지 못함은 어찌 됨인고." (22절) 길르앗에 유향, 곧 약이 없는가? 그곳에 의사가 없는가? 어찌하여 나의 백성, 나의 딸의 병이 낫지 않는 것인가? 적군에게 상하고 찢긴 곳을 치료할 의약품도 의사도 없는 절박한 상황을 묘사하고 있다.

"길르앗" (*gilad*, Gilead)은 요단 동편에 있는 산지이다. 원 이름은 "갈르엣" (*galed*, Galeed)으로(창 31:47, 48), 그 속에 살던 지파를 가리키기도 한다. 물이 많아 수목이 울창하고 포도와 올리브 재배에 적합하여 "길르앗의 유향"이라는 속담이 생겼다. 이 유향(*hasori*, balm, 올리브유)을 상처에 바르기도 했다. 길르앗에는 유향이라는 치료약도 유명하고, 좋은 의사도 있지 않았는가? 유다 백성은 치료를 받지 못하고 있다. 약도 떨어지고 의사도 없다는 말인가? 이 역설적인 물음은 유다 백성이 처한 모습이 매우 비극적임을 보여주고 있다.

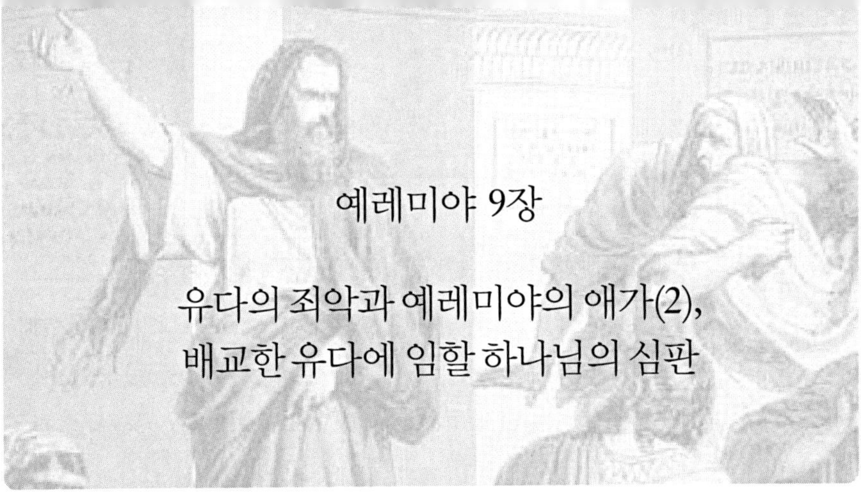

예레미야 9장

유다의 죄악과 예레미야의 애가(2), 배교한 유다에 임할 하나님의 심판

1. 유다의 죄악과 예레미야의 애가(2)(1-6절)

1-9절에서 유다 멸망의 원인인 죄악들이 예레미야의 독백형식으로 계속 열거되고 있다.

“어찌하면 내 머리는 물이 되고 내 눈은 눈물 근원이 될꼬 죽임을 당한 딸 내 백성을 위하여 주야로 울리로다.”(1절) 죽임을 당한 나의 백성, 나의 딸을 생각하면 내 머리가 우물(a spring of water)이 되고 내 눈이 눈물의 샘(a fountain of tears)이 된다면 죽임을 당한 내 백성들을 위하여 내가 밤낮 울 수 있을 터이다. 예레미야가 자기 민족의 죄악과 멸망을 얼마나 슬퍼하는가를 보여준다.

“내가 광야에서 나그네가 머무를 곳을 얻는다면 내 백성을 떠나가리니 그들은 다 간음하는 자요 반역한 자의 무리가 됨이로다.”(2절) 누군가가 저 사막에다가 나그네의 휴식처(a lodging place)를 마련하여 내가 이 백성에게서 멀리 떠나 그리로 가서 머물 수 있게 하여 주면 좋겠다. 이 백성은 모두 간음하는 자들(adulterers)이요, 배신자의 무리(treacherous men)이기 때문이다. 간음했다는 것은 우상을 섬겼다는 것이고, 반역했다는 것은 하나님을 배신했다는 말이다.

“여호와의 말씀이니라 그들이 활을 당김 같이 그들의 혀를 놀려 거짓을 말하며 그들이 이 땅에서 강성하나 진실하지 아니하고 악에서 악으로 진행하며 또 나를 알지 못하느니라."(3절) 하나님은 말씀하신다. "내 백성이라는 것들은 활을 당기듯 혀를 놀려 거짓(*seqer*, lies)을 일삼는다. 진실(*emunah*, truth, firmness, fidelity)은 없고, 폭력만이 이 땅에서 판을 친다. 참으로 그들은 악에 악을 더하려고 돌아다닐 뿐, 내가 그들의 하나님인 줄은 알지 못한다."

"활을 당김 같이 그들의 혀를 놀려"의 원문은 "그들의 활인 혀를 놀려"이다. 이것은 8절의 "죽이는 살"과 같은 말로서 거짓과 악한 의도로 이웃을 해치는 말과 그 행실을 가리킨다. "너희는 각기 이웃을 조심하며 어떤 형제든지 믿지 말라 형제마다 완전히 속이며 이웃마다 다니며 비방함이라."(4절) 친척끼리 거침없이 사기를 치고, 이웃끼리 서로 비방하며 돌아다닌다. 속임과 중상모략이 일상화되어 있다. 그러므로 너희는 서로 이웃을 조심하고, 친척도 믿지 말라.

"그들은 각기 이웃을 속이며 진실을 말하지 아니하며 그들의 혀로 거짓말하기를 가르치며 악을 행하기에 지치거늘."(5절) 그들은 누구나 할 것 없이 자기 이웃을 속이며, 서로 진실을 말하지 않고 있다. 속임과 거짓이 다반사다. 자기들의 혀에게 거짓말을 하라고 가르치며 악을 행하는 데 지칠 줄 모른다. 그들의 혀는 거짓말을 하는 데 길들여져 있고, 죄 짓는 일을 좀처럼 그치려 하지 않는다.

"네가 사는 곳이 속이는 일 가운데 있도다 그들은 속이는 일로 말미암아 나를 알기를 싫어하느니라 여호와의 말씀이니라."(6절) 너희는 서로 속고 속이는 일을 되풀이하면서 기만 가운데 살기 때문에, 아무도 나를 알려고(*daat*, to know) 하지를 않는다. 하나님의 말씀이다.

2. 배교한 유다에 임할 하나님의 심판(7-26절)

"그러므로 만군의 여호와께서 이와 같이 말씀하시되 보라 내가 내 딸 백성을 어떻게 처치할꼬 그들을 녹이고 연단하리라."(7절) 전능하신 하나님께서 말씀하신다. "보라, 내가 내 백성을 시련의 도가니에 넣어 금속처럼 연단하고(refine them) 시험하겠다(try, test, assay them). 이 밖에 내가 달리 무엇을 할 수 있겠는가."

"그들의 혀는 죽이는 화살이라 거짓을 말하며 입으로는 그 이웃에게 평화를 말하나 마음으로는 해를 꾸미는도다."(8절) 그들의 혀는 사람을 죽이는 화살(a deadly arrow, 독이 묻은 화살)과 같다. 입에서 나오는 말은 거짓말뿐이다. 입으로는 자기 이웃에게 다정하게 말하면서도 마음속으로는 그를 잡을 덫을 놓고 있다.

"내가 이 일들로 말미암아 그들에게 벌하지 아니하겠으며 내 마음이 이런 나라에 보복하지 않겠느냐 여호와의 말씀이니라."(9절) 이런 유다 백성들과 남 유다를 보고 벌하고(punish) 보복하지(avenge) 않을 수 없다. 하나님의 말씀이다.

10-11절은 유다가 폐허가 될 것을 말하고 있다.

"내가 산들을 위하여 울며 부르짖으며 광야 목장을 위하여 슬퍼하나니 이는 그것들이 불에 탔으므로 지나는 자가 없으며 거기서 가축의 소리가 들리지 아니하며 공중의 새도 짐승도 다 도망하여 없어졌음이라."(10절) 나는 산들을 보고 울며 탄식한다. 광야의 초원을 바라보고 슬퍼한다. 모두 황폐해져 지나다니는 자가 없고 가축의 소리가 들리지 않으며 공중의 새와 짐승도 다 도망가고 없어졌기 때문이다.

"내가 예루살렘을 무더기로 만들며 승냥이 굴이 되게 하겠고 유다의 성읍들을 황폐하게 하여 주민이 없게 하리라."(11절) 하나님께서 말씀하신다. "내가 예루살렘을 폐허의 무더기로 만들며 이리가 우굴 거리는 굴(den)이 되게 하고, 유다 성읍들을 황폐하게 만들어 사람이 지나다닐 수 없게 하겠다." "승냥이"(*tannim,* jackals)는 자칼, 여우, 이리 등 갯과 동물을 말한다.

12-16절은 쑥과 독한 물을 말하고 있다. 이것은 유다가 우상을 섬기고 하나님을 저버린 결과 얻게 될 극심한 고난을 가리킨다.

"지혜가 있어서 이 일을 깨달을 만 한 자가 누구며 여호와의 입의 말씀을 받아서 선포할 자가 누구인고 이 땅이 어찌하여 멸망하여 광야 같이 불타서 지나가는 자가 없게 되었느냐."(12절) 지혜로워서 이 일을 깨달을 만 한(*yaben*, may understand) 자가 누구인가? 여호와의 말씀을 받아서 그것을 선포할 자가 누구인가? 어떻게 하다가 이 유다 땅이 멸망하여 사막처럼 황폐해져서 지나다니는 자가 없게 되었는가.

"광야"(*midbar*, desert, wilderness)는 출애굽 때 이스라엘 백성이 건넜던 사막으로, 인간의 주거가 불가능한 환경 조건을 상징한다. 예레미야가 이 단어를 사용한 것은 유다 백성으로 하여금 과거 이스라엘 백성이 광야에서 불순종했음을 상기시키기 위한 것이다.

"여호와께서 말씀하시되 이는 그들이 내가 그들의 앞에 세운 나의 율법을 버리고 내 목소리를 순종하지 아니하며 그대로 행하지 아니하고."(13절) 하나님께서 말씀하셨다. "이것은 내 백성들이 나의 율법(*towrati*, My law), 곧 내가 그들에게 지키라고 한 법을 저버리고 나의 말을 순종하지 않으며 내 말대로 실천하지 않았기 때문이다."

"그 마음의 완악함을 따라 그 조상들이 자기에게 가르친 바알들을 따랐음이라."(14절) 그들은 자기들의 고집대로 조상이 섬기라고 가르쳐 준 바알 신들을 섬겼다. "완악함"(*serirut*, stubbornness, dictates, imagination)은 원래 "적의를 갖다"에서 파생된 말로, "완고함", "욕망", "상상력"을 뜻한다. 하나님을 대적하는 인간적인 완고한 생각을 의미한다.

"그러므로 만군의 여호와 이스라엘의 하나님께서 이와 같이 말씀하시니라 보라 내가 그들 곧 이 백성에게 쑥을 먹이며 독한 물을 마시게 하고."(15절) 그러므로 하나님께서 말씀하신다. "내가 이 백성에게 쓴 쑥을 먹이며, 독을 탄 물을 마시게 하겠다." "쑥"(wormwood)은 광야에서 자라는 독초의 일종이다. 그 수액이 매우 써서 음료로 사용할 수 없다. "독한 물"(poisoned water)은 바로 이것을 가리킨다.

"그들과 그들의 조상이 알지 못하던 여러 나라 가운데에 그들을 흩어 버리고 진멸되기까지 그 뒤로 칼을 보내리라 하셨느니라."(16절) 그들도 모르고 그들의 조상도 알지 못하던 이방 민족 가운데 그들을 흩어 버리고, 그들을 전멸시킬 때까지 칼로 그들을 추격할 것이다. "그 뒤로 칼을 보내리라"는 것은, 바빌로니아 침략 시기에 바벨론 군대가 도망하는 유다백성들을 진멸하기 위해 끝까지 따라갈 것을 말하고 있다.

17-22절은 곡하는 부녀를 부르게 될 것을 말하고 있다.

"만군의 여호와께서 이와 같이 말씀하시되 너희는 잘 생각해 보고 곡하는 부녀를 불러오며 또 사람을 보내 지혜로운 부녀를 불러오되."(17절) "곡하는 부녀"(the mourning, wailing women)는 히브리 관례상 상가 집이나 국가적인 제사에서 전문적으로 통곡하는 것을 직업으로 삼은 여인들을 가리킨다. "지혜로운 부녀"는 곡하는 부녀를 가리키는 말로, "지혜로운"(cunning, skillful, professional)은 "곡하는 데 능숙한"이란 뜻을 가지고 있다. 이들을 부른다는 것은 커다란 재난이 임했음을 뜻한다.

"그들로 빨리 와서 우리를 위하여 애곡하여 우리의 눈에서 눈물이 떨어지게 하며 우리 눈꺼풀에서 물이 쏟아지게 하라."(18절) "빨리 와서 우리를 위해 조가를 불러 우리 눈에서 눈물이 쏟아지게 해다오."

"이는 시온에서 통곡하는 소리가 들리기를 우리가 아주 망하였구나 우리가 크게 부끄러움을 당하였구나 우리가 그 땅을 떠난 것은 그들이 우리 거처를 헐었음이로다 함이로다."(19절) 시온에서 통곡하는 소리가 들려온다. "어쩌다가 우리가 이렇게 망하였단 말인가? 어쩌다 이렇게 큰 수치를 당하게 되었는가? 적군이 우리의 집들을 모조리 부수었으니, 우리는 이제 우리의 땅을 떠날 수밖에 없구나." "그들"은 바벨론 사람들을 말한다.

"부녀들이여 여호와의 말씀을 들으라 너희 귀에 그 입의 말씀을 받으라 너희 딸들에게 애곡하게 하고 각기 이웃에게 슬픈 노래를 가르치라."(20절) 여인들아, 너희는 하나님의 말씀을 들어라. 귀를 기울여 그의 입에서 나오는 말씀을 받아들여라. 딸들에게 곡하는 법(애도하는 법)을 가르치고, 너희도 애가(lamentation, 장송곡 부르는 법)을 서로 익혀라.

"무릇 사망이 우리 창문을 통하여 넘어 들어오며 우리 궁실에 들어오며 밖에서는 자녀들을 거리에서는 청년들을 멸절하려 하느니라."(21절) 죽음이 우리 창문으로 기어 들어오고 우리 왕궁까지 들어왔으며 거리에 있는 아이들과 광장에 있는 젊은이들의 생명을 끊어 버리려고 한다.

"너는 이같이 말하라 여호와의 말씀에 사람의 시체가 분토 같이 들에 떨어질 것이며 추수하는 자의 뒤에 버려져 거두지 못한 곡식 단 같이 되리라 하셨느니라."(22절) 예레미야야, 너는 나 여호와가 이렇게 말한다고 외쳐라. "사람의 시체가 들판에 거름 더미(refuse, dung, 똥)처럼 널려 있다. 거두어 가지 않은 곡식 단(sheaf, a row of cut grain)이 들에 그대로 널려 있듯이, 시체가 널려 있다." "거두지 못한 곡식 단"은 원래 일꾼이 추수를 하면서 여기 저기 흘린 곡식의 이삭을 뜻하지만 여기서는 바빌로니아의 침략으로 황폐하게 될 유다 백성들의 운명을 가리킨다.

23-24절은 인간이 자랑할 것은 인간이 가진 지혜, 용맹, 부가 아니라 하나

님을 아는 것임을 말하고 있다.

"여호와께서 이와 같이 말씀하시되 지혜로운 자는 그의 지혜를 자랑하지 말라 용사는 그의 용맹을 자랑하지 말라 부자는 그의 부함을 자랑하지 말라." (23절) 하나님께서 말씀하신다. "지혜로운 자는 자기 지혜(his wisdom)를 자랑하지 말고, 용사는 자기 힘(his might)을 자랑하지 말며, 부자는 자기의 부요함(his riches)을 자랑하지 말라." 지혜자의 지혜, 용사의 용맹, 부자의 부요는 인간이 자랑하는 것들이다. 그러나 하나님의 심판 앞에서 그것들은 아무 힘을 발하지 못한다. 인간의 지혜, 용맹, 그리고 부함은 잠시(transitory)뿐이다. 세상적인 것에 안착하지 말라

"자랑하는 자는 이것으로 자랑할지니 곧 명철하여 나를 아는 것과 나 여호와는 사랑과 정의와 공의를 땅에 행하는 자인 줄 깨닫는 것이라 나는 이 일을 기뻐하노라 여호와의 말씀이니라." (24절) 자랑하고 싶은 사람은 이것을 자랑하라. 하나님을 아는 것(*yada*, know), 그리고 하나님은 사랑(*hesed*, loving-kindness, faithful love)과 정의(*mispat*, justice)와 공의(*sedaqah*, righteous-ness)를 세상에 실현하는 하나님이신 것과 이런 일하기를 좋아하시는 하나님이신 것을 깨닫게 되었음(*sakal*, understand, be prudent)을 자랑하라. 이것은 하나님의 말씀이다.

하나님을 이해하고 아는 것, 그리고 하나님께서는 자비를 베풀며 옳고 공정한 일을 행하는 여호와임을 아는 것을 자랑하라는 말씀이다. 하나님은 인간의 지혜나 용맹이나 부함이 아니라 이런 것을 기뻐하신다. 이 땅에서 우리가 진실로 해야 할 것은 하나님을 이해(지각)하고 아는 것이다

25-26절은 하나님의 심판은 이방인에게만 아니라 이스라엘 백성에게도 임할 것임을 말하고 있다.

"여호와의 말씀이니라 보라 날이 이르면 할례 받은 자와 할례 받지 못한

자를 내가 다 벌하리니."(25절) 포피를 베어 할례를 받은 자나 받지 못한 자를 내가 다 벌할 날이 올 것이다. 다시 말해 몸에만 할례를 받은 사람들에게 모두 벌을 내리겠다는 말씀이다.

"곧 애굽과 유다와 에돔과 암몬 자손과 모압과 및 광야에 살면서 살쩍을 깎은 자들에게라 무릇 모든 민족은 할례를 받지 못하였고 이스라엘은 마음에 할례를 받지 못하였느니라 하셨느니라."(26절) 이들은 이집트, 유다, 에돔, 암몬, 모압 사람들과 그리고 옆머리를 잘라내고 광야에서 사는 사람들이다. 이방 민족들은 할례를 받지 못하였고, 이스라엘 민족은 "마음에"(*leb*, in the heart) 할례를 받지 못하였다. 할례 받은 자나 할례 받지 않은 자나 모두 그들의 죄악과 행동에 따라 심판을 받는다. 겉으로 할례 받은 표가 있다고 해서 내면의 죄악된 행실마저 구제받을 수 있는 것은 아니다.

"에돔"(Edom)은 야곱의 형 에서를 가리키는 이름으로, 그 자손이 이스라엘 동부지역에 살았다. "살쩍을 깎은 자들"은 한글개역에서는 "그 머리털을 모지게 깎은 자들"이라 했고, "옆머리를 잘라낸"(현대인의성경), "관자놀이의 머리카락을 짧게 깎은"(NASB, 새번역)이라 한 번역본도 있다. 이것은 아라비아 광야에 살면서 머리 둘레를 네모반듯하게 깎는 습관을 가진 유목민들을 가리킨다(왕상 10:15). 레위기 19:27에서 금하고 있는 것으로, 하나님의 법과 무관한 자들을 상징하는 표현이다.

예레미야 10장

하나님의 권능과 우상의 헛됨, 임박한 유다의 멸망, 예레미야의 기도

1. 하나님의 권능과 우상의 헛됨(1-16절)

1-16절은 이방 나라들이 섬기는 우상은 참된 신이 아님을 밝히고 있다.

"이스라엘 집이여 여호와께서 너희에게 이르시는 말씀을 들을지어다."(1절) "이스라엘 집"(*bet yisrael*, house of Israel)은 장소적 개념이 아니라 가계나 가정을 뜻하는 말로, 이스라엘 전 역사상의 백성들, 곧 하나님의 백성을 총칭하는 말이다. "들을지어다"(*simu*, hear)는 귀로 듣고 순종하라는 말씀이다.

"여호와께서 이와 같이 말씀하시되 여러 나라의 길을 배우지 말라 이방 사람들은 하늘의 징조를 두려워하거니와 너희는 그것을 두려워 말라."(2절) "여러 나라의 길"에서 "길"(*derek*, the way)은 이방 세계의 생활 규범이나 행동 양식을 말한다. 그들의 종교 규례나 문화를 본받지 말라는 것이다. 우상숭배와 연관되기 때문이다.

"하늘의 징조(*otowt*, the signs)"는 문자적으로 "하늘의 증거들"이란 뜻이다. 이방인들은 천체를 신으로 믿고, 그것으로부터 힘과 지식을 부여받는다고 믿었다. 당시에는 천체에 관한 지식이 없어 일식과 같은 현상이 나타나면 신이 노여워하기 때문이라며 두려워했다. 하나님은 이런 미신적인 두려움에서 벗어나라고 하신다. 그것은 단지 피조물이며, 하나님이 그것을 통치하고 다스리기 때문이다.

"여러 나라의 풍습은 헛된 것이니 삼림에서 벤 나무요 기술공의 두 손이 도끼로 만든 것이라."(3절) 여러 나라의 풍습(*huqqowt*, customs)은 이방 풍속을 가리키는 것으로, 우상숭배와 관련되어 있다. 우상은 목공이 나무를 깎아 만든 것일 뿐이다. 이것은 하나님과 아무 상관이 없다.

"그들이 은과 금으로 그것에 꾸미고 못과 장도리로 그것을 든든히 하여 흔들리지 않게 하나니."(4절) 우상은 나무에다 은과 금으로 아름답게 장식하고, 망치로 못을 박아 고정시켜 넘어지지 않게 한 것이다. 약한 것을 아름답고 꾸미고 튼튼하게 보이도록 만든 것일 뿐이다.

"그것이 둥근 기둥 같아서 말도 못하며 걸어 다니지도 못하므로 사람이 메어야 하느니라 그것이 그들에게 화를 주거나 복을 주지 못하나니 너희는 두려워하지 말라 하셨느니라."(5절) 그것은 "둥근 기둥 같아서(*ketomer*, like a palm tree, like scarecrows)", 즉 "종려나무처럼 뻿뻿해서" 또는 "들판의 허수아비와 같아서" 말을 하지 못한다. 걸어 다닐 수도 없어 늘 누가 메고 다녀야 한다. 그것들은 사람에게 재앙을 내릴 수도 없고, 복도 내릴 수가 없다. 그러니 너희는 그 우상들을 두려워하지 말라.

"여호와여 주와 같은 이 없나이다 주는 크시니 주의 이름이 그 권능으로 말미암아 크시니이다."(6절) 이에 반해 하나님은 위대하시며(*gadowl*, great), 크신 권능(*geburah*, might, strength)을 가지고 계신다. 하나님과 같은 분은 아무도 없다.

"이방 사람들의 왕이시여 주를 경외하지 아니할 자가 누구리이까 이는 주께 당연한 일이라 여러 나라와 여러 왕국들의 지혜로운 자들 가운데 주와 같은 이가 없음이니이다."(7절) 하나님은 온 세계의 왕이시다. 누가 하나님을 두려워하지 않겠는가? 주를 두려운 마음으로 섬기는 것은 당연한 일이다. 온 세상의 지혜로운 자들과 왕들 가운데서도 주와 같은 자가 없다. 하나님은 비교

불가의 존재이다.

"그들은 다 무지하고 어리석은 것이니 우상의 가르침은 나무뿐이라."(8절) 나무로 만든 우상에게 무엇을 배우겠는가. 우상에게 가르침을 받고 배우려는 사람이야 말로 무지하고 어리석다.

"다시스에서 가져온 은박과 우바스에서 가져온 금으로 꾸미되 기술공과 은장색의 손으로 만들었고 청색 자색 옷을 입었나니 이는 정교한 솜씨로 만든 것이거니와."(9절) 우상에게 얇게 펴서 입힌 그 은은 다시스(Tarshish), 곧 스페인에서 들여온 것이고, 그 금도 우바스(Uphaz)에서 들여온 것이다. 우상들은 조각가가 새기고, 은장이가 만든 공예품이다. 그것에 청색 옷과 자주색 옷을 걸쳐 놓았다. 다 기능공들의 작품일 뿐이다. "우바스"는 순금의 생산지다(단 10:5). 오빌과 같은 곳으로 보기도 한다. 위치는 알 수 없다.

"오직 여호와는 참 하나님이시요 살아 계신 하나님이시요 영원한 왕이시라 그 진노하심에 땅이 진동하며 그 분노하심을 이방이 능히 당하지 못하느니라."(10절) 여호와만이 참 하나님(the true God)이시고, 살아 계신 하나님(the living God)이시며 영원한 왕(the everlasting King)이시다. 주께서 분노하시면 땅이 진동하고 온 세상이 견딜 수 없다. "영원한 왕"은 영원토록 우주와 세계와 인생을 통치하시는 분이심을 의미한다.

"너희는 이같이 그들에게 이르기를 천지를 짓지 아니한 신들은 땅 위에서, 이 하늘 아래에서 망하리라 하라."(11절) 너희는 우상을 섬기는 자들에게 이렇게 말하라. "하늘과 땅을 만들지 않은 이 신들은 이 땅에서 사라지고, 저 하늘 아래서도 망할 것이다." 우상의 설 자리는 없다.

12-13절에서 예레미야는 하늘과 땅, 모든 세계의 현상은 하나님의 역사하심이라 말한다.

"여호와께서 그의 권능으로 땅을 지으셨고 그의 지혜로 세계를 세우셨고 그의 명철로 하늘을 펴셨으며."(12절) 하나님은 그의 권능(능력)으로(by His power) 땅을 지으셨고, 그의 지혜로(by His wisdom) 세계를 건설하셨으며, 그의 명철(총명)으로(by His understanding, at His discretion) 하늘을 펼쳐 놓으셨다. 하나님을 어떻게 우상과 비교할 수 있는가.

"그가 목소리를 내신즉 하늘에 많은 물이 생기나니 그는 땅 끝에서 구름이 오르게 하시며 비를 위하여 번개 치게 하시며 그 곳간에서 바람을 내시거늘." (13절) 하나님께서 호령(His voice)하시면 하늘에서 물이 출렁이고, 땅 끝에서 구름(vapors, 수증기)이 올라온다. 주님은 번개를 일으켜 비를 내리시며(비와 함께 번개를 보내시며), 그의 창고(His treasuries)에서 바람을 내보내신다.

"사람마다 어리석고 무식하도다 은장이마다 자기의 조각한 신상으로 말미암아 수치를 당하나니 이는 그가 부어 만든 우상은 거짓 것이요 그 속에 생기가 없음이라."(14절) 은장이(medalsmith), 곧 금세공업자들이 만든 우상, 곧 그들이 주조해서 만든 신상은 거짓되고 그 안에 생명이 없다. 그 우상을 섬기는 사람들이야 말로 다 어리석고 무지하다 아니할 수 없다. "생기"(*ruah*, breath)는 히브리어로 "영," "혼," "바람," "정신," "생명" 등으로 번역된다.

"그것들은 헛것이요 망령되이 만든 것인즉 징벌하실 때에 멸망할 것이나." (15절) 그것들은 다 무가치하고(futile) 경멸의 대상(a work of errors, mockery, 조롱거리)이다. 그러므로 하나님께서 벌하실 때에 다 멸망할 것들이다.

"야곱의 분깃은 이 같지 아니하시니 그는 만물의 조성자요 이스라엘은 그의 기업의 지파라 그 이름은 만군의 여호와시니라."(16절) 야곱의 하나님은 그런 우상들과 같지 않다. 그는 모든 것을 창조하신 분(the Maker)이시고, 이스라엘을 당신의 소유(His inheritance)인 지파(the tribe), 곧 이스라엘을 택하여 자기 백성으로 삼으신 분이시다. 그의 이름은 전능하신 여호와(the Lord of hosts)이시다.

"야곱의 분깃"은 야곱의 유산이신 여호와 하나님을 가리킨다. 분깃(*heleq*, the portion)은 원래 어떤 사람에게 속한 소유물을 의미한다. 하지만 여기에서는 하나님이 야곱, 곧 이스라엘을 자기 소유라 할 만큼 (이스라엘을 위해 스스로 책임을 맡으실 만큼) 매우 깊고 친밀한 관계를 맺고 있다는 뜻을 가지고 있다. "만물의 조성자"는 "창조자," "운영하시는 자" 등의 뜻을 가지고 있다. 우주를 만드시고 그 역사를 유지, 운행해 가시는 하나님을 가리킨다.

2. 임박한 유다의 멸망(17-22절)

17-18절에서 하나님은 예루살렘이 포위되어 멸망당하고, 그 거민은 포로로 잡혀가게 될 것이라 말씀하신다.

"에워싸인 가운데에 앉은 자여 네 짐 꾸러미를 이 땅에서 꾸리라."(17절) 에워싸였다(live under siege)는 것은 바벨론 군대가 예루살렘을 포위하고 있음을 나타낸다. 네 짐 꾸러미(your belongings, wares)를 꾸리라는 것은 각자 짐을 싸 달아날 준비를 하라는 것이다.

"여호와께서 이와 같이 말씀하시되 보라 내가 이 땅에 사는 자를 이번에는 내던질 것이라 그들을 괴롭게 하여 깨닫게 하리라 하셨느니라."(18절) "내던질 것이라"는 말은 유다가 패망하여 그 백성이 이방 나라로 추방당할 것을 말한다. 그들이 자신의 죄를 깨달아 알도록, 하나님께서 직접 그들에게 고통을 주겠다고 하신다.

19-22절은 유다 지도자들이 어리석고 범죄하여 모든 백성이 따라 범죄하였으므로 북방 민족의 침입을 받아 유다는 완전히 멸망하고 땅은 황폐해질 것을 말하고 있다.

"슬프다 내 상처여 내가 중상을 당하였도다 그러나 내가 말하노라 이는 참으로 고난이라 내가 참아야 하리로다."(19절) 내 상처(my hurt)가 심해 나을 것 같지 않다. 하지만 예레미야는 말한다. "이것은 내가 당해야 하는 고난이니 참아야 하지 않겠는가."

"고난"(sickness, grief)은 문자적으로 질병 등에 의한 육신적 고통을 나타내는 말이다. "내 상처"(my wound), "나의 중상"이라는 말과 같다. 예레미야가 유다 백성에게 미친 재앙을 자신의 심각한 고통으로 받아들이고 있음을 보여준다.

"내 장막이 무너지고 나의 모든 줄이 끊어졌으며 내 자녀가 나를 떠나가고 있지 아니하니 내 장막을 세울 자와 내 휘장을 칠 자가 다시 없도다."(20절) 유다의 장막(tent, 집)이 파괴되었다. 장막을 잡고 있던 줄(cords)도 모두 끊어졌다. 우리의 자녀들도 모두 포로가 되어 떠나가고, 아무도 남아 있지 않다. 그래서 우리의 장막을 다시 칠(pitch) 사람도 없고, 휘장(curtains)을 달 사람도 없다.

"목자들은 어리석어 여호와를 찾지 아니하므로 형통하지 못하며 그 모든 양 떼는 흩어졌도다."(21절) 백성의 목자들이 미련하여, 하나님을 찾지 않더니 일이 이렇듯 뒤틀려서, 모든 양떼, 곧 유다 백성들이 모두 흩어지게 되었구나. "목자들"(*haroim*, shepherds)은 유다의 정치, 종교지도자들을 말한다. 그들은 이 위기 속에서 먼저 하나님을 찾고 주님이 인도해 주시기를 구해야 했다. 하지만 그렇게 하지 않았다. 양들이 영적으로 잘못된 목자를 만난 것이다.

"들을지어다 북방에서부터 크게 떠드는 소리가 들리니 유다 성읍들을 황폐하게 하여 승냥이의 거처가 되게 하리로다."(22절) 들어라. 북쪽 땅에서 큰 소동이 일어나고 있다. 그것이 유다 성읍들을 황폐하게 만들고 이리의 소굴이 되게 할 것이다. "크게 떠드는 소리"(*gadowl raas*, great commotion)는 "크게 진동하는 소리", "지진처럼 땅이 요동하는 소리"라는 뜻으로 바벨론 군대의 말발굽 소리와 진동을 실감나게 묘사한 것이다.

3. 예레미야의 기도(23-25절)

23-25절에서 예레미야는 인간의 모든 것을 인도하시는 하나님의 능력에 대한 신뢰를 나타낸다. 자기 민족이 고난을 당해야 마땅하지만 사랑으로 너그럽게 징계해 주실 것을 간구한다.

"여호와여 내가 알거니와 사람의 길(the way of man)이 자신에게 있지 아니하니 걸음을 지도함이 걷는 자에게 있지 아니하니이다."(23절) "하나님이여, 내가 알기에는 사람이 자신의 운명을 다스릴 수가 없고 삶의 방향을 마음대로 조정할 수도 없나이다."

"걸음을 지도함"(*hakin saadow*, to direct, determine his own steps)은 단순한 인도가 아니라 뚜렷한 목표와 방향을 따라 인도하시는 하나님의 주관적인 섭리를 말한다. 예레미야는 기도를 통해 사람이 자기 운명의 주인이 아니라는 것과 아무도 자기 생명을 조종하지 못한다는 것을 깨달았다고 고백한다.

"여호와여 나를 징계하옵시되 너그러이 하시고 진노로 하지 마옵소서 주께서 내가 없어지게 하실까 두려워하나이다."(24절) "주님, 형벌로 주님의 백성을 채찍질하여 주시되 주님의 진노대로 하지 마시고, 너그럽게 다스려 주십시오. 우리가 죽을까 두렵습니다." 유다를 징계하시되 진노가운데서도 주의 자비를 잃지 말아달라는 기도이다.

"주를 알지 못하는 이방 사람들과 주의 이름으로 기도하지 아니하는 족속들에게 주의 분노를 부으소서 그들은 야곱을 씹어 삼켜 멸하고 그의 거처를 황폐하게 하였나이다 하니라."(25절) 예레미야는 하나님의 진노는 주님을 알지 못하는 이방 백성, 주님의 이름을 부르지 않는 사람들에게 쏟으시라 부탁한다. 그들이 야곱 자손을 삼켜 아주 없애고(devoured and consumed), 그 거처까지도 황무지로 만들었기(devastated) 때문이다. 선지자는 자기 민족에게 잔인하게 대했던 이방 민족들에게 분노의 심판을 행하실 것을 간구하였다. 유다 백성을 너무 가혹하게 다루었기 때문이다.

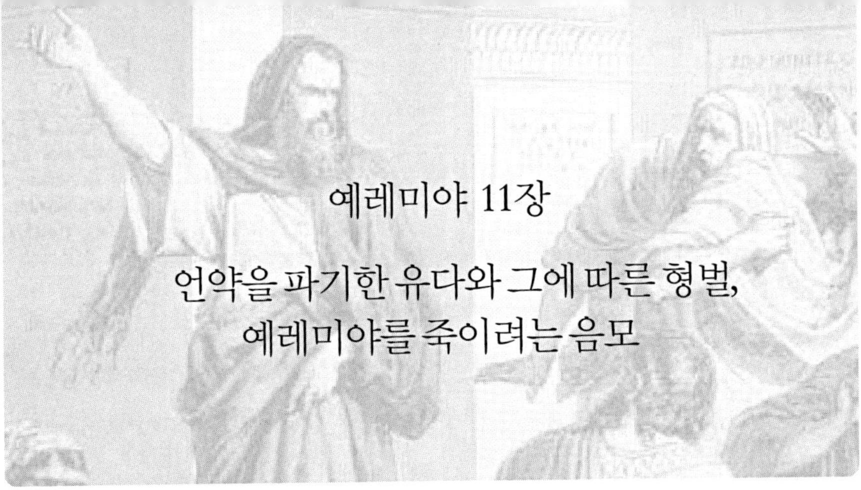

예레미야 11장

언약을 파기한 유다와 그에 따른 형벌, 예레미야를 죽이려는 음모

1. 언약을 파기한 유다와 그에 따른 형벌(1-17절)

1-8절은 하나님의 언약에 대해 말하고 있다. 이 언약은 출애굽 때 시내 산에서 이스라엘 백성과 하나님이 체결한 언약(*habberit*, the covenant)이다. 이 언약대로 사는 자는 하나님의 백성이 되지만 그렇지 않은 자는 저주를 받게 된다.

하나님께서 예레미야에게 말씀하셨다(1절). "이 언약의 말(the words of this covenant)을 듣고, 유다 사람과 예루살렘 주민에게 선포하라."(2절). "너는 그들에게 이스라엘의 하나님 나 여호와가 이렇게 말한다고 일러라. 이 언약의 말(*dibre*, the words)을 따르지 않는 자는 저주를 받을 것이니라."(3절) 이 언약의 조건을 지키지 않는 자는 저주를 받을 것이라는 말씀이다.

"이 언약은 내가 너희 조상들을 쇠풀무 애굽 땅에서 이끌어내던 날에 그들에게 명령한 것이라 곧 내가 이르기를 너희는 내 목소리를 순종하고 나의 모든 명령을 따라 행하라 그리하면 너희는 내 백성이 되겠고 나는 너희의 하나님이 되리라."(4절) "쇠풀무"(*mikkur*, furnace)는 용광로로, 이집트에서 노예생활을 하면서 겪었던 고난의 풀무를 가리킨다. 이것은 하나님께서 이스라엘을 연단하신 것으로 볼 수 있다(사 48:10). 그 때 하나님은 나에게 순종하고 내가 명령할 것을 모두 준수하라 하시고, 그러면 너희는 내 백성(My people)

이 되고 나는 너희 하나님(your God)이 될 것이라 약속하셨다.

내가 또 너희 조상들에게 한 맹세는 그들에게 젖과 꿀이 흐르는 땅을 주리라 한 언약을 이루리라 한 것인데 오늘이 그것을 증언하느니라 하라 하시기로 내가 대답하여 이르되 아멘 여호와여 하였노라(5절) "내가 그들의 조상에게 젖과 꿀이 흐르는 땅을 주겠다고 맹세한 약속을 지키겠다고 하여, 오늘에 이르렀다." 하나님께서 이렇게 말씀하실 때에, 나는 "주님, 참으로 그렇습니다." 하고 대답하였다.

"젖과 꿀이 흐르는 땅"(a land flowing with milk and honey, 기름지고 비옥한 땅)은 하나님이 이스라엘에 약속해주신 땅을 표현한 것으로, 복된 상태를 상징한다. 인간에게 진정한 안식과 행복을 줄 수 있는 영원한 기업인 하나님의 왕국을 예표 한다. "오늘이 그것을 증언하느니라"(as it is this day)는 것은 오늘날 너희가 소유한 바로 이 땅이 바로 그 땅임을 말해주고 있다. 하나님은 그 약속을 지키셨다는 말씀이다.

또 여호와께서 나에게 말씀하셨다 "너는 이 모든 말로 유다 성읍들과 예루살렘 거리에서 선포하여 이르기를 너희는 이 언약의 말을 듣고 지키라."(6절) 예레미야, 너는 유다 성들과 예루살렘 거리에 내 말을 선포하여 이 언약의 말을 듣고 실천하도록 하라 하셨다. 언약은 실행이 중요하다. 유다가 그 약속을 지키지 않고 있기 때문이다.

"내가 너희 조상들을 애굽 땅에서 인도하여 낸 날부터 오늘까지 간절히 경계하며 끊임없이 경계하기를 너희는 내 목소리를 순종하라 하였으나"(7절) 하나님은 출애굽 때부터 지금까지 나에게 순종할 것을 거듭 경고하였다. "그들이 순종하지 아니하며 귀를 기울이지도 아니하고 각각 그 악한 마음의 완악한 대로 행하였으므로 내가 그들에게 행하라 명령하였어도 그들이 행하지 아니한 이 언약의 모든 규정대로 그들에게 이루게 하였느니라 하라."(8절) 하지만 그들은 듣지 않고 귀를 기울이지도 않았다. 오히려 그 마음의 악한 고집대로 행하였다. 내가 지키라고 명령한 언약을 지키지 않았기 때문에 나는 그 언약에 언급된 모든 형벌이 그들에게 그대로 이루어지도록 하였다. 약속을 지키지 않은 유다에 대한 형벌은 지극히 타당하다는 말씀이다. 순종하지 않은 죄다.

9-13절은 언약 파기의 내용을 담고 있다. 언약을 어기는 것은 참 하나님이신 여호와대한 반역이다.

"여호와께서 또 내게 이르시되 유다인과 예루살렘 주민 중에 반역이 있도다."(9절) "반역"(*qeser*, conspiracy)은 요시야 왕의 종교개혁 후 잠시 중단되었다가 다시 시작된 유다 백성들의 우상숭배를 말한다.

"그들이 내 말 듣기를 거절한 자기들의 선조의 죄악으로 돌아가서 다른 신들을 따라 섬겼은즉 이스라엘 집과 유다 집이 내가 그들의 조상들과 맺은 언약을 깨뜨렸도다."(10절) 유다 백성들도 자기들의 옛 조상이 저지른 죄악, 곧 불순종의 죄악으로 되돌아가고 말았다. "선조의 죄악"은 우상을 섬기던 죄악을 말한다. 그 조상이 나의 말을 들으려 하지 않고, 다른 신들을 좇아다니면서 섬기더니, 이제는 이스라엘 백성과 유다 백성도 우상을 섬겨, 내가 그들의 조상과 맺은 언약을 파기하고 말았다.

"그러므로 나 여호와가 이와 같이 말하노라 보라 내가 재앙을 그들에게 내리리니 그들이 피할 수 없을 것이라 그들이 내게 부르짖을지라도 내가 듣지 아니할 것인즉."(11절) 언약의 조건을 어겼으므로 약속한 대로 재앙은 피할 수 없다. 그들이 나에게 도움을 간청한다 해도, 내가 응답하지 않겠다.

"유다 성읍들과 예루살렘 주민이 그 분향하는 신들에게 가서 부르짖을지라도 그 신들이 그 고난 가운데에서 절대로 그들을 구원하지 못하리라."(12절) 유다 백성이 고난을 당한다 해도 그들이 섬기던 우상들이 그들을 보호해줄 수 없다. 이것은 유다 백성들이 하나님을 떠난 것이 곧 재앙의 시작임을 말해준다.

"유다야 네 신들이 네 성읍의 수와 같도다 너희가 예루살렘 거리의 수대로 그 수치스러운 물건의 제단 곧 바알에게 분향하는 제단을 쌓았도다."(13절) 유다야, 네가 섬기는 신들이 네 성의 수만큼이나 많구나. 바알에게 분향하려고 세운 그 부끄러운 제단은 예루살렘 거리의 수만큼이나 많구나. "수치스러운 물건"은 바알에게 드리던 제물을 말한다.

14-17절은 푸른 감람나무가 불길에 휩싸일 것을 말하고 있다. 하나님 보시기에 아름다운 푸른 감람나무였던 이스라엘이 우상을 섬김으로 그 나무는 불타고 가지는 꺾이게 된다. "그러므로 너는 이 백성을 위하여 기도하지 말라 그들을 위하여 부르짖거나 구하지 말라 그들이 그 고난으로 말미암아 내게 부르짖을 때에 내가 그들에게서 듣지 아니하리라."(14절) 언약을 깨뜨린 유다를 위해 기도하지 말라 하신다. 이미 심판하기로 정하셨기 때문이다. 그것을 없던 것으로 다시 되돌리지 않겠다는 말씀이다.

"나의 사랑하는 자가 많은 악한 음모를 꾸미더니 나의 집에서 무엇을 하려느냐 거룩한 제물 고기로 네 재난을 피할 수 있겠느냐 그 때에 네가 기뻐하겠느냐."(15절) 내가 사랑하는 유다가 악한 음모나 꾸미더니, 내 성전에 들어와서 어쩌자는 것이냐? 살진 짐승을 희생 제물로 바친다고 해서, 재난을 피하고 구원의 기쁨을 누릴 수 있다고 생각하느냐? 결코 그런 일은 일어나지 않는다는 말씀이다. "악한 음모"(evil schemes)는 행음, 곧 우상숭배를 말한다. "거룩한 제물"(holy meat)은 제사 때 드려지는 제물을 말한다. 이 구절은 우상을 섬기는 자들이 성전에 와서 의식적 제사를 드린다 해도 그것이 구원의 조건이 될 수 없음을 말해준다.

"여호와께서는 그의 이름을 일컬어 좋은 열매 맺는 아름다운 푸른 감람나무(*raanan zayit*, green olive tree)라 하였었으나 큰 소동 중에 그 위에 불을 피웠고 그 가지는 꺾였도다."(16절) 유다는 한때 하나님께서 "좋은 열매 맺는 아름다운 푸른 감람나무," 곧 잎이 무성하고 열매가 많이 달린 올리브 나무라고 불렀다. 그러나 이제는 요란한 천둥소리와 함께 내가 그 잎을 불사르고, 그 가지를 부러뜨리겠다. "큰 소동" (*gedolah hamullah*, great tumult)은 문자적으로 "폭풍우 몰아치는 소리"로, 닥쳐올 환난의 격렬함을 비유한 것이다.

"바알에게 분향함으로 나의 노여움을 일으킨 이스라엘 집과 유다 집의 악으로 말미암아 그를 심은 만군의 여호와께서 그에게 재앙을 선언하셨느니라." (17절) 이스라엘과 유다 백성이 바알에게 분향함으로 악을 행하고 나의 분노를 일으켰다. 그러므로 그들을 심은 나 여호와가 그들에게 재앙을 선언하였다. 유다도 하나님 앞에서 가증한 우상을 섬겼기 때문에 재앙을 피할 수 없게 되었다.

2. 예레미야를 죽이려는 음모(18-23절)

18-23절은 예레미야가 고향 아나돗에서 푸대접 받고 있음을 보여준다. 예레미야는 고향 사람들이 자기를 죽이려 한다는 생각을 꿈에도 가지지 않았는데, 하나님은 그 사실을 알려주신다.

"여호와께서 내게 알게 하셨으므로 내가 그것을 알았나이다 그 때에 주께서 그들의 행위(*maallehem*, their doings)를 내게 보이셨나이다." (18절) 하나님께서 내 대적들의 음모를 나에게 알려 주셨고 그들의 악한 소행을 나에게 보여 주셨다. 그 음모는 예레미야를 해치려는 것이었다.

"나는 끌려서 도살당하러 가는 순한 어린 양과 같으므로 그들이 나를 해하려고 꾀하기를 우리가 그 나무와 열매를 함께 박멸하자 그를 살아 있는 자의 땅에서 끊어서 그의 이름이 다시 기억되지 못하게 하자 함을 내가 알지 못하였나이다." (19절) 나는 죽을 줄도 모르고 도살장으로 끌려가는 순한 어린 양 같았다. 그들이 나를 죽일 음모를 꾸며도 나는 그것을 전혀 알지 못했다. 그들은 "저 나무를, 열매가 달린 그대로 찍어 버리자. 사람 사는 세상에서 없애 버리자. 그의 이름을 다시는 기억하지 못하게 하자."고 하였다. 하나님이 그들을 위해 보내신 선지자 예레미야를 죽이고자 한 것이다.

"공의로 판단하시며 사람의 마음을 감찰하시는 만군의 여호와여 나의 원통함을 주께 아뢰었사오니 그들에게 대한 주의 보복을 내가 보리이다 하였더니."(20절) 그때 예레미야는 이렇게 기도하였다. "의롭게 판단하시며 사람의 마음을 살피시는 전능하신 하나님이시여, 내가 이 문제를 주께 맡깁니다. 그들이 주께 보복당하는 것을 내 눈으로 보게 하소서." 예레미야는 자신에 대한 보복을 하나님께 의뢰했다.

"여호와께서 아나돗 사람들에 대하여 이와 같이 말씀하시되 그들이 네 생명을 빼앗으려고 찾아 이르기를 너는 여호와의 이름으로 예언하지 말라 두렵건대 우리 손에 죽을까 하노라 하도다."(21절) 그러자 하나님께서 아나돗 사람들에 대하여 말씀하셨다. "그들이 너의 목숨을 노려서 이르기를 '너는 주님의 이름으로 예언하지 말라. 주님의 이름으로 예언을 계속하다가는 우리 손에 죽을 줄 알라.' 하였다.

"아나돗"(Anathoth)은 베냐민 지파의 땅 중 레위 지파에 할당된 48개 성읍중 하나이다. 예레미야도 이곳 사람이다. 아나돗 사람들은 그의 고향 사람들이다. 고향 사람들이 유다를 향해 재앙을 예언하는 선지자를 죽이고자 한 것이다. 그들은 하나님의 일을 방해하고자 하였다.

"그러므로 만군의 여호와께서 이와 같이 말씀하시니라 보라 내가 그들을 벌하리니 청년들은 칼에 죽으며 자녀들은 기근에 죽고 남는 자가 없으리라 내가 아나돗 사람에게 재앙을 내리리니 곧 그들을 벌할 해에니라."(22, 23절) 하나님은 아나돗 사람들에 대한 징계의 예언을 내리고, 그들이 기근과 전쟁으로 모두 죽임을 당할 것이라 하셨다. 엄한 심판을 하시겠다는 말씀이다.

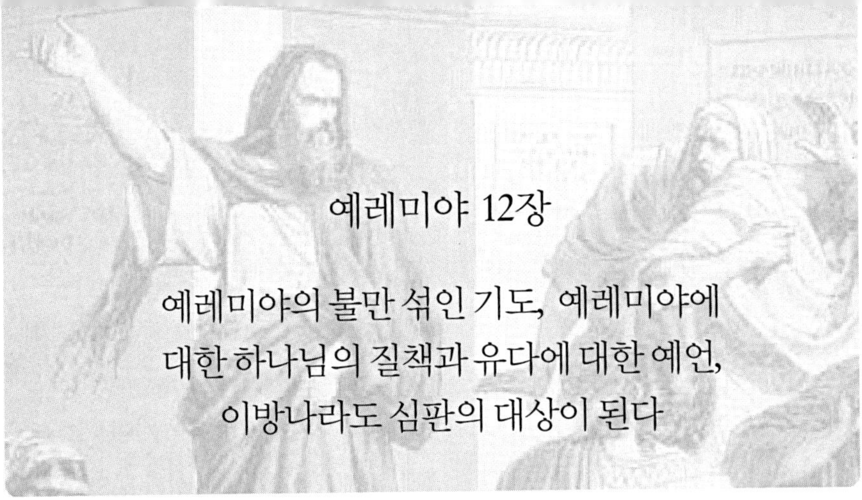

예레미야 12장

예레미야의 불만 섞인 기도, 예레미야에 대한 하나님의 질책과 유다에 대한 예언, 이방나라도 심판의 대상이 된다

1. 예레미야의 불만 섞인 기도(1-4절)

1-4절에서 예레미야는 당대의 악인의 형통함에 대해 강한 의문을 제기한다.

"여호와여 내가 주와 변론할 때에는 주께서 의로우시니이다 그러나 내가 주께 질문하옵나니 악한 자의 길이 형통하며 반역한 자가 다 평안함은 무슨 까닭이니이까."(1절) "변론"(plead, bring a case)은 법률용어로, 소송을 제기하고 변론하는(다투는) 모든 과정을 가리킨다. 잘잘못을 따져 책임 소재를 분명히 하겠다는 것이다. 예레미야는 하나님의 의로우심을 잘 알고 있었다. 그러나 그는 하나님의 공정성(공의)에 대해 의문을 가지고 있었다. 그것은 바로 "어찌하여 악인들(the wicked)이 형통하며, 배신자들(the treacherous)이 모두 잘 되기만 하는가?"이다. 이것이 바로 하나님을 향한 그의 불만이다.

여기서 악한 자, 배신자는 누구일까? 하나님을 거역하는 자들이고, 하나님의 심판 대상들이다. 예를 들어 아나돗 사람들의 악한 행동에 대해 하나님께서 판결을 내리셨고, 그들에 대해 심판을 선언하셨다. 그럼에도 불구하고 그들이 지금 형통하게 살도록 내버려 두시는 이유는 무엇일까.

"주께서 그들을 심으시므로 그들이 뿌리가 박히고 장성하여 열매를 맺었거늘 그들의 입은 주께 가까우나 그들의 마음은 머니이다."(2절) "주님께서 그들을 나무를 심듯이 심으셨기 때문에 뿌리를 내리고 자라며, 열매도 맺었습니다. (그것은 하나님의 주권적 섭리였다는 말씀이다.) 그러나 그들은 입술(말)로만 주님과 가까울 뿐 마음으로는 주님을 멀리하고 있습니다." 겉으로는 선한 체 하지만 행실은 악하다.

"여호와여 주께서 나를 아시고 나를 보시며 내 마음이 주를 향하여 어떠함을 감찰하시오니 양을 잡으려고 끌어냄과 같이 그들을 끌어내시되 죽일 날을 위하여 그들을 구별하옵소서."(3절) "주는 나를 아시고 또 나를 보고 계시며 주를 향하는 내 마음 자세를 살피고 계십니다. 그러므로 그들을 도살할 양처럼 끌어내시고, 죽일 날을 정하셔서 따로 갈라내 두십시오." 겉과 속이 다른 그들을 완전히 구별해 보응해달라는 것이다.

"언제까지 이 땅이 슬퍼하며 온 지방의 채소가 마르리이까 짐승과 새들도 멸절하게 되었사오니 이는 이 땅 주민이 악하여 스스로 말하기를 그가 우리의 나중 일을 보지 못하리라 함이니이다."(4절) 예레미야의 불만은 계속된다. "언제까지 이 땅이 슬퍼하며 들의 모든 초목이 말라야 합니까? 이 땅에 사는 사람들이 악하므로 짐승과 새들도 전멸하게 되었습니다. 더구나 그들은 '우리가 하는 일을 그는 보지 못한다.' 하고 말합니다."

왜 악인들의 악행 때문에 피조물과 동족들 중 선한 자들까지도 함께 고난을 받아야 하는가? 그런데도 그들은 오히려 자신들이 예레미야보다 더 오래 살고 형통할 것이라는 자신감에 빠져있지 않은가. 이런 일은 부당하다는 것이다.

여기서 "그"는 예레미야를 가리킨다. "우리의 나중 일"(*aharitenu*, our final end, our last end)은 죽음 또는 종말을 의미한다. "그가 우리의 나중 일을 보지 못한다는 것은 예레미야가 자기들보다 일찍 죽을 것이기 때문에 자신들의 최후를 보지 못할 것이라는 말이다. 자기 앞도 갈무리 하지 못하는 주제에 왜 남의 일에 간섭하느냐는 말이다.

한편 "그"를 하나님으로 보는 견해도 있다. "사람들이 무슨 일을 하든지,

하나님께서 내려다보시지 않는다."(새번역)는 것이다. 하나님이 사람들의 미래에 관심이 없으시므로 자신들이 징계를 받지 않으리라는 것이다. 이 해석보다는 전자의 해석이 타당하다.

2. 예레미야에 대한 하나님의 질책과 유다에 대한 예언(5-13절)

"만일 네가 보행자와 함께 달려도 피곤하면 어찌 능히 말과 경주하겠느냐 네가 평안한 땅에서는 무사하려니와 요단 강 물이 넘칠 때에는 어찌하겠느냐."(5절) 하나님은 예레미야에게 말씀하신다. "네가 사람과 달리기를 해도 피곤하다면 어떻게 말과 달리기를 하겠는가? 네가 조용한 땅에서만 안전하게 살 수 있다면, 요단강의 창일한 물속에서는 어찌하겠느냐?

지금 이렇게 평화스러운 때에도 그런 시련 하나 견디지 못한다면 앞으로 올 더 큰 환난의 때에는 어떻게 견디려 하느냐는 말씀이다. 요단강이 홍수로 범람할 때는 심판의 때를 말한다. 그러니 근시안적 사고를 가지지 말고 멀리 보며 정의가 실현될 마지막 때를 바라보며 살라는 말씀이다.

"네 형제와 아버지의 집이라도 너를 속이며 네 뒤에서 크게 외치나니 그들이 네게 좋은 말을 할지라도 너는 믿지 말지니라."(6절) 네 형제들과 네 가족까지도 너를 배신하고 네 뒤에서 소리를 질러 너를 욕한다. 그러니 그들이 너에게 좋은 말을 하여도 너는 그들을 믿지 말라. 하나님은 사람들의 위선적인 행동을 믿지 말라고 충고하신다.

"내가 내 집을 버리며 내 소유를 내던져 내 마음으로 사랑하는 것을 그 원수의 손에 넘겼나니."(7절) 여호와께서 말씀하신다. "내가 내 집(*beti*, My house)을 버리며 나의 택한 민족을 내던지고 나의 사랑하는 백성을 대적의 손에 넘겨주었다." 하나님은 이제 유다 백성을 그 죄악으로 인해 멸망시키겠다고 하신다.

"내 소유"(*nahalati*, My heritage)는 유다가 하나님의 택함 받은 족속임을 나타낸다. "내던져"(*natasti*, has left, abandoned, deserted)는 원래 아내를 내보낼 때 사용되던 말로, 사랑을 배반한 유다 백성을 향한 하나님의 징계를 뜻한다.

"내 소유가 숲속의 사자 같이 되어서 나를 향하여 그 소리를 내므로 내가 그를 미워하였음이로라."(8절) 나의 택한 백성이 숲속의 사자처럼 나를 향해 소리를 지르므로 내가 그들을 미워한다. "숲속의 사자"(a lion in the forest)는 하나님 앞에서 불신앙을 고집하며 그의 말씀을 청종하지 않는 유다의 강퍅함을 상징하는 말이다. 유다가 하나님께 반항했다는 말씀이다.

"내 소유가 내게 대하여는 무늬 있는 매가 아니냐 매들이 그것을 에워싸지 아니하느냐 너희는 가서 들짐승들을 모아다가 그것을 삼키게 하라."(9절) 내 소유로 택한 내 백성은 사나운 매들(thr vultures)에게 둘러싸인 무늬 있는 매와 같다. "무늬 있는 매"(a speckled vulture)는 얼룩진 육식 조로, 우상을 숭배하는 유대 민족을 비유적으로 표현한 말이다. 유다 백성이 매에게 사방 공격을 당한 새처럼 되었다는 말이다. 너희는 들짐승을 모아다가 그 새를 삼키게 하라. 들짐승들로 하여금 이 새를 뜯어먹게 하라는 것이다. "들짐승"(the beasts of the field)은 하나님을 모르는 이방국가를 가리킨다. 유다가 망하게 되었음을 말해준다.

"많은 목자가 내 포도원을 헐며 내 몫을 짓밟아서 내가 기뻐하는 땅을 황무지로 만들었도다."(10절) 이방 통치자들이 내 포도원을 망쳐 놓았고, 내 농장을 짓밟아 버렸다. 그들은 내가 아끼는 땅을 황무지로 만들어 버렸다. "많은 목자"(many shepherds)는 이방국가, 특히 바벨론의 지도자들을 가리킨다.

"그들이 이를 황폐하게 하였으므로 그 황무지가 나를 향하여 슬퍼하는도다 온 땅이 황폐함은 이를 마음에 두는 자가 없음이로다."(11절) 그들이 내 땅을 황무지로 바꾸어 놓았다. 황무지가 된 이 땅이 나를 보고 통곡한다. 온 땅이 이렇게 황무지가 되었는데도, 걱정하는 사람이 하나도 없다. 유다 온 땅이 황폐하게 되었는데도 백성들 가운데 아무도 여기서 교훈을 받고 회개하는 자가 없다. 그러므로 멸망을 그들에게 합당하다는 말씀이다.

"파괴하는 자들이 광야의 모든 벗은 산 위에 이르렀고 여호와의 칼이 땅이 끝에서 저 끝까지 삼키니 모든 육체가 평안하지 못하도다."(12절) 약탈자들(*sodedim*, the plunderers)이 광야의 모든 높은 곳에 이르렀다. 침략자들이 몰려왔다는 말이다. 내가 온 땅을 삼켜 버릴 여호와의 칼을 보낼 것이니 아무도 평안하게 살 수 없을 것이다. 여호와의 칼(*hereb*, the sword)은 유다 심판의 도구로 사용되는 바벨론 군대를 가리킨다.

"무리가 밀을 심어도 가시를 거두며 수고하여도 소득이 없은즉 그 소산으로 말미암아 스스로 수치를 당하리니 이는 여호와의 분노로 말미암음이니라."(13절) 유다 백성들이 밀을 심어도 가시만 거두고, 아무리 열심히 일해도 소득이 없을 것이다. 하나님의 맹렬한 분노 때문이다. 그들은 자기들이 추수한 것에 대하여 부끄러움을 느끼게 될 것이다.

3. 이방나라도 심판의 대상이 된다(14-17절)

14-17절은 이방나라도 심판의 대상이 될 것을 말하고 있다.

"내가 내 백성 이스라엘에게 기업으로 준 소유에 손을 대는 나의 모든 악한 이웃에 대하여 여호와께서 이와 같이 말씀하시니라 보라 내가 그들을 그 땅에서 뽑아 버리겠고 유다 집을 그들 가운데서 뽑아내리라."(14절) 하나님께서 말씀하신다. "내 백성 이스라엘에게 준 땅을 해치는 모든 인접 국가들에 대하여 나 여호와가 말한다. 보라, 내가 그 악한 민족들을 그들의 땅에서 뽑아 버리고 그들에게서 유다를 구출하겠다."

이방민족은 이스라엘 민족으로 하여금 우상을 섬기는데 영향을 주었을 뿐 아니라 북 이스라엘뿐 아니라 남 유다를 침략해 완전히 망가뜨려 놓았다. 하나님은 그 악한 백성들을 그들의 고향 땅에서 쫓아내고(유다처럼 망하게 하고 포로가 되게 할 것이며), 그들에게서 유다를 구할 것이라 하신다. 악한 이방을 심판하시겠다는 말씀이다.

"내가 그들을 뽑아 낸 후에 내가 돌이켜 그들을 불쌍히 여겨서 각 사람을 그들의 기업으로, 각 사람을 그 땅으로 다시 인도하리니."(15절) 내가 그들을 쫓아낸 다음에는(심판 후에) 다시 그들을 불쌍히 여겨서 제 땅, 제 고향으로 돌아오도록 하겠다. 징계가 끝난 후 포로로 잡혀갔던 땅에서 고국으로 돌아오도록 하시겠다는 말씀이다. 이방에도 자비를 베푸신다.

"그들이 내 백성의 도를 부지런히 배우며 살아 있는 여호와라는 내 이름으로 맹세하기를 자기들이 내 백성을 가리켜 바알로 맹세하게 한 것 같이 하면 그들이 내 백성 가운데에 세움을 입으려니와."(16절) 만일 그들이 내 백성의 신앙(이스라엘의 참 신앙)을 받아들이고 한때 그들이 내 백성에게 바알로 맹세하라고 가르친 것처럼 나를 그들의 하나님으로 섬기겠다고 맹세하면 그들도 내 백성과 같이 되어 번영을 누릴 것이다. 이방이 하나님의 도를 배워 하나님을 섬기게 되면 그들도 하나님의 백성이 될 것이라는 말씀이다.

"그들이 순종하지 아니하면 내가 반드시 그 나라를 뽑으리라 뽑아 멸하리라 여호와의 말씀이니라."(17절) 그러나 복종하지 않는 민족은 완전히 뿌리째 뽑아 멸망시키겠다는 말씀이다. 순종 여부에 따라 민족의 운명이 달라진다.

예레미야 13장

썩은 베띠의 비유, 포도주 병의 비유, 멸망의 예언과 회개의 촉구

1. 썩은 베띠의 비유(1-11절)

1-11절은 썩은 띠의 교훈이다.

“여호와께서 이와 같이 내게 이르시되 너는 가서 베띠를 사서 네 허리에 띠고 물에 적시지 말라 하시기로.”(1절) 여호와께서 예레미야에게 말씀하셨다. “가서 베띠를 사서 네 허리에 두르고 그것이 물에 닿지 않게 하라.” 베(*pistim*, linen)는 제사장의 의복을 만들 때 사용되는 세마포를 가리킨다. 이것은 유다 왕국의 거룩함, 곧 제사장 왕국임을 상징한다. 따라서 베띠(a linen waistband, belt, girdle)는 제사장이 차던 것으로 이전에 하나님과 유다의 긴밀한 관계를 상징한다. “베띠를 사라”는 것은 하나님께서 이스라엘을 값 주고 사셔서 거룩히 구별하셨다는 의미이다. 그래서 예레미야는 하나님의 말씀에 순종하여 베띠를 사서 허리에 둘렀다(2절).

하나님께서 다시 예레미야에게 말씀하셨다(3절) “너는 사서 네 허리에 띤 띠를 가지고 일어나 유브라데로 가서 거기서 그것을 바위틈에 감추라 하시기로.”(4절) 그 베띠를 가지고 유프라테스 강가로 가서 그것을 그 곳 바위틈(a hole, cleft of rock)에 숨겨 두라는 명령이다. 이것은 유다 민족이 바벨론에 사로잡혀갈 비천한 처지를 비유한 것이다.

“유브라데”(*peratah*, the Euphrates)는 지금의 유프라테스 강이라는 주장과 아나돗 북동쪽 5km에 위치한 작은 강, 지금의 "와디 파라"(Wadi Parah)라는 주장이 있다. 여호수아 18:23에서는 "바라"(Parah)로 소개되고 있다. 전자일 경우 560km되는 그 먼 거리를 두 번이나 다녀왔겠느냐는 의문이 제기되어 후자일 가능성이 높다. 즉 발음(*peratah*)의 유사성을 살려 와디 파라로 유프라테스 강을 상징했을 가능성이다. 심지어 "페라타"는 "에브라다", 곧 베들레헴이라는 주장도 있다.

"내가 여호와께서 내게 명령하신 대로 가서 그것을 유브라데 물가에 감추니라."(5절) 예레미야는 말씀대로 가서 그것을 유프라테스 강가 바위틈에 감추어 두었다. 이방 강가 바위틈에 숨긴 것은 유다의 혼합주의적 행위를 상징적으로 보여준다.

"여러 날 후에 여호와께서 내게 이르시되 일어나 유브라데로 가서 내가 네게 명령하여 거기 감추게 한 띠를 가져오라 하시기로."(6절) 여러 날이 지나자 하나님은 예레미야에게 감추어놓은 베띠를 가져오도록 하셨다. 그가 그곳에 가서 감추어 둔 곳을 파고 띠를 꺼내 보니 썩어서 쓸모에 없게 되어 있었다(7절). 이것은 제사장 나라인 유다의 신앙이 잘못된 물에 의해 변질되어 영적인 순수성을 잃어버리고 파멸되었음을 상징적으로 보여준다. 이는 또한 유다 왕국이 썩은 베띠처럼 무용지물이 될 것임을 보여준다.

그때 하나님께서 예레미야에게 다시 말씀하셨다(8절). "내가 유다의 교만(*geown*, pride)과 예루살렘의 큰 교만을 이같이 썩게 하리라."(9절) 하나님 말씀 듣기를 거부하는 교만한 유다를 더 이상 제사장 나라로서의 역할을 할 수 없게 만드시겠다는 말씀이다.

"이 악한 백성이 내 말 듣기를 거절하고 그 마음의 완악한 대로 행하며 다른 신들을 따라 그를 섬기며 그에게 절하니 그들이 이 띠가 쓸 수 없음 같이 되리라."(10절) 유다가 하나님의 말씀을 온전히 따르지 않고 이방신을 섬기니 더 이상 제사장 왕국으로서의 사명을 감당할 수 없게 되었다는 말씀이다.

"여호와의 말씀이니라 띠가 사람의 허리에 속함 같이 내가 이스라엘 온 집과 유다 온 집으로 내게 속하게 하여 그들로 내 백성이 되게 하며 내 이름과 명예와 영광이 되게 하려 하였으나 그들이 듣지 아니하였느니라." (11절) 띠가 사람의 허리에 붙어 있는 것처럼 내가 이스라엘과 유다 백성을 나에게 꼭 붙어 있게 하여 그들이 내 백성으로서 내 이름을 높이고 찬양하도록 하였으나 그들은 내 말을 듣지 않았다. 하나님은 그들이 제사장 나라로서 하나님의 영광을 온전히 드러내기를 바랐지만 그들의 불순종으로 인해 물거품이 되고 말았다.

2. 포도주 병의 비유(12-14절)

12-14절은 온 백성이 마시게 될 진노의 포도주 잔을 말하고 있다.

그때 하나님께서 예레미야로 하여금 이렇게 말하도록 하셨다. "나 주 이스라엘의 하나님이 말씀하신다. 병(*nebel*, bottle, jar, wineskin, 항아리, 가죽부대)마다 포도주로 가득 찰 것이다!" 그러면 그들이 너에게 물을 것이다. "병에 포도주가 담긴다는 것을 우리가 어찌 모르겠느냐?" (12절) "포도주" (*yayin*, wine)는 향락과 우상숭배에 빠져있는 유다 백성의 실상을 이미지화한 표현이다. 여기서 포도주는 진노의 상징으로 이것을 마신 자들이 취해 더욱 악행을 저지르고 결국 멸망할 것을 뜻한다. 하나님께서 모든 병에 진노의 포도주로 찰 것이라 말씀하셨는데도, 회개하지 않고 오히려 풍요한 수확으로 가득찰 것을 왜 모르겠느냐고 반문한다. 유다의 죄악이 관영하고 이에 대한 하나님의 진노가 임박했음을 재차 경고하는 데도 불구하고 그 경고를 무시하고 있는 것이다. 그들이 얼마나 영적으로 완악하고 교만하며 하나님을 거역하고 있는가를 보여준다.

그러면 너는 다시 그들에게 대답하라. "하나님의 말씀이다. 내가 이 땅의 모든 주민과, 다윗의 왕위에 앉은 왕들과, 제사장들과, 선지자들과, 예루살렘의 모든 주민을 술에 잔뜩 취하게 하리라."(13절) 유다의 지도자는 물론 모든 백성들이 영적으로 타락하고 향락에 빠지게 하겠다는 말씀이다. 이로써 그들은 하나님의 진노를 재촉하게 된다. 결정적으로 중대 결정을 해야 할 시기에 그들 모두는 오히려 타락의 길로 굴러 떨어진다.

"또 그들로 피차 충돌하여 상하게 하되 부자 사이에도 그러하게 할 것이라 내가 그들을 불쌍히 여기지 아니하며 사랑하지 아니하며 아끼지 아니하고 멸하리라 하셨다 하라 여호와의 말씀이니라."(14절) 몹시 취한 그들로 서로 부딪쳐서 깨지게 하겠다. 아버지와 자녀 사이에도 서로 부딪쳐서 깨지게 하겠다. 나는 그들을 불쌍히 여기지도 않을 것이고, 동정도 하지 않을 것이며, 사정없이 멸망시킬 것이다. 하나님의 말씀이다. 유다는 더 이상 하나님의 자비를 구할 수 없는 지경에 빠졌다. 민족적 불행이다.

3. 멸망의 예언과 회개의 촉구(15-27절)

15-27절은 유다가 멸망하기 전에 회개할 것을 촉구하고 있다.

"너희는 들을 지어다, 귀를 기울일 지어다, 교만하지 말 지어다, 여호와께서 말씀하셨음이라."(15절) 그러나 예레미야는 민족적 회개를 촉구한다. 주님께서 말씀하셨으니 너희는 들어야 할 것이 아니냐. 주님의 말씀에 귀를 기울이고 회개하라. 교만하지 말라.

"그가 어둠을 일으키시기 전, 너희 발이 어두운 산에 거치기 전, 너희 바라는 빛이 사망의 그늘로 변하여 침침한 어둠이 되게 하시기 전에 너희 하나님 여호와께 영광을 돌리라."(16절) 그가 흑암을 일으키시기 전, 어두운 산에서 너희가 비틀거리기 전, 너희가 바라던 빛을 그가 캄캄한 흑암으로 바꾸시기 전에 너희는 너희 하나님 여호와께 영광을 돌려라.

"어둠을 일으키시기 전"(before He brings darkness)은 문자적으로 "황혼이 이르기 전"을 말한다. 흑암은 재앙의 전초 현상이다. "침침한 어둠"(*laarapel*, thick darkness)은 "사망의 그늘"(the shadow of death)과 병행대조를 이루는 시적 표현이다. 영적 무지와 그로 인한 암담한 상황, 죄악이 판치는 현상, 하나님의 진노와 심판의 결과로 인한 멸망을 뜻한다. 그 때가 이르기 전에 하나님께 돌아오라는 말이다.

"너희가 이를 듣지 아니하면 나의 심령이 너희 교만으로 말미암아 은밀한 곳에서 울 것이며 여호와의 양 떼가 사로잡힘으로 말미암아 눈물을 흘려 통곡하리라."(17절) 너희가 계속 교만하여 듣지 않으면 네 영이 외로워 울고, 유다 백성이 포로가 된 것을 보며 통곡할 날이 올 것이다.

"너는 왕과 왕후에게 전하기를 스스로 낮추어 앉으라 관 곧 영광의 면류관이 내려졌다 하라."(18절) 여기서 왕은 여호야긴을, 왕후는 그의 모친 느후스다를 가리키는 것으로 해석된다. 여호야긴이 18세에 왕위에 올랐기 때문에 태후의 간섭이 있었을 것으로 보기 때문이다. 이 시기는 예루살렘이 멸망되기 직전이다. 따라서 그들이 먼저 해야 할 일은 겸손하게 엎드리는 것이다.

"네겝의 성읍들이 봉쇄되어 열 자가 없고 유다가 다 잡혀가되 온전히 잡혀가도다."(19절) 네겝(Negev)의 성읍들은 유다의 남쪽에 위치한 성읍들을 말한다. 이 성읍들이 모두 파괴되어 사람이 살지 않게 되고 모두 포로로 잡혀가 폐쇄된 성읍이 될 것이므로 다시 열자가 없으리라는 것이다.

"너는 눈을 들어 북방에서 오는 자들을 보라 네게 맡겼던 양 떼, 네 아름다운 양 떼는 어디 있느냐."(20절) "북방"은 바벨론을 가리킨다. 예루살렘아, 눈을 뜨고, 북에서 오는 적들을 보아라. 네가 너에게 잘 돌보라고 맡겼던 양 떼, 네가 그처럼 자랑하던 네 백성은 지금 어디에 있느냐.

"너의 친구 삼았던 자를 그가 네 위에 우두머리로 세우실 때에 네가 무슨 말을 하겠느냐 네가 고통에 사로잡힘이 산고를 겪는 여인 같지 않겠느냐."(21절) "너의 친구 삼았던 자"는 바벨론을 가리킨다. 히스기야 때 동맹을 맺은 바 있다. 너와 동맹을 맺은 자를 내가 너의 통치자로 세운다면 네 심정이 어떠하겠느냐? 너무 분하고 억울해서 해산하는 여인처럼 구르지 않겠는가.

"네가 마음으로 이르기를 어찌하여 이런 일이 내게 닥쳤는고 하겠으나 네 죄악이 크므로 네 치마가 들리고 네 발뒤꿈치가 상함이니라."(22절) 속으로 "어떻게 이런 일이 나에게 일어났는가?" "내가 왜 이런 신세가 되었는가?" 말하겠지만 네가 적군에게 수모를 당하고 상처를 입은 것은 네 죄악이 크기 때문이다.

"네 치마가 들리고"는 유다가 당할 수치와 모욕을 상징한다. 바빌로니아의 침략을 받아 능욕 당할 것을 말한다. "네 발뒤꿈치가 상함이니라"는 바벨론까지의 긴 여로로 인해 신발이 헤어져 결국 맨발로 끌려갈 것, 쇠사슬에 매여 발이 상할 것 등을 암시한다. 발뒤꿈치(*aqebayik*, heels)를 "엉덩이", "둔부"로 해석하여 "치마가 들리고"와 마찬가지의 뜻으로 보는 주장도 있다.

"구스인, 곧 에티오피아 사람이 어떻게 그 피부 색깔을 바꿀 수 있고, 표범이 그 반점을 없앨 수 있겠느냐? 만일 그렇게 할 수 있다면 악을 행하는 데 익숙한 너희도 선을 행할 수 있을 것이다."(23절). 하나님의 창조원리를 바꿀 수 없듯이 유다의 죄악도 회복이 불가능하다는 말씀이다.

"그러므로 내가 너희를 사막 바람에 불려가는 검불(지푸라기)처럼 산산이 흩어놓겠다."(24절) "사막 바람"은 열방에 유다를 흩어버릴 세력 또는 열방의 속국이 될 것을 상징하는 말이다.

하나님께서 예루살렘을 향하여 다시 말씀하셨다. "이것은 내가 너에게 정한 것이니 네가 반드시 치러야 할 네 몫(your lot)이자 네 분깃(portion)이다. 그 이유는 네가 나를 잊어버리고 거짓된 신들을 의지하였기 때문이다."(25절) "네 몫"은 마땅한 대가, 상응한 보응을 가리키는 말이다.

"그러므로 내가 네 치마를 네 얼굴에까지 들춰서 네 수치를 드러내리라." (26절) 내가 너의 간음과 음탕한 소리와 산언덕에서 행하는 더럽고 추한 매춘 행위를 다 보았다. 부정한 예루살렘아, 너에게 화가 미칠 것이다. 네가 언제나 깨끗하게 되겠느냐. 언제까지 그렇게 지내려느냐(27절).

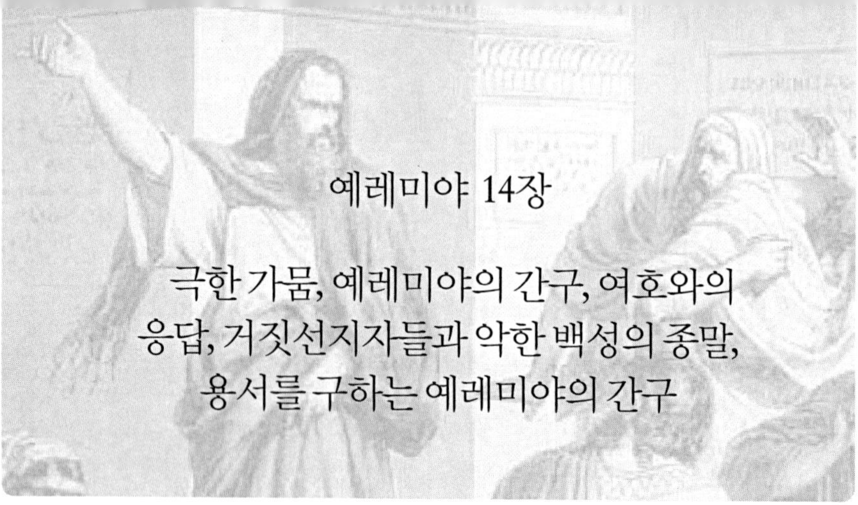

예레미야 14장

극한 가뭄, 예레미야의 간구, 여호와의 응답, 거짓선지자들과 악한 백성의 종말, 용서를 구하는 예레미야의 간구

1. 극한 가뭄(1-6절)

하나님께서 계속되는 가뭄을 두고 예레미야에게 말씀하셨다(1절) 시기는 분명치 않으나 예레미야 혹독한 가뭄(droughts)이 있었음을 보여준다. 이 가뭄은 기근과 함께 하나님의 심판이 시작되었음을 알려준다.

"유다가 슬퍼하며 성문의 무리가 피곤하여 땅 위에서 애통하니 예루살렘의 부르짖음이 위로 오르도다." (2절) 유다가 슬피 울고, 성읍마다 백성이 기력을 잃고, 땅바닥에 쓰러져 탄식하며, 울부짖는 소리가 예루살렘에서 치솟는다. "성문" (her gates)은 당시 백성들의 생활 중심지로 상거래나 법정 소송이 진행되며 중대한 결의를 할 때 모였던 곳이다. 단순한 출입구가 아니라 성 전체를 대표하는 말이다.

"귀인들은 자기 사환들을 보내어 물을 얻으려 하였으나 그들이 우물에 갔어도 물을 얻지 못하여 빈 그릇으로 돌아오니 부끄럽고 근심하여 그들의 머리를 가리며." (3절) 귀족들이 종들을 보내지만 어디를 가도 물을 구할 수 없다. "그들의 머리를 가리며"는 물을 구하지 못한 종들이 부끄러움과 함께 내적인 깊은 슬픔을 표현한 것이다.

"땅에 비가 없어 지면이 갈라지니 밭가는 자가 부끄러워서 그의 머리를 가리는도다." (4절) 비가 내리지 않아 땅이 쩍쩍 갈라진다. 마음이 상한 농부도 애태우며 어찌할 바를 모른다. "들의 암사슴은 새끼를 낳아도 풀이 없으므로 낳은 새끼까지 내버린다."(5절) "들 나귀도 언덕 위에 서서 승냥이(여우)처럼 헐떡이고, 뜯어먹을 풀이 없어서 그 눈이 흐려진다."(6절) 물과 풀을 먹지 못해 탈진하여 앞도 보이지 않는다.

2. 예레미야의 간구(7-9절)

"여호와여 우리의 죄악이 우리에게 대하여 증언할지라도 주는 주의 이름을 위하여 일하소서 우리의 타락함이 많으니이다 우리가 주께 범죄하였나이다."(7절) 예레미야는 하나님께 호소한다. "하나님, 비록 우리의 죄악이 우리를 고발하더라도 주님의 이름을 생각하셔서 선처해 주십시오. 우리는 크게 타락했고, 주님께 죄를 지었습니다."

"이스라엘의 소망이시요 고난당한 때의 구원자시여 어찌하여 이 땅에서 거류하는 자 같이, 하룻밤을 유숙하는 나그네 같이 하시나이까."(8절) "하나님은 이스라엘의 희망(*miqweh*, hope)이시고 환난 당할 때 구원자(Savior) 되십니다. 그런데 어째서 주는 낯선 사람(stranger)처럼, 하룻밤만 머무는 나그네(traveler)처럼 행하십니까."

"이스라엘의 소망"은, 하나님이 이스라엘 온 민족이 궁극적으로 바라는 분이시자 유일한 소망이 되심을 말한다. "거류하는 자"는 문자적으로 "일시적 체류자", "낯선 자"를 가리킨다. "하룻밤을 유숙하는 나그네"와 병행대조를 이루며 의미를 서로 보완하고 있다.

"어찌하여 놀란 자 같으시며 구원하지 못하는 용사 같으시니이까 여호와여 주는 그래도 우리 가운데 계시고 우리는 주의 이름으로 일컬음을 받는 자이오니 우리를 버리지 마옵소서."(9절) "어째서 주는 놀라 어쩔 줄 모르는 사람

같고 도울 능력이 없는 병사 같으십니까? 여호와여, 그래도 주는 우리 가운데 계시고 우리는 주의 백성입니다. 우리를 버리지 마소서."

"놀란 자"(astonished man, one dumb, YLT)는 문자적으로 엄청난 사실을 듣고 놀라 낙담하는 경우에 사용된다. 놀라 어리벙벙한 사람 같다는 말이다. "구원하지 못하는 용사"는 무능하고 용기가 없는 자로, "놀란 자"와 병행대구를 이루고 있다. 하나님께서 왜 "그런 자 같으시나이까?" 하는 것은 이스라엘이 당한 재앙과 환난을 방관하시고 무능력하고 무책임하게 행동하시냐는 말이다. "주의 이름으로 일컬음을 받는 자"는 문자적으로 "영존하는 당신께 속했사오니"라는 뜻으로 하나님의 백성을 뜻한다.

3. 여호와의 응답(10-12절)

하나님께서 이 백성에 대하여 이렇게 말씀하셨다. "그들이 어그러진 길을 사랑하여 그들의 발을 멈추지 아니하므로 여호와께서 그들을 받지 아니하고 이제 그들의 죄를 기억하시고 그 죄를 벌하시리라."(10절) "어그러진 길을 사랑하여"(*ahabu lanua*, they loved to wander)는 취한 사람 같이 비틀거리는 것을 묘사한 말로, 하나님을 향한 신앙의 지조가 없음을 의미한다. 어디 한 곳에 가만히 서 있지를 못하고 하나님을 떠나 방황하기를 좋아한다. 자제력이 없다. 그렇기 때문에 내가 그들을 받아들이지 않고, 그들의 죄를 기억하고 그들을 벌할 것이다.

"여호와께서 또 내게 이르시되 너는 이 백성을 위하여 복을 구하지 말라." (11절) "그러니 너는 이 유다 백성에게 은총을 베풀어 달라(축복해 달라)고 나에게 기도하지 말라."

"그들이 금식할지라도 내가 그 부르짖음을 듣지 아니하겠고 번제와 소제를 드릴지라도 내가 그것을 받지 아니할 뿐 아니라 칼과 기근과 전염병으로 내가 그들을 멸하리라."(12절) 그들이 금식하며 부르짖어도 나는 듣지 않을 것이고, 그들이 불로 태워 바치는 번제(*olah*, burnt offering)와 곡식을 빻아 드리는 소제(*minhah*, grain offering)를 바쳐도 내가 받지 않겠다. 오히려 전쟁과 기근과 전염병으로 그들을 없애 버릴 것이다.

4. 거짓선지자들과 악한 백성의 종말(13-18절)

그래서 예레미야가 아뢰었다. "슬픕니다. 하나님, 그렇지만 저 선지자들이 이 백성에게 주님의 말씀이라고 하면서 '전쟁이 일어나지 않는다. 기근이 오지 않는다. 오히려 주님께서 이 곳에서 너희에게 확실한 평화를 주신다.' 합니다."(13절) 거짓선지자들은 전쟁이나 기근이 오지 않고 항구적인 평화를 주실 것이라 예언했다.

"여호와께서 내게 이르시되 선지자들이 내 이름으로 거짓 예언을 하도다 나는 그들을 보내지 아니하였고 그들에게 명령하거나 이르지 아니하였거늘 그들이 거짓 계시와 점술과 헛된 것과 자기 마음의 거짓으로 너희에게 예언하는 도다."(14절) 그들의 예언은 거짓임을 말씀하신다. 하나님이 보내지 않으셨는데도 거짓된 환상과 계시를 말하고 점괘를 이용해 조작하고 헛되고 거짓된 것을 예언하고 있다. "점술"(*qesem*, divination)은 장래의 일과 어떤 특별한 사정에 대해 미리 알기 위한 목적으로 행하는 마술 행위이다.

"그러므로 내가 보내지 아니하였어도 내 이름으로 예언하여 이르기를 칼과 기근이 이 땅에 이르지 아니하리라 하는 선지자들에 대하여 여호와께서 이와 같이 말씀하셨노라 그 선지자들은 칼과 기근에 멸망할 것이요."(15절) 유다 땅에 전쟁과 기근이 없을 것이라 예언한 거짓선지자들은 전쟁과 기근으로 죽을 것이라 하셨다. 거짓을 예언한 것에 대한 보응이다.

"그들의 예언을 받은 백성은 기근과 칼로 말미암아 예루살렘 거리에 던짐을 당할 것인즉 그들을 장사할 자가 없을 것이요 그들의 아내와 아들과 딸이 그렇게 되리니 이는 내가 그들의 악을 그 위에 부음이니라."(16절) 거짓예언을 믿은 유다 백성 또한 기근과 칼의 재앙을 당해 예루살렘 거리에 던져져도 묻어줄 자가 없다. 그 식구들도 그대로 당한다. 하나님이 그들 위에 재앙을 퍼부을 것이기 때문이다.

17-18절은 가뭄에 대한 두 번째 설명이다.

"너는 이 말로 그들에게 이르라 내 눈이 밤낮으로 그치지 아니하고 눈물을 흘리리니 이는 처녀 딸 내 백성이 큰 파멸, 중한 상처로 말미암아 망함이라."(17절) 너는 유다 백성들에게 이렇게 말하라. "내가 밤낮 눈물을 흘리며 울지 않을 수 없다. 나의 처녀 딸과 같은 내 백성이 아주 심한 타격을 받아 다 죽게 되었기 때문이다." "처녀 딸 내 백성"(the virgin daughter of my people)은 유다가 하나님의 특별한 사명을 위해 구별된 민족임을 묘사한 것으로, 순결성과 거룩함을 상징하는 표현이다. 그런데 그들이 심판을 받아 다 죽게 되었다. 그러니 슬프지 않을 수 없다.

"내가 들에 나간즉 칼에 죽은 자요 내가 성읍에 들어간즉 기근으로 병든 자며 선지자나 제사장이나 알지 못하는 땅으로 두루 다니도다."(18절) 들녘에 나가 보면 칼에 찔려 죽은 자들뿐이고, 성에 들어가면 굶주림과 질병으로 죽어 가는 자들뿐이다. 선지자들과 제사장들은 사방 돌아다니지만 어떻게 해야 좋을지 모르고 있다.

5. 용서를 구하는 예레미야의 간구(19-22절)

19-22절은 유다 백성을 위한 예레미야의 두 번째 애곡이다. 그의 기도에

비통함이 담겨있다.

"주께서 유다를 온전히 버리시나이까 주의 심령이 시온을 싫어하시나이까 어찌하여 우리를 치시고 치료하지 아니하시나이까 우리가 평강을 바라도 좋은 것이 없고 치료 받기를 기다리나 두려움만 보나이다."(19절) "주께서는 유다를 완전히 내버리셨습니까? 주는 시온을 미워하십니까? 어째서 우리가 낫지도 못하게 이렇게 심하게 치셨습니까? 우리가 평화를 바라지만 좋은 일이란 아무 것도 없고, 상처가 낫기를 기다리지만 오히려 두려움뿐입니다."

"여호와여 우리의 악과 우리 조상의 죄악을 인정하나이다 우리가 주께 범죄하였나이다."(20절) 예레미야는 우리의 사악함뿐 아니라 우리 조상들이 하나님께 죄를 지었음을 인정하고 고백했다.

"주의 이름을 위하여 우리를 미워하지 마옵소서 주의 영광의 보좌를 욕되게 마옵소서 주께서 우리와 세우신 언약을 기억하시고 폐하지 마옵소서."(21절) "그러나 주님의 이름을 생각하셔서라도 우리를 미워하지 마시고, 주님의 영광스러운 보좌(*kisse*, throne)가 욕되지 않게 하여 주십시오. 주님께서 우리와 맺은 언약을 기억하시고, 그 언약을 깨뜨리지 말아 주십시오." "주의 영광의 보좌"(the throne of Your glory)는 하나님이 임재하셔서 통치하시는 성전을 가리킨다.

"이방인의 우상 가운데 능히 비를 내리게 할 자가 있나이까 하늘이 능히 소나기를 내릴 수 있으리이까 우리 하나님 여호와여 그리하는 자는 주가 아니시니이까 그러므로 우리가 주를 앙망하옵는 것은 주께서 이 모든 것을 만드셨음이니이다 하니라."(22절) 이방우상도, 하늘도 소나기를 내릴 수 없다. 오직 창조주이신 하나님만이 이 가뭄의 문제를 해결하실 수 있음을 고백한다. 그러니 유다를 용서하시고 비를 허락하여 달라 간구한다.

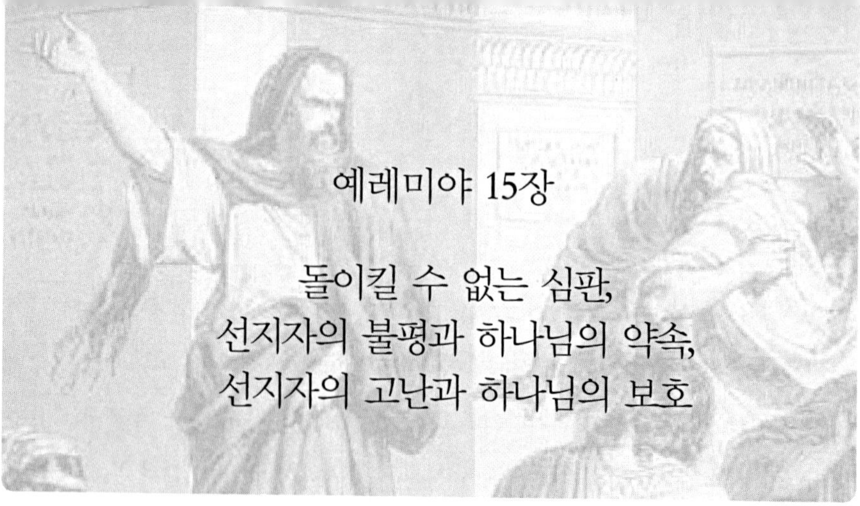

예레미야 15장

돌이킬 수 없는 심판, 선지자의 불평과 하나님의 약속, 선지자의 고난과 하나님의 보호

1. 돌이킬 수 없는 심판(1-9절)

1-9절에서 예언자의 간구에 대한 하나님의 태도는 매우 단호함을 보여주고 있다.

"여호와께서 내게 이르시되 모세와 사무엘이 내 앞에 섰다 할지라도 내 마음은 이 백성을 향할 수 없나니 그들을 내 앞에서 쫓아 내보내라."(1절) 모세와 사무엘은 하나님의 사랑을 많이 받았던 사람들이다. 과거 이들의 기도를 통해 범죄한 이스라엘 백성들이 구원을 받았다. 그러나 이들이 와서 기도해도 유다 심판에 대한 하나님의 마음이 변치 않을 것이라는 말씀이다.

유다 백성들이 와서 "우리가 어디로 가야 하겠습니까?" 하고 물으면 하나님의 말씀을 전하라. "너희가 어디를 가든지 죽기로 되어 있는 자는 죽고, 칼날에 죽을 자는 전쟁으로, 기근을 당할 자는 기근으로, 포로 될 자는 포로로 끌려갈 것이다."(2절) 유다 백성들은 죽음과 기근과 포로 됨이 기다리고 있다. 유다도 바벨론의 포로 됨을 면치 못했다.

"여호와의 말씀이니라 내가 그들을 네 가지로 벌하리니 곧 죽이는 칼과 찢는 개와 삼켜 멸하는 공중의 새와 땅의 짐승으로 할 것이며."(3절) 유다 백성은 적군의 칼에 맞아 죽을 것이다. 게다가 들짐승과 날짐승들에게 시체마저 뜯어 먹혀 고이 땅 속에 묻히지도 못할 것이라는 예언의 말씀이다.

"유다 왕 히스기야의 아들 므낫세가 예루살렘에 행한 것으로 말미암아 내가 그들을 세계 여러 민족 가운데에 흩으리라."(4절) 므낫세는 히스기야가 헐어버린 산당을 다시 세워 이방 우상을 섬겼다. 거의 모든 이방 우상들을 섬겼으며 무고한 자들의 피를 많이 흘렸다. 이로 인해 하나님으로부터 멀어졌다. 하나님은 유다 백성을 흩어 그 죄 값을 물으시겠다고 하신다.

"예루살렘아 너를 불쌍히 여길 자 누구며 너를 위해 울 자 누구며 돌이켜 네 평안을 물을 자 누구냐."(5절) 이제 예루살렘을 불쌍히 여길 자가 없다. 그를 위해 슬퍼 울 자도 없고, 가던 걸음을 멈추고 그 형편을 물어 볼 자도 없다.

"여호와께서 이르시되 네가 나를 버렸고 내게서 물러갔으므로 네게로 내 손을 펴서 너를 멸하였노니 이는 내가 뜻을 돌이키기에 지쳤음이로다."(6절) 네가 나를 버리고 계속 타락의 길을 걸었다. 그러므로 내가 너를 멸망시키려고 손을 들었다. 이제 너를 불쌍히 여기는 데도 진력이 났다. "지쳤음"(*nileti*, be weary)은 지치고 피곤한 모습을 가리킨다. 여기서는 유다의 가증한 상태에 대해 혐오와 싫증을 느꼈다는 것이다.

"내가 그들을 그 땅의 여러 성문에서 키로 까불러 그 자식을 끊어서 내 백성을 멸하였나니 이는 그들이 자기들의 길에서 돌이키지 아니하였음이라."(7절) 내가 유다의 모든 성문 앞에서, 내 백성들을 키질하여 흩어 버리겠다. 모두들 자식을 잃고 망할 것이다. 그들이 악한 길에서 돌아서지 않았기 때문이다. "키"(*mizreh*, winnowing fan, pitchfork)는 타작용 기구로 알곡과 쭉정이를 가르는 기능을 한다. 여기서는 하나님의 심판이 있을 종말에 대한 상징이다.

"그들의 과부가 내 앞에 바다 모래보다 더 많아졌느니라 내가 대낮에 파멸시킬 자를 그들에게로 데려다가 그들과 청년들의 어미를 쳐서 놀람과 두려움을 그들에게 갑자기 닥치게 하였으며."(8절) 내가 그 땅의 과부들을 바다의 모래보다 많게 하겠다. 대낮에 멸망의 사자(침략군)를 끌어들여 갑자기 그들을 치게 하겠다. 청년들과 그들의 어머니를 치게 해 모두들 놀라고 두려워하며 떨게 하겠다. "파멸시킬 자"(*soded*, destroyer, plunderer)는 헐고 깨뜨려 없애는 바벨론 침략군을 말한다.

"일곱을 낳은 여인에게는 쇠약하여 기절하게 하며 아직도 대낮에 그의 해가 떨어져서 그에게 수치와 근심을 당하게 하였느니라 그 남은 자는 그들의 대적의 칼에 붙이리라 여호와의 말씀이니라."(9절) 아들을 일곱이나 둔 여인도 아들을 잃고 기절할 것이다. 그 여인에게 대낮은 이미 칠흑 같은 밤이다. 그 여인은 비천한 신세가 될 것이다. 살아남은 자식들은, 원수들이 보는 앞에서 칼에 맞아 죽게 하겠다.

"해"(*simsah*, her sun)는 영원한 소망이나 기대를 상징한다. 여기서는 여인의 의지가 되었던 아들을 가리킨다. "대낮에 그의 해가 떨어져서"는 아직 해가 쨍쨍해야 할 대낮에 해가 떨어지는(gone down) 것처럼 순식간에 닥칠 비극을 암시하고 있다. 천금 같은 그의 아들이 죽임을 당하기 때문이다.

2. 선지자의 불평과 하나님의 약속(10-14절)

10-14절은 예레미야에 대한 보호의 약속과 파멸에 대한 경고를 담고 있다.

"내게 재앙이로다 나의 어머니여 어머니께서 나를 온 세계에 다투는 자와 싸우는 자를 만날 자로 낳으셨도다 내가 꾸어 주지도 아니하였고 사람이 내게 꾸이지도 아니하였건마는 다 나를 저주하는도다."(10절) 이 구절은 자신의 처지에 대한 예레미야의 불평을 담고 있다. "어머니 원통합니다. 왜 저를 온 세상과 다투고 논쟁하는 자로 낳으셨나요? (온 세상이 다 나에게 시비를 걸어오고, 싸움을 걸어옵니다.) 나는 아무에게도 빚진 일도 없고, 빌려 준 일도 없는데, 모든 사람이 다 나를 저주합니다." 유다 백성들은 예레미야가 그들에게 어떤 해를 준 것도 아닌데도 불구하고 선지자로서 심판이 있으리라는 예언을 했다는 이유로 그를 못마땅하게 여기며 저주한다. 거짓선자들은 평안이 있을 것이라 하는 데 왜 예레미야는 심판이 있으리라 하느냐는 것이다. 이 구절은 선지자로서 겪는 고통이 큼을 보여준다.

"온 세계에 다투는 자와 싸우는 자를 만날 자"(a man of strife and contention for the whole land, ISV, a man who incites dispute and conflict in all the land, HCS)는 법적인 소송과 재판을 제기하는 사람이란 뜻으로, 예레미야 자신의 사역을 특징짓는 말로 자신의 고립된 처지를 강조하는 의미로 사용되었다. 즉, 온 세상에 대해 고소하는 자(유다의 잘못을 지적하는 자)로서 고군분투하는 고통을 함축한 표현이다.

"여호와께서 이르시되 내가 진실로 너를 강하게 할 것이요 너에게 복을 받게 할 것이며 내가 진실로 네 원수로 재앙과 환난의 때에 네게 간구하게 하리라."(11절) 하나님께서 말씀하셨다. "내가 분명히 너를 강하게 해주고, 네가 복을 누리게 하겠다. 네 원수가 재앙을 당하여 궁지에 빠질 때에, 그가 너를 찾아와서 간청하게 하겠다." 하나님께서 예레미야와 함께 하고 구원해주실 것이며, 심지어 궁지에 몰린 원수가 예레미야를 찾아와 간청하게 될 것을 말씀하셨다.

"누가 능히 철 곧 북방의 철과 놋을 꺾으리요."(12절) 누가 쇠(iron), 곧 북녘에서 오는 쇠와 놋쇠를 부술 수 있겠느냐. "북방의 철(iron)과 놋(bronze)"은 바벨론의 강력한 군사력을 나타낸다.

"그러나 네 모든 죄로 말미암아 네 국경 안의 모든 재산과 보물로 값없이 탈취를 당하게 할 것이며."(13절) 유다 땅에 있는 모든 것이 탈취대상이 될 것을 말하고 있다. 유다가 범한 죄 때문이다.

"네 원수와 함께 네가 알지 못하는 땅에 이르게 하리니 이는 나의 진노의 맹렬한 불이 너희를 사르려 함이라."(14절) "네가 알지 못하는 땅"(a land you don't know)은 유다 백성이 포로가 되어 잡혀가게 될 바벨론 땅을 가리킨다. 그곳에 끌려가 노예로서 원수들을 섬기게 될 것이다. 이것은 유다에 대한 하나님의 분노가 불처럼 타오르기 때문이다.

3. 선지자의 고난과 하나님의 보호(15-21절)

15-18절은 분노 속의 기도이다. 그는 자기를 핍박하는 자를 벌해줄 것을 기도하였다.

"하나님은 저를 아십니다. 저를 기억하시고 돌보시며 저를 핍박하는 사람에게 원수를 갚아주십시오. 주님께서 진노를 오래 참으시다가 제가 그들의 손에 죽게 되는 일은 없게 해주십시오. 제가 주님 때문에 이처럼 수모를 당하고 있다는 것을 알아주십시오."(15절) 예레미야는 하나님을 위해 열심을 다하여 예언을 하고 있다. 그러나 유다 백성들 가운데 그를 공격하고 핍박하는 자들이 일어나고 있다. 그는 자신이 핍박하는 자들로부터 억울하게 죽임을 당하는 일이 없도록 하나님께서 보복해 주실 것을 간구하고 있다.

"만군의 하나님 여호와시여 나는 주의 이름으로 일컬음을 받는 자라 내가 주의 말씀을 얻어 먹었사오니 주의 말씀은 내게 기쁨과 내 마음의 즐거움이오나."(16절) "하나님, 저는 주님의 이름으로 불리는 사람(주를 섬기는 종)입니다. 주님께서 저에게 말씀을 주실 때 저는 그 말씀을 받아먹습니다. 주의 말씀은 저에게 기쁨이, 제 마음에 즐거움입니다." 예레미야는 자신이 하나님의 말씀을 즐거워하고 그 말씀에 순종하는 사람임을 밝히고 있다.

"저는 기뻐하는 자와 자리를 같이하지 않았고 그들과 어울려 즐거워하지도 않았고 주의 명령대로 홀로 지냈습니다. 이것은 주께서 저에게 분개하는 마음을 주셨기 때문입니다."(17절) 여기서 기뻐하는 자는 웃으며 떠들어대는 유대 백성들을 말한다. 거짓선지자의 말을 믿고 심판이 아니라 평안을 주시리라며 흥겨워한다. 이런 마당에서 참 선지자로서 예레미야의 사역은 고독할 수밖에 없다. 동족들은 웃어대며 그를 조롱하고 핍박을 가했다.

"나의 고통이 계속하며 상처가 중하여 낫지 아니함은 어찌 됨이니이까 주께서는 내게 대하여 물이 말라서 속이는 시내 같으시리이까."(18절) "어찌하여 저의 고통은 그치지 않나요? 어찌하여 저의 상처는 낫지 않나요? 주님께서는, 물이 넘쳤다가 말랐다가 하는 종잡을 수 없는 시내처럼 저를 대하실 작정이신가요."

"속이는 시내"(a deceptive brook)는 예레미야가 하나님에 대해 사용한 상징적인 표현이다. "생수의 근원"과 반대되는 개념이다. 이것은 팔레스타인 지역의 와디 현상, 곧 비가 오면 물줄기를 이루다가 이내 사라지고 마는 현상을 비유로 삼은 것이다. 많은 여행자들이 물을 얻기 위해 찾았지만 신기루처럼 속고 만 것처럼 하나님의 응답(구원)을 갈급하고 있는데 응답지 아니하시니 답답하다는 것이다. 예레미야는 그 마음속에 분노가 가득하였고, 그래서 그는 하나님께 도전적인 말로까지 기도하고 있다.

19-21절에서 하나님은 예레미야의 기도에 대한 응답으로 먼저 돌아오라 말씀하신다.

"여호와께서 이와 같이 말씀하시되 네가 만일 돌아오면 내가 너를 다시 이끌어 내 앞에 세울 것이며 네가 만일 헛된 것을 버리고 귀한 것을 말한다면 너는 나의 입이 될 것이라 그들은 네게로 돌아오려니와 너는 그들에게로 돌아가지 말지니라."(19절) 예레미야의 이러한 태도는 하나님으로부터 책망을 받게 된다. 하나님은 그에게 먼저 하나님께 돌아올 것(*tasub*, return)과, "헛된 것"(*zalal*, the vile, worthless), 곧 인간적인 불평의 말(천한 말)이 아니라 귀한 것(*yaqar*, the precious, noble), 곧 하나님의 말(귀한 말)을 하면 다시 나의 입(*kepi*, My mouth, 대변자), 곧 선지자로 써 주시겠다고 하신다.

"헛된 것을 버리고 귀한 것을 말한다면"은 두 가지 해석이 있다. 하나는, 무익하고 쓸모없는 인간적인 말들을 버리고 귀하고 고상한 하나님의 말씀만을 말하는 것을 뜻한다는 주장이다. 다른 하나는 패역한 유다 백성들 가운데서 하나님의 백성을 회개시켜 돌아오게 한다는 주장이다. 전자의 해석이 우세하다.

"내가 너로 이 백성 앞에 견고한 놋 성벽이 되게 하리니 그들이 너를 칠지라도 이기지 못할 것은 내가 너와 함께 하여 너를 구하여 건짐이라 여호와의 말씀이니라."(20절) 내가 너를 튼튼한 놋쇠 성벽으로 만들어서 이 유다 백성과 맞서게 하겠다. 그들이 너를 맞서 대적하겠지만, 너를 이겨내지 못할 것이다. 내가 반드시 너와 함께 있어서, 너를 도와주고, 너를 구원하여 주겠다.

"견고한 놋 성벽"(a fortified wall of bronze)은 난공불락의 요새를 말한다. 하나님이 예레미야를 지켜주시겠다는 약속의 상징이다.

"내가 너를 악한 자의 손에서 건지며 무서운 자의 손에서 구원하리라."(21절) "내가 너를 악인들(*raim*, the wicked)의 손에서도 건져내고, 잔악한 사람들(*arisim*, the terrible)의 손에서도 구하여 내겠다." 하나님은 예레미야의 보호를 약속하셨다.

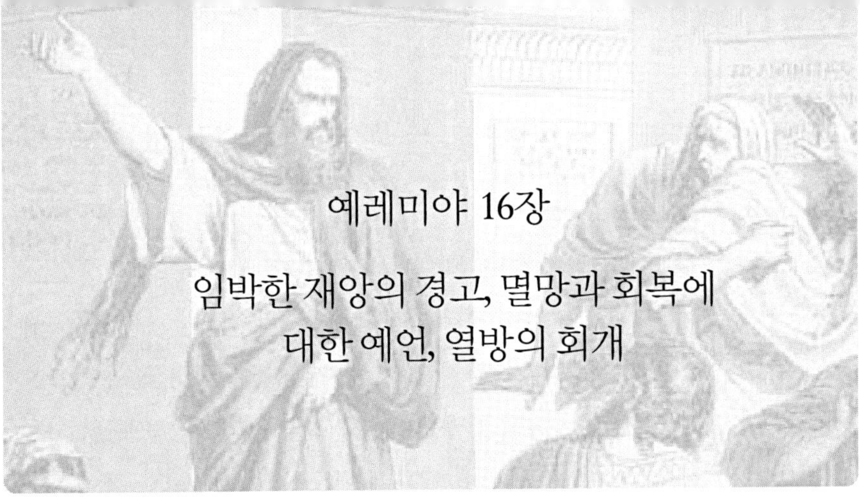

예레미야 16장

임박한 재앙의 경고, 멸망과 회복에 대한 예언, 열방의 회개

1. 임박한 재앙의 경고(1-9절)

1-9절은 유다에 내릴 끔찍한 재앙에 대한 예언의 말씀이다. 슬퍼할 겨를도 없고 위로할 자도 없을 만큼 처절하다.

하나님께서 예레미야에게 말씀하셨다(1절) "너는 이 땅에서 아내를 맞이하지 말며 자녀를 두지 말지니라."(2절) 이 곳에서 결혼을 하거나 자녀를 낳지 말라 하신다. 심판으로 인해 큰 죽음이 기다리고 있기 때문이다.

"이 곳에서 낳은 자녀와 이 땅에서 그들을 해산한 어머니와 그들을 낳은 아버지에 대하여 여호와께서 이와 같이 말씀하시오니."(3절) 이 땅에서 난 자녀들과 그들을 낳은 부모들이 앞으로 어떻게 될 것인지에 대하여 하나님께서 말씀하신다.

"그들은 독한 병으로 죽어도 아무도 슬퍼하지 않을 것이며 묻어 주지 않아 지면의 분토와 같을 것이며 칼과 기근에 망하고 그 시체는 공중의 새와 땅의 짐승의 밥이 되리라."(4절) 그들은 혹독한 질병으로 죽어도 울어줄 사람도, 묻어줄 사람도 없다. 시신은 땅위에 뒹구는 거름덩이처럼 된다. 전쟁에서 죽거나 굶주려서 죽은 사람들의 시체는 공중의 새와 들짐승의 먹이가 될 것이다. "독한 병"(*tahaluim memowte,* deadly diseases, gruesome deaths)은 앞으로 겪게 될 대 환난을 가리킨다. 바빌로니아 침략으로 많은 사람이 죽임을 당하고 포로로 끌려갈 것을 암시하고 있다.

"여호와께서 이와 같이 말씀하시되 초상집에 들어가지 말라 가서 통곡하지 말며 그들을 위하여 애곡하지 말라 내가 이 백성에게서 나의 평강을 빼앗으며 인자와 사랑을 제함이라 여호와의 말씀이니라."(5절) 너는 초상집에 들어가지 말며 가서 울거나 조의를 표하지 말라. 내가 이 백성에게서 평화를 빼앗고 나의 인애와 자비를 거두었다. 평화(*salowm*, peace), 인애(*hesed*, lovingkindness, favor, gracious love), 자비(*rahamim*, mercies, compassions)는 하나님의 백성을 위한 하나님의 은혜와 사랑을 특징짓는 표현이다. 그런데 이 모두를 거두신다. 이것은 유다에게 내릴 하나님의 심판이 매우 냉혹할 것임을 보여준다.

"큰 자든지 작은 자든지 이 땅에서 죽으리니 그들이 매장되지 못할 것이며 그들을 위하여 애곡하는 자도 없겠고 자기 몸을 베거나 머리털을 미는 자도 없을 것이며."(6절) 이 땅에서는 높은 사람이나 낮은 사람이나 다 죽는다. 그러나 그들을 묻어 줄 사람도 없고, 그들의 죽음을 곡하여 줄 사람도 없고, 그들이 죽어서 슬프다고 자신의 몸에 상처를 내거나 머리를 밀어 애도할 사람도 없을 것이다.

"자기 몸을 베거나 머리털을 미는 자"는 본래 바알숭배자들이 그들의 우상 앞에서 극한 슬픔을 표현하는 풍습이었다. 하나님께서 율법으로 금지시켰음에도 불구하고 유다 백성이 이방 풍속을 따랐음을 보여준다. "자기 몸을 베거나 머리털을 미는 자도 없을 것이며"는 살육이 너무나 심하여 자기들이 행하던 이교적 풍습대로 슬퍼해줄 사람도 없을 것임을 암시하고 있다.

"그 죽은 자로 말미암아 슬퍼하는 자와 떡을 떼며 위로하는 자가 없을 것이며 그들의 아버지나 어머니의 상사를 위하여 위로의 잔을 그들에게 마시게 할 자가 없으리라."(7절) 상주들을 위로하기 위해서 그들에게 음식을 권하거나 부모를 잃은 자들에게 위로의 잔을 권할 자들이 없을 것이다. "슬퍼하는 자와 떡을 떼며"는 장사를 지낸 후 죽은 자의 친한 친구가 그 유족들에게 음식을 대접하는 유대 풍습을 나타낸다. "너는 잔칫집에 들어가서 그들과 함께 앉아 먹거나 마시지 말라."(8절) 상갓집뿐 아니라 사람들이 함께 앉아서 먹고 마시는 잔칫집에도 들어가지 말라 하신다. 그 이유는 9절에 있다.

"만군의 여호와 이스라엘의 하나님께서 이와 같이 말씀하시니라 보라 기뻐하는 소리와 즐거워하는 소리와 신랑의 소리와 신부의 소리를 내가 네 목전, 네 시대에 이 곳에서 끊어지게 하리라."(9절) 네가 살아 있는 동안 내가 이 땅에서 기뻐하고 즐거워하는 소리, 신랑 신부의 소리가 들리지 않게 하겠다. 잔치할 분위기가 전혀 아님을 보여준다. 심판의 땅에는 잔치의 기쁨도 없고 오직 슬픈 죽음만 남아있다.

2. 멸망과 회복에 대한 예언(10-18절)

10-13절은 재앙의 원인에 대해 말하고 있다.

"네가 이 모든 말로 백성에게 말할 때에 그들이 네게 묻기를 여호와께서 우리에게 이 모든 큰 재앙을 선포하심은 어찌 됨이며 우리의 죄악은 무엇이며 우리가 우리 하나님 여호와께 범한 죄는 무엇이냐 하거든."(10절) 재앙의 원인이 무엇인가 묻거든 이에 답하라는 말씀이다.

"너는 그들에게 대답하기를 여호와께서 말씀하시되 너희 조상들이 나를 버리고 다른 신들을 따라서 그들을 섬기며 그들에게 절하고 나를 버려 내 율법을 지키지 아니하였음이라."(11절) 하나님을 떠나 우상을 섬기고 하나님의 법을 지키지 아니했기 때문이라 하신다.

"너희가 너희 조상들보다 더욱 악을 행하였도다 보라 너희가 각기 악한 마음의 완악함을 따라 행하고 나에게 순종하지 아니하였으므로."(12절) 조상들보다도 더 악한 일을 하였고, 완악했다. 하나님의 명령을 따르지 않았다.

"내가 너희를 이 땅에서 쫓아내어 너희와 너희 조상들이 알지 못하던 땅에 이르게 할 것이라 너희가 거기서 주야로 다른 신들을 섬기리니 이는 내가 너희에게 은혜를 베풀지 아니함이라 하셨다 하라."(13절) 너희는 유다 땅에서 쫓겨나 전에 알지 못하던 이방 땅으로 추방될 것이다. 거기서 밤낮 다른 신들을 섬기게 될 것이고 나는 너희에게 은혜를 베풀지 않을 것이다.

"섬기리니"는 문자적으로 "타의에 의해서 숭배를 강요당한다."는 뜻이다. 유다 백성이 바벨론으로 끌려가 그들의 우상을 섬기게 될 것을 말한다.

"내가 너희에게 은혜를 베풀지 아니함이라." 여기서 "은혜"(*haninah*, favor, grace)는 유다 백성의 순종을 조건으로 하여 약속된 모든 축복을 의미하고 있다. 현실적 은혜는 죄악을 돌이키게 하심으로 멸망당하지 않도록 깨우치시고 가르치시는 능력이다. 하지만 하나님은 유다 백성들에게 이 은혜까지도 포기하실 것임을 보여주고 있다. 유다 백성들이 하나님을 떠나 우상을 섬기고 악을 행하였기 때문이다.

14-21절은 재앙의 목적을 담고 있다. 하나님께 돌아오도록 하는 것이다.

"여호와의 말씀이니라 그러나 보라 날이 이르리니 다시는 이스라엘 자손을 애굽 땅에서 인도하여 내신 여호와께서 살아 계심을 두고 맹세하지 아니하고 이스라엘 자손을 북방 땅과 그 쫓겨났던 모든 나라에서 인도하여 내신 여호와께서 살아 계심을 두고 맹세하리라 내가 그들을 그들의 조상들에게 준 그들의 땅으로 인도하여 들이리라."(14, 15절) 그러나 다시는 "이스라엘 백성을 이집트에서 인도해 내신 살아 계신 하나님"이란 말로 맹세하지 않고 "이스라엘 백성을 북쪽 땅과 쫓겨 간 모든 나라에서 인도해 내신 살아 계신 하나님"이란 말로 맹세하게 될 날이 올 것이다. 내가 그들을 그 조상들에게 준 그들의 땅으로 다시 돌아오게 하겠다.

"북방 땅과 그 쫓겨났던 모든 나라"는 문자적으로 "그들을 그곳으로 휩쓸었던 모든 땅들"로, 하나님이 유다 백성을 와해시키려는 근본 세력을 총칭한다. "북방 땅"은 바빌로니아를 암시하며, "그 쫓겨났던 모든 나라"는 보충적인 기능을 하고 있다. "맹세하리라"는 것은 "말하다"의 재귀적 용법이다. 앞으로 있을 고향으로의 귀환, 곧 유다를 향한 하나님의 크신 구원을 강력히 시사하고 있다.

"여호와의 말씀이니라 보라 내가 많은 어부를 불러다가 그들을 낚게 하며 그 후에 많은 포수를 불러다가 그들을 모든 산과 모든 언덕과 바위틈에서 사냥하게 하리니."(16절) 하지만 하나님이 유다를 심판하실 때는 많은 어부들을 불러다가 유다 백성들을 고기 잡듯 잡게 하고, 많은 사냥꾼들을 불러다가 모든 산과 언덕, 그리고 바위틈을 샅샅이 뒤져 그들을 사냥하듯 잡아내겠다고 하신다. 어부와 포수는 유다를 멸망시키고 살육을 행할 바벨론 군대를 가리킨다. 이것은 하나님의 심판을 상징하는 것으로, 심판의 처절함과 냉혹함을 보여준다.

"이는 내 눈이 그들의 행위를 살펴보므로 그들이 내 얼굴 앞에서 숨기지 못하며 그들의 죄악이 내 목전에서 숨겨지지 못함이라."(17절) "내가 그들의 모든 행실을 똑똑히 지켜보고 있기 때문에, 그들도 내 앞에서 숨을 수 없고, 그들의 죄악도 내 눈 앞에서 감추어질 수 없다." 하나님은 죄악을 감찰하는 분이시다. 유다 백성이 자기 죄를 감추려 해도 가려질 수 없다. 하나님은 그 죄를 다 아신다.

"내가 우선 그들의 악과 죄를 배나 갚을 것은 그들이 그 미운 물건의 시체로 내 땅을 더럽히며 그들의 가증한 것으로 내 기업에 가득하게 하였음이라."(18절) 유다 백성은 시체 같은 우상으로 내 땅을 더럽히고, 내가 그들에게 물려준 땅을 역겨운 우상들로 가득 채워 놓았다. 그러므로 나는 우선 그들의 죄악과 허물을 갑절로 보복하겠다. 심판은 피할 수 없다.

"우선"(*risownah*, first)은 "무엇보다 먼저"라는 뜻이다. "미운 물건"(their detestable)은 영적으로 깨끗하지 못한 물건이라는 뜻으로, 여기서는 생명력 없는, 하나님 보시기에 가증한 우상을 말한다. "내 기업"(*nahalati*, My inheritance)은 하나님이 이스라엘 백성에게 준 가나안 땅을 말한다.

3. 열방의 회개(19-21절)

19-21절에서, 예레미야는 심판 이스라엘 회복뿐 아니라 열방도 하나님께 돌아올 것을 예언하고 있다. 모든 열방이 헛된 우상을 섬겼던 것을 뉘우치고 하나님께 돌아오리라.

"여호와 나의 힘, 나의 요새, 환난 날의 피난처시여 민족들이 땅 끝에서 주께 이르러 말하기를 우리 조상들의 계승한 바는 허망하고 거짓되고 무익한 것 뿐이라."(19절) 예레미야는 하나님만이 나의 힘이 되시고 나의 요새가 되시며 환난 날에 피난처가 되신다고 고백한다. 또한 열방도 고백하게 될 것을 말한다. "조상들이 우리에게 물려 준 것은 거짓되고 쓸모없는 헛된 우상뿐이었다."

"사람이 어찌 신 아닌 것을 자기의 신으로 삼겠나이까 하리이다."(20절) 열발의 고백은 이어진다. "사람이 어떻게 신이 아닌 것을 자기 신으로 삼을 수 있겠습니까." 사람이 만든 우상은 신이 될 수 없다는 말이다. 그들이 하나님께 돌아옴과 함께 하나님 왕국이 이방으로 확장된다.

"여호와께서 이르시되 보라 이번에 그들에게 내 손과 내 능력을 알려서 그들로 내 이름이 여호와인 줄 알게 하리라."(21절) 여호와께서 말씀하셨다. "이번에는 내가 나의 능력을 보여 내가 여호와라는 것을 그들이 알도록 하겠다." 포로로 바벨론에 끌려간 유다 백성들을 다시 구원하여 귀환시키겠다는 하나님의 구원의지를 명확히 보여주는 말씀이다. 심판 후 고치고 싸매주신다.

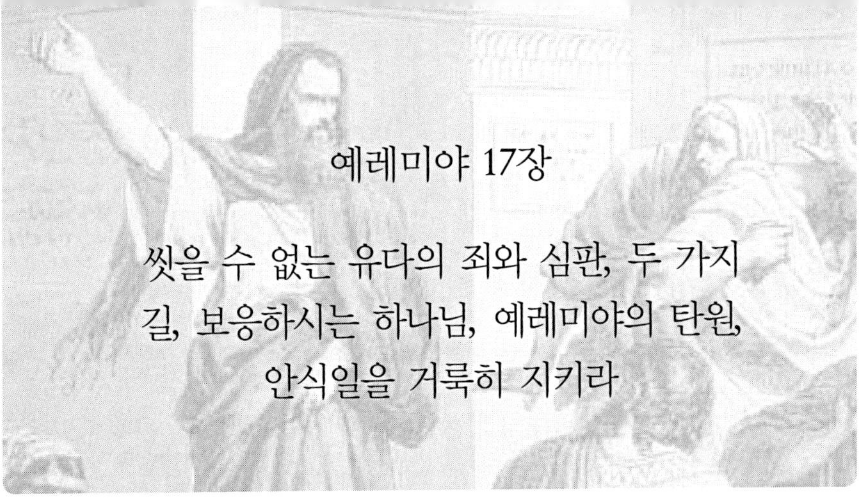

예레미야 17장

씻을 수 없는 유다의 죄와 심판, 두 가지 길, 보응하시는 하나님, 예레미야의 탄원, 안식일을 거룩히 지키라

1. 씻을 수 없는 유다의 죄와 심판(1-4절)

"유다의 죄는 금강석 끝 철필로 기록되되 그들의 마음 판과 그들의 제단 뿔에 새겨졌거늘."(1절) 하나님의 말씀이다. "유다의 죄는 그들의 마음 판에 그리고 그들의 제단 뿔 위에도 철필(iron stylus)로 기록되어 있고, 금강석 촉(diamond point)으로 새겨져 있다." 이것은 유다의 죄가 영원토록 지워지지 않음을 양심이 지적한다는 말씀이다. 그러므로 아무리 희생 제사를 드려도 그 죄악이 제거될 수 없다.

"그들의 자녀가 높은 언덕 위 푸른 나무 곁에 있는 그 제단들과 아세라들을 생각하도다."(2절) 그뿐 아니다. 그들의 자녀들까지도 산언덕의 푸른 나무 곁에 세워진 제단들과 아세라 여신상(*Asherah poles*, wooden images)을 잘 기억하고 있다. 그 자손들도 우상 섬기는 일만 생각하고 있다.

"들에 있는 나의 산아 네 온 영토의 죄로 말미암아 내가 네 재산과 네 모든 보물과 산당들로 노략을 당하게 하리니."(3절) 유다의 높은 언덕, 들과 산들에 우상을 섬기기 위한 제단이 넘친다. 우상으로 유다 온 땅 구석구석이 죄로 물들었다. 그러므로 내가 너의 모든 재산과 보물과 산당을 약탈당하게 하겠다. 지은 죄의 값이다.

"내가 네게 준 네 기업에서 네 손을 뗄 것이며 또 내가 너로 하여금 너의 알지 못하는 땅에서 네 원수를 섬기게 하리니 이는 너희가 내 노를 맹렬하게 하여 영원히 타는 불을 일으켰음이라."(4절) 너는 네 몫으로 준 땅(가나안 땅)에서 쫓겨날 것이다. 네가 알지도 못하는 이방 땅으로 포로로 끌려가 네 원수를 섬기게 될 것이다. 너희가 나의 분노를 불처럼 타오르게 하였으니, 이 분노의 불이 영원히 꺼지지 않을 것이다. 이렇게 된 것은 네 자신의 잘못 때문이다. 그러니 무슨 말을 할 수 있겠는가.

2. 두 가지 길: 사막의 떨기나무와 물가에 심긴 나무(5-8절)

여호와께서 이와 같이 말씀하시니라 무릇 사람을 믿으며 육신으로 그의 힘을 삼고 마음이 여호와에게서 떠난 그 사람은 저주를 받을 것이라(5절) 하나님께서 말씀하셨다. "사람(*adam*, man)을 의지하고 나 여호와를 떠난 사람은 저주를 받을 것이다." "육신"(*basar*, flesh)은 절대자 하나님과 비교할 때 전혀 도울 힘이 없는 인간, 헛되고 썩어질 육체를 말한다. 여기서는 유다 백성이 바빌로니아에 대항하기 위해 도움을 청했던 이집트를 가리킨다. 오직 하나님만 도우실 수 있음에도 불구하고 유다는 그들을 신뢰했다.

"그는 사막의 떨기나무 같아서 좋은 일이 오는 것을 보지 못하고 광야 간조한 곳, 건건한 땅, 사람이 살지 않는 땅에 살리라."(6절) 인간을 의지하는 그는 사막의 떨기나무(a shrub in the desert), 곧 가시덤불 같을 것이며, 아무런 희망도 없이 사람이 살지 않는 사막의 메마르고 염분(*melehah*, salt)이 많은 땅에서 살게 될 것이다. "사막"은 거짓된 세상을, "떨기나무"는 열매 없는 믿음으로 보기도 한다. 하나님을 떠나 인간을 의지하는 자는 좋은 것, 곧 열매를 얻지 못할 것이라는 말씀이다.

"그러나 무릇 여호와를 의지하며 여호와를 의뢰하는 그 사람은 복을 받을 것이라."(7절) 하지만 인간이 아니라 오직 하나님을 믿고 의지하는 사람에게는 좋은 것, 곧 복을 받게 된다.

"그는 물가에 심어진 나무가 그 뿌리를 강변에 뻗치고 더위가 올지라도 두려워하지 아니하며 그 잎이 청청하며 가무는 해에도 걱정이 없고 결실이 그치지 아니함 같으리라."(8절) 그는 물가에 심은 나무와 같아서 뿌리를 강(*yubal*, river, stream) 가로 뻗으니, 잎이 언제나 푸르므로, 무더위가 닥쳐와도 걱정이 없고, 가뭄이 심해도 걱정이 없다. 그 나무는 언제나 열매를 맺는다.

"물가에 심어진 나무"(a tree planted by the waters)는 하나님의 법도를 잘 지켜 순종함으로써 하나님의 모든 복락과 은혜를 누리며 성장하는 삶을 상징한다(시 1:3). 사막의 떨기나무와는 완전히 다르다.

3. 보응하시는 하나님(9-11절)

"만물보다 거짓되고 심히 부패한 것은 마음이라 누가 능히 이를 알리요 마는."(9절) 그 무엇보다 더 거짓되고 아주 썩은 것은 사람의 마음이다. 그러니, 누가 그 속을 알 수 있겠는가.

"만물"(*kol*, all things)은 히브리어로 "모든 지체"를 가리키는 말로도 번역된다. 사람의 지체 중 가장 부패하고 악한 부분이 마음임을 뜻한다. "마음"(*halleb*, heart)은 생명과 사랑이 움직이는 인격의 깊은 자리이다. 그런데 너무 죄에 오염되어 있어서 인간 스스로의 힘으로는 도저히 치료할 수 없는 상태에 이르렀다. 따라서 마음의 부패는 사람의 마음으로는 알 길이 없다. 언제나 거짓으로 위장되어 있기 때문이다.

"나 여호와는 살피며 폐부를 시험하고 각각 그의 행위와 그의 행실대로 보응하나니."(10절) 그러나 나 여호와는 마음을 살피고 그 깊은 동기를 조사해서 각 사람이 행한 대로 갚아 준다.

"폐부"(*kilyah*, kidney)는 문자적으로 신장(콩팥)이라는 뜻이다. 인간의 모든 감정이 신장에 있다고 믿었던 유대인의 의식구조를 반영한다. 우리는 "심장" 또는 "마음"으로 해석한다.

"불의로 치부하는 자는 자고새가 낳지 아니한 알을 품음 같아서 그의 중년에 그것이 떠나겠고 마침내 어리석은 자가 되리라."(11절) 불의로 재산을 모은 사람은 자기가 낳지 않은 알을 품는 자고새와 같아서, 인생의 한창때에 그 재산을 잃을 것이며(그의 부도 조만간 날아갈 것이며), 말년에는 결국 어리석은 자가 되고 말 것이다.

"불의로 치부하는 자"는 "불법적인 방법으로 재물을 모으는 자"를 의미한다. 자고새(*qore*, partridge)는 메추라기와 비슷하여 메추라기로도 번역되지만 자고새가 조금 크다. 여기서는 자고새가 자기가 낳지 않은 알을 몰래 빼앗아 품는다는 속담을 인용한 것으로, 아랍인들은 자고새가 다른 새의 둥지에서 알을 가져다가 부화시키면 그 아기 새가 다시 어미 새에게로 돌아간다고 믿었다. 여기에서는 불의로 얻은 재물과 행복은 결코 안전하게 유지될 수 없고 잠깐이면 사라진다는 의미이다. 부화된 새끼는 가짜 어미를 떠나기 때문이다.

4. 예레미야의 탄원: 심판을 바라는 기도(12-18절)

"영화로우신 보좌여 시작부터 높이 계시며 우리의 성소이시며."(12절) "우리의 성소는 영광스러운 보좌와 같아서 처음부터 높은 산 위에 서 있습니다."

"이스라엘의 소망이신 여호와여 무릇 주를 버리는 자는 다 수치를 당할 것이라 무릇 여호와를 떠나는 자는 흙에 기록이 되오리니 이는 생수의 근원이신 여호와를 버림이니이다."(13절) "하나님은 이스라엘의 희망이십니다. 주님을 버리는 사람은 모두 수치를 당하고, 주님에게서 떠나간 사람은 생수의 근원이신 주님을 버리고 떠나간 것입니다. 그러므로 그들은 땅바닥에 쓴 이름처럼 지워지고 말 것입니다. "흙에 기록이 되오리니"(written in the earth)는 "생명책에 기록되었다"는 것과 반대되는 것으로, 하나님과 분리되어 썩어질 이 세상에 속한 자로서 살게 되었음을 의미한다. 흙에 기록된 이름은 지워진다. 결코 영원하지 못하다.

"여호와여 주는 나의 찬송이시오니 나를 고치소서 그리하시면 내가 낫겠나이다 나를 구원하소서 그리하시면 내가 구원을 얻으리이다."(14절) "주는 내가 찬양하는 분이십니다. 나를 고쳐주시옵소서. 그러면 내가 나을 것입니다. 나를 건져주옵소서. 그러면 내가 구원을 얻을 것입니다." 치료와 구원은 주께 있다.

"보라 그들이 내게 이르기를 여호와의 말씀이 어디 있느냐 이제 임하게 할지어다 하나이다."(15절) 사람들이 나에게 빈정거리며 말합니다. "여호와의 말씀이 어디 있느냐? 있으면 당장 그 말씀이 이루어지게 하라." 하나님은 말씀으로만 위협하시지 별 것도 아니지 않느냐는 말이다.

"나는 목자의 직분에서 물러가지 아니하고 주를 따랐사오며 재앙의 날도 내가 원하지 아니하였음을 주께서 아시는 바라 내 입술에서 나온 것이 주의 목전에 있나이다."(16절) "주님, 저는 목자의 직분에서 떠나지 않았고(목자의 길을 피하거나 도망하지 않았고), 재앙의 날을 원치 않았던 것을 주님은 아십니다. 또 주님은 내가 한 말도 다 알고 계십니다."

"주는 내게 두려움이 되지 마옵소서 재앙의 날에 주는 나의 피난처시니이다."(17절) "주님, 저를 무섭게 하지 마십시오. 재앙의 날에 주님은 저의 소망(*mahasi*, my hope, refuge)이십니다."

"나를 박해하는 자로 치욕을 당하게 하시고 나로 치욕을 당하게 마옵소서 그들은 놀라게 하시고 나는 놀라게 하지 마시옵소서 재앙의 날을 그들에게 임하게 하시며 배나 되는 멸망으로 그들을 멸하소서."(18절) 수치와 놀람(무서워 당하게 함)은 내가 아니라 하나님의 말씀을 조롱하고 나를 박해하는 자들이 당하게 하고, 그들에게 재앙의 날이 오게 하시되 그 때 갑절의 형벌로 그들을 아주 멸망시켜 달라는 간구다.

5. 안식일을 거룩히 지키라(19-27)

"여호와께서 내게 이와 같이 말씀하시되 너는 가서 유다 왕들이 출입하는 평민의 문과 예루살렘 모든 문에 서서."(19절) 여호와께서 예레미야에게 말씀하셨다. "너는 가서 유다 왕들이 드나드는 백성들의 문과 예루살렘의 모든 문에 서라."

"평민의 문"(the gate of the sons of the people)은 문자적으로 "백성의 자녀들의 문"이다. "백성들의 문"(People's gate)이라 하기도 한다. 이 말은 귀족과는 다른 평민계층을 지칭하는 말로 쓰인 것으로 보인다. 이 문이 어디인지는 정확히 알 수 없다. 성전 문이라 주장하는 학자도 있다. 여기서 이 문을 언급하는 것은 예레미야가 모든 백성들에게 하나님의 뜻을 알리기 위해 이 문으로 출입하는 모든 사람들을 주목하고 있음을 보여준다.

"무리에게 이르기를 이 문으로 들어오는 유다 왕들과 유다 모든 백성과 예루살렘 모든 주민인 너희는 여호와의 말씀을 들을지어다."(20절) 그리고 백성들에게 말하라. 이 문으로 들어오는 유다 왕들과 유다와 예루살렘의 모든 백성들아, 하나님의 말씀을 들어라.

"여호와께서 이와 같이 말씀하시되 너희는 스스로 삼가서 안식일에 짐을 지고 예루살렘 문으로 들어오지 말며."(21절) "너희는 안식일(Sabbath)에 짐을 지고 예루살렘의 문으로 들어오지 않도록 조심하라." 하나님의 말씀이다.

"삼가서"(*shamar*, take heed)는 구약에 자주 나오는 말로, 가시철망을 쳐 어떤 것을 "방어하다", "경계하다"는 뜻이다. 여기서는 안식일 준수를 위한 인간 편의 의지적 결단을 촉구하는 말이다. 안식일에 짐을 지는 일은 평소에 있을 수 없는 일이다. 그런데 안식일에 짐을 지고 예루살렘 문으로 들어온다는 것은 안식일 규례까지 무시하고 있음을 보여준다. "예루살렘 문"(the gates of Jerusalem)은 유다 왕들이 백성을 통치하기 위해 재판을 하고 백성의 형편을 살피는 장소를 가리킨다.

"안식일에 너희 집에서 짐을 내지 말며 어떤 일이라도 하지 말고 내가 너희 조상들에게 명령함 같이 안식일을 거룩히 할지어다."(22절) 너희 조상들에게 명령한 것과 같이 너희도 안식일을 거룩하게(*qadash*, holy, consecrate, hallow), 곧 구별되게 지키라는 말씀이다.

"그들은 순종하지 아니하며 귀를 기울이지 아니하며 그 목을 곧게 하여(stiffened their necks, obstinate) 듣지 아니하며 교훈을 받지 아니하였느니라."(23절) 너희 조상들은 내 말에 귀를 기울여 듣지 않았다. 오히려 고집을 피우며 불순종하고 가르침을 받으려 하지 않았다.

"여호와의 말씀이니라 너희가 만일 삼가 나를 순종하여 안식일에 짐을 지고 이 성문으로 들어오지 아니하며 안식일을 거룩히 하여 어떤 일이라도 하지 아니하면."(24절) 이제 나의 말에 잘 순종해서 안식일을 잘 지키면, 곧 이 성문 안으로 어떠한 짐도 가져 오지 않고, 안식일을 거룩하게 지키면서, 그 날에는 어떠한 일도 하지 않으면 약속하겠다.

"다윗의 왕위에 앉아 있는 왕들과 고관들이 병거와 말을 타고 이 성문으로 들어오되 그들과 유다 모든 백성과 예루살렘 주민들이 함께 그리할 것이요 이 성은 영원히 있을 것이며."(25절) 다윗의 왕위를 계승하는 왕들과 그 신하들이 전차와 말을 타고 유다와 예루살렘 백성과 함께 이 성문으로 들어올 것이며 예루살렘은 영구히 번영을 누릴 것이다. 이 도성에서는 영원히 사람이 살 것이다. 안식일을 거룩히 지켰을 때 예루살렘 성에 내리실 복이다.

"사람들이 유다 성읍들과 예루살렘에 둘린 곳들과 베냐민 땅과 평지와 산지와 네겝으로부터 와서 번제와 희생과 소제와 유향과 감사제물을 여호와의 성전에 가져오려니와."(26절) 유다의 성읍들과 예루살렘 주변과 베냐민 땅과 평원지대와 산간지역과 네겝(*negeb*, Negev), 곧 유다 남부지방에서부터 사람들이 번제물과 희생제물과 곡식제물과 향(incense)을 가지고 와서 여호와의 전에 감사의 제물로 바칠 것이다. "네겝"은 유다의 남부지방을 가리킨다.

"그러나 만일 너희가 나를 순종하지 아니하고 안식일을 거룩 되게 아니하여 안식일에 짐을 지고 예루살렘 문으로 들어오면 내가 성문에 불을 놓아 예루살렘 궁전을 삼키게 하리니 그 불이 꺼지지 아니하리라 하셨다 할지니라 하시니라."(27절) 내 말에 불순종하여 안식일을 거룩하게 지키지 않으면 내가 성문에 불을 놓아 예루살렘 궁전을 삼켜 버릴 것이다. 그 불이 꺼지지 않으리라는 것은 아무도 그 불을 끄지 못할 것이라는 말씀이다. 형벌이다.

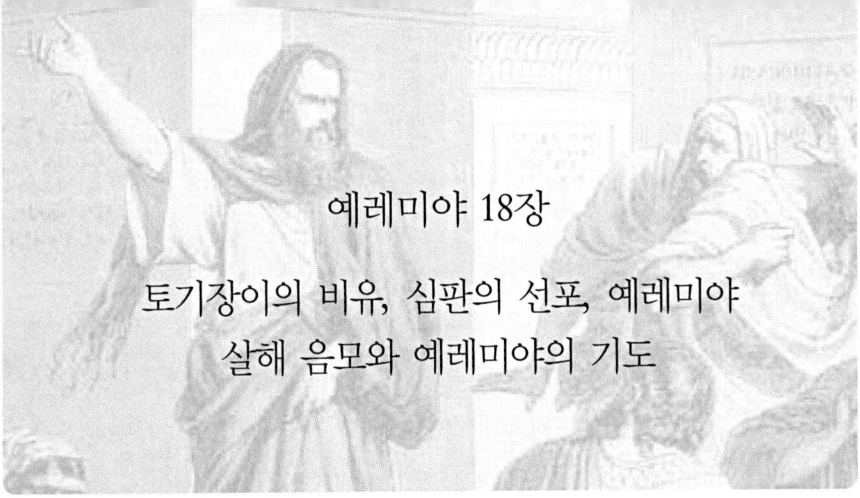

예레미야 18장

토기장이의 비유, 심판의 선포, 예레미야 살해 음모와 예레미야의 기도

1. 토기장이의 비유(1-12절)

하나님께서 예레미야에게 말씀하셨다(1절) "너는 일어나 토기장이의 집으로 내려가라 내가 거기에서 내 말을 네게 들려주리라 하시기로."(2절) "너는 토기장이(potter)의 집으로 내려가거라. 네가 거기서 너에게 할 말이 있다." "토기장이의 집"은 거주지가 아니라 작업장을 의미한다.

내가 토기장이의 집으로 내려가서 본즉 그가 녹로로 일을 하는데(3절) 그래서 내가 그 곳으로 내려갔는데 마침 토기장이가 돌림 대에서 일을 하고 있었다. "녹로"(轆轤, a potter's wheel)는 오지그릇을 만들 때 사용되는 돌림대(물레)로, 찰흙을 얹을 원반과 이것을 받치는 축목으로 구성된다. 아래 판을 발로 돌리면 위판도 함께 돌아 그 회전력을 이용하여 손으로 토기를 만든다. B. C. 4000년대 메소포타미아 지방에서 발명되었다.

"진흙으로 만든 그릇이 토기장이의 손에서 터지매 그가 그것으로 자기 의견에 좋은 대로 다른 그릇을 만들더라."(4절) 그는 만들던 물건이 망가지고 제대로 나오지 않으면 그것을 다시 주물러 자기가 원하는 대로 다른 모양의 그릇을 만들고 있었다.

"좋은 대로"(*yasar*, good)는 문자적으로 "올바른", "합법적인"이란 뜻을 가지고 있다. 하나님께서 창조주로서 주권을 행사하는 것이 정당하다는 것을 드러내는 표현이다.

그 때에 하나님께서 예레미야에게 말씀하셨다(5절). "여호와의 말씀이니라 이스라엘 족속아 이 토기장이가 하는 것 같이 내가 능히 너희에게 행하지 못하겠느냐 이스라엘 족속아 진흙이 토기장이의 손에 있음 같이 너희가 내 손에 있느니라."(6절) 내가 이스라엘 백성들에게 이 토기장이가 하듯이 할 수 없겠느냐? 진흙이 토기장이의 손 안에 있는 것처럼 너희는 내 손 안에 있다. 토기장이는 하나님이시고, 우리는 진흙이다. 우리는 하나님의 주권아래 있다. 나라도, 민족도 마찬가지다.

"내가 어느 민족이나 국가를 뽑거나 부수거나 멸하려 할 때에 만일 내가 말한 그 민족이 그의 악에서 돌이키면 내가 그에게 내리기로 생각하였던 재앙에 대하여 뜻을 돌이키겠고."(7, 8절) 내가 어느 나라나 민족을 멸망시키거나 없애 버리겠다고 선언했다 해도 그 민족이 내가 경고한 죄악에서 돌이키기만 하면(회개하고 돌아서면) 나는 그들에게 내리려고 작정한 재앙을 거둔다. 용서하신다.

"내가 어느 민족이나 국가를 건설하거나 심으려 할 때에 만일 그들이 나 보기에 악한 것을 행하여 내 목소리를 청종하지 아니하면 내가 그에게 유익하게 하리라고 한 복에 대하여 뜻을 돌이키리라."(9, 10절) 내가 어느 나라나 민족을 막강하게 세우겠다고 선언했다 해도 만일 그들이 내 앞에서 악을 행하고 나에게 순종하지 않으면 내가 그들에게 베풀기로 작정한 복을 거둘 것이다. 이 경우는 7, 8절과 반대의 경우이다.

"그러므로 이제 너는 유다 사람들과 예루살렘 주민들에게 말하여 이르기를 여호와의 말씀에 보라 내가 너희에게 재앙을 내리며 계책을 세워 너희를 치려 하노니 너희는 각기 악한 길에서 돌이키며 너희의 길과 행위를 아름답게 하라 하셨다 하라."(11절) 그러므로 이제 너는 유다와 이스라엘 백성에게 나 여호와가 이렇게 말한다고 하여라. "보라, 내가 너희에게 내릴 재앙을 마련하고 있으며, 너희를 칠 계획도 세우고 있다. (내가 너희에게 재앙을 내려 너희를 벌하려고 한다.) 그러므로 너희는 모두 악한 길(your evil way)에서 돌아서고 너희 태도와 행실을 바르게 고쳐라." 기회를 주시겠다는 말씀이다.

"그러나 그들이 말하기를 이는 헛되니 우리는 우리의 계획대로 행하며 우리는 각기 악한 마음이 완악한 대로 행하리라 하느니라."(12절) 그러나 그들은 대답할 것이다. "다 소용없다. (그럴 필요가 없다.) 우리는 우리 계획대로 진행할 것이며 각자 자신의 악한 마음에서 나오는 고집대로 하겠다."

"헛되니"(*yaash*, hopeless)는 문자적으로 "소망이 없는"이란 뜻으로, 유다 백성들이 예레미야의 심판 선포의 메시지를 경멸하는 말이다.

2. 심판의 선포: 들의 바위를 떠난 레바논의 눈(13-17절)

"그러므로 여호와께서 이와 같이 말씀하시니라 너희는 누가 이러한 일을 들었는지 여러 나라 가운데 물어보라 처녀 이스라엘이 심히 가증한 일을 행하였도다."(13절) 하지만 예레미야의 선포에 대한 유다 백성들의 반응은 싸늘했다. 그래서 하나님께서 말씀하셨다. "누가 이와 같은 말을 들어 보았는지, 세상 만민(이방 나라)에게 물어 보아라. 처녀 이스라엘은 너무 역겨운 일(*saarurit*, a horrible thing, 끔찍한 일)을 저질렀다."

"레바논의 눈이 어찌 들의 바위를 떠나겠으며 먼 곳에서 흘러내리는 찬물이 어찌 마르겠느냐."(14절) 레바논 산의 험준한 바위 봉우리에 눈이 없는 때가 있더냐? 거기에서 흘러내리는 시원한 물줄기가 마르는 일이 있더냐?

"레바논의 눈"(the snow of Lebanon)은 팔레스타인 북부 산간 지역인 레바논에 쌓인 눈을 말한다. 겨울에는 산봉우리마다 흰 눈으로 덮여있다. (특히 안티레바논 남쪽 부분을 이루는 헤르몬 산은 눈으로 덮여있는 때가 많다.) 그러다 봄엔 눈이 녹아 아래로 흐른다. 이 물은 광활한 들판을 적시며 결코 마르지 않는다. 하나님은 이런 사실에 빗대어 이스라엘의 변절을 꾸짖으셨다. 하나님을 떠나 이방우상을 섬기며 곁길로 가버렸기 때문이다.

"들의 바위"(the rock of the field)도 레바논 산지를 가리키는 말이다. "먼 곳에서 흘러내리는 찬물"은 레바논 산맥으로부터 흘러내리는 여러 강들, 곧 나하르 엘케비르 강, 나하르 엘카시미예 강, 오론테스 강, 아도니스 강 등을 말한다.

"무릇 내 백성은 나를 잊고 허무한 것에게 분향하거니와 이러한 것들은 그들로 그들의 길 곧 그 옛길에서 넘어지게 하며 곁길 곧 닦지 아니한 길로 행하게 하여."(15절) 그러나 내 백성 유다는 나를 잊어버리고 무가치한 우상에게 분향하였으며 그들은 이런 일로 인해서 예부터 걸어온 바른 길을 떠나 닦아놓지도 않은 곁길, 곧 죄악의 길로 빠져들었다.

"옛길"(*owlam sebile,* the ancient paths)은 과거 이스라엘 백성들이 하나님과 그의 말씀을 따라 순종하던 바른 신앙노선을 말한다. "곁길"(bypaths)은 이와 반대되는 불신앙의 길이다.

"그들의 땅으로 두려움과 영원한 웃음거리가 되게 하리니 그리로 지나는 자마다 놀라서 그의 머리를 흔들리라."(16절) 그러므로 그들의 땅이 황폐해져서 영원한 비웃음거리(조소의 대상)가 될 것이며 그리로 지나가는 자들이 다 놀라 머리를 흔들 것이다. 약속의 땅 가나안이 황폐하게 되어 영원히 열방의 멸시와 조롱거리가 될 것이라는 말씀이다. "영원한 웃음거리"(perpetual hissing)는 약속의 땅이 황폐함을 보고 대대로 조롱과 멸시의 대상(a perpetual object of scorn)으로 삼게 될 것을 말한다.

"내가 그들을 그들의 원수 앞에서 흩어 버리기를 동풍으로 함 같이 할 것이며 그들의 재난의 날에는 내가 그들에게 등을 보이고 얼굴을 보이지 아니하리라."(17절) 내가 내 백성 유다를 그들의 원수 앞에서 동풍에 휘날리는 먼지처럼 흩어 버릴 것이며 그들이 재앙을 당할 때에 내가 그들을 외면하고 돕지 않을 것이다. "등을 보이고"는 환난을 당할 때 도와주지 않고 외면한다는 뜻이다. 유다에 대한 심판 선언이다. 무서운 파멸이 그들을 기다리고 있다.

3. 예레미야 살해 음모와 예레미야의 기도(18-23절)

"그들이 말하기를 오라 우리가 꾀를 내어 예레미야를 치자 제사장에게서 율법이, 지혜로운 자에게서 책략이, 선지자에게서 말씀이 끊어지지 아니할 것이니 오라 우리가 혀로 그를 치고 그의 어떤 말에도 주의하지 말자 하나이다."(18절) 그때 백성들이 이렇게 말했다. "자, 우리가 음모를 꾸며 예레미야를 해치자. (이제 예레미야를 죽일 계획을 세우자.) 그가 없어도 우리에게는 율법을 가르치는 제사장들이 있고, 묘책을 말해 주는 지혜로운 자들이 있으며, 하나님의 말씀을 선포해 주는 선지자들이 있다. 우리가 그를 공박하고(우리의 혀로 그를 헐뜯고) 그가 하는 말에 귀를 기울이지 말자." 예레미야가 하는 모든 말을 무시하고 그를 죽일 계획을 세우자는 것이다.

"여호와여 나를 돌아보사 나와 더불어 다투는 그들의 목소리를 들어 보옵소서."(19절) 그래서 예레미야는 이렇게 기도했다. "하나님, 저의 호소에 귀를 기울이시고 원수들이 저를 두고 하는 말을 들어 보십시오." 엄중한 상황에서 올리는 탄원의 기도다.

"어찌 악으로 선을 갚으리이까마는 그들이 나의 생명을 해하려고 구덩이를 팠나이다 내가 주의 분노를 그들에게서 돌이키려 하고 주의 앞에 서서 그들을 위하여 유익한 말을 한 것을 기억하옵소서."(20절) "어떻게 사람이 선을 악으로 갚을 수 있겠습니까? (선을 악으로 갚을 수는 없다.) 그런데 그들은 나를 죽이려고 함정(*suhah*, pit)을 팠습니다. 내가 그들에게서 주의 분노를 거두어 달라고 주 앞에 서서 그들을 위해 좋게 변호했던 일(유다 민족을 위해 중보했던 것)을 기억해 주소서."

"그러하온즉 그들의 자녀를 기근에 내어 주시며 그들을 칼의 세력에 넘기시며 그들의 아내들은 자녀를 잃고 과부가 되며 그 장정은 죽음을 당하며 그 청년은 전장에서 칼을 맞게 하시며."(21절) "이 민족이 이토록 배은망덕하니, 그들의 자녀는 굶어 죽거나 전쟁으로 죽게 하시고, 그들의 아내들은 자녀를 잃고 과부가 되게 하여 주십시오. 청년들은 전쟁에서 칼에 찔려 죽게 해 주십시오." 배은망덕한 유다를 철저히 징벌해달라는 것이다.

"주께서 군대로 갑자기 그들에게 이르게 하사 그들의 집에서 부르짖음이 들리게 하옵소서 이는 그들이 나를 잡으려고 구덩이를 팠고 내 발을 빠뜨리려고 올무를 놓았음이니이다."(22절) 주께서 갑자기 바벨론 군대를 그들에게 보내실 때 그들의 집에서 놀라 울부짖는 소리가 터져 나오게 하소서. 그들이 나를 잡으려고 함정을 파고 내 발이 걸리도록 덫을 놓았습니다.

"여호와여 그들이 나를 죽이려 하는 계략을 주께서 다 아시오니 그 악을 사하지 마옵시며 그들의 죄를 주의 목전에서 지우지 마시고 그들을 주 앞에 넘어지게 하시되 주께서 노하시는 때에 이같이 그들에게 행하옵소서 하니라."(23절) "하나님께서는 나를 죽이려는 그들의 모든 흉계를 다 알고 계십니다. 그들의 죄악을 용서하지 마시고 그들의 허물을 주 앞에서 지우지 마소서. (가볍게 다루지 마소서) 주께서 진노하시는 날 그들이 주 앞에서 거꾸러져 죽게 하소서. 망하게 하소서." 선을 악으로 갚는 그들에 대해 철저히 보응하시기를 기도한다.

예레미야 19장

깨어진 옹기가 주는 교훈

1. 깨어진 옹기가 주는 교훈(1-15절)

여호와께서 예레미야에게 말씀하셨다. "너는 가서 토기장이에게 옹기(질그릇) 하나를 사고 백성 가운데 나이 많은 어른들과 제사장 몇 사람을 데리고 '하시드 문' 어귀 곁에 있는 '힌놈의 아들 골짜기' 로 나아가서, 내가 너에게 일러주는 말을 거기에서 선포하여라."(1, 2절)

"옹기"(*hares baqbuq*, clay jar, clay jug)는 히브리 민족이 흔히 사용하는 목이 좁은 물병(오지병, 질그릇)을 말한다. "하시드 문"(the gate Harsith)은 바벨론 포로기 이전의 예루살렘 성문으로 여기에만 기록되어 있다. 2절로 보아 힌놈 골짜기를 연해 있었다고 믿어진다. 하지만 그 위치에 대해서는 의견이 분분하다. "골짜기 문", "오지병(질그릇) 조각문", "분문", "태양의 문", "동문" 등 여러 주장이 있다.

"말하기를 너희 유다 왕들과 예루살렘 주민아 여호와의 말씀을 들으라 만군의 여호와 이스라엘의 하나님이 이같이 말씀하시되 보라 내가 이 곳에 재앙을 내릴 것이라 그것을 듣는 모든 자의 귀가 떨리니."(3절) 하나님이 이 곳에 재앙을 내릴 터인데, 이 재앙은 그 소식을 듣는 모든 사람의 귀가 멍멍해질(얼얼해질) 만큼 무서운 재앙이 될 것이다. 귀가 떨린다(tingle)는 것은 "왱왱 울리다"라는 것으로, 유다가 하나님의 심판을 받게 되리라는 예레미야의 메시지가 유다 백성들의 귀에 크고 두렵게 들릴 것이라는 뜻을 담고 있다.

"이는 그들이 나를 버리고 이 곳을 불결하게 하며 이 곳에서 자기와 자기 조상들과 유다 왕들이 알지 못하던 다른 신들에게 분향하며 무죄한 자의 피로 이 곳에 채웠음이며."(4절) 이것은 그들이 나를 버리고 이 곳을 우상으로 더럽히며 그들과 그 조상들과 유다 왕들이 알지 못하던 다른 신들에게 분향하고 이 곳을 죄 없는 사람들의 피로 물들였기 때문이다.

"이 곳을 불결하게 하며"(made this a foreign, alien place)는 이 곳에서 우상을 섬김으로써 이 땅을 남의 나라처럼 만들어 놓았다는 말이다. "불결"은 히브리어로 "모독", "멸시"의 뜻을 가지고 있다. "무죄한 자의 피"(the blood of the innocents)는 우상의 제물로 드려진 어린 자녀들의 죄 없는 피를 가리킨다.

"또 그들이 바알을 위하여 산당을 건축하고 자기 아들들을 바알에게 번제로 불살라 드렸나니 이는 내가 명령하거나 말하거나 뜻한 바가 아니니라."(5절) 우상 바알을 섬기기 위해 산당을 짓고 제 자식들을 번제로 드렸다. 이것은 내가 그들에게 명한 적도 없고, 말한 적도 없는, 내가 상상조차도 하여 본 적이 없는 것이다. 큰 죄를 저질렀다는 말씀이다.

"그러므로 보라 다시는 이 곳을 도벳이나 힌놈의 아들의 골짜기라 부르지 아니하고 오직 죽임의 골짜기라 부르는 날이 이를 것이라 여호와의 말이니라."(6절) 그러므로 다시는 이 곳을 도벳(Tophet)이나 힌놈 골짜기라고 부르지 않고 "살육의 골짜기"라고 부를 날이 올 것이다. 도벳은 예루살렘 남쪽 힌놈의 아들 골짜기에 마련된 몰렉 제사를 드리는 제단의 이름으로, 도벳 사당이라고도 한다.

"내가 이 곳에서 유다와 예루살렘의 계획을 무너뜨려 그들로 그 대적 앞과 생명을 찾는 자의 손의 칼에 엎드러지게 하고 그 시체를 공중의 새와 땅의 짐승의 밥이 되게 하며."(7절) 하나님은 이 곳에서 유다와 예루살렘의 계획을 좌절시키고, 원수들의 칼에 찔려 죽게 하고, 그들의 시체는 공중의 새와 들짐승의 먹이가 되게 하겠다고 하셨다.

"이 성읍으로 놀람과 조롱거리가 되게 하리니 그 모든 재앙으로 말미암아 지나는 자마다 놀라며 조롱할 것이며."(8절) 내가 또 이 성을 황폐하게 만들어 조소의 대상이 되게 할 것이다. 지나가는 사람마다 그들이 당한 재앙을 보고 놀라며 비웃을 것이다.

"그들이 그들의 원수와 그들의 생명을 찾는 자에게 둘러싸여 곤경에 빠질 때에 내가 그들이 그들의 아들의 살, 딸의 살을 먹게 하고 또 각기 친구의 살을 먹게 하리라 하셨다 하고."(9절) 대적이 그 성을 장기간 포위함으로 인해 성 안에 갇혀 있는 사람들은 식량이 떨어져 결국 자기 친구들과 자식들까지 잡아먹는 지경에 이를 것이다.

"너는 함께 가는 자의 목전에서 그 옹기를 깨뜨리고."(10절) 너는 함께 가는 자들이 지켜보는 가운데서 그 질그릇을 깨뜨리고 이렇게 말하라. 옹기를 깨뜨리는 것은 머지않아 임하게 될 유다 멸망의 실상을 미리 보여주는 상징적 표현이다. 당시 근동 지역에서는 어떤 사람을 저주한다는 뜻에서 오지병에도 그 사람의 이름을 쓴 뒤 그 병을 깨뜨리는 풍습이 있었다. 여기서는 유다가 완전히 멸망하여 회복이 불가능할 것임을 암시하고 있다.

"그들에게 이르기를 만군의 여호와께서 이와 같이 말씀하시되 사람이 토기장이의 그릇을 한 번 깨뜨리면 다시 완전하게 할 수 없나니 이와 같이 내가 이 백성과 이 성읍을 무너뜨리리니 도벳에 매장할 자리가 없을 만큼 매장하리라."(11절) 토기 그릇은 한번 깨지면 다시 원상태로 쓸 수 없다. 나도 이 백성과 이 도성을 토기 그릇처럼 깨뜨려 버리겠다. 그러면 더 이상 시체를 묻을 자리가 없어서, 사람들이 도벳에까지 시체를 묻을 것이다.

“도벳”은 우상을 섬기는 사당이 있던 곳으로, 아랍어로 “불사르는 곳”이라는 뜻을 가지고 있다. 이방 관습으로 인신희생을 드릴 때 불사르던 곳으로 간주되고 있다. 이곳은 영원한 형벌의 대표적인 상징이 되었다. 예레미야의 예언적 선포에 따르면 장차 옹기가 깨진 무더기가 쌓인 것처럼 죽은 자들의 시신이 쌓인 곳으로 변한다.

“여호와의 말씀이니라 내가 이 곳과 그 가운데 주민에게 이같이 행하여 이 성읍으로 도벳 같게 할 것이라.”(12절) 내가 이 성과 이 백성을 도벳처럼 되게 하겠다. 하나님의 말씀이다.

“예루살렘 집들과 유다 왕들의 집들이 그 집 위에서 하늘의 만상에 분향하고 다른 신들에게 전제를 부음으로 더러워졌은즉 도벳 땅처럼 되리라 하셨다 하라 하시니.”(13절) 예루살렘의 집들과 유다 왕들의 궁전과 그리고 지붕 위에서 하늘의 만상, 곧 별들에게 분향하고 다른 신들에게 술을 따라 부은 모든 집들이 도벳처럼 더러워질(불결하게 될) 것이다. 하나님은 우상을 섬긴 유다의 죄를 철저히 물으신다.

“예레미야가 여호와께서 자기를 보내사 예언하게 하신 도벳에서 돌아와 여호와의 집 뜰에 서서 모든 백성에게 말하되.”(14절) 예레미야는, 하나님께서 예언하라고 보내신 도벳에서 돌아와, 여호와의 성전 뜰에 서서, 모든 백성에게 말하였다.

“만군의 여호와 이스라엘의 하나님께서 이와 같이 말씀하시되 보라 내가 이 성읍에 대하여 선언한 모든 재앙을 이 성읍과 그 모든 촌락에 내리리니 이는 그들의 목을 곧게 하여 내 말을 듣지 아니함이라 하시니라.”(15절) 이 백성이 목을 곧게 하여(고집을 피우며) 나의 말에 순종하지 않았으므로, 이제 내가 이미 선포한 그 모든 재앙을 이 도성과 거기에 딸린 모든 성읍 위에 내리겠다. 불순종하는 유다를 멸망시키겠다는 하나님의 말씀이다.

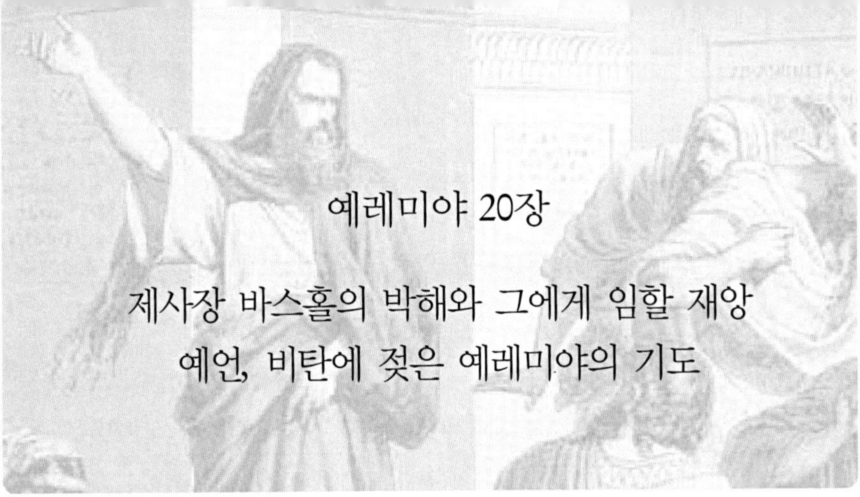

예레미야 20장

제사장 바스훌의 박해와 그에게 임할 재앙 예언, 비탄에 젖은 예레미야의 기도

1. 제사장 바스훌의 박해와 그에게 임할 재앙 예언(1-6절)

"임멜의 아들 제사장 바스훌은 여호와의 성전의 총감독이라 그가 예레미야의 이 일 예언함을 들은지라." 그때 성전 관리 책임자인 제사장 바스훌(Pashhur)이 예레미야가 예언하는 이 말을 들었다. 성전에는 여러 관리자를 두었는데, 바스훌이 총감독(chief governor)을 맡았다. "바스훌"은 이집트어에서 유래된 이름으로 "호루스의 몫"이란 뜻이라는 주장도 있고, "권세를 확장하는 자"라는 주장도 있다. 히브리어로는 유월절을 암시하여 용서와 구원, 평화를 가리키는 말이다. 그는 여호야김 왕 때 제사장으로 성전질서의 책임을 맡고 있었다.

"이에 바스훌이 선지자 예레미야를 때리고 여호와의 성전에 있는 베냐민 문 위층에 목에 씌우는 나무 고랑으로 채워 두었더니."(2절) 그가 예레미야를 때리고, 성전 위쪽 베냐민 대문(the upper Benjamin Gate)에 있는 차꼬(stocks)에 채워 가두었다.

"다음날 바스훌이 예레미야를 목에 씌우는 나무 고랑에서 풀어 주매 예레미야가 그에게 이르되 여호와께서 네 이름을 바스훌이라 아니하시고 마골밋사빕이라 하시느니라(3절) 다음 날 바스훌이 예레미야를 차꼬에서 풀어 주자 예레미야가 그에게 말했다. "하나님께서 네 이름을 바스훌이라고 부르지 않고 사방 두려움을 뜻하는 '마골밋사빕' 으로 고치셨다." "마골밋사빕" (Magor-missabib)은 "사방에 두려움" 이라는 뜻으로, 바벨론 군대에게 혹독한 시련을 겪게 될 것을 말해주고 있다.

"여호와께서 이와 같이 말씀하시되 보라 내가 너로 너와 네 모든 친구에게 두려움이 되게 하리니 그들이 그들의 원수들의 칼에 엎드러질 것이요 네 눈은 그것을 볼 것이며 내가 온 유다를 바벨론 왕의 손에 넘기리니 그가 그들을 사로잡아 바벨론으로 옮겨 칼로 죽이리라." (4절) 하나님께서 직접 너에게 하신 말씀을 들어 보라. "내가 너를 너와 네 모든 친구에게 두려움이 되게 할 것이니, 너는 네 친구들이 원수의 칼에 찔려 쓰러지는 것을 네 눈으로 직접 볼 것이다. 또 내가 유다 백성을 모두 바빌로니아 왕의 손에 넘겨주면, 그 왕은 백성을 더러는 바빌로니아로 사로잡아 가고, 더러는 칼로 죽일 것이다." 유다 백성들이 죽임을 당하고 포로로 끌려가는 것을 보게 되리라는 말씀이다.

"내가 또 이 성읍의 모든 부와 그 모든 소득과 그 모든 귀중품과 유다 왕들의 모든 보물을 그 원수의 손에 넘기리니 그들이 그것을 탈취하여 바벨론으로 가져가리라." (5절) "또 내가 이 성의 모든 재산, 곧 모든 농산물과 귀중품과 유다 왕들의 모든 보물을 그 원수들에게 넘겨주어 그들이 그 모든 것을 바빌로니아로 약탈해 가게 하겠다." 바벨론 군대가 예루살렘 성의 모든 재산을 약탈해가는 것도 보게 될 것이라는 말씀이다.

"바스훌아 너와 네 집에 사는 모든 사람이 포로 되어 옮겨지리니 네가 바벨론에 이르러 거기서 죽어 거기 묻힐 것이라 너와 너의 거짓 예언을 들은 네 모든 친구도 그와 같으리라 하셨느니라." (6절) 바스훌과 너의 모든 집안사람들이 포로가 되어 바빌로니아로 끌려가 거기서 죽어 묻힐 것이며 또 너의 거짓된 예언을 들은 네 친구들도 그렇게 될 것이다. "거짓 예언" 은, 유다는 하나님의 택한 백성이므로 그 어떤 재앙도 닥치지 않을 것이라는 것으로, 거짓말을 확신을 가지고 말하는 것이나 그것을 믿는 것은 멸망의 징조이다.

2. 비탄에 젖은 예레미야의 기도(7-18절)

"여호와여 주께서 나를 권유하시므로 내가 그 권유를 받았사오며 주께서 나보다 강하사 이기셨으므로 내가 조롱거리가 되니 사람마다 종일토록 나를 조롱하나이다."(7절) "하나님께서 저를 설득하시므로(induced me) 제가 설득되었으며(I was persuaded), 주께서 나보다 강하시므로 나를 이기셨습니다. 그런데 내가 하루 종일 조롱거리가 되어 모든 사람들에게 비웃음을 사고 있습니다."

"내가 말할 때마다 외치며 파멸과 멸망을 선포하므로 여호와의 말씀으로 말미암아 내가 종일토록 치욕과 모욕 거리가 됨이니이다."(8절) "내가 입을 열어 말을 할 때마다 '폭력'(*hamas*, violence)을 고발하고 '파멸'(*sod*, destruction)을 외치니, 주님의 말씀 때문에 나는 날마다 치욕과 모욕거리가 되고 있습니다." 백성들은 그만큼 하나님의 경고를 듣기 싫어했다.

"내가 다시는 여호와를 선포하지 아니하며 그의 이름으로 말하지 아니하리라 하면 나의 마음이 불붙는 것 같아서 골수에 사무치니 답답하여 견딜 수 없나이다."(9절) "'제가 이제는 더 이상 하나님에 대해서 언급하지 않겠다. 다시는 주님의 이름으로 외치지 않겠다.' 하고 다짐해 보지만 그 때마다 주님의 말씀이 나의 심장 속에서 불처럼 타올라 뼛속까지 태우니, 나는 견디다 못해 그만 항복하고 맙니다." 주의 말씀이 마음에서 불처럼 타올라 더 이상 견디지 못하고 손을 들고 만다는 말이다.

"나는 무리의 비방과 사방이 두려워함을 들었나이다 그들이 이르기를 고소하라 우리도 고소하리라 하오며 내 친한 벗도 다 내가 실족하기를 기다리며 그가 혹시 유혹을 받게 되면 우리가 그를 이기어 우리 원수를 갚자 하나이다." (10절) "수많은 사람이 비방하는 소리(수군거리는 소리)를 나는 들었습니다. '예레미야가 겁에 질려 있다(사면으로 두려움에 사로잡혀있다). 너희는 그를 고발하여라. 우리도 그를 고발하겠다' 고 합니다. 나와 친하던 사람들도 모두 내가 넘어지기(my stumbling, 실족하기, 타락하기)만을 기다립니다. '혹시 그가 유혹을 받게 되면(be induced, 실수를 하기라도 하면), 우리가 그를 덮치고 그에게 보복을 하자' 합니다." 백성들은 호시탐탐 예레미야가 넘어지기를 기다린다.

"그러하오나 여호와는 두려운 용사 같으시며 나와 함께 하시므로 나를 박해하는 자들이 넘어지고 이기지 못할 것이오며 그들은 지혜롭게 행하지 못하므로 큰 치욕을 당하오리니 그 치욕은 길이 잊지 못할 것이니이다." (11절) "그러나 힘센 용사(mighty, fearsome warrior)와 같은 주께서 나와 함께 하시므로 나를 박해하는 자들이 나를 이기지 못할 것이고, 그들은 실패해서 영원히 잊힐 수 없는 수치를 당할 것입니다."

"의인을 시험하사 그 폐부와 심장을 보시는 만군의 여호와여 나의 사정을 주께 아뢰었사온즉 주께서 그들에게 보복하심을 나에게 보게 하옵소서." (12절) "의로운 자를 시험하여 그 폐부와 심장(the mind and the heart, inner motive and heart), 곧 생각과 마음의 깊은 뜻을 알아내시는 전능하신 하나님, 제 사정을 주께 말씀드렸습니다. 그들이 주께 보복 당하는 것을 내 눈으로 보게 하소서."

"여호와께 노래하라 너희는 여호와를 찬양하라 가난한 자의 생명을 행악자의 손에서 구원하셨음이니라." (13절) 여호와께 노래하라! 여호와를 찬양하라! 그가 가난한 자의 생명을 악한 자의 손에서 구원하셨다. "가난한 자" (*ebyown*, the poor)는 구약에서 진정한 하나님의 백성 또는 의인을 가리키는 말이다.

하나님의 뜻에 순종하며 하나님의 도움만을 바라는 겸손한 자이다.

14-18절은 동족에게 버림을 받은 절망적인 순간에도 그들에게 임박한 재난을 선포하면서 비탄에 빠지게 된 예레미야를 보여준다. "차라리 태어나지 않았으면 이런 모습을 보지 않았을 것을," 그 비탄은 죄로 죽어가면서도 돌이킬 줄 모르는 자기 동족을 향해 흘리는 피눈물이다.

"내 생일이 저주를 받았더면, 나의 어머니가 나를 낳던 날이 복이 없었더면."(14절) "내가 태어난 날이 저주스럽구나. 내 어머니가 나를 낳던 그 날이 복되지 않았더라면 좋았을 텐데." 내가 왜 태어나 동족의 멸망을 선포하고, 유다의 파멸을 봐야 하는가.

"나의 아버지에게 소식을 전하여 이르기를 당신이 득남하였다 하여 아버지를 즐겁게 하던 자가 저주를 받았더면."(15절) "내 아버지에게 '자네에게 아들이 생겼어!' 하고 기쁜 소식을 전하여 아버지를 즐겁게 하던 자가 저주스럽구나."

"그 사람은 여호와께서 무너뜨리시고 후회하지 아니하신 성읍 같이 되었더면, 그가 아침에는 부르짖는 소리, 낮에는 떠드는 소리를 듣게 하였더면, 좋을 뻔하였나니."(16절) "바로 그 사람은 주님께서 사정없이 무너뜨린 성읍처럼 되어서 아침에는 울부짖는 고통 소리를 듣고, 대낮에는 전쟁의 함성을 들었더라면 좋았을 터인데."

"이는 그가 나를 태에서 죽이지 아니하셨으며 나의 어머니를 내 무덤이 되지 않게 하셨으며 그의 배가 부른 채로 항상 있지 않게 하신 까닭이로다."(17절) "하지만 하나님께서 나를 태에서 죽이지 않았기 때문 아니겠는가?" 내가 어머니 뱃속에서 죽었더라면, 그것이 나의 무덤이 되었더라면 좋았을 텐데 그렇게 되지 못했다.

"태에서"(*merahem*, from the womb)는 "모태로부터"라는 말이다. "처음

부터", "시작부터"라는 의미도 담고 있다. 여기서는 출생부터 존재 자체에 대해 근원적으로 회의하고 번민하는 모습을 표현하고 있다.

"어찌하여 내가 태에서 나와서 고생과 슬픔을 보며 나의 날을 부끄러움으로 보내는고 하니라."(18절) 내가 무엇 때문에 태에서 나와 이런 고생(labor)과 슬픔(sorrow)을 겪으며 수치 가운데서 나의 날(my days)을 보내는가. 나의 생애를 마치는 날까지 이러한 수모를 받고 있는가.

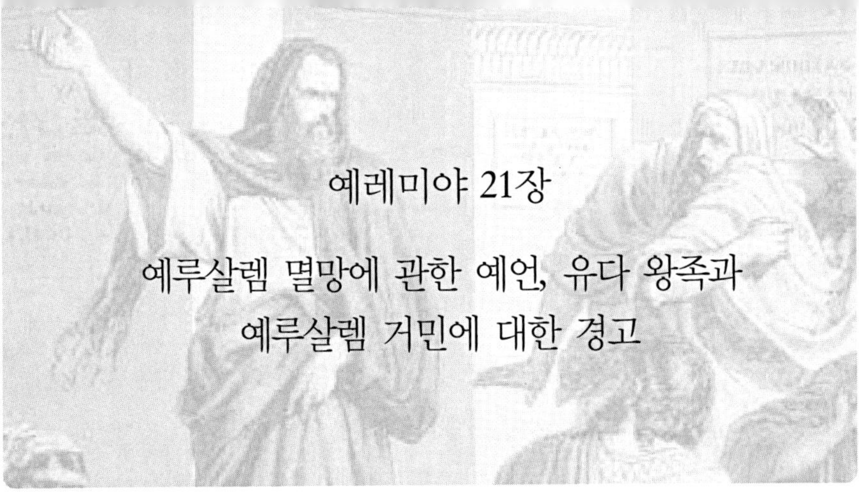

예레미야 21장

예루살렘 멸망에 관한 예언, 유다 왕족과 예루살렘 거민에 대한 경고

1. 예루살렘 멸망에 관한 예언(1-10절)

"시드기야 왕이 말기야의 아들 바스훌과 마아세야의 아들 스바냐 제사장을 예레미야에게 보냈을 때 하나님께서 그들에게 전할 말씀을 예레미야에게 주셨다." (1절) 시드기야(Zedekiah) 왕은 유다 왕조 마지막 왕이다. 바벨론 포로로 잡혀가 그곳에서 죽었다. "스바냐"(Zephaniah)는 시드기야 치세 때 성전에서 부제사장 직분을 맡았던 인물로, 선지자 스바냐와는 다른 인물이다.

"'바빌로니아의 느부갓네살 왕이 우리를 공격해 오는데 당신은 우리를 위해서 여호와께 물어 보시오. 어쩌면 여호와께서 옛날처럼 우리를 도와 기적을 베푸셔서 느부갓네살 왕이 물러가도록 하실 지도 모릅니다." (2절) 이것은 그들이 예레미야에게 와서 한 말이다.

예레미야가 그들에게 대답하였다. "시드기야 왕에게 가서 이렇게 전하시오." (3절)

"이스라엘의 하나님 여호와께서 이렇게 말씀하신다고 일러 주시오. '나는 성 밖에서 너희를 포위하고 있는 바빌로니아 왕과 그의 군대와 맞서 싸우려는 너희들의 무기를 쓸모없게 만들 것이며 그들을 이 성 안으로 불러들이겠다.'" (4절) 왕의 기대와는 정 반대되는 말씀이다.

"내가 든 손과 강한 팔 곧 진노와 분노와 대노로 친히 너희를 칠 것이며."

(5절) 내가 분노하여 강한 팔로 너희를 치겠다.

"내가 또 사람이나 짐승이나 이 성에 있는 것을 다 치리니 그들이 큰 전염병(great pestilence)에 죽으리라 하셨다 하라."(6절) 또 내가 예루살렘 성에 무서운 전염병을 보내 사람과 짐승이 다 같이 죽게 하겠다.

"그런 다음에 전염병과 전쟁과 기근에서 살아남은 이 도성의 사람들, 곧 유다 왕 시드기야와 그의 신하들과 백성을 바빌로니아 왕 느부갓네살의 손과, 그들의 원수들의 손과, 그들의 목숨을 노리는 사람들의 손에 포로로 넘겨주겠다. 느부갓네살은 포로를 조금도 가련하게 여기지 않고, 조금도 아끼지 않고, 무자비하게 칼로 쳐 죽일 것이다."(7절) 칼, 전염병, 기근에 살아남았다 해도 바벨론 포로로 잡혀가 가혹하게 죽임을 당할 것이다.

"여호와께서 말씀하시기를 보라 내가 너희 앞에 생명의 길과 사망의 길을 두었노라 너는 이 백성에게 전하라 하셨느니라."(8절) "생명의 길"(the way of life)은 바빌로니아에 항복하는 것을 말하고, "사망의 길"(the way of death)은 유다 본토에 남아 바빌로니아에 대항하는 것을 말한다.

"이 성읍에 사는 자는 칼과 기근과 전염병에 죽으려니와 너희를 에워싼 갈대아인에게 나가서 항복하는 자는 살 것이나 그의 목숨은 전리품 같이 되리라."(9절) 이 도성 안에 머물러 있는 사람은 전쟁이나 기근이나 전염병으로 죽을 것이다. 그러나 지금 너희를 에워싸고 있는 바벨론 군대에게 나아가서 항복하는 사람은, 죽지 않을 것이다. 그 사람은 적어도 자신의 목숨만은 건질 것이다. "갈대아 인"(*hakkasdim*, the Chaldeans)은 본래 바벨론의 남부지역인 아라비아 북부와 페르시아 만 사이, 곧 유프라테스 강과 티그리스 강을 따라 살았던 민족을 일컫는 말이지만, 여기서는 바벨론 군대를 가리킨다.

"그의 목숨은 전리품 같이 되리라." 고대 전사들은 전쟁에서 전리품을 가지고 돌아오는 풍습이 있었다. 패전하고 돌아온 병사에게 어떤 노략물을 얻었느냐고 물을 때 "내 생명을 노략물로 얻었다" 고 말함으로써 간신히 살아왔음을 표현했다.

"여호와의 말씀이니라 내가 나의 얼굴을 이 성읍으로 향함은 복을 내리기 위함이 아니요 화를 내리기 위함이라 이 성읍이 바벨론 왕의 손에 넘김이 될 것이요 그는 그것을 불사르리라." (10절) "나의 얼굴을 이 성읍으로 향함"은 예루살렘 성을 향한 하나님의 관심과 결심을 상징하는 표현이다. 그러나 지금이 성읍을 향한 주님의 관심은 복이 아니라 재앙이다. 이 성은 바벨론 왕의 손에 들어갈 것이고, 그는 이 도성을 불 지를 것이다

2. 유다 왕족과 예루살렘 거민에 대한 경고(11-14절)

"유다 왕의 집에 대한 여호와의 말을 들으라." (11절) 이제 유다 왕실에 말한다. 너희는 하나님의 말을 들어라.

"여호와께서 이와 같이 말씀하시니라 다윗의 집이여 너는 아침마다 정의롭게 판결하여 탈취 당한 자를 압박자의 손에서 건지라 그리하지 아니하면 너희의 악행 때문에 내 분노가 불 같이 일어나서 사르리니 능히 끌 자가 없으리라." (12절) "다윗의 집안사람들아, 여호와의 말씀을 들어라. 너희는 아침마다 공정한 재판을 하여 약탈당한 자를 압박자의 손에서 구하라. 그렇지 않으면 너희가 행한 악에 대하여 내 분노가 불처럼 타오를 것이니 아무도 끌 자가 없을 것이다."

"다윗의 집" (house of David)은 다윗 왕가, 곧 유다 왕국의 왕가를 말한다. "건지라" (rescue, deliver)는 것은, 일차적으로는 집권자들의 위치가 신성함을 암시한 한편, 그들이 의로운 정치를 해야 한다는 말씀이다.

"여호와의 말씀이니라 골짜기와 평원 바위의 주민아 보라 너희가 말하기를

누가 내려와서 우리를 치리요 누가 우리의 거처에 들어오리요 하거니와 나는 네 대적이라."(13절) 골짜기(the valley)와 바위 평원(rock of the plain, rocky plateau)에 사는 예루살렘 주민들아, 너희는 아무도 너희를 칠자가 없고 너희 방어벽을 뚫을 자가 없다고 말하지만 내가 너희를 칠 것이다. "골짜기와 평원 바위의 주민"은 좁게는 평평한 고지대에 위치해 있는 예루살렘 주민을, 넓게는 유다 땅의 주민을 가리킨다.

"내가 너희 행위대로 너희를 벌할 것이요 내가 또 수풀에 불을 놓아 그 모든 주위를 사르리라 여호와의 말씀이니라."(14절) 너희가 행한 것만큼(너희 행실에 따라) 내가 너희를 벌할 것이며 또 예루살렘 숲속에 불을 놓아 그 주변에 있는 것을 내가 다 태워 버릴 것이다. "수풀"(its forest)은 빽빽이 들어찬 예루살렘 가옥들을 은유적으로 표현한 것이다. 이들이 모두 불에 타서 없어지리라는 것이다.

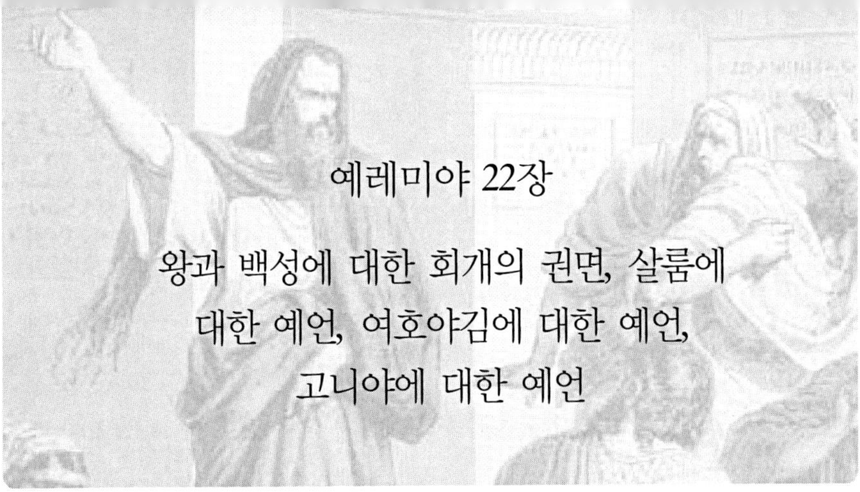

예레미야 22장

왕과 백성에 대한 회개의 권면, 살룸에 대한 예언, 여호야김에 대한 예언, 고니야에 대한 예언

1. 왕과 백성에 대한 회개의 권면(1-9절)

하나님께서 예레미야에게 유다 왕의 집, 곧 유다 궁전으로 내려가서 다윗의 왕위에 앉은 유다 왕과 그 신하들과 이 문들로 들어오는 예루살렘 사람들에게 이렇게 전하라고 말씀하셨다(1, 2절). "이 문들"(these gates)은 유다 왕궁의 문들을 가리킨다. 4절의 "이 집 문"도 마찬가지다.

"여호와께서 이와 같이 말씀하시되 너희가 정의와 공의를 행하여 탈취 당한 자를 압박하는 자의 손에서 건지고 이방인과 고아와 과부를 압제하거나 학대하지 말며 이 곳에서 무죄한 피를 흘리지 말라."(3절) "너희는 공평과 정의를 실천하고, 억압하는 자들의 손에서 고통 받는 사람들을 구하여 주고, 외국인과 고아와 과부를 괴롭히거나 학대하지 말며, 이 곳에서 무죄한 사람의 피를 흘리게 하지 말라."

정의(*mispat*, justice)와 공의(*sedaqah*, righteousness)는 하나님이 세상을 통치하는 가장 큰 원칙 가운데 하나다. 모든 인간, 심지어 이방인과 고아와 과부에 대해서까지도 가장 기본적인 생존권과 인권을 보장하고 존중해야 함을 가리킨다.

"너희가 참으로 이 말을 준행하면 다윗의 왕위에 앉을 왕들과 신하들과 백성이 병거와 말을 타고 이 집 문으로 들어오게 되리라."(4절) "만일 너희가 내 명령대로 하면 다윗의 왕위를 계승하는 왕들이 전차와 말을 타고 신하들과 백성들과 함께 이 궁전 문으로 들어오게 될 것이다." 궁전 문들을 드나들며 나라를 잘 다스리게 된다는 말씀이다.

"그러나 너희가 이 말을 듣지 아니하면 내가 나를 두고 맹세하노니 이 집이 황폐하리라 여호와의 말씀이니라."(5절) 이 명령에 순종하지 않으면 이 왕궁은 폐허가 될 것이다.

"여호와께서 유다 왕의 집에 대하여 이와 같이 말씀하시니라 네가 내게 길르앗 같고 레바논의 머리이나 내가 반드시 너로 광야와 주민이 없는 성읍을 만들 것이라."(6절). 하나님은 유다 궁전에 대해서도 말씀하셨다. "네가 나에게 길르앗 땅과 레바논 숲처럼 아름다울지라도 내가 너를 사람이 살지 않는 황폐한 곳으로 만들어 버릴 것이다." "길르앗"(Gilead)은 요단 동편 지방으로, "길르엣"에서 유래하였다. 원래는 산지를 나타내는 말로, 레바논 산지와 함께 높은 산지로서 영광스러운 지위를 비유하는 데 쓰였다. 그런데 그곳을 황무지로 만들겠다는 것이다.

"내가 너를 파멸할 자를 준비하리니 그들이 각기 손에 무기를 가지고 네 아름다운 백향목을 찍어 불에 던지리라."(7절) "너를 파괴할 자들을 내가 보내겠다. 그들이 각자 손에 연장을 들고 너의 아름다운 백향목 기둥을 찍어 불에 던져 넣을 것이다." 더 이상 과거의 영화로운 왕궁의 모습은 찾아보기 어렵게 되리라.

"백향목"(cedars)은 레바논 지역에 나는 거목으로 왕궁, 성전의 기둥을 만드는 데 사용되었다. "아름다운 백향목"(choice cedars)은 "골라낸", "빼어난" 백향목이라는 뜻으로, 길르앗이나 레바논처럼 영화롭고 높은 모습을 나타내는 데 쓰였다. 여기서는 선택된 유다 백성을 상징하는 표현이다. 많은 민족 중에 택함을 받은 유다 백성이 쓸모없게 되어 하나님께서 저주와 심판으로 멸망시키고 그들을 버리시겠다는 말씀이다.

"여러 민족들이 이 성읍으로 지나가며 서로 말하기를 여호와가 이 큰 성읍에 이같이 행함은 어찌 됨인고 하겠고."(8절) 많은 외국인들이 이 성을 지나가면서 서로 물을 것이다. "어째서 하나님께서 이 큰 성을 폐허로 만드셨을까?"

"그들이 대답하기는 이는 그들이 자기 하나님 여호와의 언약을 버리고 다른 신들에게 절하고 그를 섬긴 까닭이라 하셨다 할지니라."(9절) 그들이 서로 대답하기를 "그들이 주 그들의 하나님과 맺은 언약(*berit*, the covenant)을 깨뜨리고, 다른 신들을 경배하면서 섬겼기 때문이다." 할 것이다.

"여호와의 언약"(the covenant of Yahweh)은 사람끼리 맺는 계약과는 아주 다른, 인간의 생사와 관련된 조건과 약속을 말한다. 이 언약을 지키면 살고 어기면 죽는다는 절대적인 성격을 갖고 있다.

2. 살룸에 대한 예언(10-12절)

"너희는 죽은 자를 위하여 울지 말며 그를 위하여 애통하지 말고 잡혀 간 자를 위하여 슬피 울라 그는 다시 돌아와 그 고국을 보지 못할 것임이라."(10절) "유다 백성들아, 너희는 죽은 왕 때문에 울지 말고, 그의 죽음을 슬퍼하지 말라. 오히려 너희는 잡혀 간 왕을 생각하고 슬피 울라. 그는 절대로 다시 돌아오지 못한다. 다시는 고향 땅을 보지 못한다."

"죽은 자"는 B. C. 608년 므깃도에서 이집트 왕 바로 느고와 싸우다 전사한 요시야 왕을 가리킨다. "잡혀간 자"는 요시야의 넷째 아들 살룸(Shallum)을 가리킨다. 그는 반 이집트 정책을 수행하다 이집트 왕 바로 느고(Necho)에 의해 재위 3개월 만에 폐위되어 이집트의 포로로 잡혀갔다. 요시야는 바로 느고에게 죽임을 당했지만 수치스러운 일을 겪지 않고 그것으로 끝났다. 그러나 예언에 따르면 살룸은 이집트에 포로가 되어 비참하고 수치스러운 최후를 맞게 될 운명이었다.

요시야는 유다의 16대 왕으로 네 아들을 두었다. 첫째는 요하난이고, 둘째는 엘리야김(18대 왕 여호야김), 셋째는 맛다니야(20대 왕 시드기야), 넷째는 살룸(17대 왕 여호아하스)이다.

"여호와께서 유다 왕 요시야의 아들 곧 그의 아버지 요시야를 이어 왕이 되었다가 이 곳에서 나간 살룸에 대하여 이와 같이 말씀하시니라 그가 이 곳으로 다시 돌아오지 못하고 잡혀 간 곳에서 그가 거기서 죽으리니 이 땅을 다시 보지 못하리라."(11, 12절) 요시야 왕을 이어 유다 왕이 되었다가 포로로 잡혀간 살룸, 곧 여호아하스(Jehoahaz)에 대한 하나님의 말씀이다. "그가 돌아오지 못하고 잡혀간 곳에서 죽을 것이며 이 땅을 다시 보지 못할 것이다." 살룸은 포악한 폭군으로 하나님 보시기에 악을 행했고, 바로 느고에 의해 이집트로 끌려가 거기서 죽었다. 그는 단지 석달을 통치했다.

3. 여호야김에 대한 예언(13-23절)

"불의로 그 집을 세우며 부정하게 그 다락방을 지으며 자기의 이웃을 고용하고 그의 품삯을 주지 아니하는 자에게 화 있을진저."(13절) "불의한 방법으로 자기 집을 짓고 다락방을 증축하며 동족(인부)을 고용하고도 임금을 주지 않는 자에게는 화가 있을 것이다."

"다락방"(upper rooms, chambers)은 격자창으로 잘 설비된 옥상의 방(누각)을 말한다. 당시 귀인이나 부자들만이 할 수 있는 사치스러운 시설이었다. 여기서 "그 집"과 "그 다락방"은 불의와 부정을 일삼는 왕실 전체의 무질서를 가리킨다. 특히 무모한 왕궁 건축과 백성을 향한 모든 폭정과 부당한 억압을 실례로 들어, 왕의 진정한 위용은 화려한 치장에 있는 것이 아니라 의로운 통치에 있음을 강조하고 있다.

"그의 품삯을 주지 아니하는 자"는 유다의 18대 왕 여호야김(Jehoiakim)을 간접적으로 지칭하는 말이다. 그는 요시야 왕의 둘째 아들로, 살룸에 이어 왕이 되었다. 25세에 왕이 되어 예루살렘에서 11년간 통치하였다. 그는 우상을 섬겼고, 백성들을 압제하였다. 자신을 위해 사치스런 궁전을 세우는 등 탐욕을 채웠다. 그는 선지자 우리야(Uriah)를 죽였고, 예레미야까지 죽이려 했지만 하나님께서 간섭하심으로 뜻을 이루지 못했다(렘 26:20-24). 그는 예레미야가 받은 계시의 두루마리를 빼앗아 불에 던지기도 했다(렘 36:23).

"그가 이르기를 내가 나를 위하여 큰 집과 넓은 다락방을 지으리라 하고 자기를 위하여 창문을 만들고 그것에 백향목으로 입히고 붉은 빛으로 칠하도다."(14절) 그가 말하기를 "내가 넓은 다락이 있는 큰 저택을 짓겠다."며 집에 창문을 만들어 달고, 온 집 안을 백향목으로 단장하고 거기에 붉은 색을 칠한다. 왕궁을 아주 호화롭게 만들었다는 말이다.

"네가 백향목을 많이 사용하여 왕이 될 수 있겠느냐 네 아버지가 먹거나 마시지 아니하였으며 정의와 공의를 행하지 아니하였느냐 그 때에 그가 형통하였었느니라."(15절) "네가 백향목을 많이 써서 왕궁을 호화롭게 짓는다고 해서 더 좋은 왕이 될 수 있겠느냐? 너의 아버지인 요시야 왕은 마음껏 먹고 마시며 인생을 즐기지 않았느냐? 그가 번영을 누렸던 것은 모든 일을 바르고 공정하게 처리했기 때문이다." 사치스런 왕궁 건설이 아니라 정의와 공의를 행하는 것이 바른 것임을 가르쳐 주고 있다.

"그는 가난한 자와 궁핍한 자를 변호하고 형통하였나니 이것이 나를 앎이 아니냐 여호와의 말씀이니라."(16절) 요시야 왕은 가난하고 어려운 처지에 있는 사람들의 문제를 해결해 주고 모든 일을 잘 처리해 나갔다. 이것은 그가 나 여호와를 알았기 때문이다. 이 구절은 요시야가 종교개혁뿐 아니라 유다 전역에서 율법에 입각해 의로운 정치를 수행했음을 보여주고 있다.

"그러나 네 두 눈과 마음은 탐욕과 무죄한 피를 흘림과 압박과 포악을 행하려 할 뿐이니라."(17절) "그러나 네 눈과 마음은 사욕을 채우고 죄 없는 자의 피를 흘리며 백성들을 탄압하고 착취하는 데만 쏠리고 있다." 여호야김은 요시야와는 달리 학정을 일삼았다는 말씀이다.

"그러므로 여호와께서 유다의 왕 요시야의 아들 여호야김에게 대하여 이와 같이 말씀하시니라 무리가 그를 위하여 슬프다 내 형제여, 슬프다 내 자매여 하며 통곡하지 아니할 것이며 그를 위하여 슬프다 주여 슬프다 그 영광이여 하며 통곡하지도 아니할 것이라."(18절) 그러므로 하나님은 유다 왕 여호야김에 대하여 이렇게 말씀하셨다. "그의 죽음을 애석하게 여겨 슬프다! 내 형제여, 슬프다! 내 친구여 하거나 내 주여! 내 왕이여! 하고 부르짖고 통곡할 자가 아무도 없을 것이다." 어느 누구도 여호야김의 죽음을 놓고 애석해할 자가 없을 것이라는 말씀이다. 여기서 "내 형제"는 여호야김 왕을 가리킨다.

"그가 끌려 예루살렘 문 밖에 던져지고 나귀 같이 매장함을 당하리라."(19절) 사람들은 그의 시체를 죽은 당나귀처럼 예루살렘 문 밖으로 끌고 나가서 아무 데나 던져 버릴 것이다. 죽어서도 천대받고 멸시 당한다는 것으로, 왕의 죽음임에도 불구하고 아무도 관심을 갖지 않게 되리라는 말씀이다. 학정을 일삼은 왕을 누가 좋아하겠는가. 그가 죽게 된 원인은 확실치 않으나 궁중의 어떤 자가 바벨론 느부갓네살 왕의 호감을 얻기 위해 왕을 죽인 것이라는 주장도 있다. 그 후 그의 아들 여고냐, 곧 여호야긴이 왕위를 이었다. 22장에서는 고니야로 소개되고 있다.

"너는 레바논(Lebanon)에 올라 외치며 바산(Bashan)에서 네 소리를 높이며 아바림(Abarim)에서 외치라 이는 너를 사랑하는 자가 다 멸망하였음이라."(20절) "예루살렘아, 너는 레바논 산에 올라가서 통곡하라. 바산 평야에서 소리를 지르고, 아바림 산등성에서 통곡하라. 너를 사랑하는 자, 곧 너의 동맹국이 멸망하였다." 레바논, 바산, 아바림은 예루살렘의 북쪽, 북동쪽, 그리고 동쪽으로 이스라엘의 경계를 이룬다. 이제 그들을 도울 자들이 다 망했다. 느부갓네살이 갈그미스 전투에서 이집트와 아시리아 동맹군을 완전히 격파해 단번에 세계를 제패하는 강대국이 되었다. 이제 이집트도 더 이상 그를 돕지 못할 만큼 크게 약화되었다.

"네가 평안할 때에 내가 네게 말하였으나 네 말이 나는 듣지 아니하리라 하였나니 네가 어려서부터 내 목소리를 청종하지 아니함이 네 습관이라."(21절) 네가 평안(안전)하였을 때에는 내가 너에게 경고를 했는데도 "나는 듣지 않겠습니다."며 거부했다. 너는 어렸을 때부터 이런 습관(버릇)이 있어서 언제나 나의 말을 듣지 않았다.

"네 습관"(*darkek*, your manner, your way, your practice)은 문자적으로 "너의 길"로, 살아가는 방향과 일관된 삶의 체계가 하나님께 불순종하는 행로였음을 가리키고 있다. 불순종에 익숙했다는 말이다.

"네 목자들은 다 바람에 삼켜질 것이요 너를 사랑하는 자들은 사로잡혀 가리니 그 때에 네가 반드시 네 모든 악 때문에 수치와 욕을 당하리라."(22절) 너희 목자들, 곧 지도자들은 다 바람에 날아갈 것이고, 너희 동맹국 백성들도 포로로 잡혀갈 것이다. 그때 너희는 너희가 행한 온갖 죄악 때문에 수치와 모욕을 당할 것이다. 여호야김 때 유다 사람들이 바벨론 포로로 잡혀갔다. 이것이 제1차 바벨론 포로이다. 이 때 다니엘 등 여러 귀족들이 잡혀갔다. 유다는 모두 4차에 걸쳐 포로가 되어 바벨론으로 끌려갔다.

"레바논에 살면서 백향목에 깃들이는 자여 여인이 해산하는 고통 같은 고통이 네게 임할 때에 너의 가련함이 얼마나 심하랴."(23절) 레바논의 백향목으로 잘 지은 궁전에서 안락하게 사는 자여, 해산하는 여인의 고통과 같은 고통이 너에게 밀어닥칠 때 네 신세가 참으로 가련할 것이다. 지금은 레바논산 위에 터를 잡아 잘 사는 듯하고, 백향목 나무의 보금자리 궁전에 깃들이고 있는 것 같아 보이지만 해산하는 여인의 진통 같은 고통(환난, 심판)이 너에게 임하면 모든 것이 바뀔 것이다.

4. 고니야(여호야긴)에 대한 예언(24-30절)

"여호와의 말씀이니라 나의 삶으로 맹세하노니 유다 왕 여호야김의 아들 고니야가 나의 오른손의 인장반지라 할지라도 내가 빼어."(24절) 하나님께서 말씀하셨다. "유다 왕 여호야김의 아들 여호야긴아, 내가 분명히 말하지만 네가 내 오른손의 인장 반지라 할지라도 내가 빼버리겠다."

고니야(Coniah)는 여호야김의 맏아들이자 요시야 왕의 손자 여고냐(Jeconiah)를 말한다. 그는 유다 제19대 왕 여호야긴(Jehoiachin)이다. 24-30절은 그에 대한 예언을 담고 있다.

"오른 손의 인장반지(signet ring)"는 최고의 권력을 상징하는 물건으로, 그 소유자는 이것을 가장 소중하게 여겼고 중요한 문서에 서명 날인하는 데 사용하였다. 여기서는 하나님이 다윗 왕가에 내려주신 왕권을 상징하고 있다. 하나님은 비록 이러한 왕권이 하나님께 소중한 것이라 할지라도 죄악의 심판으로 그 왕권을 바벨론의 손에 넘겨주시겠다고 하신다.

"네 생명을 찾는 자의 손과 네가 두려워하는 자의 손 곧 바벨론의 왕 느부갓네살의 손과 갈대아인의 손에 줄 것이라."(25절) 네 목숨을 노리는 사람들의 손, 네가 무서워하는 사람들의 손, 곧 바벨론 왕 느부갓네살과 바벨론 사람들(바벨론 군대)의 손에 내가 너를 넘겨주겠다. 여호야긴은 예루살렘을 포위한 바벨론 군대에 항복했다.

"내가 너와 너를 낳은 어머니를 너희가 나지 아니한 다른 지방으로 쫓아내리니 너희가 거기에서 죽으리라."(26절) 너와 네 친어머니를 너희가 태어나지 않은 이국땅으로 쫓아내 거기에서 죽게 할 것이다. "너를 낳은 어머니"는 누후스다(Nehushta)를 가리킨다(왕하 24:8). 느부갓네살은 왕뿐 아니라 그의 어머니와 그의 아내들, 그리고 유다의 지도급 인사들, 용감한 군인들, 기능공들을 잡아갔다. 이것이 유다의 제2차 바벨론 포로이다. 이 때 에스겔과 모르드개도 잡혀갔다.

바벨론 왕 느부갓네살은 여호야긴을 포로로 잡아가고, 성전과 궁전에 있는 모든 보물을 바벨론으로 가져갔다. 히스기야 때 문병 온 바벨론 사절단에게 보여 준 모든 것들이 약탈당한 것이다. 하나님 말씀은 그대로 이루어진다.

"그들이 그들의 마음에 돌아오기를 사모하는 땅에 돌아오지 못하리라."(27절) 그들은 그처럼 돌아가고 싶어 하던 고향 유다 땅으로 영영 돌아갈 수가 없을 것이다.

"이 사람 고니야는 천하고 깨진 그릇이냐 좋아하지 아니하는 그릇이냐 어찌하여 그와 그의 자손이 쫓겨나서 알지 못하는 땅에 들어갔는고(28절) 이 사람 여호야긴이 천하고 깨어진 그릇인가? 아무도 갖고 싶어 하지 않는 물건인가? 어째서 그와 그 자녀들이 쫓겨나서 알지 못하는 땅으로 들어갔는가?

"천하고 깨진 그릇"(*adespised,* shattered pot)은 문자적으로 "멸시받는 깨어진 그릇"이라는 뜻이다. 여기서 "그릇"(*eseb*, idol)은 "우상", "형상"으로 번역되기도 한다. 여기서는 왕으로서 부귀영화를 누리다가 멸망하여 비참한 처지에 빠지게 된 여호야긴을 동정하여 한 말이다. 그렇다고 해서 그의 선왕보다 낫다는 말은 아니다. 멸망할 유다 왕국의 운명을 슬퍼하는 예레미야의 마음이 표현되어 있을 뿐이다.

“땅이여, 땅이여, 땅이여, 여호와의 말을 들을지니라.”(29절) 온 땅 백성들아, 여호야긴에 대한 하나님의 예언의 말씀을 들어라.

“여호와께서 이와 같이 말씀하시니라 너희는 이 사람이 자식이 없겠고 그의 평생 동안 형통하지 못할 자라 기록하라 이는 그의 자손 중 형통하여 다윗의 왕위에 앉아 유다를 다스릴 사람이 다시는 없을 것임이라 하시니라.”(30절) 너희는 이 사람을 자식 없고 평생에 성공하지 못할 사람으로 기록하라. 그의 자손들 중에 다윗의 왕위에 앉아 유다를 다스릴 자가 없을 것이다.

“자식이 없겠고.” 이 예언대로 여호야긴이 비록 7명의 아들을 두었으나(대상 3:17) 아버지를 계승한 아들은 한 명도 없었다. 이것은 이 왕가의 단절을 의미한다. 지도자를 세우고 폐하시는 분은 하나님이시다.

예레미야 23장

의로운 가지에 관한 예언, 거짓 선지자들에 대한 경고

1. 의로운 가지: 유다 회복에 관한 예언(1-8절)

"여호와의 말씀이니라 내 목장의 양 떼를 멸하며 흩어지게 하는 목자에게 화 있으리라."(1절) "내 목장의 양떼를 멸하며 흩어지게 하는 목자"는 하나님의 말씀을 거역하는 유다의 정치, 종교지도자들을 가리킨다.

"그러므로 이스라엘의 하나님 여호와께서 내 백성을 기르는 목자에게 이와 같이 말씀하시니라 너희가 내 양 떼를 흩으며 그것을 몰아내고 돌보지 아니하였도다 보라 내가 너희의 악행 때문에 너희에게 보응하리라 여호와의 말씀이니라."(2절) 하나님은 자기 백성을 "내 양 떼"(*soni*, My flock)로 묘사하고, 그 지도적 책임을 가지고 중보적 사명을 가진 자를 "목자들"(*haroim*, shepherds)이라 하였다. 목자는 하나님의 뜻에 따라 양 무리를 돌봐야 할 책임이 있다. 그런데 유다의 지도자들은 목자로서의 책무를 다하지 않고 하나님의 양 떼를 흩고 돌보지 않았다.

"내가 내 양 떼의 남은 것을 그 몰려갔던 모든 지방에서 모아 다시 그 우리로 돌아오게 하리니 그들의 생육이 번성할 것이며."(3절) 내가 세계 여러 나라로 흩어 버린 남은 내 백성을 다시 모아 고국으로 돌아오게 할 것이니 그들이 많은 자녀를 낳고 번성할 것이다.

"내가 그들을 기르는 목자들을 그들 위에 세우리니 그들이 다시는 두려워하거나 놀라거나 잃어 버리지 아니하리라 여호와의 말씀이니라."(4절) 내가 그들을 돌보아 줄 참다운 목자들을 세워 주리라. 그들이 다시는 두려워하거나 무서워 떠는 일이 없을 것이며, 하나도 잃어버리는 일이 없을 것이다. "잃어버리지 아니하리라"는 것은 문자적으로 "아무도 빠뜨리지 아니하리라"는 뜻이다.

"여호와의 말씀이니라 보라 때가 이르리니 내가 다윗에게 한 의로운 가지를 일으킬 것이라 그가 왕이 되어 지혜롭게 다스리며 세상에서 정의와 공의를 행할 것이며."(5절) "내가 다윗에게서 의로운 가지가 하나 돋아나게 할 그 날이 오고 있다." 때가 되면 내가 다윗의 후손 가운데 한 의로운 자를 일으킬 것이라는 말씀이다. "그가 왕이 되어 지혜롭게 다스리며 세상에서 정의와 공의, 곧 공정하고 옳은 일을 행할 것이다." "한 의로운 가지"(a branch of righteousness)에서, "가지"(*semah*, branch)는 베어버린 나무의 뿌리에서 돋아난 순, 곧 새싹을 말한다. 이것은 다윗의 혈통에 속한 지극히 의로운 통치자, 곧 장차 다윗의 왕위를 계승할 의로운 통치자인 그리스도를 상징한다.

"그의 날에 유다는 구원을 받겠고 이스라엘은 평안히 살 것이며 그의 이름은 여호와 우리의 공의라 일컬음을 받으리라."(6절) 그 때가 오면 유다가 구원을 받을 것이며, 이스라엘이 안전한 거처가 될 것이다. 사람들이 그 이름을 "여호와, 우리의 의"(*Yahweh*, Our Righteousness)라고 부를 것이다.

"그러므로 여호와의 말씀이니라 보라 날이 이르리니 그들이 다시는 이스라엘 자손을 애굽 땅에서 인도하여 내신 여호와의 사심으로 맹세하지 아니하고 이스라엘 집 자손을 북쪽 땅, 그 모든 쫓겨났던 나라에서 인도하여 내신 여호와의 사심으로 맹세할 것이며 그들이 자기 땅에 살리라 하시니라."(7절) 그때 사람들은 여호와를 "이스라엘 백성을 이집트에서 인도해 내신 살아 계신 하나님"이란 말로 맹세하지 않고 "이스라엘 백성을 북쪽 땅과 그들이 쫓겨 간 모든 나라에서 인도해 내신 살아 계신 하나님"이란 말로 맹세할 것이고, 그들은 자기들의 땅, 곧 고향 땅에서 살게 될 것이다. "날이 이르리니"(*yamim baim*, the days are coming)는 문자적으로 "날들이 오고 있다"이다. 심판과 재앙의 날들이 지나가고 궁극적으로 하나님의 완전한 나라가 올 것을 말해주고 있다.

2. 거짓 선지자들에 대한 경고(9-40절)

"선지자들에 대한 말씀이라 내 마음이 상하며 내 모든 뼈가 떨리며 내가 취한 사람 같으며 포도주에 잡힌 사람 같으니 이는 여호와와 그 거룩한 말씀 때문이라."(9절) 거짓 선지자들 때문에 내 마음이 상한다. 내 심장이 내 속에서 터질듯하다. 내 모든 뼈가 떨린다. 내가 술에 취한 사람처럼 되고, 포도주에 곯아떨어진 사람처럼 되었다. 바로 하나님과 그의 거룩한 말씀 때문이다.

하나님의 뜻을 제대로 알고 일깨워야 할 유다의 거짓 선지자들이 세속과 타협하고 악을 행하며 유다를 도덕적으로 더 부패하게 만들었다. 예레미야는 정신적으로 충격을 받았다. 하나님과 그 거룩한 말씀을 생각하니 도저히 용납할 수가 없다.

"이 땅에 간음하는 자가 가득하도다 저주로 말미암아 땅이 슬퍼하며 광야의 초장들이 마르나니 그들의 행위가 악하고 힘쓰는 것이 정직하지 못함이로다."(10절) 이 땅은 간음하는 자들로 가득하다. 여호와의 저주로 땅이 슬퍼하고 광야의 푸른 풀들이 마르고 있다. 이것은 거짓 선지자들이 악을 행하고 그들의 권력을 남용하기 때문이다.

"광야의 초장들"은 광야에 보기 드문 목초지로, 양들의 마지막 생존 기지이다. 그런데 하나님의 저주로 인해 기근이 들어 그 풀마저 마르게 된다. 이처럼 마지막 생존환경마저 박탈하신 것은 유다가 더 이상 존중받을 가치가 없음을 보여준다.

"여호와의 말씀이니라 선지자와 제사장이 다 사악한지라 내가 내 집에서도 그들의 악을 발견하였노라."(11절) 선지자도 썩었고, 제사장도 썩었다. 심지어 나는 그들이 나의 집, 곧 성전 안에서도 악을 행하는 것을 보았다.

"그러므로 그들의 길이 그들에게 어두운 가운데 미끄러운 곳과 같이 되고 그들이 밀어냄을 당하여 그 길에 엎드러질 것이라 그들을 벌하는 해에 내가 그들에게 재앙을 내리리라 여호와의 말씀이니라."(12절) 그러므로 그들의 길이 미끄럽고 어두워서 그들은 넘어지게 될 것이다. 벌할 때가 되면 내가 그들에게 재앙을 내리겠다.

"내가 사마리아 선지자들 가운데 우매함을 보았나니 그들은 바알을 의지하고 예언하여 내 백성 이스라엘을 그릇되게 하였고."(13절) "사마리아 선지자들"은 가나안 사람들의 우상인 바알과 타협하여 하나님을 저버린 북왕국 이스라엘의 거짓 선지자들을 말한다. 그들은 북왕국 백성들을 잘못된 길로 인도하였다.

"내가 예루살렘 선지자들 가운데도 가증한 일을 보았나니 그들은 간음을 행하며 거짓을 말하며 악을 행하는 자의 손을 강하게 하여 사람으로 그 악에서 돌이킴이 없게 하였은즉 그들은 다 내 앞에서 소돔과 다름이 없고 그 주민은 고모라와 다름이 없느니라."(14절) 그런데 나는 예루살렘 선지자들, 곧 남왕국 유다 선지자들 가운데서도 가증한 일(*haarurah*, a horrible things)을 보았다. 그들은 간음하고 거짓말했을 뿐 아니라 악을 행하는 자를 그 죄에서 돌아서게 하지 않고 오히려 그들을 격려하고 칭찬하였다. 내가 보기에 그들은 모두 소돔 사람들과 같이 되었고, 예루살렘의 주민은 고모라 백성과 같이 되었다. 소돔과 고모라는 아브라함 시대에 극도로 타락한 가나안 성읍들이다. 여기서는 하나님의 도성인 예루살렘이 철저히 부패하여 그 성읍들과 다름없음을 보여주고 있다.

"그러므로 만군의 여호와께서 선지자에 대하여 이와 같이 말씀하시니라 보라 내가 그들에게 쑥을 먹이며 독한 물을 마시게 하리니 이는 사악이 예루살렘 선지자들로부터 나와서 온 땅에 퍼짐이라 하시니라."(15절) 그러므로 전능한 나 여호와가 그 거짓 선지자들을 두고 말한다. "보라, 내가 그들에게 쓴 것을 먹이고 독물을 마시게 하겠다. 이것은 이 땅을 악으로 물들게 한 것이 바로 그들이기 때문이다." "쑥"(*laanah*, wormwood)은 팔레스타인 광야에서 나는 식물로 그 액이 몹시 쓰다. "독한 물"(*me ros*, poisoned water)은 쓰고 독이 있는 풀의 즙을 말한다. 이것들은 하나님의 심판이 쓰리고 가혹할 것을 상징한다.

"만군의 여호와께서 이와 같이 말씀하시되 너희에게 예언하는 선지자들의 말을 듣지 말라 그들은 너희에게 헛된 것을 가르치나니 그들이 말한 묵시는 자기 마음으로 말미암은 것이요 여호와의 입에서 나온 것이 아니니라."(16절) 너희는 스스로 선지자라고 하는 자들의 말을 듣지 말라. 그들은 헛된 말로 너희를 속이고 있다. (헛된 희망을 불어넣어주고 있다.) 그들은 나 여호와의 입에서 나온 말을 전하는 것이 아니라 자기들의 마음속에서 나온 환상(자기들 멋대로 생각해낸 것)을 말할 뿐이다.

"항상 그들이 나를 멸시하는 자에게 이르기를 너희가 평안하리라 여호와의 말씀이니라 하며 또 자기 마음이 완악한 대로 행하는 모든 사람에게 이르기를 재앙이 너희에게 임하지 아니하리라 하였느니라."(17절) 거짓 선지자들은 하나님을 멸시하는 백성들, 자기의 악한 고집대로 살아가는 그들을 향해 "너희는 평안할 것이다", "하나님이 너희에게 어떤 재앙도 내리지 않을 것이다"라고 말한다. 거짓 예언이다.

"누가 여호와의 회의에 참여하여 그 말을 알아들었으며 누가 귀를 기울여 그 말을 들었느냐."(18절) 그 거짓 선지자들 가운데서 누가 나 주의 회의에 들어와서, 나를 보았느냐? 누가 나의 말을 들었느냐? 누가 귀를 기울여 나의 말을 들었느냐?

"여호와의 회의"에서 "회의"(*besowd*, the counsel)는 "권고", "조언", "은밀한 교제"로, 하나님께서 자신의 뜻을 알리기 위해 그의 사역자들과 갖는 영적 교통, 선지자게에 주시는 하나님의 영적인 계시를 의미한다. 본문은 의문문으로, 그 뜻은 하나님과 영적 교통이 없었다는 것이다. 즉, 거짓 선지자들이 하나님의 진정한 계시를 받지 못했음을 가리킨다. "누가 나 여호와의 은밀한 생각을 알며 내 말을 귀담아 듣고 이해하였는가?" 그들은 결코 참된 선지자가 아니라는 말씀이다.

"보라 여호와의 노여움이 일어나 폭풍과 회오리바람처럼 악인의 머리를 칠 것이라."(19절) 나 주의 분노가 폭풍처럼 터져 나오고 회오리바람처럼 밀려와서 악인들의 머리를 후려칠 것이다.

"여호와의 진노가 내 마음의 뜻하는 바를 행하여 이루기까지는 그치지 아니하나니 너희가 끝날에 그것을 완전히 깨달으리라."(20절) 나는 내 마음 속에 뜻한 바를 시행하고 이룰 때까지 분노를 풀지 않을 것이다. 마지막 날이 오면 너희가 이것을 분명히 깨닫게 될 것이다.

"끝날"(*beaharit hayyamim*, the latter days, the last days)은 한 시대의 끝이나 역사의 종말을 의미하는 말이다. 여기서는 하나님이 예언한 심판이 실현되는 유다의 멸망을 가리킨다. 유다의 멸망으로 한 시대가 마감하는 때를 가리킨다고 보기도 하고, 메시야의 도래로 나타날 완전한 인류역사의 완성의 때를 가리킨다고 보기도 한다.

"이 선지자들은 내가 보내지 아니하였어도 달음질하며 내가 그들에게 이르지 아니하였어도 예언하였은즉."(21절) 이 거짓 선지자들은 내가 보내지도 않앉는데 돌아다니며, 내가 그들에게 아무 말도 하지 않았는데도 불구하고 스스로 예언을 하였다.

"그들이 만일 나의 회의에 참여하였더라면 내 백성에게 내 말을 들려서 그들을 악한 길과 악한 행위에서 돌이키게 하였으리라." (22절) 그들이 나의 회의에 들어왔다면 (그들이 만일 나와 교제하여 나의 은밀한 생각을 알았더라면), 내 백성에게 나의 말을 선포하여 내 백성을 악한 길과 악한 행실에서 돌아서게 했을 것이다.

"여호와의 말씀이니라 나는 가까운 데에 있는 하나님이요 먼 데에 있는 하나님은 아니냐." (23절) 내가 가까운 곳의 하나님이며, 먼 곳의 하나님은 아닌 줄 아느냐? 하나님은 한 곳에만 있는 하나님이 아니라 어디든지 계시는 하나님이시다. 하나님의 편재성을 가르쳐 주시는 말씀이다.

"여호와의 말씀이니라 사람이 내게 보이지 아니하려고 누가 자신을 은밀한 곳에 숨길 수 있겠느냐 여호와가 말하노라 나는 천지에 충만하지 아니하냐." (24절) 사람이 제아무리 은밀한 곳에 숨는다 해도 내 눈에서 벗어날 수 없다. 하나님은 하늘과 땅 어디에나 존재하신다. 하나님 앞에서 숨을 곳은 아무 곳도 없다.

"내 이름으로 거짓을 예언하는 선지자들의 말에 내가 꿈을 꾸었다 꿈을 꾸었다고 말하는 것을 내가 들었노라." (25절) 나의 이름을 팔아 거짓말로 예언하는 선지자들이 있다. 그들은 "내가 꿈에 보았다! 내가 꿈에 계시를 받았다!" 고 한다. 그들이 하는 거짓말을 내가 들었다.

"거짓을 예언하는 선지자들이 언제까지 이 마음을 품겠느냐 그들은 그 마음의 간교한 것을 예언하느니라." (26절) 이 거짓 선지자들이 언제까지 이런 식으로 예언할 것인가? 그들은 자기들 멋대로 지어낸 거짓말로 예언을 하고 있다.

"그들이 서로 꿈 꾼 것을 말하니 그 생각인즉 그들의 조상들이 바알로 말미암아 내 이름을 잊어버린 것 같이 내 백성으로 내 이름을 잊게 하려 함이로다." (27절) 조상이 바알을 섬기며 내 이름을 잊었듯이 그들은 서로 꿈 이야기를 주고받으면서 내 백성으로 하여금 하나님을 잊게 하고 있다. 잘못된 계략이라 아니할 수 없다.

"여호와의 말씀이니라 꿈을 꾼 선지자는 꿈을 말할 것이요 내 말을 받은 자는 성실함으로 내 말을 말할 것이라 겨가 어찌 알곡과 같겠느냐." (28절) 꿈을 꾼 선지자가 거짓말로 그 꿈을 말한다 해도 내 말을 받은 선지자는 내 말(*debari*, My word)을 충실하게 전하라. 겨와 알곡이 어찌 같겠느냐?

"성실함으로" (*emet*, faithfully)은 문자적으로 "진실하게", "충실하게" 이다. 참 선지자가 진정 하나님의 뜻에 합당한 예언을 하고 있음을 말해준다. "겨가 어찌 알곡과 같겠느냐"는 것은 겨(chaff)와 알곡(wheat)이 본질적으로 다르듯 거짓 선지자들의 헛된 말과 참 선지자들의 진실한 말이 다르다는 말이다.

"여호와의 말씀이니라 내 말이 불같지 아니하냐 바위를 쳐서 부스러뜨리는 방망이 같지 아니하냐." (29절) 내 말이 불같고, 바위를 쳐서 부수는 망치 같지 않은가. "불" (*esh*, fire)은 인간의 온갖 죄악을 불태워 정결케 하는 말씀의 위력을 상징한다. "방망이" (*pattish*, hammer)는 인간의 완악하고 교만한 마음을 깨뜨려 겸손케 하는 말씀의 권능을 상징한다.

"여호와의 말씀이라 그러므로 보라 서로 내 말을 도둑질하는 선지자들을 내가 치리라." (30절) 거짓 선지자들을 치시겠다는 말씀이다.

"여호와의 말씀이니라 보라 그들이 혀를 놀려 여호와가 말씀하셨다 하는 선지자들을 내가 치리라." (31절) 거짓말을 하면서도 "하나님께서 이렇게 말씀하셨다" 며 제멋대로 혀를 놀린 거짓 선지자들을 내가 치겠다.

"여호와의 말씀이니라 보라 거짓 꿈을 예언하여 이르며 거짓과 헛된 자만으로 내 백성을 미혹하게 하는 자를 내가 치리라 내가 그들을 보내지 아니하였으며 명령하지 아니하였나니 그들은 이 백성에게 아무 유익이 없느니라 여호와의 말씀이니라." (32절) 거짓된 꿈들을 예언이라 떠든 자들은 내가 치겠다. 그들은 거짓말과 허풍으로 내 백성을 그릇된 길로 빠지게 했다. 나는 절대로 그들을 선지자로 보내지도 않았으며, 그들에게 예언을 하라고 명령하지도 않았다. 그들은 이 백성에게 아무런 도움을 줄 수 없는 자들이다.

"이 백성이나 선지자나 제사장이 네게 물어 이르기를 여호와의 엄중한 말씀이 무엇인가 묻거든 너는 그들에게 대답하기를 엄중한 말씀이 무엇이냐 묻느냐 여호와의 말씀에 내가 너희를 버리리라 하셨고." (33절) 이 백성 가운데 어느 한 사람이나 선지자나 제사장이 너에게 와서 "하나님의 말씀이 있느냐" (신탁이 있느냐) 묻거든, 너는 그들에게 대답하라. "주님의 말씀(신탁)이라고 하였느냐?" 하나님이 말씀하신다. "이것이 나의 신탁이다. 내가 이제 너희를 버리겠다." 고 하라.

"여호와의 엄중한 말씀이 무엇인가" 에서 "엄중한 말씀" (*massa*, burden, oracle)은 문자적으로 "무거운 짐", "부담", "신탁", "경고" 라는 뜻이다. 유다 백성들은 하나님께서 유다를 버리시겠다고 하는 예레미야의 예언을 무시하고 조롱하였다. 하지만 하나님의 신탁이 무엇이냐고 묻는 유다 백성을 향해 하나님은 그들을 정녕 심판하실 것이라 하신다. 하나님의 "엄중한 말씀" 을 "부담", "짐" 으로 해석하는 학자도 있다.

"또 여호와의 엄중한 말씀이라 하는 선지자에게나 제사장에게나 백성에게는 내가 그 사람과 그 집안을 벌하리라 하셨다 하고." (34절) 예언자나 제사장이나 그 밖에 누구든지 하나님께서 그렇게 말씀하지 않으셨는데도 불구하고 함부로 이것이 "여호와의 엄한 말씀", 곧 하나님께서 하신 말씀(신탁)이라 하면 하나님께서 그 사람과 그의 가족을 벌하실 것이다.

"너희는 서로 이웃과 형제에게 묻기를 여호와께서 무엇이라 응답하셨으며 여호와께서 무엇이라 말씀하셨느냐 하고."(35절) 너희는 자기 친구들과 친척들에게 "하나님께서 무엇이라고 대답하셨는가? 여호와께서 무엇이라고 말씀하셨는가?" 하고 서로 물을 수는 있다.

"다시는 여호와의 엄중한 말씀이라 말하지 말라 각 사람의 말이 자기에게 중벌이 되리니 이는 너희가 살아 계신 하나님, 만군의 여호와 우리 하나님의 말씀을 망령되이 사용함이니라 하고."(36절) 하지만 다시는 이것이 바로 신탁이라 말하지 말라. (거짓으로 말하기 때문이다.) 거짓으로 예언하면 중벌을 피할 수 없으리라. 하나님의 말씀을 크게 왜곡시켰기 때문이다. 하나님의 말씀, 곧 신탁이 아닌 것을 신탁하라 하는 것은 하나님의 이름을 도용해 거짓을 말하는 죄를 범하는 것이다. 중벌을 피할 수 없다. "만군(hosts)의 여호와"는 하늘과 땅에 있는 모든 피조물을 주권적으로 다스리시는 하나님이라는 뜻으로, 신구약 모두에서 자주 등장하는 표현이다.

"너는 또 선지자에게 말하기를 여호와께서 네게 무엇이라 대답하셨으며 여호와께서 무엇이라 말씀하셨느냐."(37절) 예레미야야, 이제 거짓 선지자에게 물을 때에는 "하나님께서 무엇이라고 대답을 하셨느냐? 하나님께서 무슨 말씀을 하셨느냐?" 하고 물어라.

"너희는 여호와의 엄중한 말씀이라 말하도다 그러므로 여호와께서 이와 같이 말씀하시되 내가 너희에게 사람을 보내어 이 말씀은 여호와의 엄중한 말씀이니 너희는 말하지 말라 하였으나 너희가 여호와의 엄중한 말씀이라 하였은즉."(38절) 내가 그들에게 "여호와의 엄한 말씀"(신탁)이란 말을 사용하지 말라고 명령하였으나 그들은 계속 그 말을 쓰고 있다. 하나님께서 그들에게 주신 말씀이 아니기 때문에 그들의 말을 믿지 말라는 말씀이다.

"내가 너희를 온전히 잊어버리며 내가 너희와 너희 조상들에게 준 이 성읍을 내 앞에서 내버려 너희는 영원한 치욕과 잊지 못할 영구한 수치를 당하게 하리라 하셨느니라."(39, 40절) 하나님이 주신 말씀, 곧 신탁은 이것이다. "내가 그들을 아주 잊어버리고 그들과 그 조상들에게 준 이 예루살렘 성과 함께 그들을 내 앞에서 쫓아내 영원히 씻을 수 없는 수치와 모욕을 당하게 하겠다." 유다를 철저히 심판하시겠다는 말씀이다.

예레미야 24장

무화과 두 광주리에 대한 환상

1. 무화과 두 광주리에 대한 환상(1-10절)

"바빌로니아의 느부갓네살왕이 유다 왕 여호야김의 아들인 여고냐, 곧 여호야긴과 유다의 고관들과 목공들과 철공들을 예루살렘에서 포로로 잡아 바빌로니아로 끌고 간 후에 여호와께서 성전 앞에 무화과 두 광주리가 놓인 것을 나에게 보여 주셨다."(1절) 이 예언은 여호야긴 통치 때 있었던 바벨론 이주 사건을 가리킨다(왕하 24:10-17). 이 때 유다 고위지도자들과 유능한 각종 기술자들이 바벨론으로 잡혀갔다. 목공과 철공 기술자들은 건축과 무기제조에 투입할 수 있어 바벨론에게 활용가치가 높았다. 팔레스타인에는 저항 능력이 없는 자들만 남겨두었다.

"한 광주리에는 처음 익은 듯한 극히 좋은 무화과가 있고 한 광주리에는 나빠서 먹을 수 없는 극히 나쁜 무화과가 있더라."(2절) 한 광주리에는 이제 막 익은 좋은 무화과가 담겨 있었고 다른 한 광주리에는 썩어서 먹을 수 없는 무화과가 담겨 있었다. "극히 좋은 무화과"(the very good figs)는 바벨론에 잡혀가 회개하는 유다 백성을 가리키고, "극히 나쁜 무화과"(the very bad figs)는 예루살렘과 팔레스타인에 남아있던 자들과 이집트로 도망한 자를 가리킨다.

"그때 여호와께서 '예레미야야, 네가 무엇을 보느냐?' 하고 물으셨다. 그래서 나는 '무화과입니다. 좋은 것은 아주 좋고 나쁜 것은 아주 나빠 먹을 수가 없을 정도입니다.' 하고 대답하였다." (3절)

그러자 하나님께서 나에게 말씀하셨다(4절) "이스라엘의 하나님 여호와께서 이와 같이 말씀하시니라 내가 이 곳에서 옮겨 갈대아인의 땅에 이르게 한 유다 포로를 이 좋은 무화과 같이 잘 돌볼 것이라." (5절) 하나님께서 바벨론 땅으로 내쫓은 유다의 포로들을 이 좋은 무화과처럼 잘 돌보아 주겠다는 것이다. "갈대아인의 땅"은 바벨론을 말한다.

"내가 그들을 보살펴 잘 되게 하고, 다시 이 땅으로 데려오겠다. 내가 그들을 세우고 헐지 않겠으며, 내가 그들을 심고 뽑지 않겠다." (6절) 하나님은 그들을 선히 인도하실 것을 약속하셨다.

"내가 여호와인 줄 아는 마음을 그들에게 주어서 그들이 전심으로 내게 돌아오게 하리니 그들은 내 백성이 되겠고 나는 그들의 하나님이 되리라." (7절) "내가 여호와인 줄 아는 마음(a heart to know Me)"은 하나님과의 관계가 회복된 상태에 있게 될 것을 가리킨다. "전심으로" (*bekal libbam*, with their whole heart)는 "온 마음으로"이다. "온전한 마음", "그들 모두의 마음"이라는 뜻으로 한 결 같이 하나님께 예배하는 마음을 가리킨다. "내게 돌아오게 하리니" (*yasubu*, they shall return)는 "돌이키다", "새롭게 하다"는 뜻이다. 유다 백성을 악행으로부터 돌이켜 자신과 바른 관계를 맺게 하겠다는 하나님의 의지를 나타내고 있다.

"그러나 내가 유다의 시드기야 왕과 그의 신하들과 그리고 이 땅에 살아남아 있거나 이집트에 가서 사는 예루살렘 사람들을 썩어서 먹을 수 없는 이 무화과처럼 취급하여 버리겠다." (8절) 나쁜 무화과가 누구인가를 말해주고 있다. "시드기야" (Zedekiah)는 여호야긴 왕의 숙부로, 유다의 마지막 왕이다. 9-10절은 그들에 대한 저주를 말하고 있다.

"그들이 온 세계의 반감을 사게 하고 내가 그들을 추방하는 곳마다 그들이 수치와 모욕을 당하게 하며 비웃음과 조롱거리가 되게 하고 저주를 받게 하겠다."(9절) "그리고 전쟁과 기근과 무서운 전염병을 보내 내가 그들과 그 조상들에게 준 땅에서 그들이 전멸할 때까지 그들을 칠 것이다."(10절) 하나님은 썩은 무화과에 대한 진멸을 선포하셨다. 무화과 두 광주리에 대한 환상은 앞으로 유다가 어떤 운명을 맞게 될 것인가를 극명하게 보여주고 있다.

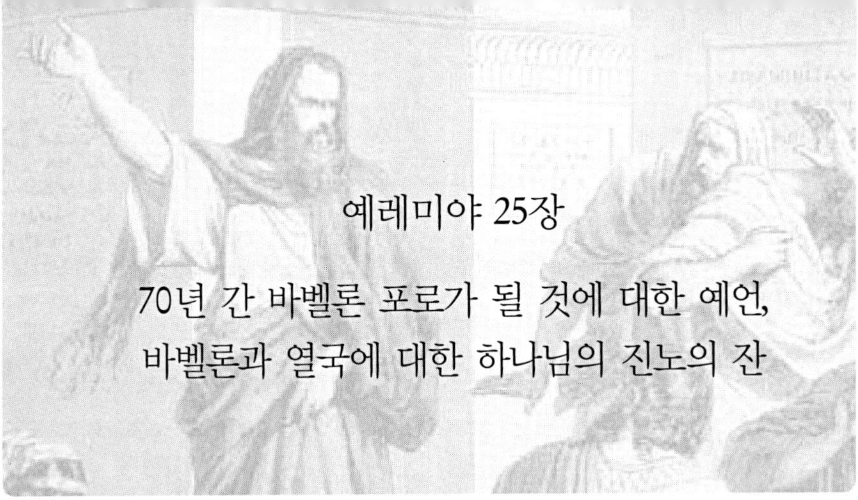

예레미야 25장

70년 간 바벨론 포로가 될 것에 대한 예언, 바벨론과 열국에 대한 하나님의 진노의 잔

1. 70년 간 바벨론 포로가 될 것에 대한 예언(1-11절)

"요시야의 아들인 유다의 여호야김 왕 4년, 곧 바빌로니아의 느부갓네살왕 원년에 여호와께서 예레미야에게 모든 유다 백성에 관하여 말씀하셨다."(1절) 팔레스타인에서는 왕의 즉위 해를 재위 1년으로 계산하는 반면 바벨론에서는 즉위 다음 해를 재위 1년으로 계산한다. 바벨론의 계산법에 따라 다니엘은 이 사건을 여호야김 통치 3년이라 한다.

"그래서 선지자 예레미야는 모든 유다 백성과 예루살렘 주민들에게 이렇게 말하였다."(2절)

"아몬의 아들인 유다의 요시야 왕 13년부터 지금까지 23년 동안 여호와께서 나에게 말씀을 주셨으므로 내가 그것을 부지런히 전하였으나 여러분은 듣지 않았다."(3절) 23년은 요시야 통치 19년과 여호야김 통치 4년을 합한 기간을 말한다.

"하나님께서 그의 종 선지자들을 여러분에게 끊임없이 보내셨다. 하지만 여러분은 귀를 기울여 들으려고 하지 않았다."(4절) 유다의 불순종이 지속적이었음을 지적하고 있다.

하나님께서는 선지자들을 통해 여러분에게 말씀하셨다. "너희는 각자의 악한 길과 악행을 버리고 돌아오라 그리하면 나 여호와가 너희와 너희 조상들에게 영원부터 영원까지 준 그 땅에 살리라."(5절) 회개하고 돌아오면 약속한 땅에서 영원히 살 것이다. 회개를 촉구하셨다.

"너희는 다른 신을 좇아 섬기거나 숭배하지 말며 너희가 손으로 만든 우상을 섬겨 나를 노하게 하지 말라. 그러면 내가 너희를 해하지 않을 것이다."(6절) "해하지"(*ara*, harm)는 "형편을 악화시키다"라는 뜻으로, 단순한 보복이 아닌 완전히 재개할 수 없도록 진멸하는 것을 말한다.

"그러나 하나님께서는 여러분이 그의 말씀을 듣지 알고 여러분의 손으로 만든 우상으로 그를 노엽게 하여 스스로 화를 불러들였다고 말씀하셨다."(7절) 유다가 불순종으로 인해 화를 자초했음을 환기시키고 있다.

그러므로 만군의 여호와께서 이렇게 말씀하셨다. "너희가 내 말을 듣지 않았으므로 내가 나의 종 바빌로니아 왕 느부갓네살을 시켜서 북녘의 모든 민족을 데려오겠다. 나 주의 말이다. 내가 이렇게 그들을 데려다가, 이 땅과 그 주민을 함께 치게 하며, 그 주위의 모든 민족을 치게 하겠다. 내가 그들을 완전히 진멸시켜, 영원히 놀라움과 빈정거림과 조롱거리가 되게 하고, 이 땅을 영원한 폐허 더미로 만들겠다."(8, 9절) 바벨론으로 불순종한 유다를 치게 하고, 폐허로 만들겠다는 말씀이다. 유다 주변 민족도 마찬가지다.

"내가 그들에게서 흥겨워하는 소리와 기뻐하는 소리, 즐거워하는 신랑 신부의 목소리, 맷돌질하는 소리, 등불 빛을 모두 사라지게 하겠다."(10절) 평화와 기쁨은 사라진다.

"이 모든 땅이 폐허가 되어 놀랄 일이 될 것이며 이 민족들은 칠십 년 동안 바벨론의 왕을 섬기리라.(11절) 유다는 네 차례에 걸쳐 바벨론에 포로로 잡혀갔다. 그러다 페르시아 왕 고레스의 칙령에 따라 처음 귀환하기 시작했고, 학사 에스라의 인도아래 예루살렘에 돌아왔다. 70년 기간에 대해서는 크게 두 가지 주장이 있다. 하나는, 바벨론에 의한 예루살렘 성전 파괴로 시작해서 스룹바벨의 성전재건 및 봉헌까지의 기간으로 본다. 다른 하나는, 제1차 바벨론 포로 때부터 제1차 귀환이 있던 때까지로 본다. 바벨론에 의한 유다의 종속기간을 의미하는 역사적 측면보다는 성전을 중심으로 한 구속사적 관점을 나타냈을 가능성이 더 높다.

2. 바벨론과 열국에 대한 하나님의 진노의 잔(12-38절)

1) 바벨론의 패망(12-14절)

"칠십 년이 끝나면, 내가 바빌로니아 왕과 그 민족과 갈대아(바빌로니아) 땅의 죄를 벌하며, 그 곳을 영원히 황무지로 만들어 버리겠다. 하나님의 말씀이다."(12절) 바빌로니아에 대한 징벌이다.

"내가 바빌로니아에 대하여 선언한 모든 것, 곧 예레미야가 여러 나라에 대하여 예언하고 이 책에 기록한 모든 재앙을 그 땅에 내리겠다."(13절) 하나님이 예레미야를 통해 바빌로니아에 대해 예언한 모든 것을 이루게 하시겠다는 말씀이다. 재앙의 선포다.

"많은 나라와 대왕들이 그들을 노예로 삼을 것이다. 그들이 내 백성에게 행한 것만큼 내가 그들에게 갚아 주겠다."(14절) 바빌로니아가 패망할 것을 말씀하고 있다.

2) 열방에 임할 하나님의 심판(15-38절)

"이스라엘의 하나님 여호와께서 나에게 말씀하셨다. '너는 내 손에서 나의 분노로 가득 찬 이 잔을 받아 가지고 내가 너를 보내는 모든 나라에 마시게 하라.'"(15절) 이 분노의 잔은 열방에 대한 하나님의 심판의 잔이다.

"그들은 이것을 마시고 비틀거리며 미치게 될 것이다. 이것은 내가 그들 가운데 칼을 보냈기 때문이다."(16절) 칼을 보낸다는 것은 전쟁을 일어날 것을 말한다. 하나님의 진노를 피할 수 없다.

"그래서 나는 여호와의 손에서 그 잔을 받아 가지고 여호와께서 나를 보내신 모든 나라에 마시게 하였다."(17절) 하나님의 심판이 시작된다.

"내가 예루살렘과 유다성들과 그 왕들과 신하들에게 그 잔을 마시게 하였으므로 그들이 오늘날과 같이 파멸하여 두려움과 조소와 저주의 대상이 되었다."(18절) 먼저 유다에 대한 심판이다. 18절은 유다가 열방의 조롱거리가 될 정도로 황폐하게 될 것을 말하고 있다.

"이 밖에 그 잔을 마시게 될 사람들과 나라는 이집트의 바로 왕과 그의 신하들과 지도자들과 그의 모든 백성들과"(19절) 그 밖에 하나님의 심판을 받을 나라들이 열거되고 있다. 19절에서는 이집트를 꼽았다. "이집트의 왕 바로"는 이집트 왕의 공식적인 명칭이다. 성경에서는 죄악 세력의 권세자를 상징한다.19-26절에 열거된 나라들이 46-51장에서도 나타난다. 이집트로 시작해서 바빌로니아로 끝난다.

"모든 섞여 사는 민족들과 우스 땅의 모든 왕과 블레셋 사람의 땅 모든 왕과 아스글론과 가사와 에그론과 아스돗의 나머지 사람들과."(20절) "모든 섞여 사는 민족들"은 이민족으로, 이집트에 건너와 정착한 여러 족속을 가리킨다. "우스"(Uz)는 이집트와 블레셋의 중간, 곧 팔레스타인 동남쪽으로 추정되지만 정확한 위치는 알 수 없다. 욥기 1:1에 비추어 아라비아 북방의 한 지방을 가리킨다고 보기도 한다. "아스글론, 가사, 에그론, 아스돗"은 가드와 더불어 블레셋 5대 도시이다.

"에돔과 모압과 암몬 자손과."(21절) "에돔"은 사해에서 홍해 동북편 아카바 만에 미치는 산악지대에 위치해 있으며 "세일 산지"로도 불린다. "모압"은 요단 강 동편의 고원지대로, 남으로는 에돔과 국경을 접하고 있다. "암몬"은 요단강 동편에 자리하고 있으며 모압의 북방과 경계를 이루고 있다.

"두로의 모든 왕과 시돈의 모든 왕과 바다 건너 쪽 섬의 왕들과"(22절) 해상을 주름잡았던 페니키아 족속들이다.

"드단과 데마와 부스와 살쩍을 깎은 모든 자와"(23절) "드단"(Dedan)은 아브라함과 그두라 사이에 난 후손으로 상업에 종사하던 족속이다. "데마"(Tema)는 페르시아만 상단의 아카바 남동쪽에 위치해 있었고, 대상들의 숙박지로 이용되었다. "부스"(Buz)는 아라비아 세 부족 중 하나로, 욥기에 나오는 엘리후가 이 족속 출신이다. "살쩍은 깎은 자"는 옆머리 털을 깎는 것으로, 우상숭배와 관련이 있다.

"아라비아의 모든 왕과 광야에서 섞여 사는 민족들의 모든 왕과."(24절) 아라비아와 사막에 사는 민족들도 심판의 대상이다.

"시므리의 모든 왕과 엘람의 모든 왕과 메대의 모든 왕과."(25절) 시므리(Zimri)는 아브라함과 그두라 사이에 난 시므란(Zimran) 후손으로 추정되고 있다(창 25:1,2). 시므온 방백이나 이스라엘 왕과는 상관이 없다. 엘람(Elam)과 메대(Media)는 지금의 이란 지역에 있던 나라 이름이다. 엘람은 남부, 메대는 북서부에 위치해 있었다.

"북쪽 원근의 모든 왕과 지면에 있는 세상의 모든 나라로 마시게 하니라 세삭 왕은 그 후에 마시리라."(26절) 그리고 북쪽 원근 지역의 모든 왕들이다. 지상의 모든 왕들이 그 잔을 마시게 될 것이며 제일 마지막으로 바빌로니아 왕이 그 잔을 마실 것이다. "세삭"(Sheshak)은 바벨론의 별칭이고, "세삭 왕"은 그곳 왕을 가리킨다.

"너는 이스라엘의 하나님 만군의 주가 하는 말이라고 하면서 이들 민족들에게 전하여라. '너희는 취하고 토하며 쓰러져 다시 일어나지 못할 때까지 내 분노의 잔을 마셔라 내가 너희 가운데 무서운 전쟁을 일으키겠다.'"(27절) 열방이 심판의 잔을 다 마실 때까지 전쟁이 그치지 않을 것이다.

"그러나 그들이 네 손에서 그 잔을 받아 마시기를 거절하면, 너는 그들에게 이렇게 전하라. '나 만군의 주가 말한다. 너희는 그 잔을 마시지 않을 수가 없을 것이다.'"(28절) 하나님의 심판을 피할 나라는 어디에도 없다.

"내가 내 백성이 사는 성에서부터 먼저 재앙을 내리기 시작했는데 너희가 형벌을 면할 수 있겠느냐? 너희는 형벌을 면할 수 없을 것이다. 이것은 내가 지상에 사는 모든 사람들에게 전쟁을 일으켜 그들을 칠 것이기 때문이다. 이것은 전능한 나 여호와의 말이다."(29절) 하나님의 백성인 유다부터 심판을 받았는데, 다른 나라들을 봐줄리 없다. 하나님 앞에 죄를 지은 나라는 벌을 받아야 한다.

"그러므로 너는 그들에게 내가 말한 모든 것을 예언하고 또 그들에게 이렇게 말하라. '여호와께서 높은 데서 외치시며 그의 거룩한 처소에서 소리를 높이시고 자기 백성을 향하여 큰 소리를 지르시며 지상에 사는 모든 사람들에게 포도를 밟는 자처럼 외치실 것이다.'"(30절) "포도 밟는 자"(those who tread the grapes)는 포도주를 만들기 위해 술 빚는 틀에서 함성을 지르며 포도를 밟는 자를 말한다. 성경에서 하나님의 심판을 상징하는 말로 자주 쓰였다.

"요란한 소리가 땅 끝까지 울려 퍼질 것이니 이것은 여호와께서 세상 나라들과 다투시고 온 인류를 심판하시며 악인들을 죽이실 것이기 때문이다."(31절) "요란한 소리"(*saown*, noise, tumult)는 원래 사자가 포효하는 소리를 뜻한다. 단순한 소음이 아니라 적군에 의해 파괴될 때 나는 소리를 뜻한다. "다투시고"(*rib*, have a controversy with, bring a case against)는 "소송을 제기하다", "논쟁하다"는 뜻을 가진 법적 용어이다. 하나님이 여러 나라의 죄악을 심판 정에서 심판하시듯 드러내시고 벌하신다는 뜻이다.

"만군의 여호와께서 이와 같이 말씀하시니라 보라 재앙이 나서 나라에서 나라에 미칠 것이며 큰 바람이 땅 끝에서 일어날 것이라."(32절) "재앙"(*raah*, disaster)과 "큰 바람"(great whirlwind)이 평행 대구를 이루고 있다. 하나님의 두렵고 무서운 심판이 큰 폭풍처럼 세상에 임할 것을 나타내고 있다. "큰 바람"은 동풍과 같은 뜻으로, 바벨론의 침략을 뜻한다. "나라에서 나라에"도 "땅 끝에서"와 평행 대구를 이루고 있다. 하나님의 심판이 이 나라에서 저 나라로 확산되어 결국 온 천하에 미친다.

"그 날에 여호와에게 죽임을 당한 자가 땅 이 끝에서 땅 저 끝에 미칠 것이나 그들을 위하여 애곡하는 자도 없고 시신을 거두어 주는 자도 없고 매장하여 주는 자도 없으리니 그들은 지면에서 분토가 되리로다."(33절) 그 날, 곧 심판 날에 여호와에게 죽임을 당한 자들의 시체가 땅 이 끝에서 저 끝까지 즐비하게 흩어져 있을 것이다. "시신을 거두어 주는 자도 없고." 죽은 사람의 몸을 씻기고 옷을 입히는 사람도 없다. "시신을 거두다"는 "모으다"는 뜻을 가지고 있는데, 이것은 시체를 묻기 위해 한 곳에 모으는 것을 뜻한다. 그러나 심판 날에는 시체가 너무 많아 옮길 사람도 없고, 한 곳에 모아 묻지도 못할 것이라는 말씀이다.

"너희 목자들아 외쳐 애곡하라 너희 양 떼의 인도자들아 잿더미에서 뒹굴라 이는 너희가 도살 당할 날과 흩음을 당할 기한이 찼음인즉 너희가 귀한 그릇이 떨어짐 같이 될 것이라."(34절) 너희 목자들아, 슬퍼하고 통곡하라. 너희 지도자들아, 잿더미에서 뒹굴어라. 너희가 무참하게 죽임을 당할 날이 왔다. 너희는 귀한 그릇이 떨어져 깨어지듯 박살이 나고 말 것이다. "도살"은 문자적으로 옳고 그름을 묻거나 가리지 않고 모두 죽인다는 뜻이다. 죽음을 피할 수 없다.

"목자들은 도망할 수 없겠고 양 떼의 인도자들은 도주할 수 없으리로다."(35절) 목자들, 곧 지도자들이 피할 곳은 아무데도 없다.

"목자들이 부르짖는 소리와 양 떼의 인도자들이 애곡하는 소리여 여호와가 그들의 초장을 황폐하게 함이로다."(36절) 목자들이 울부짖는 소리를 들어 보라. 지도자들이 통곡하는 소리를 들어 보라. 여호와께서 그들의 목장을 황폐하게 하셨다.

"평화로운 목장들이 여호와의 진노하시는 열기 앞에서 적막하게 되리라."(37절) 하나님께서 맹렬히 진노하시니, 평화롭던 초장들이 황무지가 되었다. 하나님이 진노하시면 평화로운 목장도 황폐해진다.

"그가 젊은 사자 같이 그 굴에서 나오셨으니 그 호통 치시는 분의 분노와 그의 극렬한 진노로 말미암아 그들의 땅이 폐허가 되리로다 하시니라."(38절) 사자가 숨어있던 굴에서 나오듯 하나님께서 심판을 위해 나오셨다. "그가 젊은 사자 같이 그 굴에서 나오셨으니"는 하나님이 심판을 위해 거처에서 나오셨다는 뜻이다. 하나님의 무서운 분노로 인해 그들의 땅이 황폐해졌다.

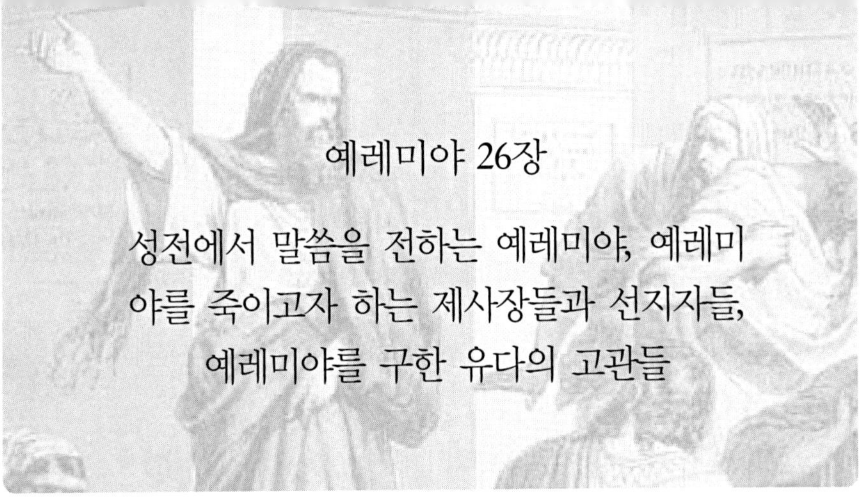

예레미야 26장

성전에서 말씀을 전하는 예레미야, 예레미야를 죽이고자 하는 제사장들과 선지자들, 예레미야를 구한 유다의 고관들

1. 성전에서 말씀을 전하는 예레미야: 회개의 촉구(1-6절)

유다의 왕 요시야의 아들 여호야김이 왕이 되어 다스리기 시작할 무렵 하나님께서 예레미야에게 말씀하셨다(1절). B. C. 608년 초 때이다.

"너는 성전 뜰에 서서 유다의 여러 성에서 경배하러 오는 모든 사람들에게 내가 명령한 모든 것을 한 마디도 빼놓지 말고 그대로 선포하라." (2절) 선지자는 하나님의 말씀을 가감없이 그대로 전할 임무를 가지고 있다.

"어쩌면 그들이 듣고 악한 길에서 돌아설지도 모른다. 만일 그렇게 하면 내가 그들의 악한 행위에 대하여 재앙을 내리기로 한 나의 뜻을 돌이킬 것이다." (3절) 하나님은 자기 백성이 회개할 것을 바라신다. 하나님은 선하시고 인자하심은 영원하다.

"너는 그들에게 나 여호와가 이렇게 말한다고 일러주어라. '너희가 만일 내 말을 듣지 않고 내가 너희에게 준 율법을 지키지 않으며 또 너희가 지금까지 한 것처럼 내가 계속 너희에게 보낸 나의 종 선지자들의 말을 듣지 않으면 내가 이 성전을 실로처럼 만들어 버리고, 이 도성을 온 세상의 저주거리가 되게 하겠다." (4-6절) 실로는 이스라엘 민족이 가나안에 입성한 후부터 성막과 법궤를 모신 곳이었다. 그러나 실로는 블레셋에 의해 철저히 파괴되었다. 이스라엘 백성들의 죄악이 컸기 때문이다. 마찬가지로 하나님께 순종하지 않으면 유다도 그 같은 운명을 맞을 수밖에 없다.

2. 예레미야를 죽이고자 하는 제사장들과 선지자들(7-9절)

"예레미야가 여호와의 성전에서 이 말을 하매 제사장들과 선지자들과 모든 백성이 듣더라."(7절) 하나님의 말씀은 그대로 전해졌다. 예레미야는 선지자로서의 책무를 다했다.

예레미야가 하나님께서 하신 말씀을 모든 백성에게 다 전하자 제사장들과 선지자들과 모든 백성이 그를 붙잡고 소리를 질렀다. "너는 반드시 죽고 말 것이다."(8절) 예레미야를 대적하는 것은 하나님을 대적하는 것과 같다.

그들은 하나같이 "어째서 네가 여호와의 이름을 빌려 이 성전이 실로의 성막처럼 되고 이 성이 멸망하여 성 안에 살 사람이 없을 것이라고 예언하느냐?" 외치며 모두들 예레미야 주위에 몰려들었다(9절). 살기등등하여 예레미야를 죽이고자 한 것이다.

3. 예레미야를 구한 유다의 고관들(10-24절)

유다의 고관들이 이 소문을 듣고 왕궁에서 성전으로 올라와 성전의 새 대문 입구에 자리를 잡고 앉았다(10절) 성전의 "새 대문"(*headas saar*, New Gate)은 성전 문 가운데 하나이다. 성전 안뜰로 통하는 문으로, 동쪽 문이라는 주장이 있다. 이 곳 입구에서 고관들이 백성의 사정을 살피고 송사를 판결했다. 제사장들과 선지자들이 예레미야를 고소한 것도, 고관들과 백성들 앞에서 이뤄진 당대의 재판 행위로 볼 수 있다.

제사장들과 선지자들이 그 고관들과 온 백성에게 말했다. "이 사람은 사형

선고를 받아야 마땅하다. 여러분이 직접 귀로 들으신 바와 같이, 그는 이 도성이 멸망한다고 예언을 하였다."(11절)

"제사장들과 선지자들"은 하나님의 뜻을 전하고 제사를 집행하는 성직자들이었다. 그들은 당대 유대 사회에서 공인된 지위와 특권을 가진 자들이었지만 하나님의 뜻을 무시하고 예레미야를 고소하였다. 하나님의 뜻을 저버린 무지한 자들이었다.

그러나 예레미야는 모든 고관과 온 백성에게 말했다. "여호와께서 나를 보내셔서 이 성전과 이 성에 대하여 여러분이 들은 그 모든 것을 예언하게 하셨다."(12절) 한 치도 물러섬 없이 당당하다.

"그런즉 너희는 너희 길과 행위를 고치고 너희 하나님 여호와의 목소리를 청종하라 그리하면 여호와께서 너희에게 선언하신 재앙에 대하여 뜻을 돌이키시리라."(13절) 3절의 반복이다. 예레미야는 백성들에게 회개와 순종을 강조했다. 하나님이 유다 민족에게 마지막으로 주신 기회이다.

"보라 나는 너희 손에 있으니 너희 의견에 좋은 대로, 옳은 대로 하려니와."(14절) 나는 여러분의 손 안에 있으니 여러분의 생각에 좋을 대로 나를 처리하라.

"그러나 이것만은 분명히 알아 두라. 여러분이 나를 죽인다면 반드시 무죄한 피를 너희 몸과 이 성과 이 성 주민에게 돌리는 것이니라. 이는 이 모든 말씀을 여러분의 귀에 전하도록 나를 보내신 이가 바로 하나님이시기 때문이다."(15절) "돌리는 것이니라"(*notemim*, surely bring)은 "주다", "대가를 치르다"는 뜻으로 무죄한 피를 흘린 자에 대해 응당한 보응이 있을 것임을 말한다. 예레미야를 죽이게 되면 그들이 피 흘린 죄 값을 받을 것이라는 말씀이다.

그러자 고관들과 온 백성이 예레미야를 고소한 제사장들과 예언자들에게 말했다. "이 사람에게는 사형 선고를 받아야 할 만한 죄가 없다. 그는 주 우리

하나님의 이름으로 우리에게 말씀을 전하였기 때문이다." (16절) 고관들과 백성들은 바른 판단을 했다. 예레미야는 하나님이 부르신바 선지자로서의 소명을 다한 것이다.

이 때에 지방의 장로들 가운데서 몇 사람이 일어나서 거기에 모인 백성의 온 회중에게 이렇게 말했다(17절).

"유다 왕 히스기야 시대에 모레셋 사람 미가가 유다 온 백성에게 이와 같이 예언하였다. '나 만군의 주가 말한다. 시온은 밭 갈듯 뒤엎어질 것이며, 예루살렘은 폐허 더미가 되고, 성전이 서 있는 이 산은 산당의 숲처럼 수풀만 무성한 언덕이 되고 말 것이다.' " (18절) 모레셋 사람 미가(Micah)는 미가서의 저자로, 그의 고향은 모레셋이었다. 그는 요담, 아하스, 히스기야 시대의 선지자로, 이사야와 동시대에 활동했으며, 예루살렘의 멸망을 예언하였다.

"그 때에 유다 왕 히스기야와 온 유다 백성이 그를 죽였는가? 그들이 오히려 하나님을 두려워하고 하나님께 은혜를 구하니, 하나님께서도 그들에게 내리겠다고 말씀하신 재앙을 거두시지 않았는가? 우리가 이같이 하면 우리의 생명을 스스로 심히 해롭게 하는 것이니라." (19절) 만일 우리가 예레미야를 죽인다면 무서운 재앙을 스스로 불러들이는 셈이 될 것이다. 그러므로 선지자 예레미야를 죽여서는 안 된다는 것이다.

"또 하나님의 이름으로 예언한 사람이 또 한 명 있었는데, 그가 바로 기럇여아림 사람 스마야의 아들 우리야였다. 그도 예레미야와 같은 말씀으로, 이 도성과 이 나라에 재앙이 내릴 것을 예언하였다." (20절) 지방 장로들은 또 다른 경우를 들어 잘못된 행동을 하지 말 것을 경고하였다.

"우리야" (Urijah)는 문자적으로 "여호와는 나의 빛"이라는 뜻이다. 기럇여아림 출신으로 예레미야와 같이 활동했던 무명의 선지자로, 예레미야를 지지하는 예언을 했다. 그러다가 여호야김의 미움을 사 이집트로 피신했지만 체포되어 유다로 압송되고 처형되었다. 예레미야와 같은 예언을 했다는 이유로 죽임을 당한 것이다. 우리야는 성경 가운데 여기에서만 등장하는 인물이다.

"여호야김 왕은 그의 모든 군 지휘관들과 신하들과 함께 그의 말을 듣고 그를 죽이려고 하였다. 그래서 우리야는 그것을 듣고 두려워하여 이집트로 도망하였다."(21절) 그러나 여호야김 왕은 악볼의 아들 엘라단(Elnathan)과 몇 사람을 이집트로 보냈다. 그들은 우리야를 이집트에서 붙잡아 여호야김 왕에게 데려왔다. 왕은 칼로 그를 쳐 죽이고 그 시체를 평민의 묘실이 던져 넣었다(22, 23절) 히스기야는 선지자의 말을 듣고 회개했지만 여호야김은 오히려 선지자를 죽였다. 우리야는 이집트로 망명했지만 당시 유다는 친 이집트 정책을 쓰고 종주관계를 유지하고 있어서 그를 이집트에서 붙잡아 올 수 있었다. 엘라단은 여호야김 왕의 심복이자 장인이었다(왕하 24:8).

"사반의 아들 아히감의 손이 예레미야를 도와주어 그를 백성의 손에 내어주지 아니하여 죽이지 못하게 하니라."(24절) 그러나 사반(Shaphan)의 아들 아히감(Ahikam)이 예레미야를 보호해 주어 그를 죽이려는 백성의 손에서 벗어날 수 있었다. 당시 제사장들과 선지자들은 예레미야를 고소하여 죽이고자 했지만 사반의 아들 아히감은 달랐다.

"사반의 아들 아히감"은 왕의 서기관으로, 요시야의 종교개혁을 지지했던 인물이었다. 요시야 왕이 율법 책에 대한 자문을 얻기 위해 여선지자 훌다에게 보낸 대표단 가운데 한 사람이다. 예레미야는 이 가정과 인연이 깊다. 사반의 또 다른 아들 그마랴는 여호야김에게 예레미야의 두루마리를 태우지 말도록 요청했고, 아히감의 아들, 곧 사반의 손자 그다랴는 예루살렘 함락 이후 예레미야를 자기 집에 보호하였다. 사반 가문은 언제나 예레미야에게 호의적이었다. 예루살렘 멸망 후 예루살렘 총독이 된 그달리야는 그의 아들이었다.

예레미야 27장

줄과 멍에의 예언, 바벨론 왕을 섬기라는 예레미야의 권고

1. 줄과 멍에의 예언(1-11절)

"유다의 왕 요시야의 아들 여호야김이 다스리기 시작할 때에 여호와께서 말씀으로 예레미야에게 임하시니라."(1절) 3절에 시드기야로 나온다. 따라서 이 구절에서도 시드기야로 보는 것이 좋다. 여러 번역본에서는 요시야의 아들 시드기야가 유다 왕이 되어 다스리기 시작할 무렵에, 하나님께서 예레미야에게 말씀하신 것으로 해석했다.

하나님께서 예레미야에게 이렇게 말씀하셨다. "너는 줄(leather straps)과 멍에(yoke-bars, crossbars)를 만들어 네 목에 걸라."(2절) 여러 줄과 멍에를 만들어 네 목에 걸라(나무로 멍에들을 만들어 가죽 끈들로 목에 메라)는 명령이다. 여러 멍에를 만들라는 것이다. 줄과 멍에는 주인에 대한 복종의 상징이다. 이것은 유다 백성들이 바벨론 사람들을 섬기게 될 것을 암시하고 있다.

"지금 유다 왕 시드기야를 만나려고 예루살렘에 와 있는 사절들에게 나누어 주어, 그것들을 에돔 왕과 모압 왕과 암몬 사람의 왕과 두로 왕과 시돈 왕에게로 보내라."(3절) 각국 사절들에게 그것을 하나씩 나누어주라는 말씀이다. 당시 시드기야는 내부적으로 이집트의 도움을 받아 바벨론을 막아야 한다는 반 바벨론파의 압력이 있었고 에돔, 모압, 암몬, 두로, 시돈 등이 반 바벨론 동맹을 형성하여 시드기야와 함께 할 것을 촉구하기 위해 사절을 보냈었다.

그 사신들에게 이렇게 말하라. "여러분은 여러분의 왕들에게 가서 만군의 여호와 이스라엘의 하나님께서 이렇게 말했다고 전하시오."(4절) 왕에게 줄과 멍에를 전해주며 말하라는 것이다. "만군의 여호와"(the LORD of hosts)는 "천군(Heaven's Armies, 천사 무리)의 여호와"라는 뜻이다. 이는 "전능하신 여호와"(the LORD Almighty), "영광 가운데 왕으로 계신 여호와"를 지칭하는 말이다.

"나는 내 큰 능력과 나의 쳐든 팔로 땅과 지상에 있는 사람과 짐승들을 만들고 내가 보기에 옳은 사람에게 그것을 주었노라."(5절) 내가 큰 권능과 편 팔로 이 땅을 만들고, 이 땅 위에 있는 사람과 짐승도 만들었다. 그러므로 나의 눈에 드는 사람(내가 원하는 사람, 내가 선택한 사람)에게 이 땅을 맡기겠다. 그 사람은 바로 바벨론 왕이다.

"이제 내가 이 모든 땅을 나의 종인 바빌로니아의 느부갓네살 왕에게 주었고 또 모든 들짐승들을 그의 소유로 주었다."(6절) 바벨론 왕 느브갓네살을 심판의 도구로 삼겠다는 말씀이다.

"모든 나라가 그와 그의 아들과 손자를 그 땅의 기한이 이르기까지 섬기리라 또한 많은 나라들과 큰 왕들이 그 자신을 섬기리라."(7절) "그와 그의 아들과 손자"는 느부갓네살과 에윌므로닥(왕하 25:27), 벨사살(단 5:30, 31) 등 3대를 가리킨다. 그 때까지 모든 나라가 바벨론을 섬기게 되리라는 것이다. "또한 많은 나라들과 큰 왕들이 그 자신을 섬기리라"는 것은 바벨론이 망하게 될 것을 예언한 말씀이다. 페르시아 왕 고레스로 말미암아 이 예언이 성취되었다.

"여호와의 말씀이니라 바벨론의 왕 느부갓네살을 섬기지 아니하며 그 목으로 바벨론의 왕의 멍에를 메지 아니하는 백성과 나라는 내가 그들이 멸망하기까지 칼과 기근과 전염병으로 그 민족을 벌하리라."(8절) 느부갓네살 왕을 섬기지 않거나 그의 멍에를 메지 않는 나라나 백성에 대해서는 하나님께서 느부갓네살 왕을 통해 그들을 전멸시킬 때까지 전쟁과 기근과 질병으로 그들을 벌하시겠다는 말씀이다. 그러니 바벨론 왕에게 복종하라는 말씀이다.

"너희는 너희 선지자나 복술가나 꿈꾸는 자나 술사나 요술자가 이르기를 너희가 바벨론의 왕을 섬기게 되지 아니하리라 하여도 너희는 듣지 말라."(9절) 너희에게 있는 예언자들이나 점쟁이들이나 해몽가들이나 박수들이나 마술사들이 하나님께서 하신 말씀과 다른 말을 해도 믿지 말라 하신다. 믿을 것은 오직 하나님 한분뿐이라는 말씀이다. "복술가"(diviners)는 살촉을 던져 그것이 떨어진 위치를 갖고 예언하는 점술사이다. "술사"(mediums, fortune-tellers, enchanters)는 시간과 날의 길흉을 점치는 자이다. 요술자(sorcerers)는 마법사를 가리킨다.

"그들은 너희에게 거짓을 예언하여 너희가 너희 땅에서 멀리 떠나게 하며 또 내가 너희를 몰아내게 하며 너희를 멸망하게 하느니라."(10절) 그들의 예언은 거짓이다. 너희가 그들의 말을 듣게 되면 너희는 고향 땅에서 멀리 쫓겨나게 될 것이다. 내가 너희를 내쫓아 멸망하게 할 것이다.

"그러나 그 목으로 바벨론의 왕의 멍에를 메고 그를 섬기는 나라는 내가 그들을 그 땅에 머물러 밭을 갈며 거기서 살게 하리라 하셨다 하라 여호와의 말씀이니라 하시니라."(11절) 그러나 바벨론 왕의 멍에를 메고 그를 섬기는 나라에 대해서는 내가 그들을 자기들의 땅에 머물러 경작하며 그대로 살게 할 것이다. 그러니 하나님 말씀을 똑바로 들으라는 말씀이다.

2. 바벨론 왕을 섬기라는 예레미야의 권고(12-22절)

"내가 이 모든 말씀대로 유다의 왕 시드기야에게 전하여 이르되 왕과 백성은 바벨론 왕의 멍에를 목에 메고 그와 그의 백성을 섬기소서 그리하면 사시리라."(12절) 예레미야는 유다 왕 시드기야에게도 이와 똑같은 말을 전하였다. 바벨론 왕에 순복하여 살아남도록 하라는 것이다.

"하나님께서, 바벨론 왕을 섬기지 않는 백성은 전쟁과 기근과 염병으로 죽이겠다고 말씀하셨는데, 어찌하여 당신과 당신의 백성은 그와 같이 죽으려고 하는가."(12절) 바벨론에 반기를 들려는 것을 안 예레미야는 시드기야를 향해 왜 죽는 길을 택하느냐 나무란다.

"왕은 바빌로니아 왕을 섬기지 말라고 하는 선지자들의 말을 듣지 마소서. 그들이 하는 예언은 거짓입니다."(13절) 거짓 선지자들은 하나님이 반드시 바벨론을 꺾고 예루살렘을 지켜주실 것이라 했다. 이것은 하나님의 뜻과 반대된다.

"여호와께서 이렇게 말씀하셨습니다. '내가 그들을 보내지 않았는데도 그들은 내 이름으로 거짓 예언을 하고 있다. 너희가 만일 그들의 말을 들으면 내가 너희를 이 땅에서 추방해 버리겠다. 너희와 너희에게 예언하는 예언자들이 다 같이 멸망할 것이다.'"(14절) 그들의 예언은 거짓이고, 거짓 선지자들과 그들의 말을 듣는 자들은 함께 멸망하고 말 것이다.

그리고 예레미야는 제사장들과 그 모든 백성에게 이렇게 말했다. "하나님께서 하신 말씀이다. 너희는, 여호와의 성전 기구들이 이제 곧 바벨론에서 되돌아올 것이라고 하는 너희 선지자들의 말을 듣지 말라. 그들의 예언은 거짓이다."(16절) 이미 바벨론으로 옮겨진 성전 기구들이 되돌아올 것이라 예언한 거짓 선지자들의 말은 거짓이라는 말씀이다.

예루살렘 성전의 기구들은 성전의 여러 제사 도구들을 가리킨다. 바벨론 군대의 제2차 침략 당시, 곧 여호야김 왕 때 바벨론으로 옮겨졌다. 정복자가 피정복민이 섬기는 신상을 자기 나라의 신전으로 가져가는 것은 고대 근동 지역의 관례이다. 이것은 완전한 승리를 확인하는 행위로, 승리를 도운 자기 민족 신에게 보고하고 감사하는 의미가 있다. 하지만 유다에게는 신상이 없기 때문에 성전 기구들을 모두 가져갔다. 이를 보면 고대의 전쟁은 신과 신의 대결이었음을 알 수 있다. 신은 한 민족의 정신세계와 민족의 운명을 주관하는 존재로 인식되었다.

"너희는 거짓 선지자들의 말을 듣지 말고, 바벨론 왕을 섬겨서 살아남도록 하라. 어찌하여 이 도성이 폐허가 되어야 하겠느냐?"(17절) 바벨론에게 저항하는 것은 전쟁을 불러오고, 그 결과 예루살렘 성이 황무하게 될 뿐이다.

"그러므로 그들이 참 선지자들이라고 한다면, 정말로 그들이 하나님의 말씀을 받은 사람들이라면, 차라리 그들은 주의 성전과 유다 왕궁과 예루살렘에 아직 남아 있는 기구들을 더 이상 바벨론에게 빼앗기지 않게 해 달라고, 만군의 하나님에게 호소해야 옳을 것이다."(18절) 그들의 기도가 달라져야 한다는 것이다. 전쟁을 택하면 결국 예루살렘 성은 파괴되고, 기물은 빼앗길 수밖에 없다.

"만군의 여호와께서 이렇게 말씀하신 것은 느부갓네살 왕이 유다 왕 여호야김의 아들 여호야긴과 유다와 예루살렘의 모든 귀인들을 바벨론으로 사로잡아 갈 때 그가 성전에 기둥들과 큰 대야(bronze sea, the great bronze basin, 놋으로 만든 거대한 물탱크)와 여러 가지 받침들(the movable stands, the water carts)과 그 밖에 몇몇 성전 기구들을 남겨 두었기 때문이다."(19, 20절) "기둥들과 큰 대야와 받침들"은 성전에 남아있는 기구로, 제일 크고 무거운 것들이다. 그것은 여호야긴과 귀족들이 바벨론 포로로 잡혀갔을 때 가져가지 않고 남겨두었다.

그러나 시드기야 왕이 바벨론을 배반하고 이집트에 기울자 바벨론은 제3차 침략을 감행하고 그것들을 바벨론으로 완전히 옮겼다(왕상 7:15-27, 왕하 25:1-21). "귀인들"(*hore*, the nobles)은 문자적으로 "순수한", "빛나는"에서 유래한 말로, 본래 계급적으로 불순물이 섞이지 않는 상태를 뜻한다. 당시의 지배계층을 나타내는 말이다.

"만군의 여호와 이스라엘의 하나님께서 여호와의 성전과 유다의 왕의 궁전과 예루살렘에 남아 있는 그 기구에 대하여 이와 같이 말씀하셨느니라."(21절) 하나님께서 성전과 예루살렘 궁전에 남아 있는 기구들에 대하여 하신 말씀은 22절과 같다.

"그것들이 바벨론으로 옮겨지고 내가 이것을 돌보는 날까지 거기에 있을 것이니라 그 후에 내가 그것을 올려 와 이 곳에 그것들을 되돌려 두리라 여호와의 말씀이니라."(22절) 그것들이 바벨론으로 옮겨질 것이며 내가 그것에 대해서 관심을 가질 때까지(내가 찾아올 때까지) 그 기구들은 거기에 있을 것이다. 그 후에 내가 그것들을 옮겨 다시 이 곳에 두겠다.

기구들에 대한 앞으로의 처리 문제는 하나님께서 하시겠다는 말씀이다. 바벨론을 통해 유다를 연단시킨 후에 다시 세우시겠다는 것이다. 그러므로 기구에 대한 관심보다 유다 민족이 회개하고 하나님 앞에 새롭게 서는 것이 중요하다는 말씀이다.

예레미야 28장

하나냐의 거짓 예언, 하나냐의 죽음

1. 하나냐의 거짓 예언(1-11절)

그 해(같은 해), 곧 시드기야가 유다 왕이 된 지 얼마 되지 않은 해인 시드기야 4년 5월에 기브온 출신으로 앗술의 아들인 선지자 하나냐가 성전에서 제사장들과 모든 백성들이 있는 가운데 예레미야에게 이런 말을 하였다(1절). "기브온"(Gibeon)은 베냐민 지파의 도시로 예루살렘 북서쪽에 위치해 있다. 전쟁을 대비해 급수용 지하통로가 있었던 곳이다. 그곳 출신 하나냐(Hananiah)가 예레미야에게 거짓 예언을 들려주었다. 그는 세습 받은 선지자였지만 자기가 받은 하나님의 말씀은 예레미야의 예언과 다르다며 공개적으로 예레미야를 비방하고 나섰다.

만군의 여호와 이스라엘의 하나님께서 나에게 이렇게 말씀하셨다 "내가 바벨론 왕의 멍에를 꺾어 버렸다."(2절) "바벨론의 왕의 멍에"에서 멍에(yoke)는 종의 신분을 상징하는 표현으로, 유다에 대한 바벨론의 억압과 속박을 의미한다. 유다를 단지 포로로 삼는 정도에서 벗어나 완전한 노예나 종으로 삼게 될 것을 상징한다. 그런데 하나님께서 그 멍에를 꺾으셨다는 것이다. 그가 이렇게 말한 것은 예레미야의 예언을 무력화시키고, 바벨론이 곧 망하게 될 것이라 말함으로써 바벨론에 의지하지 않도록 한 것이다.

"내가 바벨론의 왕 느부갓네살이 이 곳에서 빼앗아 바벨론으로 옮겨 간 여호와의 성전 모든 기구를 이 년 안에 다시 이 곳으로 되돌려 오리라."(3절) "바벨론으로 가져간 성전의 모든 기구들을 2년 내에 내가 다시 이 곳으로 가져오겠다." 이것은 분명히 거짓이었다.

대부분의 성전 기구는 바벨론의 제2차 침략인 여호야김 왕 때(B. C. 597)에, 성물 중에 크고 무거웠던 기둥들과 놋 바다와 받침들은 제3차 침략 때인 시드기야 왕 때(B. C.586)에 각각 바벨론으로 옮겨졌다.

"또 유다 왕 여호야김의 아들 여고냐와 바빌로니아로 잡혀 간 유다의 모든 포로도 내가 이 곳으로 다시 데려오겠다. 나 주의 말이다. 내가 반드시 바벨론 왕의 멍에를 꺾어 버리겠다."(4절) 포로가 된 여고냐, 곧 여호야긴 왕과 유다 백성들을 다시 이곳으로 돌아오게 하고, 너희 목에서 바벨론 왕의 멍에를 벗겨 줄 것이다. 하나냐가 하나님 말씀을 빙자해 포로 해방과 바벨론 멸망을 예언한 것이다.

그러자 예레미야는 성전에 서 있는 제사장들과 모든 백성들이 보는 앞에서 선지자 하나냐에게 말했다(5절).

""아멘. 하나님께서 그렇게만 하여 주신다면 얼마나 좋겠는가. 당신이 예언한 말을 하나님께서 들어주셔서 여호와의 성전 기구와 모든 포로가 바벨론에서 이 곳으로 되돌아 올 수 있기를 나도 진심으로 바라는 바이오."(6절) 그렇게 된다면야 얼마나 좋겠는가. 그것은 모두가 소원하는 바이다.

"그러나 내 말을 들으시오. 우리의 이전 선지자들은 옛날부터 여러 나라와 강대국들에 대해 전쟁과 기근과 염병이 닥칠 것을 예언하였다. 그러나 평화를 예언하는 선지자는 그가 예언한 말이 성취된 뒤에야 비로소 사람들이 그를 주님께서 보내신 참 예언자로 인정하게 될 것이다."(7-9절) 하나냐의 말은 거짓이고, 하나님께서 그를 선지자로 보내지 않으셨다는 말이다.

그러자 선지자 하나냐가 예레미야의 목에서 멍에를 빼앗아 꺾어 버렸다(10

절). 그리고 백성들 앞에서 이렇게 말하였다. "이와 같이 여호와께서는 2년 내에 바벨론 왕이 모든 나라에 메게 한 멍에를 꺾어버리시겠다고 말씀하셨다." 그래서 예레미야가 자기의 길을 갔다(11절). 하나냐는 예레미야의 목에 메어 있는 나무 멍에를 꺾으며 하나님이 2년 내에 바벨론 왕의 멍에를 꺾을 것이라 단언했다. 거짓 예언을 아무 거리낌 없이 외친 것이다. 그러자 예레미야는 그곳을 떠났다.

2. 하나냐의 죽음(12-17절)

선지자 하나냐가 선지자 예레미야의 목에서 멍에를 꺾어 버린 일이 있은지 얼마지 않아 하나님께서 예레미야에게 말씀하셨다(12절).

"너는 가서 하나냐에게 말하여 이르기를 여호와의 말씀에 네가 나무 멍에들(wooden yokes)을 꺾었으나 그 대신 쇠 멍에들(yokes of iron)을 만들었느니라."(13절) "쇠 멍에"는 바벨론의 침공으로 유다의 멸망이 반드시 성취될 것이라는 하나님의 강한 의지를 나타내는 상징적 도구이다. 하나냐가 나무 멍에들을 꺾었지만 그 대신 쇠 멍에를 만들었다는 것은, 인간의 힘으로는 하나님이 정하신 심판을 막을 수 없음을 비유적으로 나타낸 말씀이다. 유다가 바벨론에 망하여 그들의 종이 될 것을 상징하는 나무 멍에를 하나냐가 꺾어버렸지만 유다에 대한 하나님의 결정은 결코 변하지 않고 반드시 이루어질 것임을 강조하고 있다.

하나냐, 너는 전능하신 여호와 이스라엘의 하나님이 하시는 말씀을 들어라. "내가 쇠 멍에를 이 모든 나라에 메워 그들이 바벨론의 느부갓네살 왕을 섬기게 하였으니 그들이 그를 섬길 것이다. 그리고 나는 들짐승까지 느부갓네살 왕을 섬기게 하겠다."(14절) 하나님의 말씀은 하나냐의 말과는 전혀 달랐다.

하나냐의 거짓됨을 하나님께서 드러내신 것이다.

선지자 예레미야는 하나냐에게 말했다. "하나냐는 똑똑히 들으라. 하나님께서는 당신을 선지자로 보내지 않으셨는데도, 당신은 이 백성에게 거짓을 믿도록 하였소."(15절) 거짓 예언으로 유다 백성을 속였다는 말이다.

그러므로 여호와께서 이렇게 말씀하셨다. "내가 너를 지상에서 없애 버리겠다. 네가 하나님에게 패역한 말을 하였으므로 너는 금년에 죽을 것이다."(16절) "패역한 말"은 하나님을 거슬러 반역(rebellion)하는 말을 한 것을 가리킨다. 그의 죽음은 하나님께서 하시지도 않은 말을 하며 하나님의 뜻과 전혀 다른 말을 한 것에 대한 결과이다. 거역은 죽음을 낳는다.

"선지자 하나냐가 그 해 일곱째 달에 죽었더라."(17절) 그래서 그로부터 두 달 후인 그 해 7월에 하나냐는 죽고 말았다. 그가 죽게 됨으로써 하나냐는 거짓 선지자임이 드러났다.

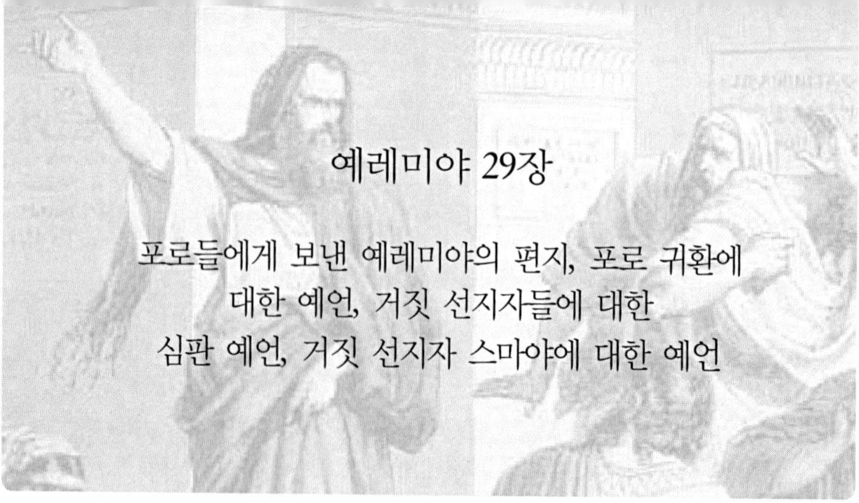

예레미야 29장

포로들에게 보낸 예레미야의 편지, 포로 귀환에 대한 예언, 거짓 선지자들에 대한 심판 예언, 거짓 선지자 스마야에 대한 예언

1. 포로들에게 보낸 예레미야의 편지(1-9절)

예레미야는 포로 가운데 살아남아 있는 장로들과 제사장들과 선지자들 및 느부갓네살왕이 예루살렘에서 바빌로니아로 잡아간 모든 백성들에게 예루살렘에서 편지를 써서 보냈다(1절)

이 때는 여호야긴 왕과 왕후(그의 어머니)와 궁중내시들과 유다와 예루살렘의 지도자들과 목공들과 철공들이 예루살렘에서 포로로 잡혀간 후였다(2절) "왕후"(queen mother)는 여호야긴 왕의 어머니 느후스다를 가리킨다. "궁중내시들"은 문자적으로 고급관리, 위정자, 또는 지도자 계층을 가리킨다. 느부갓네살은 제2차 바벨론 포로 때 유다의 보물뿐 아니라 왕과 용감한 군인들, 여러 분야의 기능공까지 포로로 잡아갔다.

예레미야는 그 편지를 유다의 시드기야 왕이 바벨론의 느부갓네살 왕에게 보낸 사반의 아들 엘라사와 힐기야의 아들 그마랴에게 주어 전하게 했는데 그 내용은 다음과 같다(3절).

"엘라사"(Eleasah)는 사반의 아들로, 이 집안 전체가 예레미야와 두터운 친분관계를 맺고 예레미야를 도왔다. 엘라사 집안은 요시야 왕 때 당시 개혁에 동조했다. 시드기야가 느부갓네살에게 보낸 사자 중 한 사람으로, 바벨론 포로로 잡혀간 이들에게 보내는 예레미야의 편지를 전했다.

"그마랴"(Gemariah)도 엘라사와 같은 역할을 수행했다. 그는 여호야김 왕이 예레미야의 두루마리를 불태우려 했을 때 반대한 사람들 중 하나다(렘 36:10-12, 25).

"나 만군의 주, 이스라엘의 하나님이 말한다. 내가 예루살렘에서 바빌로니아로 잡혀 가게 한 모든 포로에게 말한다."(4절) "모든 포로"는 B.C. 605년과 B.C. 597년 두 차례에 걸친 바벨론 침략으로 잡혀간 유다 포로를 가리킨다.

"너희는 집을 짓고 거기에 살며 텃밭을 만들고 그 열매를 먹으라."(5절) 바벨론의 포로상태에서 곧 자유하게 된다는 거짓 선지자의 말을 믿지 말고 그곳에 정착하며 잘 살도록 하라는 말이다.

"아내를 맞이하여 자녀를 낳으며 너희 아들이 아내를 맞이하며 너희 딸이 남편을 맞아 그들로 자녀를 낳게 하여 너희가 거기에서 번성하고 줄어들지 아니하게 하라."(6절) 바벨론에서도 너희는 번성해야 하며 쇠퇴해서는 안 된다. 어느 날 귀환이 이루어질 소망을 안고, 그에 대비하라는 명령이기도 하다.

"너희는 잡혀간 그 도시의 평안과 번영을 추구하고 그 일을 위해서 나 여호와에게 기도하라. 이것은 그 도시가 평안하고 번영을 누릴 때 너희도 평안하고 번영을 누릴 것이기 때문이다."(7절) 포로로 잡혀간 도시가 평안하지 못하면 너희도 평안을 누리지 못한다.

"나 만군의 주, 이스라엘의 하나님이 분명히 말한다. 너희는 지금 너희 가운데 있는 선지자들에게 속지 말고, 점쟁이들에게도 속지 말고, 너희가 꾼 꿈도 곧이듣지 말라."(8절) "너희가 꾼 꿈도 곧이듣지 말라"는 것은 네가 꾼 꿈에 대해 꿈쟁이들이 조작해 낸 꿈 이야기에 귀를 기울이지 말라는 말씀이다.

"내가 그들을 보내지 않았는데도 그들은 내 이름으로 거짓 예언을 하고 있다. 여호와의 말씀이니라."(9절) 하나님의 이름을 빌어 예언을 하지만 그들은 하나님이 보낸 자들이 아니며, 그들의 말은 거짓일 뿐이다.

2. 포로 귀환에 대한 예언(10-14절)

여호와께서 다시 말씀하셨다. “바빌로니아에서 70년의 포로생활이 끝나면 내가 너희를 돌아보고 나의 선한 말(약속)을 이행하여 너희를 이 곳으로 돌아오게 하겠다.”(10절) “70년”은 성전 파괴 때부터 성전 재건 및 봉헌 때까지 유다의 바벨론 포로 기간을 가리킨다. 이것은 하나님이 정하신 기간이다. 이 기간은 한 세대가 다 죽고 새로운 세대가 주도 세력으로 나올만한 기간이고, 유다 백성들이 참고 인내하며 견디어야 할 기간이다.

“여호와의 말씀이니라 너희를 향한 나의 생각을 내가 아나니 평안이요 재앙이 아니니라 너희에게 미래와 희망을 주는 것이니라.”(11절) 너희를 위한 나의 계획은 내가 알고 있다. 그것은 너희에게 재앙을 주려는 것이 아니라 번영을 주고 너희에게 미래와 희망을 주려는 것이다.

“너희가 내게 부르짖으며 내게 와서 기도하면 내가 너희들의 기도를 들을 것이요 너희가 온 마음으로 나를 구하면 나를 찾을 것이요 나를 만나리라.”(12, 13절) 온전한 마음으로 하나님께 기도하면 들을 것이고, 하나님을 찾으면 만날 것이다.

“나 여호와가 말하지만 너희는 분명히 나를 만나게 될 것이며 나는 너희를 포로생활에서 해방시켜 내가 쫓아 보낸 모든 나라와 지방에서 너희를 모아 다시 너희 땅으로 돌아오게 하겠다. 이것은 여호와의 말씀이니라.”(14절) 70년 후에 반드시 해방시켜주실 것을 확인시켜주고 있다.

3. 거짓 선지자들에 대한 심판 예언(15-23절)

“너희는 ‘하나님께서는 바벨론에서도 우리에게 선지자들을 보내 주시지 않았느냐?' 고 말한다."(15절) 바벨론에도 자기들을 위해 선지자를 세워주셨을 것이라고 말하는 것은 예레미야만 선지자냐는 식의 교만한 태도를 하나님께서 지적하셨다.

"그렇기 때문에 나 여호와가 지금 다윗의 왕좌에 앉아 있는 왕에게, 그리고 지금 이 도성에 살고 있는 모든 백성, 곧 너희와 함께 포로로 잡혀 가지 않은 너희의 형제에게 말한다."(16절) "다윗의 왕좌(*kisse*, throne)"는 다윗 왕가의 혈통을 따라 유다 왕국의 왕이 되는 자리를 말한다. 여기서는 유다 왕국의 왕권을 나타낸다.

"나 만군의 여호와 말한다. 내가 그들에게 칼(전쟁)과 기근과 전염병을 보내어, 그들을 상하여 먹을 수 없는 몹쓸 무화과 같게 만들겠다."(17절) "몹쓸 무화과"(rotten figs)는 24장에서 예레미야가 본 두 무화과 광주리에서 "악한 무화과"를 가리킨다. 좋은 무화과는 하나님의 말씀에 순종하여 바벨론에 잡혀간 유다 백성을 가리키고, 악한 무화과는 하나님 말씀에 불순종하여 바벨론에 대항하는 유다 백성과 선지자들을 가리킨다. 유다에 남아있는 악한 자들에 대한 재앙을 예고하고 있다.

"내가 칼과 기근과 전염병으로 그들을 뒤따르게 하며 그들을 세계 여러 나라 가운데에 흩어 학대를 당하게 할 것이며 내가 그들을 쫓아낸 나라들 가운데에서 저주와 경악과 조소와 수모의 대상이 되게 하리라."(18절) 악한 무화과들이 어떤 재앙을 맞게 될 것인가를 보여준다.

"여호와의 말씀이니라 너희들이 내 말을 듣지 않았기 때문이니라 내가 내 종 선지자들을 너희들에게 꾸준히 보냈으나 너희는 그들의 말을 듣지 않았느니라 여호와의 말씀이니라."(19절) 그들이 이 재앙을 맞게 되는 것은 하나님이 하나님 종 선지자들을 보내 계속 경고했지만 말을 듣지 않았기 때문이다.

"그러므로 내가 예루살렘에서 바빌로니아로 보낸 너희 모든 포로들아, 너

희는 나 여호와의 말을 들어라."(20절)

"나 만군의 주, 이스라엘의 하나님이 말한다. 지금 나의 이름을 팔아 너희에게 거짓 예언을 하고 있는 골라야의 아들 아합과, 마아세야의 아들 시드기야를 두고 말한다. 내가 그들을 바빌로니아 왕 느부갓네살의 손에 넘겨주어, 너희가 보는 앞에서 그 왕이 그들을 죽이도록 하겠다."(21절)

골라야의 아들 아합(Ahab)은 이스라엘 왕 아합과 동명이인이다. 여호야긴 왕이 바벨론으로 유배된 후에 유대 왕국 멸망 이후까지 바벨론 포로들 사이에서 거짓 예언을 했던 자다. 그는 간음죄까지 저질러 화형에 처해질 것이라고 예레미야는 예언했다. 마아세야의 아들 시드기야(Zedekiah)는 유다의 마지막 왕 시드기야와 동명이인이다. 그도 골라야의 아들 아합과 마찬가지의 죄로 사형에 처해질 것이라고 예레미야는 예언했다. 거짓 선지자들에 대한 하나님의 형벌이다.

"그래서 바빌로니아에 있는 너희 모든 유다 포로들이 어떤 사람을 저주할 때 그들을 저주거리로 삼아 '여호와께서 너를 바빌로니아 왕이 불에 태워 죽인 시드기야와 아합처럼 되게 하시기를 바란다.' 하고 말할 것이다."(22절) 거짓 선지자 아합과 시드기야가 저주의 대명사가 되리라는 말씀이다.

"이것은, 그들이 이스라엘 사람으로서 절대로 해서는 안 될 망측한 일을 했기 때문이다. 그들은 자기 이웃의 아내들과 간음하였고, 나의 이름을 팔아, 내가 시키지도 않은 거짓말을 하였다. 이것을 내가 안다. 내가 바로 그 증인이다. 여호와의 말씀이다."(23절)

이는 그들이 이스라엘 중에서 어리석게 행하여 그 이웃의 아내와 간음하며 내가 그들에게 명령하지 아니한 거짓을 내 이름으로 말함이라 나는 알고 있는 자로서 증인이니라 여호와의 말씀이니라 하시니라(23절) "자기 이웃의 아내들과 간음하며"는 이스라엘이 하나님을 버리고 우상 숭배에 빠진 것을 비유적으로 표현한 것이다. 하나님께서 가장 가증스럽게 여기는 것이다.

4. 거짓 선지자 스마야에 대한 예언(24-32절)

만군의 주 이스라엘의 하나님께서 느헬람 사람 스마야에게 전하라고 하시면서 나에게 말씀하셨다(24절). 느헬람 사람 스마야(Shemaiah)는 바벨론 유배 시 지도자로서 유배로부터 조속한 귀환을 요구했던 포로 가운데 한 사람이다. 예레미야가 바벨론에 있는 동족 포로들에게 보낸 편지 내용을 반대하여 예레미야를 투옥시켜야 한다는 내용의 편지를 스바냐에게 했다.

스마야는 이미 자기의 이름으로 예루살렘에 있는 모든 백성과 마아세야의 아들 스바냐(Zephaniah) 제사장과 모든 제사장에게 편지를 보냈었다. 스바냐에게 보낸 편지의 내용은 다음과 같다(25절).

"여호와께서 너를 제사장 여호야다를 대신하여 제사장을 삼아 여호와의 성전 감독자로 세우심은 모든 미친 자와 선지자 노릇을 하는 자들을 목에 씌우는 나무 고랑과 목에 씌우는 쇠고랑을 채우게 하심이어늘."(26절) 하나님께서 여호야다 제사장을 대신하여 스바냐 제사장을 주님의 성전 감독관으로 세우셨을 때는 제사장께서 자칭 선지자 행세를 하는 미친 자들을 다 붙잡아 차꼬를 채우거나, 목에 칼을 씌우는 일을 맡기시려고 그렇게 하셨다는 것이다.

여호야다(Jehoiada)는 아달랴를 폐위시키고 요아스를 즉위시킨 유명한 제사장이다. 그러나 스바냐의 전임자는 여호야다가 아니라 예레미야를 박해했던 임멜의 아들 바스훌이었다. 여호야다가 아달랴를 폐위시키는 일을 했듯이 스바냐도 예레미야를 감금해야 하지 않겠냐는 말이다.

성전 감독자(*bet pekidom*, house officers)는 대제사장이란 말 대신에 사용된 말로, 이것은 성전 제도와 체계가 점차 변질되어 관료화 되어갔음을 암시해주고 있다. "모든 미친 자와 선지자 노릇을 하는 자들"은 스마야가 증오하는 뜻으로 예레미야를 가리켜 한 말이다. 한 마디로 예레미야는 "나쁜 놈", "미친 놈", "거짓 선지자"라는 말이다.

"그런데 지금 제사장께서는 어찌하여, 아나돗 사람 예레미야가 여러 사람 앞에서 선지자처럼 행세하는 것을 책망하지 않는가?"(27절) 예레미야를 책망하지 않은 스바냐를 강하게 질책하고 있다.

"그가 바벨론에 있는 우리에게 편지하기를 오래 지내야 하리니 너희는 집을 짓고 살며 밭을 일구고 그 열매를 먹으라 하셨다 하니라."(28절) 예레미야가 바벨론에 있는 우리에게 편지하기를 우리의 포로 생활이 오랫동안 지속될 것이므로 여기서 집을 짓고 정착하여 과수원을 만들고 그 열매를 먹어야 한다고 했다.

제사장 스바냐는 스마야의 글을 선지자 예레미야에게 읽어 들려주었다(29절) 스바냐는 예레미야를 구금하기는커녕 스마야가 보낸 편지마저 읽어주었다. 이것은 그가 예레미야에 대해 그만큼 동정적이었음을 보여준다.

그 때에 하나님께서 예레미야에게 말씀하셨다(30절).

"너는 모든 포로에게 전언하여 이르기를 여호와께서 느헬람 사람 스마야를 두고 이같이 말씀하셨느니라 내가 그를 보내지 아니하였거늘 스마야가 너희에게 예언하고 너희에게 거짓을 믿게 하였도다."(31절) 하나님은 바벨론에 있는 모든 유다 포로들에게 편지를 보내라 하시고, 그 편지에 스마야가 거짓 선지자임을 밝히라 하셨다.

"그러므로 여호와께서 이와 같이 말씀하시니라 보라 내가 느헬람 사람 스마야와 그의 자손을 벌하리니 그가 나 여호와께 패역한 말(반역하는 말)을 하였기 때문에 이 백성 중에 살아남을 그의 자손이 하나도 없을 것이라 내가 내 백성에게 행하려 하는 복된 일(좋은 일)을 그가 보지 못하리라 하셨느니라 이

것은 여호와의 말씀이니라." (32절)

하나님을 거역하는 말을 했기 때문에 스마야와 그의 자손에게 벌을 내려 그들이 완전히 멸족 당할 것임을 써 보내라는 말씀이다. 나아가 그들은 하나님께서 유다 백성을 위해 행할 좋은 일들을 보지 못할 것이라 하셨다. 참 선지자 예레미야를 무고한 거짓 선지자 스마야와 그 자손에 대한 형벌이다. 하나냐가 교만하게 하나님의 뜻을 거역하여 죽은 것 같이 스마야도 죽게 된다. 거짓 선지자인 그와 그 후손에겐 그 어떤 복도 허락되지 않는다.

예레미야 30장

유다 회복에 대한 예언, 회복의 날, 징계와 회복, 회복의 구체적 내용

1. 유다 회복에 대한 예언(1-3절)

하나님께서 예레미야에게 말씀하셨다. “너는 내가 너에게 한 말을 모두 책(*seper*, a book)에 기록하라(*ketab*, write).”(1, 2절) 예레미야를 통해 계시가 주어질 때 지금까지는 말과 행동이 사용되었지만 지금부터는 기록된 형태로 주어질 것을 말씀하고 있다.

“여호와의 말씀이니라 보라 내가 내 백성 이스라엘과 유다의 포로를 돌아가게 할 날이 오리니 내가 그들을 그 조상들에게 준 땅으로 돌아오게 할 것이니 그들이 그 땅을 차지하리라 여호와께서 말씀하시니라.”(3절) “날이 오리니”(*yamim baim*, the days are coming)는 문자적으로 “날들이 오고 있다”는 말이다. 유다 백성이 바벨론에서 귀환하여 전심으로 하나님을 섬길 때가 온다는 말이다.

2. 회복의 날(4-11절)

“여호와께서 이스라엘과 유다에 대하여 하신 말씀이 이러하니라.”(4절) 이 말씀은 하나님께서 이스라엘과 유다를 두고 하신 말씀이다.

“여호와께서 이와 같이 말씀하시되 우리가 무서워 떠는 자의 소리를 들으니 두려움이요 평안함이 아니로다."(5절) 들리는 것은 두려워 울부짖는 소리다. 불안과 공포로 평안이 없다.

"너희는 자식을 해산하는 남자가 있는가 물어보라 어찌하여 모든 남자가 해산하는 여자 같이 손을 자기 허리에 대고 모든 얼굴이 겁에 질려 새파래졌는가."(6절) 남자들이 모조리 해산하는 여인처럼 배를 손으로 움켜잡고 있고, 얼굴빛이 창백하다. 왜 그런가.

"슬프다 그 날이여 그와 같이 엄청난 날이 없으리라 그 날은 야곱의 환난의 때가 됨이로다 그러나 그가 환난에서 구하여 냄을 얻으리로다."(7절) "야곱의 환난의 때"는 바벨론 포로기를 말한다. 무엇과도 비교할 수 없는 무서운 날이다. 하지만 그들은 이러한 환난 가운데서 구원을 받게 될 것이다.

"만군의 여호와의 말씀이라 그 날에 내가 네 목에서 그 멍에를 꺾어 버리며 네 포박을 끊으리니 다시는 이방인을 섬기지 않으리라."(8절) "그 날"(that day)은 유다 백성을 향한 하나님의 징계가 철회되는 시기, 곧 바벨론 포로 시기가 끝나는 때를 말한다. 장차 도래할 "주님의 날"을 뜻하기도 한다.

"그들은 그들의 하나님 여호와를 섬기며 내가 그들을 위하여 세울 그들의 왕 다윗을 섬기리라."(9절) 그들은 하나님을 섬기며, 그들을 위해 왕으로 세울 다윗의 후손을 섬길 것이다. "그들의 왕 다윗"은 다윗의 후손으로 오실 메시야, 곧 그리스도를 가리킨다.

"여호와의 말씀이니라 그러므로 나의 종 야곱아 너는 두려워하지 말라 이스라엘아 놀라지 말라 내가 너를 먼 곳으로부터 구원하고 네 자손을 잡혀가 있는 땅에서 구원하리니 야곱이 돌아와서 태평과 안락을 누릴 것이며 두렵게 할 자가 없으리라."(10절) 하나님께서 포로 된 땅에서 그들을 구해 내시고, 그들은 다시 고국으로 돌아와 평화롭고 안전하게 살 것이며, 그들을 두렵게 할 자가 없을 것이란 말씀이다. "태평과 안락"은 쉼과 조용한 삶(have rest and be quiet), 곧 평화를 뜻한다.

"내가 너희와 함께 하여 너희를 구원하겠다. 내가 너희를 흩어 보낸 그 나라들은 완전히 없애 버려도 너희만은 전멸시키지 않겠다. 하지만 내가 법에 따라 너희를 정당하게 징계할 것이며 결코 무죄한 자로만 여기지는 아니하리라(너희를 전혀 벌하지 않은 채 그대로 내버려 두지는 않을 것이다)." (11절) "법" (*mispat*, justice, judgment)은 "판단", "공의(정의)" 라는 뜻을 가진 법적 용어이다. 재판을 할 때 치우침이 없이 공정하게 재판하는 것을 말한다. "결코 무죄한 자로만 여기지는 아니하리라." (*lo anaqqeka*, not will let you go unpunished)는 것은 문자적으로 "너를 처벌 받지 않고 지나가게 하지는 않겠나." 라는 말씀이다. "무죄한 자" 는 문자적으로 "예외", "자유로운 자" 라는 뜻이다. 죄가 있으면 벌을 받는다.

3. 징계와 회복(12-17절)

하나님께서 이와 같이 말씀하신다. "너희 상처는 고칠 수 없고 너희 부상은 치료할 수 없을 만큼 중상이다." (12절) "상처", "부상" 은 영적, 정신적 상처라기보다는 유다가 당한 외세의 침략과 그로 인한 전흔을 가리킨다.

"네 송사를 처리할 재판관이 없고 네 상처에는 약도 없고 처방도 없도다." (13절) 너희를 도와 줄 자가 없고 너희 상처를 낫게 할 약이 없으며 너희를 고칠 희망도 없다.

"그래서 너를 사랑하던 사람들은 모두 너를 잊고, 더 이상 너를 찾아오지 않는다. 네 죄악이 크고 허물이 많기 때문에, 내가 원수를 치듯이 너를 치고, 잔악한 자를 징계하듯이 너를 징계하였다." (14절) "징계" (*musar*, chastisement, punishment)는 문자적으로 허물을 뉘우치게 하고 나무람을 뜻한다.

하나님은 자기 백성의 유익을 위해 징계하신다.

"그런데 어찌하여 너는 상처를 입었다고 부르짖고, 고통이 가시지(치유되지) 않는다고 호소하느냐? 네 죄악이 크고 허물이 많아서, 내가 이런 벌을 너에게 내린 것이다."(15절) "고통"(*makobek*, your sorrow, pain)은 문자적으로 "슬픔", "상처", "파괴"의 뜻이다.

"그러나 너를 먹는 자(너희를 삼키는 자)는 모두 잡아먹힘(삼킴)을 당할 것이며 너희 원수들은 다 포로가 되고 너희를 착취하는 자는 착취를 당할 것이며 너희를 약탈하는 자는 다 약탈을 당할 것이다."(16절) "너를 먹는 자들"(*okelayik*, those who devour you)는 침략자, 곧 하나님의 백성을 침략하여 그들의 생명까지 위협하는 이방세력을 가리킨다. 그들도 침략을 당한다.

"비록 사람들이 너를 보고 '시온은 쫓겨난 자요, 찾아오는 사람이 아무도 없는 자이다!' 할지라도, 진정 내가 너를 고쳐 주고, 네 상처를 치료하여 주겠다. 여호와의 말씀이다."(17절)

"쫓겨난 자"(*niddaha*, outcast)는 "먹는 자"(침략자)와 대조되는 표현으로 그들로 인해 유다 백성이 "쫓겨난 자"가 되었음을 말한다. 바벨론에 멸망당해 본토에서 쫓겨나 포로생활을 해야 하는 유다 백성의 모습을 조롱하는 뜻으로 부르는 말이다. 하지만 하나님은 그들의 치료자가 되신다.

4. 회복의 구체적 내용(18-24절)

"여호와께서 말씀하시니라 보라 내가 야곱 장막의 포로들을 돌아오게 할 것이고 그 거처들에 사랑을 베풀 것이라 성읍은 그 폐허가 된 언덕 위에 건축될 것이요 그 보루는 규정에 따라 사람이 살게 되리라."(18절) 모두 원상태로 회복시키신다. 예루살렘은 폐허가 된 그 곳이 재건되고 궁전은 본래 있던 곳에 설 것이다. 이 모두 하나님의 자비로우심 때문이다. "성읍은 그 폐허가 된 언덕 위에 건축될 것이요"는 정복당하여 완전히 폐허가 되어버린 옛 터전 위에 다시 새로운 성읍이 건설될 것이라는 말이다.

"그들에게서 감사하는 소리가 나오고 즐거워하는 자들의 소리가 나오리라 내가 그들을 번성하게 하리니 그들의 수가 줄어들지 아니하겠고 내가 그들을 존귀하게 하리니 그들은 비천하여지지 아니하리라."(19절) 회복으로 인해 감사와 기쁨의 소리가 넘친다. 하나님은 그들을 번성하게 하고 존귀하게 하신다.

"그의 자손은 예전과 같겠고(융성할 것이고) 그 회중(그들의 공동체)은 내 앞에 굳게 설 것이며 그를 압박하는 모든 사람은 내가 다 벌하리라."(20절) "그 회중"(*adatow*, their congregation)은 "그의 자손"과 병행대구를 이루는 표현이다. 회중은 제의적 목적이나 정치적 목적을 위해 모인 백성들의 공식적인 집합체를 뜻하기도 하지만 하나님의 백성, 하나님이 택한 신앙 공동체를 가리킨다. 여기서는 회복된 유다(이스라엘) 공동체를 뜻한다.

"그들의 영도자가 같은 겨레 가운데서 나오고, 그들의 통치자가 같은 민족 가운데서 나올 것이다. 내가 그를 부를 때에, 그는 나에게 가까이 올 것이다. 그렇지 않으면 누가 감히 목숨을 걸고, 나에게 가까이 올 수가 있겠느냐? 나 여호와의 말이다."(21절) "영도자"(leader), "통치자"(ruler)는 가까이는 포로에서 해방된 뒤 그들을 다스릴 지도자를 말한다. 종국적으로는 장차 다윗의 후손으로 오사 인류의 죄를 담당하실 메시야를 예시한다.

"너희는 내 백성이 되겠고 나는 너희들의 하나님이 되리라."(22절) 회복된 유다(이스라엘)는 하나님의 백성이 되고, 하나님은 그들의 하나님이 될 것이다. 하나님과의 관계도 회복된다.

"보라 여호와의 노여움이 일어나 폭풍과 회오리바람처럼 악인의 머리 위에서 회오리칠 것이라."(23절) 주님의 진노가 폭풍처럼. 휘몰아치는 바람처럼 터져 나와 악인들의 머리를 후려친다.

"여호와의 진노는 그의 마음의 뜻한 바를 행하여 이루기까지는 돌이키지 아니하나니 너희가 끝 날에 그것을 깨달으리라."(24절) 하나님께서는 마음속에서 뜻하신 바를 시행하고 이루실 때까지, 그 맹렬한 진노를 그치지 않으신다. 마지막 날(the latter days), 곧 앞으로 다가올 그 날에야 비로소 너희가 이것을 깨닫게 될 것이다.

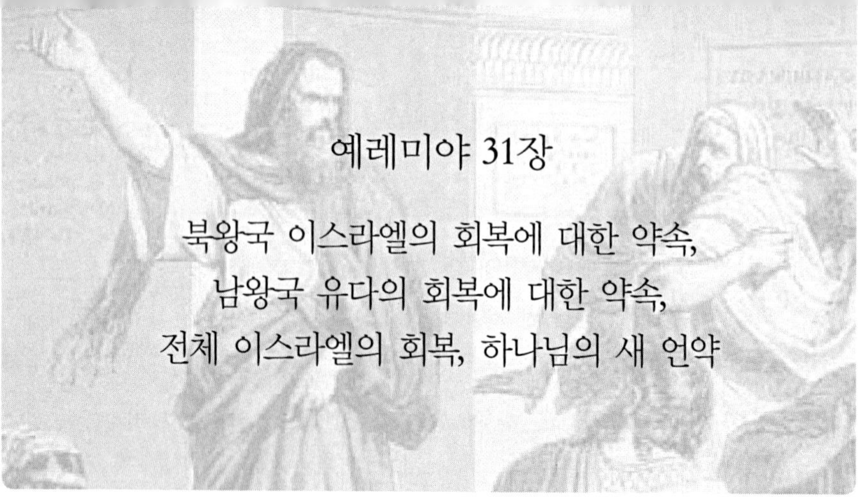

예레미야 31장

북왕국 이스라엘의 회복에 대한 약속, 남왕국 유다의 회복에 대한 약속, 전체 이스라엘의 회복, 하나님의 새 언약

1. 북왕국 이스라엘의 회복에 대한 약속(1-22절)

1) 북 이스라엘의 회복(1-14절)

하나님께서 말씀하셨다. "때가 오면 나는 이스라엘 모든 지파의 하나님이 되고, 그들은 나의 백성이 될 것이다."(1절)

"여호와께서 이같이 말씀하시니라 칼에서 벗어난 백성이 광야에서 은혜를 입었나니 곧 내가 이스라엘로 안식을 얻게 하러 갈 때에라."(2절) 전쟁에서 죽지 않고 살아남은 백성이 광야, 곧 생존이 불가능한 상황에서 하나님의 은혜를 입었다. 그 때는 바로 하나님께서 이스라엘에게 안식을 주려고 찾아 나섰을 때이다. 하나님이 먼저 나서신 것이다.

"옛적에 여호와께서 나에게 나타나사 내가 영원한 사랑으로 너를 사랑하기에 인자함으로 너를 이끌었다 하였노라."(3절) 그때 나 여호와가 오래전 (또는 먼 곳으로부터 와서) 이스라엘 백성에게 나타나 말하였다. "내가 영원한 사랑으로 너희를 사랑하였으므로 한결같은 사랑으로 너희를 인도하였다." "옛적에"(*rahowq*, of old, long ago, in the past, from far away)는 문자적으로 "오래 전(영원)", "먼 곳"을 가리킨다. 하나님의 사랑은 예나 지금이나 영원 무궁하다는 뜻이다.

"처녀 이스라엘아 내가 다시 너를 세우리니 네가 세움을 입을 것이요 네가 다시 소고를 들고 즐거워하는 자들과 함께 춤추며 나오리라."(4절) 이스라엘 백성아, 내가 다시 너희를 일으켜 세우겠다. 너희가 소고를 들고 즐겁게 춤출 것이다.

"처녀 이스라엘"(Virgin Israel)은 하나님의 독특한 사명을 위해 구별한 이스라엘 민족의 거룩성과 순결성을 상징하는 말이다. "소고"(tambourines)는 손에 들고 두드리는 작은 북으로, 여성들이 주로 사용한 악기다. 축제나 개선 행진 때 사용되었다.

"네가 다시 사마리아 산들에 포도나무들을 심되 심는 자가 그 열매를 따기 시작하리라."(5절) 이스라엘에 전쟁이 아니라 평화가 임할 것이라는 말씀이다.

"에브라임 산에서 파수꾼들이 '자, 시온으로 올라가서 우리 하나님 여호와께 나아가자!' 하고 외칠 날이 올 것이다."(6절) 에브라임은 이스라엘을 가리킨다. "파수꾼"(*noserim*, watchmen)은 성벽 또는 망대 등에서 먼 곳의 동정이나 사건을 살펴 급보하는 사람이다. 그가 외칠 날이 온다. "어서, 시온으로 올라가 주 우리의 하나님 앞으로 나아가자." 적군의 침입을 알리는 비보가 아니라 하나님께 나아가자는 낭보다.

"여호와께서 이와 같이 말씀하시니라 너희는 여러 민족의 앞에 서서 야곱을 위하여 기뻐 외치라 너희는 전파하며 찬양하며 말하라 여호와여 주의 백성 이스라엘의 남은 자를 구원하소서 하라."(7절) 너희는 기쁨으로 이스라엘을 위해 환호하고 이렇게 선포하고 찬양하라. "하나님이어, 주님의 백성을 구원해 주십시오. 이스라엘의 남은 자(*seerit*, remnant)를 구원해 주십시오."

"보라 나는 그들을 북쪽 땅에서 인도하며 땅 끝에서부터 모으리라 그들 중에는 맹인과 다리 저는 사람과 잉태한 여인과 해산하는 여인이 함께 있으며 큰 무리를 이루어 이 곳으로 돌아오리라."(8절) "북쪽 땅"과 "땅 끝"은 이스라엘 백성이 포로로 잡혀가 살던 바벨론 땅을 가리킨다. "맹인과 다리 저는 사람과 잉태한 여인과 해산하는 여인"은 홀로 걷거나 오랫동안 걷기 힘든 자들이다. 이런 사람들도 돌아온다는 것은 하나님께서 그들과 친히 동행하시고, 진정한 약자인 하나님의 백성을 완전히 회복시키실 것임을 말해주고 있다.

"그들은 기쁨의 눈물을 흘리며 돌아올 것이다. 그들이 기도할 때 나는 그들이 넘어지지 않도록 계곡의 곧은 길(straight way, 평탄한 시냇가의 길)로 인도할 것이다. 이것은 내가 이스라엘의 아버지이며 에브라임은 나의 장남이기 때문이다."(9절) 이스라엘은 환희의 귀향이 될 것이며, 그들이 기도하고 간구할 때 험한 길이 아니라 평탄한 길로 인도하실 것이다.

"이방들(뭇 민족들)이여 너희는 여호와의 말씀을 듣고 먼 섬(먼 해안지역 사람들)에 전파하여 이르기를 이스라엘을 흩으신 자가 그를 모으시고 목자가 그 양 떼에게 행함 같이 그를 지키시리로다."(10절) 목자이신 하나님은 자기 양떼(백성)을 버리지 않으시고 인도하시고 보호하신다. 이 사실을 먼데까지 알리라는 말씀이다.

"여호와께서 야곱을 구원하시되 그들보다 강한 자의 손에서 속량하셨으니."(11절) 하나님께서 이스라엘을 해방시키고 그들을 강한 자의 손에서 구하셨다. 미래에 일어날 일을 과거형으로 표현하고 있다. "속량"(*padah*, redeemed)은 적이나 적의 속박아래 있는 포로 또는 노예를 대가를 주고 자유롭게 하는 일을 말한다. 이스라엘을 억압에서 해방시키신다는 말씀이다.

"그들이 와서 시온의 높은 곳에서 찬송하며 여호와의 복 곧 곡식과 새 포도주와 기름과 어린 양의 떼와 소의 떼를 얻고 크게 기뻐하리라 그 심령은 물댄 동산 같겠고 다시는 근심이 없으리로다 할지어다."(12절) 여호와의 "복"(*tub*, the goodness)은 문자적으로 "좋은 것", "선한 것"이란 말이다. 하나님께서 예비하신 복락을 가리킨다. "물댄 동산"(*raweh kegan*, well-watered garden)은 회복된 백성의 마음이 흡족하고 넉넉하며 풍족한 상태가 되리라는 것이다.

"근심" (*ledaabah*, sorrow)은 문자적으로 "슬픔", "무기력하고 무능하여 지친 상태"를 가리킨다. 그런 상태에서도 벗어난다.

"그 때에 처녀는 춤추며 즐거워하겠고 청년과 노인은 함께 즐거워하리니 내가 그들의 슬픔을 돌려서 즐겁게 하며 그들을 위로하여 그들의 근심으로부터 기쁨을 얻게 할 것임이라."(13절) 슬픔과 근심이 위로와 기쁨으로 바뀐다. "위로하여" (*niham*, comfort)는 "한 숨 쉬다", "뉘우치다"는 단어에서 파생한 것이다. 참으로 회개하는 이스라엘 백성을 향한 하나님의 동정과 회복을 의미한다.

"내가 기름으로 제사장들의 마음을 흡족하게 하며 내 복으로 내 백성을 만족하게 하리라 여호와의 말씀이니라."(14절) 내가 제사장들에게 "기름진 것으로" (*dasen*, with abundance, 풍성한 것으로 채우고, 내 백성들을 "나의 좋은 것으로" (*tubi*, with My goodness) 만족하게 할 것이다.

2) 라헬의 슬퍼하는 소리의 그침(15-20절)

"여호와께서 이와 같이 말씀하시니라 라마에서 슬퍼하며 통곡하는 소리가 들리니 라헬이 그 자식 때문에 애곡하는 것이라 그가 자식이 없어져서 위로받기를 거절하는도다."(15절) 라마에서 통곡소리가 들린다. 라헬(Rachel)이 자식을 잃어 위로받기조차 거절한다. 이것은 많은 이스라엘 백성이 죽임을 당하고 포로로 잡혀간 것을 상징적으로 표현한 것이다. 레헬은 요셉과 베냐민을 낳았고, 요셉의 두 아들인 에브라임과 므낫세의 조상이다. 그의 무덤은 에브랏, 곧 베들레헴 길에 있었다. 이 구절은 헤롯의 명령에 따라 아기가 학살당한 베들레헴 어머니들의 슬픔을 묘사한 예언으로 인용되었다(마 2:16-18).

"라마" (Ramah)는 벧엘 부근에 있는 베냐민 지파의 성읍으로 이스라엘과 유다 국경 근처에 있었다. 라마는 적군의 수비대 대장이 포로로 데려갈 사람들을 모아 지휘했던 집결지로 보인다.

"여호와께서 이와 같이 말씀하시니라 네 울음소리와 네 눈물을 멈추어라 네 일에 삯을 받을 것인즉 그들이 그의 대적의 땅에서 돌아오리라 여호와의 말씀이니라."(16절) 하나님은 라헬에게 울음을 그치고 눈물을 거두라 명령하신다. 그리고 네 일이 보상받을 것이며(네가 애태우고 수고한 보람이 있어서) 네 자식들이 원수의 땅에서 돌아올 것이라 약속하셨다.

"너의 장래에 소망이 있을 것이라 너의 자녀가 자기들의 지경으로 돌아오리라 여호와의 말씀이니라."(17절) 하나님은 희망을 선포하신다. "너의 앞날에 희망이 있다. 네 아들딸들이 고향 땅으로 돌아온다." 그러므로 울지 말고, 슬퍼하지 말라는 말씀이다.

"나는 에브라임이 이렇게 탄식하는 소리를 들었다. '주께서 나를 징계하시므로 내가 길들지 않은 송아지처럼 징계를 받았습니다. 주는 나의 하나님 여호와이십니다. 나를 회복시키소서. 그러면 내가 돌아가겠습니다.'"(18절) 이스라엘의 회개의 목소리다. 하나님은 진정으로 회개하는 민족의 기도를 들으신다.

"내가 돌이킨 후에 뉘우쳤고 내가 교훈을 받은 후에 내 볼기를 쳤사오니 이는 어렸을 때의 치욕을 지므로 부끄럽고 욕됨이니이다 하도다."(19절) "나는 주를 떠난 후에 곧 뉘우쳤고 깨달은 후에는 가슴을 치며 슬퍼했습니다. 저의 젊은 시절의 허물 때문에 저는 수치와 수모를 겪어야 했습니다."

"내 볼기를 쳤사오니." 여기서 "볼기"(*yarek*, thigh)는 원래 허벅다리를 뜻한다. 우리식으로 말하면 가슴을 치는 것이다. 이것은 슬픔이 극한상황에 달했을 때의 모습을 나타낸다. 여기서는 잘못됨을 뒤늦게 깨닫고 가슴을 치며 후회했다는 말이다. 젊었을 때 지은 죄를 생각하니 창피해서 견딜 수 없다.

"에브라임은 나의 사랑하는 아들 기뻐하는 자식이 아니냐 내가 그를 책망하여 말할 때마다 깊이 생각하노라 그러므로 그를 위하여 내 창자가 들끓으니 내가 반드시 그를 불쌍히 여기리라 여호와의 말씀이니라."(20절) 이스라엘을 향한 하나님의 마음을 담고 있다. 에브라임은 나의 귀한 아들이자 내가 기뻐하는 자식이다. 그를 책망할 때마다 더욱 생각나(그리워하게 되니) 측은한 마음이 들고 불쌍히 여기지 않을 수 없다. 아버지의 마음이다.

3) 회개의 촉구(21, 22절)

"처녀 이스라엘아 너의 이정표를 세우며 너의 푯말을 만들고 큰 길 곧 네가 전에 가던 길을 마음에 두라 돌아오라 네 성읍들로 돌아오라."(21절) 처녀 이스라엘아. 너는 길에 도로표지판(*siyunim*, signposts, 옛날에는 돌들로 표시를 해두었다)을 세우고, 안내판(*tamrurim*, landmarks)를 만들어 세워라. 네가 전에 지나갔던 길(way)과 대로(highway)를 잘 생각하여 보아라. 돌아오너라. 너희가 살던 이 성읍들로 돌아오너라. 어디에서 잘못된 길(죄악의 길)을 들어서게 되었는지 정확히 확인하고, 그 자리에서 회개하며 돌아오라는 말씀이다.

"반역한 딸아 네가 어느 때까지 방황하겠느냐 여호와가 새 일을 세상에 창조하였나니 곧 여자가 남자를 둘러싸리라."(22절) 신실치 못한 딸아, 네가 언제까지 방황하겠느냐? (회개하고 돌아오라는 말씀이다.) 나 여호와가 이 땅에 새로운 일(*hadasah*, a new thing)이 일어나게 할 것이다. 여자가 남자를 둘러싸고 보호하는 것과 같은 아주 특이한 일이다.

"여자가 남자를 둘러싸리라"는 말씀은 난해구절이다. "둘러싸리라"(*tesowbeb*, shall encompass)는 전쟁에서 원수를 포위하여 잡는다는 뜻이다. "남자"(*gaber*, a man)는 일반적인 남자 또는 군인을 뜻한다. 그러므로 여성 같은 이스라엘이 하나님의 은혜로 남성 같은 바벨론을 이기고 해방될 것을 의미하는 것으로 해석하기도 한다.

2. 남왕국 유다의 회복에 대한 약속(23-26절)

"나 만군의 주, 이스라엘의 하나님이 말한다. 내가 포로로 잡혀 간 사람들을 돌아오게 할 때에 사람들은 유다 땅과 유다의 성읍에서 이런 말을 다시 하게 될 것이다. '의로운 처소여, 거룩한 산이여, 여호와께서 네게 복 주시기를 원하노라.'"(23절) 포로 된 유다가 주의 은혜로 회복될 것임을 말해준다. "의로운 처소"(*neweh sedeq*, home of justice, habitation of righteousness, righteous dwelling)는 의로운 자가 거하는 곳이라는 말로, 하나님의 거룩한 보좌가 있는 시온을 가리킨다.

"유다와 그 모든 성읍의 농부와 양 떼를 인도하는 자가 거기에 함께 살리니."(24절) 그 때에는 유다와 그 모든 성읍에 사람들이 이주하여 살고, 농부들도 농촌에 모여 살고, 목자들도 양 떼를 몰고 다닐 것이다. 이것은 유다가 완전히 회복될 것임을 말해주고 있다.

"이는 내가 그 피곤한 심령(*ayepah nepes*, weary soul)을 상쾌하게 하며 모든 연약한 심령(*daabah nepes*, sorrowful, grieved soul)을 만족하게 하였음이라 하시기로."(25절) 내가 피곤해 지쳐있는 자에게는 상쾌하게 하고, 슬픔에 가득한 자를 만족하게 하겠다. 하나님은 지친 사람들에게 새 힘을 주고(마음껏 마실 물을 주고), 굶주려서 허기진 사람에게는 배불리 먹이시는 분이다.

"내가 깨어 보니 내 잠이 달았더라."(26절) 그리하여, '잠을 깨어 눈을 떠 보니, 참 잘도 잤구나.' 하게 되리라. 이것은 유다가 돌이킨 뒤 하나님의 지극한 사랑을 받았음을 비로소 깨닫게 된다는 말씀이다.

3. 전체 이스라엘의 회복: 신포도의 비유(27-30절)

"여호와의 말씀이니라 보라 내가 사람의 씨와 짐승의 씨를 이스라엘 집과 유다 집에 뿌릴 날이 이르리니."(27절) 하나님께서 이스라엘과 유다 땅에 사람과 짐승의 수를 헤아릴 수 없이 많게 할 날이 올 것이라는 말씀이다.

"사람의 씨와 짐승의 씨를 뿌릴 날"은 생명의 씨앗을 다시 뿌려 번성케 할 날을 뜻한다. 이미 멸망되어 죽음만 남아있는 이스라엘과 유다 땅에 하나님께서 새로운 생명을 허락하심으로 그 땅에 생명의 운동이 전개될 것을 말한다.

"깨어서 그들을 뿌리 뽑으며 무너뜨리며 전복하며 멸망시키며 괴롭게 하던 것과 같이 내가 깨어서 그들을 세우며 심으리라 여호와의 말씀이니라."(28절) "내가 깨어서"는 하나님께서 자기 백성을 축복하거나 징계하시기 위해 항상 살피신다는 뜻이다.

"세우며 심으리라"는 것은 "뿌리 뽑으며 무너뜨리며 전복하며 멸망시키며"와 대조를 이루는 말로, 열국의 흥망성쇠를 좌우하는 하나님께서 그의 나라를 세우고 튼튼하게 유지하며 완성시켜 나갈 것을 나타낸다. 이스라엘 전체를 다시 회복시키실 것을 말씀하고 있다.

"그 때에 그들이 말하기를 다시는 아버지가 신 포도를 먹었으므로 아들들의 이가 시다 하지 아니하겠고."(29절) "신포도"(*boser*, sour grapes)는 죄의 결과나 영향력을 상징하는 말이다. "아버지가 신 포도를 먹었으므로 아들들의 이가 시다"는 것은 유대인의 속담으로, 아비가 범한 죄의 벌을 죄 없는 자식이 받는다는 말이다. 그러나 그 때가 오면 그런 말을 다시는 하지 않게 된다. 구약시대의 하나님의 법을 갱신하여 조상의 죄와는 상관없이 자기의 죄악에 대해서만 책임을 지게 될 것임을 약속하시는 말씀이다.

"신 포도를 먹는 자마다 그의 이가 신 것 같이 누구나 자기의 죄악으로 말미암아 죽으리라."(30절) 각자 자신의 죄에 따라 심판을 받지 조상의 죄로 인해 심판과 고난을 받지 않는다는 말씀이다.

4. 하나님의 새 언약(31-40절)

"여호와의 말씀이니라 보라 날이 이르리니 내가 이스라엘 집과 유다 집에 새 언약을 맺으리라." (31절) 앞으로 하나님께서 이스라엘과 유다, 곧 전체 이스라엘과 "새 언약" (*hadasah berit*, a new covenant)을 맺을 날이 온다.

"이 새 언약은 내가 그 조상들의 손을 잡아 이집트에서 인도하여 내던 때에 맺은 것과 같지 않다. 나는 그들에게 남편이 되었지만, 그들은 나와 맺은 언약을 깨뜨리고 말았다." (32절) "남편"은 "주인"이라는 뜻이다. 이스라엘이 하나님의 특별한 소유가 된 사실을 의미한다. 그런데 그들은 우상을 섬김으로 남편을 배반하였다.

"그러나 그 날 후에 내가 이스라엘 집과 맺을 언약은 이러하니 곧 내가 나의 법을 그들의 속에 두며 그들의 마음에 기록하여 나는 그들의 하나님이 되고 그들은 내 백성이 될 것이라 여호와의 말씀이니라." (33절) 그 날 하나님이 이스라엘과 맺을 새 언약은 그들의 가슴에 새겨줄 내 법을 말한다. 그 마음에 내 법을 새겨주어, 나는 그들의 하나님이 되고 그들은 내 백성이 될 것이다. "그 날 후에"는 새로운 구원계약이 세워질 신약시대를 의미한다. "그들의 마음에 기록하여"는 돌 판에 새겨진 율법과는 대조적인 말이다. 하나님께 불순종하는 마음을 제거하고 완전히 새 피조물을 만드시겠다는 뜻이다. "마음" (*libbam*, hearts)는 문자적으로 "염통", 곧 심장이다. 돌에 새기는 것이 아니라 마음 깊숙이 새긴다.

"그들이 다시는 각기 이웃과 형제를 가리켜 이르기를 너는 여호와를 알라 하지 아니하리니 이는 작은 자로부터 큰 자까지 다 나를 알기 때문이라 내가 그들의 악행을 사하고 다시는 그 죄를 기억하지 아니하리라 여호와의 말씀이니라." (34절) 그 때에는 아무도 자기 형제나 이웃에게 나를 알도록 가르칠 필요가 없다. 모든 사람이 다 하나님을 알기 때문이다. 그 땐 내가 그들의 잘못을 용서하고 다시는 그들의 죄를 기억하지 않을 것이다. "악행"(iniquity)은 도덕적이고 윤리적인 여러 오류를 지적하는 말이다. 하나님을 떠나 자기 기준으로 살아감에 따라 지어진 죄악을 가리킨다.

"여호와께서 이와 같이 말씀하셨느니라 그는 해를 낮의 빛으로 주셨고 달과 별들을 밤의 빛으로 정하였고 바다를 뒤흔들어 그 파도로 소리치게 하나니 그의 이름은 만군의 여호와니라."(35절) 하나님의 전능하심을 보여주는 말씀이다. 해와 달과 별들의 질서를 정하시고, 바다를 휘저어 파도를 일으키시는 전능하신 하나님이시다.

"이 법도가 내 앞에서 폐할진대 이스라엘 자손도 내 앞에서 끊어져 영원히 나라가 되지 못하리라 여호와의 말씀이니라."(36절) "법도"(*hahuqqim*, ordinances)는 하나님이 정하신 "자연 질서의 법칙"을 뜻한다. 이 질서를 폐하시면 이스라엘도 없다. 다른 말로, 이런 자연 질서가 지속되는 한 이스라엘도 언제까지나 나라로서 존속할 것이다. 하나님은 자연 질서와 인간질서 모두를 통치하시는 분이기 때문이다.

"여호와께서 이와 같이 말씀하시니라 위에 있는 하늘을 측량할 수 있으며 밑에 있는 땅의 기초를 탐지할 수 있다면 내가 이스라엘 자손이 행한 모든 일로 말미암아 그들을 다 버리리라 여호와의 말씀이니라."(37절) 하늘이 측량되고 땅의 기초가 탐지된다면 몰라도 그런 일이 있기 전에는 이스라엘 백성이 죄를 지었다는 이유로 내가 그들을 버리지 않을 것이다. 이스라엘의 죄를 징벌하시기는 하지만 버리지는 않으신다는 말씀이다.

"보라, 날이 이르리니 이 성은 하나넬 망대로부터 모퉁이에 이르기까지 여호와를 위하여 건축될 것이라 여호와의 말씀이니라."(38절) 여호와께서 말씀하신다. "예루살렘은 북동쪽의 하나넬 망대(the Tower of Hananel)에서부터 북서쪽의 모퉁이 문(the Corner Gate)까지 나 여호와의 성으로 건설될 것이다."

"측량줄(measuring line)이 곧게 가렙 언덕 밑에 이르고 고아로 돌아."(39절) 다시 모퉁이 문에서부터 서쪽으로 가렙 언덕(the hill Gareb)에 곧게 이어지고 거기서 고아(Goah)를 돌며 이 성을 재건하게 될 것이다. 측량줄로 재어진 곳이 경계선이 된다. "가렙 언덕"이나 "고아"의 위치는 잘 알려지지 않다. 그러나 문맥상 예루살렘 서쪽일 가능성이 있다.

"시체와 재의 모든 골짜기와 기드론 시내에 이르는 모든 고지 곧 동쪽 마문의 모퉁이에 이르기까지 여호와의 거룩한 곳이니라 영원히 다시는 뽑거나 전복하지 못할 것이니라."(40절) 그리고 죽은 사람의 시체나 재를 버려 그것들로 그득히 쌓인 골짜기와 기드론 시내와 동쪽으로 말문(the Horse Gate)에 이르는 모든 밭(힌놈 골짜기에서 시작하여 동쪽 말문 모퉁이까지 기드론 시내 옆에 붙은 평지)이 다 나 여호와의 성지가 되고 다시는 허물어지거나 파괴되는 일이 없을 것이다.

"시체와 재의 골짜기"는 힌놈의 아들 골짜기를 말한다. "기드론 시내"는 예루살렘 바깥 동쪽에 있는 시내를 말한다. "마문"은 예루살렘 성문 중 하나로, 왕궁 근처 성전 지역 동남쪽에 있다. 기드론 골짜기로 통하는 문으로 왕족들이 말을 타고 오가는 역할을 했다.

예레미야 32장

투옥된 예레미야, 토지 매입, 예레미야의 갈등과 하나님의 답변

1. 투옥된 예레미야(1-5절)

유다의 시드기야 왕 10년, 곧 느부갓네살왕 18년에 하나님께서 예레미야에게 말씀하셨다(1절) 예루살렘 함락 직전인 B. C. 587년이다.

"그 때에 바벨론 군대는 예루살렘을 에워싸고 선지자 예레미야는 유다의 왕의 궁중에 있는 시위대 뜰에 갇혀있었다."(2절) "시위대 뜰"(the guard' s courtyard)은 왕궁 내의 넓은 안뜰 또는 궁전 시위대의 위병소를 가리킨다. 예루살렘이 바벨론에 포위되어 있을 동안에는 예루살렘 성내의 죄수들을 구치하기 위해 임시감옥으로 사용되었다.

개역개정에서는 3-5절은 묶어져 있다. 그러나 다른 번역 성경에서는 다음과 같이 되어 있다.

시드기야 왕이 예레미야를 그 곳에 가둔 것은 그가 다음과 같은 하나님의 말씀을 전했기 때문이었다. "내가 이 성을 바벨론 왕의 손에 넘겨 줄 것이니 그가 이 성을 점령할 것이다."(3절) 하나님께서 이 예루살렘 성을 바벨론에 넘기신다.

"유다의 시드기야 왕은 갈대아인(바벨론 사람들)의 손에서 벗어나지 못하고 반드시 바벨론 왕의 손에 넘어가서 그와 직접 대면하여 말할 것이다."(4절) 바벨론 왕 앞에 끌려 나가, 그가 보는 앞에서 직접 항복할 것이다.

"시드기야는 바벨론으로 끌려가서 내가 그를 돌아볼 때까지 거기 있을 것이며 그는 바벨론 군대와 싸워도 이기지 못할 것이다. 이것은 나 여호와의 말이다." 그러자 시드기야 왕은 "네가 어찌하여 이같이 예언하였느냐 하고 그를 가두었다.(5절) 이 예언에 시드기야 왕은 분노하여 예레미야를 감옥에 가둔 것이다.

2. 토지 매입: 다시 사게 되리라(6-15절)

하나님께서 예레미야에게 말씀하셨다(6절). "내 숙부(삼촌)인 살룸의 이들 하나멜(Hanemel)이 나에게 와서 '너는 아나돗에 있는 내 밭을 사라. 이 기업을 무를 권리가 네게 있느니라 하리라." (7절) 네가 가장 가까운 친척이므로 이 밭을 살 권리가 너에게 있다 하고 말할 것이다.

"기업을 무를 권리" (the right of redemption to buy it). 레위기 25장의 희년 규례에 따르면 어떤 이가 할 수 없이 자기의 토지를 팔게 되었을 때 가장 가까운 친척이 그 토지를 사게 되어 있다. 이것이 기업을 무를 권리이다. 이것은 하나님이 이스라엘에게 주신 기업을 영원히 보존하고 이방인에게 넘겨주지 않는다는 뜻이 담겨있다. 이런 모든 토지는 희년이 되면 원소유주에게 되돌려주어야 한다. 이렇게 하여 모든 이스라엘 족속의 기본적인 생존권이 확보되도록 했다.

바로 그때 하나님께서 말씀하신 대로 내 숙부의 아들 하나멜이 궁전 뜰의 감옥에 있는 나에게 와서 이렇게 말하였다. "너는 베냐민 땅의 아나돗에 있는 내 밭을 사라. 그것을 사서 소유할 권리가 너에게 있으니 네가 이것을 사라," 그때 나는 내가 들은 말씀이 하나님의 말씀인 것을 확실히 알게 되었다(8절).

그래서 나는 하나멜의 밭을 사기로 하고 은 17세겔, 곧 194그램을 주었다

(9절). 증서(*basseper*, the deed of purchase, 매매계약서)를 써서 봉하고 증인을 세워 그 앞에서 은을 저울에 달아 확인하도록 하였다(10절). 매매계약서에 서명을 하고 증인들을 세우고 은을 저울에 달아 주었다.

그리고 나는 법과 규례에 따라서 봉인된(sealed) 매매계약서와 봉인되지 않은(open) 계약서를 함께 받았다(11절). 이것은 당시의 매매관습을 보여준다. 당시 토지매매의 일반적은 규례는 매매계약서를 열람용과 증거용 등 두 개로 작성하였다. 열람용은 인봉하지 않고 누구나 보게 한 것을 말하고, 증거용은 열람용이 훼손될 경우를 대비하여 인봉하고 영구보존하도록 했다.

그리고 나는, 숙부의 아들 하나멜과 그 매매계약서에 서명한 증인들과 시위대 뜰 안에 앉아 있던 모든 유다 사람이 보는 앞에서, 그 매매계약서를 마세야의 손자이며 네리야의 아들인 바룩에게 넘겨주었다(12절) 네리야의 아들 바룩(Baruch)은 예레미야가 신뢰하는 친구이자 제자로, 그의 비서 역할을 했다. 예레미야의 명에 따라 하나님께서 예레미야에게 주신 예언을 두루마리에 기록했다. 여호야김 치세 때 예루살렘이 포위되었던 기간 뿐 아니라 예레미야가 이집트로 강제 이주 당했을 때도 함께 했다.

또한 그들이 모두 보는 앞에서 바룩에게 부탁했다(13절). "만군의 여호와 이스라엘의 하나님께서 이와 같이 말씀하신다. 너는 이 증서, 곧 봉인한 매매계약서와 봉인하지 않은 매매계약서를 가지고 토기(옹기그릇)에 담아 여러 날 동안(오랫동안) 보존하게 하라(14절). "토기"(earthen vessel)는 문서를 보관할 때 사용된 용기를 말한다. 습기가 차지 않도록 만들어졌다.

"만군의 여호와 이스라엘의 하나님께서 이와 같이 말씀하시니라 사람이 이 땅에서 집과 밭과 포도원을 다시 사게 되리라 하셨다 하니라."(15절) "다시 사게 되리라." 이 말씀은 장차 유대인들이 바벨론에서 돌아와서 안정된 사회를 이루며 토지매매가 정상적으로 이루어질 것을 말한다.

3. 예레미야의 갈등과 하나님의 답변(16-44절)

1) 예레미야의 슬픈 기도(16-25절)

나는 네리야의 아들 바룩에게 그 매매계약서를 넘겨주고 나서, 하나님께 이렇게 기도드렸다(16절).

"슬프도소이다 주 여호와여 주께서 큰 능력과 펴신 팔로 천지를 지으셨사오니 주에게는 할 수 없는 일이 없으시니이다."(17절) 하나님은 창조주이시며 어려워 못하실 일이 하나도 없다.

"주님께서는, 은혜는 수천 대에 이르기까지 베풀어 주시지만, 조상의 죄는 반드시 사손이 치르게 하시는 분이시며, 위대하시고 전능하신 하나님이시요, 만군의 하나님이십니다."(18절) 주는 수많은 사람에게 한결같은 사랑을 보이시지만 아버지가 지은 죄의 대가를 그 자식에게까지 갚으시는 분이다.

"주는 책략에(in counsel) 크시며 하시는 일에 능하시며 인류의 모든 길을 주목하시며 그의 길과 그의 행위의 열매대로 보응하시나이다."(19절) 하나님은 계획하는 일도 크시고(온갖 지혜를 가지셨으며), 실천하는 힘도 강하시며(크고 놀라운 일을 행하시며), 사람들의 모든 삶을 감찰하시고(사람들이 행하는 것을 다 보고 계시며), 각 사람이 행한 대로 갚아주시는 분이시다(각자의 행동과 행실의 결실에 따라서 갚아 주신다).

"주께서는 오래전 이집트 땅에서 놀라운 징조와 기적을 나타내보이셨는데 오늘날까지도 이스라엘과 온 세계에 그런 일을 계속 행하셔서 주의 이름이 온 세상에 크게 알려지게 되었습니다."(20절) 예나 지금이나 하나님은 놀라운 표적(signs)과 기사(wonders)로 인해 주의 성호가 드높아지셨다.

"주께서 표적과 기사와 강한 손과 펴신 팔과 큰 두려움으로 주의 백성 이스라엘을 애굽 땅에서 인도하여 내시고."(21절) 하나님은 적들이 무서워 떨게 하는 많은 징조와 기적뿐 아니라 강한 손(mighty hand)과 편 팔(outstretched arm)로 주의 백성 이스라엘을 이집트에서 이끌어 내셨다.

"주님께서는, 그들에게 주겠다고 그들의 조상에게 맹세하신 이 땅, 곧 젖과 꿀이 흐르는 이 땅을 그들에게 주셨습니다."(22절) 하나님은 약속하신 가나안 땅을 주셨다.

"그러나 그들은 이 곳에 들어와서 땅을 차지하고서도 주께 순종하지 않고 주의 가르침을 따르지 않으며 주께서 명령하신 것을 행하지 않았습니다. 그래서 주는 이 모든 재앙을 그들에게 내리셨습니다."(23절) 이스라엘에 내리신 모든 재앙은 불순종의 결과이다.

"보십시오. 바벨론 사람들이 이 성을 점령하려고 공성용 흉벽을 쌓았습니다. 전쟁과 기근과 질병 때문에 이 성은 그들의 손아귀에 들어가게 될 것입니다. 보시는 대로 주께서 말씀하신 것이 다 이루어졌습니다."(24절) "흉벽"(the siege mounds, ramps)은 바벨론 군대가 예루살렘을 공격하기 위해 성 주위에 쌓은 흙벽을 말한다. 개역개정에는 "참호"로 번역했으나 개역한글에는 "흉벽"이라 하였다.

"주 여호와여 주께서 내게 은으로 밭을 사며 증인을 세우라 하셨으나 이 성은 갈대아인의 손에 넘기신바 되었나이다."(25절) 이 예루살렘 성이 바벨론 사람들의 손에 넘어가게 되었는데 하나님께서는 나에게 밭을 사고 증인을 세우라고 하셨다. 그러니 17절의 서두처럼 슬프다는 말이다. 예레미야의 슬픈 기도다.

2) 하나님의 응답(1): 멸망의 이유(26-35절)

그 때에 하나님께서 예레미야에게 말씀하셨다(26절). "나는 여호와요 모든 육체의 하나님이라 내게 할 수 없는 일이 있겠느냐."(27절) "모든 육체의 하나님"에서 "모든 육체"(*kal basar*, all flesh)는 피조계 전체 가운데 특히 인간을 총체적으로 표현한 말이다. 하나님은 주권자요 통치자이시며 전능하신 하나님이심을 강조하고 있다.

"그러므로 여호와께서 이와 같이 말씀하시니라 보라 이 성을 갈대아인의 손과 바벨론의 느부갓네살 왕의 손에 넘길 것인즉 그가 차지할 것이라."(28절) 예루살렘 성(유다)은 이미 바벨론에 넘기기로 작정하셨다는 말씀이다.

"이 성을 치는 갈대아인이 와서 이 성읍에 불을 놓아 성과 집 곧 그 지붕에서 바알에게 분향하며 다른 신들에게 전제를 드려 나를 격노하게 한 집들을 사르리니."(29절) "바알"(Baal)은 우상으로, 원래 페니키아와 가나안 사람들이 섬기던 신이었다. 태양을 상징하는 농경 신이었다. 그런데 이스라엘이 가나안에 정착하면서 이 우상을 섬기게 되었는데, 이것은 그들이 하나님의 온전한 백성으로서의 삶이 아니라 현실과 타협하고 안주했음을 보여준다.

"이는 이스라엘 자손과 유다 자손이 예로부터 내 눈 앞에 악을 행하였을 뿐이라 이스라엘 자손은 그의 손으로 만든 것을 가지고 나를 격노하게 한 것뿐이니라 여호와의 말씀이니라."(30절) "손으로 만든 것"은 우상을 말한다. 북이스라엘과 남 유다 모두 우상을 섬겨 하나님을 격노하게 만들었다.

"이 성이 건설된 날부터 오늘까지 나의 노여움과 분을 일으키므로 내가 내 앞에서 그것을 옮기려 하노니."(31절) 그들은 이 성이 건설된 때부터 지금까지 나의 분노만 일으켰다. 그러므로 내가 이 성을 없애 버리기로 작정하였다.

"이는 이스라엘 자손과 유다 자손이 모든 악을 행하여 내 노여움을 일으켰음이라 그들과 그들의 왕들과 그의 고관들과 그의 제사장들과 그의 선지자들과 유다 사람들과 예루살렘 주민들이 다 그러하였느니라."(32절) 이스라엘과 유다 백성, 왕들과 신하들, 심지어 제사장들과 선지자들도 마찬가지였다

"그들이 등을 내게로 돌리고 얼굴을 내게로 향하지 아니하며 내가 그들을

가르치되 끊임없이 가르쳤는데도 그들이 교훈을 듣지 아니하며 받지 아니하고." (33절) 그들은 나에게 등을 돌리고 내가 부지런히 가르쳐도 나의 가르침을 듣거나 받아들이지 않았다.

"내 이름으로 일컫는 집에 자기들의 가증한 물건들을 세워서 그 집을 더럽게 하며." (34절) 내 성전에 더러운 우상을 세워 성전을 더럽혔다.

"힌놈의 아들의 골짜기에 바알의 산당을 건축하였으며 자기들의 아들들과 딸들을 몰렉 앞으로 지나가게 하였느니라 그들이 이런 가증한 일을 행하여 유다로 범죄하게 한 것은 내가 명령한 것도 아니요 내 마음에 둔 것도 아니니라." (35절) 힌놈의 아들 골짜기에 바알의 산당을 세워 몰렉 신에게 그들의 자녀를 제물로 바쳤다. 그들이 이런 끔찍한 일을 행하여 유다를 죄 가운데 빠지게 한 것은 내가 명령한 것도 아니며 내가 생각한 일도 아니다.

"몰렉" (Molech)은 유다 왕국 후기에 크게 숭배했던 이방신이다. 원래 밀곰, 밀감 등으로 불린 암몬 족속의 국가 신이었다. 몰렉은 우상의 대표적인 명칭으로 율법에도 이를 숭배하지 않도록 엄금했다. 몰렉은 바알의 속칭이기도 하다.

"몰렉 앞으로 지나가게 했다" (pass through the fire to Molech)는 것은 이방 제사 의식 가운데 하나로, 타오르는 불 가운데로 어린 아이를 던져 넣는 비인간적인 제사방식을 말한다. 이런 의식은 아라비아, 페니키아, 모압 등에서 유행했다. 영적 쇠퇴기인 여호야김 시대에는 유다에서도 성행했다. 특히 힌놈의 아들 골짜기에서 몰렉 숭배가 심했다.

3) 하나님의 응답(2): 구원의 약속(36-44절)

"그러나 이스라엘의 하나님 여호와께서 너희가 말하는 바 칼과 기근과 전염병으로 말미암아 바벨론 왕의 손에 넘긴바 되었다 하는 이 성에 대하여 이와 같이 말씀하시니라."(36절) 이제 나 주 이스라엘의 하나님이 말한다. 너희는 이 도성을 두고, "전쟁과 기근과 전염병을 만나서 바벨론 왕의 손에 들어간 도성"이라고 말한다. "이 성"은 예루살렘을 가리키지만 넓게는 이스라엘 전체를 가리킨다.

"보라 내가 노여움과 분함과 큰 분노로 그들을 쫓아 보내었던 모든 지방에서 그들을 모아들여 이 곳으로 돌아오게 하여 안전히 살게 할 것이라."(37절) 들어라. 내가 분노와 노여움과 울화 때문에 그들을 여러 나라로 내쫓아 버렸다. 그러나 이제 내가 그들을 이 모든 나라에서 모아다가, 이 곳으로 데려와서 안전하게 살게 하겠다. 회복, 곧 구원을 약속하신다.

"그들은 내 백성이 되겠고 나는 그들의 하나님이 될 것이며."(38절) 하나님과의 관계도 회복된다. 영적인 회복이다.

"내가 그들에게 한 마음과 한 길을 주어 자기들과 자기 후손의 복을 위하여 항상 나를 경외하게 하고."(39절) 그 때에 내가 그들에게 한 마음과 한 뜻, 곧 한결같은 마음과 삶을 주어, 그들이 언제나 나를 경외하여 그들 자신뿐만 아니라, 그들의 자손들까지도 길이 복을 받게 하겠다.

"한 마음"(*ehad leb*, one heart)과 "한 길"(*ehad derek*, one way)에서 마음은 생각의 원천을, 길은 행동의 원천을 가리킨다. 이스라엘 백성이 하나님의 성령으로 새롭게 되고 거룩해져서 항상 하나님을 경외케 하려는 목적으로 하나님이 이스라엘 백성에게 주실 생각과 행동의 기준(원천)을 말한다.

"자기들과 자기 후손의 복." 여기서 "복"(*towb*, the good, the beautiful)은 문자적으로 "선한 것", "좋은 것", "아름다운 것"이라는 뜻을 가지고 있으며, 자신들 당대와 후대의 번영과 평강을 총칭하는 표현이다. 이 단어를 즐겨 사용하는 이유는 근본적인 창조질서의 회복을 염두에 두었기 때문이다.

"내가 그들에게 복을 주기 위하여 그들을 떠나지 아니하리라 하는 영원한 언약을 그들에게 세우고 나를 경외함을 그들의 마음에 두어 나를 떠나지 않게 하고."(40절) 그들과 영원한 계약을 맺어 내가 다시는 그들을 떠나지 않고 그들에게 선한 일을 하며 또 그들에게 두려워하는 마음을 주어 그들이 나를 떠나지 않게 하겠다.

"복을 주기 위하여"(doing good, to do them good)는 문자적으로 "선한 길로 인도하기 위하여"이다. "영원한 언약"(everlasting covenant)은 새 언약과 같은 것으로 영원하고 조건 없는 은혜를 가리킨다. "영원한"이라는 말을 쓴 것은 현재 받고 있는 고난 중에서도 경건한 자들이 위로를 받을 수 있게 하려는 의도를 담고 있다.

"내가 기쁨으로 그들에게 복을 주되 분명히 나의 마음과 정성을 다하여 그들을 이 땅에 심으리라."(41절) 나는 그들을 위해 선을 행하는 것을 기뻐할 것이며 마음과 정성을 다하여 그들을 이 땅에 심을 것이다. "나의 마음과 정성을 다하여"(with all My heart and with all My soul)는 하나님의 모든 관심이 그의 나라를 회복하고 건설하는 데 집중되어 있음을 강조한 것이다.

"여호와께서 이와 같이 말씀하시니라 내가 이 백성에게 이 큰 재앙을 내린 것 같이 허락한 모든 복을 그들에게 내리리라."(42절) 내가 이 백성에게 이 모든 재앙을 내린 것처럼 내가 약속한 온갖 좋은 것도 그들에게 주겠다. 이 백성에게 이토록 큰 모든 재앙을 내렸지만 이제는 내가 이에 못지않게 그들에게 약속한 모든 복을 베풀어 주겠다는 말씀이다.

"너희가 말하기를 황폐하여 사람이나 짐승이 없으며 갈대아인의 손에 넘긴 바 되었다 하는 이 땅에서 사람들이 밭을 사되."(43절) 너희는 지금 이 땅을 두고 "사람도 없고 짐승도 없는 황무지이며, 바벨론 군대의 손에 들어간 땅"이라고 말하지만, 바로 이 땅에서 사람들이 밭을 살 것이다. 이 말씀은 왜 예레미야에게 밭을 사도록 했는가를 보여주는 말씀이기도 하다.

"베냐민 땅과 예루살렘 사방과 유다 성읍들과 산지의 성읍들과 저지대의 성읍들과 네겝의 성읍들에 있는 밭을 은으로 사고 증서를 기록하여 봉인하고 증인을 세우리니 이는 내가 그들의 포로를 돌아오게 함이니라 여호와의 말씀이니라."(44절) 앞으로는 베냐민 땅에서만 아니라, 예루살렘의 사방과 유다의 성읍들과 산간지역의 성읍들과 평지의 성읍들과 남쪽의 성읍들에서도, 사람들이 돈을 주고 밭을 사서 매매계약서를 쓰고, 봉인하고, 증인들을 세울 것이다. 포로로 잡혀 간 사람들을, 내가 돌아오게 할 것이기 때문이다.

이것은 바벨론에서 귀환한 뒤에 이스라엘 자손들 사이에 정상적인 토지거래가 재개될 것임을 예언한 것으로, 절망에 빠진 유다 백성들에게 소망을 심어주는 말씀이다. 하나님의 말씀이니 꼭 이루어진다.

예레미야 33장

유다 회복에 대한 약속 재확인, 영속할 다윗의 왕권과 제사장직

1. 유다 회복에 대한 약속 재확인(1-13절)

예레미야가 여전히 시위대 뜰 안에 갇혀 있을 때 하나님께서 그에게 두 번째로 말씀하셨다(1절)

"일을 행하시는 여호와, 그것을 만들며 성취하시는 여호와, 그의 이름을 여호와라 하는 이가 이와 같이 이르시도다."(2절) 땅을 지으신 주님, 그것을 빚어서 제자리에 세우신 하나님께서 나에게 말씀하셨다. 이것은 하나님이 천지를 창조하시고 역사의 과거, 현재, 미래를 주관하시는 분임을 강조하는 표현이다.

"너는 내게 부르짖으라 내가 네게 응답하겠고 네가 알지 못하는 크고 은밀한 일을 네게 보이리라."(3절) "부르짖으라"(*qera*, call)는 것은 특별히 간절하게 기도하라는 말씀이다. "크고 은밀한 일"(great and incomprehensible things)은 인간의 힘으로는 도달할 수도, 알 수도 없는 하나님의 능력으로서의 계시를 의미한다. "은밀한"(*besurowt*, incomprehensible, hidden, difficult, fenced)은 문자적으로 "(요새화 되어 있고, 강해) 접근할 수 없는"이란 뜻이다. 이것은 인간으로서는 접근하여 알 수 없는 하나님의 능력을 가리키는 말이다.

"이스라엘의 하나님 여호와께서 말씀하시니라 무리가 이 성읍의 가옥과 유다 왕궁을 헐어서 갈대아인의 참호(siege mounds)와 칼을 대항하여."(4절) 하나님의 말씀이다. 유다 백성들이 이 성의 가옥과 유다 왕궁을 헐어서 바벨론 군의 공성용 흉벽(흙벽)과 칼을 막으려고 하지만 아무 소용이 없을 것이다.

"싸우려 하였으나 내가 나의 노여움과 분함으로 그들을 죽이고 그들의 시체로 이 성을 채우게 하였나니 이는 그들의 모든 악행으로 말미암아 나의 얼굴을 가리어 이 성을 돌아보지 아니하였음이라."(5절) 유다가 뭉쳐서 바벨론 군에 맞서 싸우고자 했지만 소용이 없다. 하나님께서 진노하심으로 이 성을 죽은 사람들의 시체로 가득히 채웠기 때문이다. 하나님은 그들이 지은 모든 가증한 죄악 때문에 이 성을 외면하였다.

"그러나 보라 내가 이 성읍을 치료하며 고쳐 낫게 하고 평안과 진실이 풍성함을 그들에게 나타낼 것이며."(6절) 그러나 내가 이 성과 백성이 받은 상처를 치료하여 고치고, 그들에게 평화와 진리의 풍성함(번영)을 경험하게 할 날이 올 것이다. "진실"(*emet*, truth)은 문자적으로 "진리"를 말한다. 하나님은 회복된 이스라엘과 유다에게 "평화와 진리의 풍성함"을 나타내 그것을 경험하게 하시겠다는 것이다.

"내가 유다의 포로와 이스라엘의 포로를 돌아오게 하여 그들을 처음과 같이 세울 것이며."(7절) 유다의 포로와 이스라엘의 포로를 돌아오게 하여, 그들을 옛날처럼 다시 회복시켜 놓겠다.

"내가 그들을 내게 범한 그 모든 죄악에서 정하게 하며 그들이 내게 범하며 행한 모든 죄악을 사할 것이라."(8절) 그들이 범한 모든 죄에서 그들을 깨끗하게 씻어주고, 그들의 죄와 반역 행위를 용서하겠다.

"이 성읍이 세계 열방 앞에서 나의 기쁜 이름이 될 것이며 찬송과 영광이 될 것이요 그들은 내가 이 백성에게 베푼 모든 복을 들을 것이요 내가 이 성읍에 베푼 모든 복과 모든 평안으로 말미암아 두려워하며 떨리라."(9절) 그때 예루살렘이 나에게 기쁨과 찬양과 영광의 원천이 될 것이며 내가 이 백성을 위해서 행한 모든 복(좋은 일)과 이 성에 베푼 풍성한 축복과 번영에 대하여 온 세계가 듣고 두려워하며 떨 것이다.

"세계 열방"(all the nations of the earth)은 문자적으로 "그 땅의 모든 민족들"이다. 당시 고대 근동지역에서는 한정된 나라들이었고, 역사의 무대가 그곳이었기 때문에 "온 인류", "세계 모든 민족"을 나타내는 표현이다.

"여호와께서 이와 같이 말씀하시니라 너희가 가리켜 말하기를 황폐하여 사람도 없고 짐승도 없다 하던 여기 곧 황폐하여 사람도 없고 주민도 없고 짐승도 없던 유다 성읍들과 예루살렘 거리에서 즐거워하는 소리, 기뻐하는 소리, 신랑의 소리, 신부의 소리와 및 만군의 여호와께 감사하라, 여호와는 선하시니 그 인자하심이 영원하다 하는 소리와 여호와의 성전에 감사제를 드리는 자들의 소리가 다시 들리리니 이는 내가 이 땅의 포로를 돌려보내어 지난날처럼 되게 할 것임이라 여호와의 말씀이니라."(10, 11절) 포로에서 해방되면 황폐하여 사람도 짐승도 살지 않는 유다 성들과 예루살렘 거리가 기쁨과 찬양의 소리, 감사의 소리가 넘치게 되리라.

"만군의 여호와께서 이와 같이 말씀하시니라 황폐하여 사람도 없고 짐승도 없던 이 곳과 그 모든 성읍에 다시 목자가 살 곳이 있으리니 그의 양 떼를 눕게 할 것이라."(12절) 황폐하여 사람이나 짐승이 살지 않는 사막과 같은 이 땅에 목자들이 양떼를 쉬게 할 목장이 생길 것이다.

"산지 성읍들과 평지 성읍들과 네겝의 성읍들과 베냐민 땅과 예루살렘 사면과 유다 성읍들에서 양 떼가 다시 계수하는 자의 손 아래로 지나리라 여호와께서 말씀하시니라."(13절) "계수하는 자"는 양의 수자를 세는 자, 곧 목자를 말한다. 따라서 10-13절은 회복된 이스라엘과 유다의 평화스러운 모습을 상징적으로 보여준다.

2. 영속할 다윗의 왕권과 제사장직: 메시야 예언(14-26절)

1) 영속할 다윗의 왕권(14-16절)

"여호와의 말씀이니라 보라 내가 이스라엘 집과 유다 집에 대하여 일러 준 선한 말을 성취할 날이 이르리라."(14절) 보라 날들이 오고 있다. 내가 말한 선한 그 일을 세우리라. "선한 말을 성취할 날"은 문자적으로 "선한 일을 성취할 날"이다. 하나님이 작정하신 구원의 날, 회복의 때가 올 것이라는 말씀이다.

"그 날 그 때에 내가 다윗에게서 한 공의로운 가지가 나게 하리니 그가 이 땅에 정의와 공의를 실행할 것이라."(15절) 그 때 그 시각이 되면, 한 의로운 가지를 다윗에게서 돋아나게 할 것이니, 그가 세상에 공평과 정의를 실현할 것이다. "공의로운 가지"(*semah sedaqah*, a Branch of righteousness)는 히브리인들이 메시야를 가리킬 때 사용하는 말이다. 다윗의 왕위를 계승한 그리스도를 가리킨다.

"그 날에 유다가 구원을 받겠고 예루살렘이 안전히 살 것이며 이 성은 여호와는 우리의 의라는 이름을 얻으리라."(16절) "우리의 의"(*sidqenu*, Our Righteousness)는 하나님의 칭호로, 하나님의 지혜와 인자가 통치하심을 드러낸다. 여기서 "의"라는 호칭이 하나님에게 적용될 때는 하나님만이 자기 백성을 위한 의의 근원이 된다는 것을 의미한다. 앞으로는 예루살렘이 "여호와는 우리의 의"(Yahweh Our Righteousness)라는 이름으로 불리게 된다. 이 이름은 하나님의 진리가 이곳을 통해 선포될 것을 말해준다. 이것은 하나님의 구원이 그 백성에게 임한다(주님은 우리의 구원이시다)는 뜻과 함께 그들이 하나님께 속했음을 의미하는 표현이다.

2) 영속할 제사장직(17-24절)

"여호와께서 이와 같이 말씀하시니라 이스라엘 집의 왕위에 앉을 사람이 다윗에게 영원히 끊어지지 아니할 것이며."(17절) 다윗의 후손 가운데서 이스라엘 민족의 왕위에 앉을 자가 끊어지지 않을 것이다.

"내 앞에서 번제를 드리며 소제를 사르며 다른 제사를 항상 드릴 레위 사람 제사장들도 끊어지지 아니하리라 하시니라."(18절) 내 앞에서 번제와 소제와 그 밖의 다른 희생제물을 드리며 나를 섬기는 레위 지파의 제사장들도 끊어지지 않을 것이다. 소제(grain offerings)는 곡식을 빻아 드리는 제사의 일종이다.

하나님께서 예레미야에게 말씀하셨다(19절). "여호와께서 이와 같이 말씀하시니라 너희가 능히 낮에 대한 나의 언약과 밤에 대한 나의 언약을 깨뜨려 주야로 그 때를 잃게 할 수 있을진대."(20절) "너희가 만일 내가 정한 낮과 밤의 질서를 파괴하여 낮과 밤이 제때에 오지 않도록 할 수 있다면."

"낮에 대한 나의 언약"은 해로 하여금 낮을 지배하게 하는 약속을 말한다. "밤에 대한 나의 언약"은 달로 밤을 비추게 하는 약속을 말한다. 이것은 해와 달로 낮과 밤을 비추게 하고 항상 낮과 밤을 있게 하신 하나님의 섭리를 뜻한다. 이것은 또한 창조질서의 불변성을 들어 하나님의 언약이 변함없이 성취될 것임을 말해준다. 어느 누구든 하나님이 만드신 질서를 깨뜨릴 수 없다.

"내 종 다윗에게 세운 나의 언약도 깨뜨려 그에게 그의 자리에 앉아 다스릴 아들이 없게 할 수 있겠으며 내가 나를 섬기는 레위인 제사장에게 세운 언약도 파할 수 있으리라."(21절) 내가 내 종 다윗과 맺은 언약도 너희가 깨뜨려 그의 왕위에 앉아 다스릴 후손이 없도록 할 수 있을 것이며 나를 섬기는 레위인 제사장들과 맺은 나의 언약도 깨뜨릴 수 있을 것이다. 하지만 그런 일이 있을 수 없으니 그 언약들은 그대로 지켜질 것이란 말씀이다.

"하늘의 만상은 셀 수 없으며 바다의 모래는 측량할 수 없나니 내가 그와 같이 내 종 다윗의 자손과 나를 섬기는 레위인을 번성하게 하리라 하시니라."

(22절) 하늘의 별과 해변의 모래를 셀 수 없듯이 내가 내 종 다윗의 후손과 나를 섬기는 레위인을 셀 수 없을 만큼 번성하게 하겠다.

하나님께서 예레미야에게 말씀하셨다(23절).

"이 백성이 말하기를 여호와께서 자기가 택하신 그들 중에 두 가계를 버리셨다 한 것을 네가 생각하지 아니하느냐 그들이 내 백성을 멸시하여 자기들 앞에서 나라로 인정하지 아니하도다." (24절) 너는 이 백성이 "하나님께서는 자신이 택하신 두 족속을 버리셨다" 고 말하는 것을 듣지 못하였느냐? 그래서 사람들이 내 백성을 멸시하고, 다시는 나라를 이루지 못할 것으로 여기고 있다. "자기가 택하신 그들 중에 두 가계(two families)" 는 남 유다와 북이스라엘, 곧 택하신 백성 이스라엘 전체를 가리킨다.

"여호와께서 이와 같이 말씀하시니라 내가 주야와 맺은 언약이 없다든지 천지의 법칙을 내가 정하지 아니하였다면." (25절) 그러나 나 여호와는 밤과 낮의 질서와 우주의 법칙을 만들었다. 내가 주야와 맺은 언약이 흔들릴 수 없고, 하늘과 땅의 법칙들이 무너질 수 없는 것과 마찬가지로 유다와 이스라엘을 버리지 않고, 내 종 다윗의 자손도 버리지 않을 것이다.

"주야와 맺은 언약" 이 홍수 심판 이후에 제정된 자연 질서인 것에 비해 "천지의 법칙" 은 천지창조 당시에 세워진 창조질서 또는 자연 질서로, 하나님께서 우주질서를 통치하심을 보여주는 표현이다.

"야곱과 내 종 다윗의 자손을 버리고 다시는 다윗의 자손 중에서 아브라함과 이삭과 야곱의 자손을 다스릴 자를 택하지 아니하리라 내가 그 포로된 자를 돌아오게 하고 그를 불쌍히 여기리라." (26절) 야곱의 자손과 나의 종 다윗의 자손도 버리지 않을 것이며, 아브라함과 이삭과 야곱의 자손을 다스릴 통치자들을 다윗의 자손들 가운데서 택할 것이다. 이제는 내가 이 백성을 불쌍히 여겨 포로가 된 사람들을 돌아오게 하겠다. 이전 상태로 회복시키겠다.

예레미야 34장

시드기야 왕에 대한 경고, 유다 백성들에 대한 경고

1. 시드기야 왕에 대한 경고(1-7절)

바벨론의 느부갓네살 왕과 그의 모든 군대와 그의 통치하에 있는 모든 속국의 군대가 예루살렘과 그 주변성들을 공격할 때에 하나님께서 예레미야에게 말씀하셨다(1절) 바벨론 왕이 자기 군대뿐 아니라 자기가 지배하고 있는 속국의 군대까지 이끌고 유다를 공격하던 때 하나님의 말씀이 임했다.

"이스라엘의 하나님 여호와께서 이와 같이 말씀하시니라 너는 가서 유다의 시드기야 왕에게 아뢰어 이르기를 여호와의 말씀에 보라 내가 이 성을 바벨론 왕의 손에 넘기리니 그가 이 성을 불사를 것이라."(2절) 하나님이 이 성을 느브갓네살 왕의 손에 넘겨줄 것이며, 그가 이 성에 불을 지를 것이다.

"네가 그를 피하지 못하고 반드시 생포되어 그 앞에 끌려가서 바벨론 왕을 직접 보게 될 것이며 그 후에 너는 바벨론으로 끌려가게 될 것이다."(3절) 바벨론 왕은 너를 생포하여 항복을 요구할 것이고, 결국 너는 바벨론으로 끌려갈 것이다.

"그러나 유다 왕 시드기야, 내가 너에게 하는 말을 잘 들어라. 너는 칼날에 죽지는 않을 것이다."(4절) "너는 오히려 평안하게 죽을 것이며 사람들이 너의 선왕들을 위해 분향하던 것처럼 너를 위해서도 분향하고 '슬프다 주여' 하며 슬퍼할 것이다. 이것은 나 여호와의 말이다."(5절) "칼에 죽지 아니하고 평안히 죽을 것이며"는 시드기야가 바벨론에게 항복을 했을 경우를 전제로 한 예언으로 해석하기도 한다. 그러나 시드기야가 바벨론에 포로로 잡혀가지만 죽임을 당하지는 않고 평안히 죽을 것과 왕의 죽음에 맞는 격식대로 장사 지낼 것을 예언한 것으로 보기도 한다. "분향"은 보통 향을 태워 제사 드리는 것을 의미하지만 여기서는 죽은 사람을 애도하기 위해 향을 피우는 것을 말한다. " '슬프다 주여"는 "슬픕니다. 임금님", 또는 "우리 왕이 죽으셨다."는 말이다.

"선지자 예레미야가 이 모든 말씀을 예루살렘에서 유다의 시드기야 왕에게 아뢰니라."(6절) 예레미야는 이 예언의 말씀을 그대로 전했다.

"그 때에 바벨론의 왕의 군대가 예루살렘과 유다의 남은 모든 성읍들을 쳤으니 곧 라기스와 아세가라 유다의 견고한 성읍 중에 이것들만 남았음이더라."(7절) "라기스"(Lachish)는 예루살렘 남서쪽, 곧 저지대에 위치한 천연요새지로, 유다의 도시이다. "아세가"(Azekah)는 헤브론 서쪽에 위치한 견고한 도시로, 골짜기의 출입을 막은 천연 요새지이다. 이 두 도시는 예루살렘과 가사 중간에 있는 도시들로, 예루살렘이 함락되기 1년 전에 바벨론 군에 점령되었다. 이 두 도시는 예루살렘을 제외한 다른 도시에 비해 느부갓네살 군대에 가장 마지막으로 점령당한 도시에 속한다. 난공불락의 성들이 점령당하게 된 것이다.

2. 유다 백성들에 대한 경고: 언약을 파기한 자들에 대한 징벌(8-22절)

하나님께서 예레미야에게 말씀하셨는데 그 때는 시드기야 왕이 종들에게 자유를 줄 것을 선포하는 계약(*berit*, a covenant)을 예루살렘에 있는 모든 백성과 맺은 뒤였다(8절). 이 계약은 바벨론이 예루살렘을 포위한 상태에서 유다가 일시적인 자구책으로 노비에게 자유를 선포하여 율법에 순종한 것을 말한다.

"그 계약은 자유를 선포하여 히브리인의 남녀 노비를 자유롭게 하고 동족인 이스라엘 사람을 종으로 삼지 못하게 하는 것이었다."(9절) 동족인 히브리인을 노비로 삼았을 경우 그 노비를 자유롭게 하는 법에 대해서는 출애굽기, 레위기, 신명기 등에 기록되어 있다(출 21:2-11, 레 25장, 신 15:12-18). 14절 상반 절에도 언급되어 있다.

"그래서 모든 백성들과 지도층에 있는 사람들은 노비를 풀어 주고 다시는 종을 삼지 말라는 왕의 명령에 순종하여 자기들의 종에게 자유를 주었다."(10절). 이 계약에 가담한 고관들과 모든 백성이 왕의 명령에 순복한 것이다.

"그러나 그 후에 그들은 마음이 변하여 그들이 풀어준 노비를 다시 끌어다가 종으로 삼았다."(11절). 마음을 바꾼 것이다.

그 때에 하나님께서 예레미야에게 이렇게 말씀하셨다(12절).

"나 주 이스라엘의 하나님이 말한다. 내가 너희 조상을 이집트 땅 곧 그들이 종살이하던 집에서 데리고 나올 때에, 그들과 언약을 세우며, 이렇게 명하였다."(13절) 본문은 노비 해방이 율법에 근거한 것임을 밝혀준다(출 21:2).

"너희 형제 히브리 사람이 네게 팔려 왔거든 너희는 칠 년 되는 해에 그를 놓아 줄 것이니라 그가 육 년 동안 너를 섬겼은즉 그를 놓아 자유롭게 할지니라 하였으나 너희 선조가 내게 순종하지 아니하며 귀를 기울이지도 아니하였느니라."(14절) 동족인 히브리 사람이 노비가 되었을 경우 6년 섬긴 후 7년째가 되면 풀어 주어 자유인이 되도록 했다. 그러나 너희 조상은 나의 말을 듣지도 않았다.

"그런데 최근에 너희는 이를 뉘우치고 내 앞에서 옳은 일을 하였다. 너희가 모두 너희 동족에게 자유를 선포하고 너희 종들을 놓아 주겠다고 내 이름으로 일컬음을 받는 집, 곧 성전에서 나에게 엄숙히 서약하였다." (15절) 노비 해방을 높이 평가하신 것이다.

"그러나 이제 너희는 마음이 변하여 내 이름을 더럽히고 너희가 자유롭게 풀어서 마음대로 가게 한 노비들을 다시 끌어다가 너희의 노비로 삼았다." (16절) "내 이름을 더럽히고." 그들의 행동은 하나님의 이름을 망령되이 일컫는 행동이 되어 버렸다. 하나님의 백성으로서는 해서는 안 될 행동이기 때문이다. "끌어다가"는 강제성이 포함된 행동임을 보여준다. "삼았다" (*kbesu*, subjugated to be)는 "강압적으로 복종시킨다"는 뜻으로, 지도자들이나 백성들이 노비들에게 폭력을 행사했음을 보여준다.

"그러므로 나 여호와가 말한다. 너희는 모두 너희의 친척, 너희의 동포에게 자유를 선언하라는 나의 명령을 듣지 않았다. 그러므로 이제 내가 너희에게 자유를 선언한다. 이 자유는 너희가 전쟁과 질병과 기근에서 죽는 자유이다. 내가 너희를 온 세계에 흩어 버릴 것이다." (17절) 하나님이 유다에 선포한 자유(*derowr*, liberty)는 이제까지 하나님의 종이었던 관계에서 벗어나게 하겠다는 것으로, 하나님이 자신과 유다와의 관계를 끊으시겠다는 것이다. 그렇게 되면 유다는 파멸할 수밖에 없다. 하나님께서 그들이 불순종한 죄를 물어 재앙을 당하도록 하실 것이기 때문이다.

"유다와 예루살렘의 지도자들과 궁중 관리들과 제사장들과 너희 모든 백성들이 송아지를 둘로 쪼개고 그 사이를 지남으로 나와 계약을 맺었다. 그러나 너희는 그 계약을 어기고 지키지 않았다. 그러므로 너희가 송아지에게 한 것처럼 나도 너희에게 할 것이다." (18, 19절) "송아지를 둘로 쪼개고" (cut the calf in two)는 언약(계약)체결과 관련된 것으로 언약을 확정할 때 행하는 고대 풍습을 나타낸다. 언약을 파기하는 경우에는 그 쪼갠 송아지와 같이 죽게 될 것을 각오해야 한다는 뜻을 담고 있다.

"내가 그들의 목숨을 노리는 원수들의 손에 넘겨주겠다. 그러면 그들의 시체가 공중의 새들과 들짐승들의 먹이가 될 것이다."(20절) 언약을 어긴 자들에 대한 파멸이 선고되고 있다.

"또 내가 유다 왕 시드기야와 그의 신하들을 그들의 생명을 노리는 원수들과 너희에게서 잠시 물러간 바벨론 왕의 군대에게 넘겨주겠다. 내가 그들에게 명령하여 이 성에 다시 오게 할 것이니 그들이 이 성을 공격하고 점령하여 불로 태워 버릴 것이다. 내가 유다 성들을 황폐하게 하여 아무도 사는 자가 없도록 하겠다. 이것은 나 여호와의 말이다."(21, 22절)

예루살렘을 포위했던 바벨론 군의 주력이 이집트에서 올라오는 군대에 대항하기 위해 잠시 전선을 옮겼다. 하지만 그들을 쳐부수고 나서 다시 예루살렘으로 오게 할 것이며, 그들이 유다의 생명을 유린하게 될 것이다. 성읍들은 불타고, 폐허가 될 것이다. 하나님께서 하신 말씀이니 그대로 이루어진다.

예레미야 35장

레갑 족속의 순종과 유다 백성의 불순종

1. 레갑 족속의 순종(1-11절)

요시야의 아들 여호야김이 유다 왕으로 있을 때 하나님께서 예레미야에게 말씀하셨다(1절). 여호야김은 유다의 18대 왕으로, 요시야 왕의 둘째 아들이었다. 11년간 통치하였다.

"너는 레갑 사람들의 집에 가서 그들을 초대하여 성전의 한 방(one of the chambers, one of the side rooms)으로 데리고 가서 포도주를 마시게 해보라."(2절) 레갑 족속(the Rekabite family)은 출애굽 당시 이스라엘 민족으로 편입된 사막에 거주한 유목민족으로, 겐 족속으로도 불린다(민 10:29, 민 24:21-22).

그래서 예레미야는 하바시냐의 손자이며 다른 예레미야의 아들인 야아사냐(Jaazaniah, 당시 레갑 족속의 지도자)와 그의 형제들과 그의 아들들과 레갑의 온 집안 사람들을 데리고(3절) 성전으로 갔다. 나는 그들을 익다랴의 아들이자 하나님의 사람인 하난의 아들들이 사용하는 방으로 안내했다. 이 방은 고관들의 방 곁에 있었고 살룸의 아들인 성전 문지기 마아세야의 방 바로 위에 있었다(4절).

"하나님의 사람"(a man of God)은 원래 하나님의 말씀을 전하는 선지자를 존경하는 의미로 붙인 칭호다. 소명을 직접 받은 선지자라기보다 선지자

과정을 이수한 자들을 가리킨다.

"하난의 아들들"(the sons of Hanan)은 하난의 지도를 받는 선지생도를 가리킨다. 하난은 성전의 방을 차지했던 선지자 집단의 우두머리로, "아들들"은 선지자의 생도를 뜻한다. "방"(the chamber)은 성전의 부속실로, 성전의 물건을 보관하거나 사무 용도로 사용하는 곳을 말한다.

"내가 포도주와 잔을 레갑 집안 사람들 앞에 갖다 놓고 마시라고 권했다."(5절) 그러자 그들은 이렇게 대답했다. "우리는 포도주를 마시지 않습니다. 우리의 조상 레갑의 아들 요나답께서 우리에게 분부하셨습니다. '너희는 포도주를 마시지 말라. 너희뿐만 아니라 너희 자손도 절대로 마셔서는 안 된다.'"(6절) "요나답"(Jonadab)은 레갑의 아들이다. 그는 예후가 아합과 이세벨을 진멸할 때 참여한 인물(왕하 10:15-21)로, 바알 숭배를 거부하고 광야에 나가 장막을 치고 살았다. 바알 신앙에 물들지 않기 위해서다. 그는 후손들에게 영원히 포도주를 마시지 않도록 했다.

"또 너희는 집도 짓지 말고 파종도 하지 말며 포도원을 만들어 포도를 재배하지도 말고 항상 장막(천막)에서 살아라. 그러면 너희가 잠시 머무는 이 땅에서 장수하게 될 것이다."(7절). 요나답은 후손들에게 포도주를 마시지 않을 뿐 아니라 포도도 재배하지 않도록 했다.

"그래서 우리는 레갑의 아들인 우리 조상 요나답이 우리에게 한 모든 명령에 순종하여 우리와 우리 아내와 자녀들이 평생 포도주를 마시지 않고 살 집도 짓지 않으며 포도원이나 밭이나 곡식을 소유하지 않고 천막에 살면서 우리 조상 요나답이 우리에게 명령한 것을 하나도 빠짐없이 다 지켜 행했습니다."(8-10절) 요나답의 후손들은 요나답의 말에 그대로 다 순종하며 살았다. "지켜 행하였노라"(*nisma*, obeyed)는 "순종하다", "듣다"란 뜻의 강조형으로, 하나님의 명령을 구체적인 행동으로 옮기는 것을 말한다.

“그러나 바벨론의 느부갓네살 왕이 이 땅을 침략했을 때 우리는 ‘갈대아인의 군대와 시리아인의 군대가 두려우니 예루살렘으로 가자.’ 하고 예루살렘으로 와서 살게 되었습니다.”(11절) 변방에 나가 장막을 치며 살았던 그들이 왜 예루살렘에 들어오게 되었는가에 대한 설명이다.

이 유대 침략 전쟁은 바벨론의 속국이 된 갈대아와 시리아(아람)이 이집트 편에 있던 유다를 치려고 온 것이었다(왕하 24:2-4). “시리아인의 군대”는 여호야김이 느부갓네살을 반역한 직후 바벨론의 사주를 받아 유다를 침략한 아람 군대를 말한다. “예루살렘으로 가자”는 것은 유다 변방에 살던 레갑 족속이 바벨론의 침략을 두려워해 예루살렘으로 피시한 것을 말한다.

2. 유다 백성의 불순종(12-19절)

그 때에 하나님께서 예레미야에게 말씀하셨다(12절).

만군의 여호와 이스라엘의 하나님께서 이와 같이 말씀하셨다. “너는 유다 사람과 예루살렘의 주민에게 가서 이렇게 말하라. ‘너희는 교훈을 받아들일 수도 없고, 나의 말에 순종할 수도 없느냐?’ ”(13절) 레갑 자손은 요나단의 말에 순종하는데, 유다 백성들은 왜 나의 말에 순종하지 않느냐는 말씀이다.

“레갑의 아들 요나답이 그 후손들에게 포도주를 마시지 말라고 명령했는데 그들은 그 조상의 명령에 순종하여 오늘날까지도 포도주를 마시지 않고 있다. 그러나 내가 너희에게 말하고 끊임없이 말하여도 너희는 내 말에 순종하지 않았다.”(14절) 유다 백성들은 레갑 자손과는 달리 거듭해서 말하고 말해도 듣지 않았다.

“내가 내 종 모든 선지자를 너희에게 보내고 끊임없이 보내며 이르기를 너희는 이제 각기 악한 길에서 돌이켜 행위를 고치고 다른 신을 따라 그를 섬기지 말라 그리하면 너희는 내가 너희와 너희 선조에게 준 이 땅에 살리라 하여도 너희가 귀를 기울이지 아니하며 내게 순종하지 아니하였느니라."(15절) 하나님께서 선지자들을 계속 보내 우상을 섬기지 말라 해도 그 말씀에 귀를 기울이거나 순종하지도 않았다.

"레갑의 아들 요나답의 자손은 그의 선조가 그들에게 명령한 그 명령을 지켜 행하나 이 백성은 내게 순종하지 아니하도다."(16절) 레갑 자손과는 비교가 되지 않는다.

"그러므로 만군의 여호와 이스라엘의 하나님께서 이와 같이 말씀하시니라 보라 내가 유다와 예루살렘의 모든 주민에게 내가 그들에게 대하여 선포한 모든 재앙을 내리리니 이는 내가 그들에게 말하여도 듣지 아니하며 불러도 대답하지 아니함이니라 하셨다 하라."(17절) 그러니 유다에 재앙을 내리지 않을 수 없다는 말씀이다.

"말하여도"는 인간으로 하여금 의무를 기억하게 하며 하나님의 교훈에 순종하도록 요구하시는 것을 뜻한다. 이 말은 14절의 "말하고 끊임없이 말하여도"와 "15절의 "보내고 끊임없이 보내며"와 함께 평행을 이룬다. 요나답이 단 한 번 말했어도 그 후손이 들었는데, 유다 백성은 하나님께서 거듭거듭 말해도 듣지 않았다는 말씀이다.

그런 다음, 예레미야가 레갑 사람들에게 하나님의 말씀을 전했다. "나 만군의 주, 이스라엘의 하나님이 말한다. 너희는 조상 요나답의 명령(*miswat*, commandments)에 순종하고, 그의 모든 규율(*miswotaw*, his precepts, 교훈)을 엄수하고, 그가 너희에게 명령한 모든 것을 그대로 실천하였다."(18절) 레갑 자손이 요나답의 명령을 지키고 순종했음을 하나님께서 인정하셨다는 말씀이다. "명령"이나 "규율"은 같은 표현의 반복이다.

"그러므로 만군의 여호와 이스라엘의 하나님께서 이와 같이 말씀하시니라 레갑의 아들 요나답에게서 내 앞에 설 사람이 영원히 끊어지지 아니하리라 하시니라."(19절) "레갑의 아들 요나답의 자손 가운데서 나를 섬길 사람이 영원히 끊어지지 않을 것이다."

"내 앞에 설 사람"(*omed lepanay*, a man to stand before Me)은 원래 주인 앞에 서있는 종의 모습을 나타내는 것으로, 여기서는 직분을 맡아 하나님을 섬기고 봉사할 자를 말한다.

예레미야 36장

예언의 기록과 바룩의 낭독, 두루마리를 불태우는 여호야김, 다시 기록된 두루마리

1. 예언의 기록과 바룩의 낭독(1-10절)

유다의 요시야 왕의 아들 여호야김 제4년에 하나님께서 예레미야에게 말씀하셨다(1절). 여호야김 제4년은 B. C. 605년이다.

"너는 두루마리 책을 가져다가 내가 네게 말하던 날 곧 요시야의 날부터 오늘까지 이스라엘과 유다와 모든 나라에 대하여 내가 네게 일러 준 모든 말을 거기에 기록하라."(2절) "두루마리"(*megillat*, a scroll)는 한쪽으로 감아가면서 보는 책이다. 두루마리는 파피루스나 양피지로 만들었고, 한 쪽 면에만 글을 쓰는데 보통 넓이가 26cm 가량에, 길이는 10m 정도였다. "요시야의 날부터 오늘까지"는 예레미야가 활동을 시작한 요시야 13년부터 여호야김 4년까지, 곧 B. C. 627-605년까지의 23년간을 말한다.

"내가 유다 백성에게 내리기로 작정한 모든 재앙을 그들이 듣고, 혹시 저마다 자신의 악한 길에서 돌아선다면, 나도 그들의 허물과 죄를 용서하여 주겠다."(3절) 하나님은 자기 백성이 돌아오기를 바라신다.

"이에 예레미야가 네리야의 아들 바룩을 부르매 바룩이 예레미야가 불러 주는 대로 여호와께서 그에게 이르신 모든 말씀을 두루마리 책에 기록하니라."(4절) "바룩"(Baruch)은 네리야의 아들로, 저명한 가문 출신이다. 시드기야를 수행해서 바벨론에 외교사절로 간 적도 있었다. 예레미야의 구전을 두루마리로 옮겨 적었다.

"예레미야가 바룩에게 명령하여 이르되 나는 붙잡혔으므로 여호와의 집에 들어갈 수 없으니."(5절) "붙잡혔으므로"(*asur*, confined, restricted)는 투옥이 아니라 성전 출입 제한을 말한다. 여호야김 때는 감금당했다는 기록이 없다. 그러므로 예레미야의 이 말은 "'나는 이제 여호와의 집에 들어갈 수 없는 몸이 되었다."는 말이다.

"너는 들어가서 내가 말한 대로 두루마리에 기록한 여호와의 말씀을 금식일에 여호와의 성전에 있는 백성의 귀에 낭독하고 유다 모든 성읍에서 온 자들의 귀에도 낭독하라."(6절) "금식일"(a day of fasting)은 9절에 선포된 금식일로 보인다. 그 날, 예언의 말씀을 성전에 있는 유다 백성들이 듣도록 읽으라는 명령이다.

"이 백성에 대한 여호와의 분노가 대단하기 때문에 아마 그들이 여호와께 기도하고 각자 악한 길에서 돌아설지도 모른다."(7절) 예언의 말씀을 듣고 각자 악한 길(his evil way)에서 돌아서라는 말씀이다.

"네리야의 아들 바룩이 선지자 예레미야가 자기에게 명령한 대로 하여 여호와의 성전에서 책에 있는 여호와의 모든 말씀을 낭독하니라."(8절) 바룩은 예레미야의 지시대로 두루마리에 적힌 예언의 말씀을 낭독했다.

"요시야의 아들인 유다의 여호야김 왕 5년 9월에 예루살렘에 있는 모든 백성들과 유다의 여러 성에서 예루살렘으로 온 모든 백성들에게 금식이 선포되었다."(9절) 여호야김 왕 5년 9월은 B. C. 604년 12월에 해당한다. 겨울 우기로 상당히 추웠던 때였다. 바룩이 성전에서 두루마리를 읽은 지 몇 달 후다. 금식은 유다가 처한 위기를 인식하고 하나님께 매달리자는 결의를 한 것이다. 그러나 왕은 이 두루마리 내용을 알지 못하고 있었다(16절 참고).

"이때 바룩은 사반의 아들인 궁중 서기관 그마랴의 방에서 모든 백성들에게 그 두루마리에 기록된 말씀을 낭독했는데 그 방은 성전 위 뜰, 곧 성전 새 문 어귀 곁의 윗 뜰에 있는 방이었다."(10절) 이 선포된 금식일에 바룩은 다시 두루마리를 낭독했다. "여호와의 성전 위 뜰"은 예레미야가 성전 설교를 하던 장소이자, 그 설교 내용이 민심을 불안케 한다는 죄목으로 재판을 받던 곳이기도 하다(렘 26:10-11).

2. 두루마리를 불태우는 여호야김(11-26절)

사반의 손자이며 그마랴의 아들인 미가야(Micaiah)는 그 책에 기록된 여호와의 말씀을 다 듣고 궁전의 서기관 방으로 내려갔다. 그때 거기에는 모든 고관들(the princes)이 앉아 있었다. 그들은 서기관 엘리사마와 스마야의 아들 들라야와 악볼의 아들 엘라단과 사반의 아들 그마랴와 하나냐의 아들 시드기야였으며 그 외에도 여러 고관들이 앉아 있었다(11, 12절). 서기관(the scribe)은 성전 직임을 맡은 자들이다. 서기관은 율법 책 복사를 전문으로 하는 사람들로, 대개 세습되었으며, 때로는 제사장의 직무를 기록하거나 개인문서를 작성하기도 했다.

미가야가 바룩이 백성들에게 낭독한 것을 들은 그대로 그들에게 말하자 모든 대신들이 구시의 증손이요 셀레먀의 손자이며 느다냐의 아들인 여후디(Jehudi)를 바룩에게 보내며 백성에게 낭독한 두루마리를 가져오라고 지시하였다. 네리야의 아들인 바룩이 두루마리를 가져오자 그들은 바룩에게 앉아서 그것을 낭독하라고 하였다. 바룩이 두루마리를 낭독했다.(13-15절)

그들은 그 모든 말씀을 듣고 놀라 서로 바라보며 바룩에게 이 모든 말을 왕에게 보고하겠다고 하였다(16절).

그리고서 그들은 바룩에게 물었다. "네가 어떻게 해서 이 모든 말을 기록하게 되었느냐? 예레미야가 이것을 받아쓰게 하였느냐?"(17절) 그들은 먼저 두루마리에 기록된 예언이 어떻게 쓰이게 된 것인지 궁금했다.

바룩이 그들에게 대답했다. "예레미야 선지자께서 저에게 이 말씀을 모두 불러 주셨고, 저는 그것을 받아서, 먹으로 이 두루마리에 받아썼습니다."(18절) "먹"(*deyo*, ink)은 구약에서 이곳에만 언급되어 있다. 고대에는 이 먹을 아라비아 고무나무의 진과 기름, 그리고 금속성 물질이 섞인 유연과 흑색안료로 만들었다. 그러자 고관들이 바룩에게 부탁했다. "너는 가서 예레미야와 함께 숨고 아무에게도 너희가 숨어 있는 곳을 알리지 말라."(19절) 왕이 어떻게 나올지를 안 것이다.

고관들은 그 두루마리를 서기관 엘리사마의 방에 두고 뜰에 있는 왕에게 가서 이 모든 것을 말하였다(20절). 이 두루마리는 하나님이 예레미야에게 주신 말씀을 바룩이 기록한 것이다.

왕이 여후디를 보내 그 두루마리를 가져오게 하자 여후디가 서기관 엘리사마의 방에서 그것을 가져다가 왕과 그 주위에 둘러선 모든 고관들에게 낭독하였다(21절) "그 때는 아홉째 달이라 왕이 겨울 궁전에 앉았고 그 앞에는 불 피운 화로가 있더라."(22절) "아홉째 달"은 양력으로 12월로, 겨울이었다. 왕은 겨울 궁전에 앉았고 그 앞에는 불을 피운 화로가 놓여 있었다.

"겨울 궁전"(the winter palace, winter quarters, winter-house)은 피한지로, 궁전이 따로 있는 것이 아니라 왕의 궁전에 있는 비교적 큰 방일 가능성이 높다. 겨울을 보다 따뜻하게 보내기 위해 준비된 방이다. 대개 궁전 안에 있는 방들은 상하로 나뉘어 있는데, 겨울 궁전은 아래 안쪽에 위치한 것으로 추측된다. 아모스는 여름 궁전과 겨울 궁전을 말하면서 사치스럽게 장식했음을 보여준다(암 3:15). 새번역은 "겨울 별관"으로 번역했다.

"화로"(the brazier burning, stove)는 겨울 궁전을 따뜻하게 하기 위해 탄

으로 불을 때는 큰 용기로, 마루 한 가운데 놓여있었다.

"여후디가 서너 쪽을 낭독하면 왕이 면도칼로 그것을 연하여 베어 화로 불에 던져서 두루마리를 모두 태웠더라." (23절) 여후디가 세 편 네 편씩 읽어나갈 때마다 왕은 읽은 부분을 작은 칼로 그것을 계속 잘라서 화로에 던져 넣어 결국 두루마리 전체를 다 태워 버렸다. "면도칼"은 "서기관의 칼"(the scribe's knife)이다.

"왕과 그의 신하들이 이 모든 말을 듣고도 두려워하거나 자기들의 옷을 찢지 아니하였고." (24절) "옷을 찢는다"(tear their garments)는 것은 회개를 나타내거나 슬픔을 나타내는 행위이다. 자신의 허물을 인정하고 자신의 무가치함과 죄인 됨을 밝히는 외적인 신앙고백이다. 그러므로 두루마리에 예언된 말씀을 듣고도 두려워하거나 자기들의 옷을 찢지 않았다는 것은 회개의 태도를 전혀 보이지 않았다는 말이다. 그들은 조금도 뉘우치는 기색이 없었다.

엘라단과 들라야와 그마랴가 왕에게 그 두루마리를 태우지 말도록 간청까지 했었으나, 왕은 그들의 말을 듣지 않았다(25절) 그럼에도 불구하고 엘라단(Elnathan), 들라야(Delaiah), 그마랴(Gemariah) 세 사람은 예레미야의 두루마리를 태우지 말도록 왕에게 요청했다. 엘라단은 이미 예레미야의 다른 예언을 듣고 영향을 받았다.

"왕이 왕의 아들 여라므엘과 아스리엘의 아들 스라야와 압디엘의 아들 셀레먀에게 명령하여 서기관 바룩과 선지자 예레미야를 잡으라 하였으나 여호와께서 그들을 숨기셨더라." (26절) 왕은 측근을 시켜 서기관 바룩과 선지자 예레미야를 체포하도록 했지만 하나님께서 그들을 숨겨주셨다.

3. 다시 기록된 두루마리: 예레미야 예언의 재기록(27-32절)

예레미야가 불러 주고 바룩이 받아 쓴 그 두루마리를 왕이 불태운 뒤, 하나님께서 예레미야에게 말씀하셨다(27절).

"너는 다른 두루마리를 가져다가 유다 왕 여호야김이 불사른 그 첫 두루마리에 기록된 모든 말을 다시 기록하라." (28절) 재기록을 명령하신 것이다.

또 여호야김 왕에게 하나님의 말을 전하라고 하셨다. "네가 이 두루마리를 불사르며 말하기를 네가 어찌하여 바벨론의 왕이 반드시 와서 이 땅을 멸망시키고 사람과 짐승을 이 땅에서 없어지게 하리라 하는 말을 이 두루마리에 기록하였느냐? 묻고 그 두루마리를 모두 태워버렸다." (29절). 왕은 회개는커녕 예레미야 일행을 마치 유인물로 민심을 어지럽게 하는 무리로 취급했다.

"그러므로 여호와께서 유다의 왕 여호야김에 대하여 이와 같이 말씀하시니라 그에게 다윗의 왕위에 앉을 자가 없게 될 것이요 그의 시체는 버림을 당하여 낮에는 더위, 밤에는 추위를 당하리라." (30절) "위" (*kisse*, throne)는 "보좌", "자리"의 뜻을 가지고 있다. 여기서는 왕의 보좌, 특히 유다의 왕위 계승권을 의미한다. "당하리라"는 재앙에 사용된 동사이다. 즉, 두루마리를 버렸듯이 왕과 그 아들도 버리겠다는 말씀이다.

"내가 너와 너의 가족뿐만 아니라 너의 신하들의 죄에 대해서도 벌할 것이다. 내가 너희와 예루살렘 주민들과 유다 백성에게 미리 경고하였으나 아무도 듣지 않았다. 그러므로 내가 선언한 모든 재앙을 너희 모두에게 내릴 것이다." (31절) 하나님은 그들에 대해 재앙을 선포하셨다.

그래서 예레미야가 다른 두루마리를 구해다가 바룩에게 주었다. 바룩은 예레미야가 불러 주는 대로, 유다 왕 여호야김이 불에 태운 두루마리에 기록한 말씀을 모두 기록하였는데, 이번에는 그와 비슷한 말씀이 더 많이 추가되었다(32절) 이것은 두루마리의 단순한 전면 복사가 아니라 새로운 예언이 첨부되었음을 말한다.

예레미야 37장

시드기야의 청원과 예레미야의 예언, 시위대 뜰에 갇힌 예레미야

1. 시드기야의 청원과 예레미야의 예언(1-10절)

바벨론 왕 느부갓네살은 여호야김의 아들인 고니야(여호야긴) 대신 요시야의 아들 시드기야를 유다 왕으로 세웠다(1절). "고니야"는 "여고니야"로 여호야긴 왕의 다른 이름이다. 그는 B. C. 597년에 즉위하여 3개월 만에 바벨론으로 잡혀갔다. 시드기야는 그의 뒤를 이어 왕이 되었다.

그러나 왕과 그의 신하들과 모든 백성들은 예레미야가 전한 하나님의 말씀에 귀를 기울이지 않았다(2절).

그 때에 시드기야 왕이 셀레먀의 아들 여후갈과 마아세야의 아들 제사장 스바냐를 선지자 예레미야에게 보내 그들을 위해 하나님께 기도해달라고 간청했다(3절). "여후갈"(Jehucal 또는 Jehukal)은 "유갈"(Jucal)이라고도 하며, 37장 이후에는 예레미야의 대적이 된다(렘 38:1, 4).

그 때는 예레미야가 아직 감옥에 갇히지 않았기 때문에 그 백성 사이에서 자유롭게 활동하던 때였다(4절)

한편 예루살렘을 포위하고 있던 갈대아인(바벨론 군)은 바로의 군대가 이집트 국경을 넘어서 오고 있다는 말을 듣고 이집트 군과 맞서 싸우기 위해 잠시 예루살렘을 떠났다(5절). "바로"는 B. C. 589-570년까지 이집트를 통치한 호브라(Hophra)를 가리킨다. "갈대아인"은 바벨론 군대를, "그 소문"은 시드기야를 도와 바벨론에 대항하기 위해 출병한 이집트 군대에 관한 소문을 말한다.

그 때에 하나님께서 예레미야에게 말씀하셨다(6절)

“"이스라엘의 하나님 여호와께서 말씀하신다. 너희를 보내어 나에게 물어 보도록 한 유다 왕에게 너희는 이렇게 전하라. 너희를 도우려고 출동한 바로의 군대는 제 나라 이집트로 돌아갈 것이다.”(7절) 시드기야는 바벨론이 이집트 세력에 속하는 여호야긴을 꺾고 세운 왕이다. 그런데 시드기야가 이집트 세력에 의지하여 바벨론을 배반했기 때문에 바벨론이 출병한 것이고, 이집트 군대는 이에 대처한 것이다. 하나님은 시드기야를 향해 이집트를 의지하지 말라 하신다.

“갈대아인이 다시 와서 이 성을 쳐서 빼앗아 불사르리라.”(8절) 바벨론 군이 다시 와서 이 성을 공격하고 점령하여 불사를 것이라 하신다.

“하나님께서 말씀하신다. 너희는 자신을 속이고 갈대아인(바벨론 군)이 너희를 아주 떠났다고 생각하지 말라. 그들은 떠나지 않을 것이다.”(9절) 바벨론 군이 떠날 것이라 오판하지 말라는 말씀이다.

“만일 너희가 바벨논의 전 군대를 무찔러 그들에게 살아남은 자가 천막 안에 누워 있는 부상자밖에 없을지라도 그들이 일어나서 이 성을 잿더미로 만들어 버릴 것이다.”(10절) 설령 유다가 바벨론 군대를 무찔러 부상병만 남아있다 해도 (이런 가정은 실현가능한 것은 아니지만) 그들이 일어나서 이 예루살렘 성을 불사를 것이다. 유다는 멸망한다는 말이다.

2. 시위대 뜰에 갇힌 예레미야(11-21절)

갈대아(바벨론) 군이 바로의 군대 때문에 예루살렘에서 철수하였다(11절). 예레미야는 집안의 상속재산을 물려받을 일이 있어서, 예루살렘을 떠나 베냐민 땅으로 가려고 길을 떠났다(12절).

내가 베냐민 문에 이르렀을 때 하나냐의 손자이며 셀레먀의 아들인 문지기 대장(the captain of the guard) 이리야(Irijah)라 하는 자가 나를 붙잡고 (arrested, seized) 말했다. "네가 갈대아(바벨론) 사람들에게 투항하려고 (deserting, defecting) 하는구나."(13절) "베냐민 문"(the Benjamin Gate)은 베냐민 땅으로 연결되는 예루살렘 북쪽 문을 가리키며 에브라임 문이라고도 한다.

"예레미야가 이르되 거짓이다 나는 갈대아인에게 항복하려 하지 아니하노라 이리야가 듣지 아니하고 예레미야를 잡아 고관들에게로 끌어가매."(14절) 예레미야가 "그렇지 않소. 나는 바벨론 진영으로 투항하러 가는 사람이 아니오."라고 했지만 이리야는 그 말을 듣지 않고, 예레미야를 체포하여 고관들에게로 끌고 갔다.

"거짓이다"(That's not true)는 것은 이리야가 "거짓말을 한다"는 것이다. 애매한 사람에게 누명을 씌워 피해를 입히려고 획책한다는 것이다. "듣지 아니하고"는 "믿지 아니하고"이다. 이리야는 예레미야의 말을 믿지 않았다.

고관들은 예레미야에게 화를 내며, 그를 때린 다음 서기관 요나단의 관저에 있는 구치소에 예레미야를 감금시켰다. 그 때에는 그 집이 감옥으로 사용되고 있었다(15절). 요나단은 당시 유다의 총리로, 그의 집 지하 감방에는 많은 정치범들이 수용되어 있었다.

예레미야가 뚜껑 씌운 웅덩이(지하 감방)에 들어간 지 여러 날이 지났다 (16절). 시드기야 왕이 사람을 보내 나를 이끌어내고 왕궁으로 불러 여호와께 받은 말씀이 있느냐고 비밀히(*basseter*, secretly, privately, 조용히) 물었다. 그래서 나는 있다고 대답하며 "왕은 바빌로니아 왕의 손에 넘어가게 될 것입니다."라고 말해주었다(17절) 비밀히 물은 것은 왕의 자존심을 대변해주는 말이다. 신하들의 시선과 공격을 의식한 왕의 유약함도 있겠지만 왕의 체통에 손상이 가지 않는 치밀한 조치였다.

예레미야는 시드기야 왕에게 호소하였다. "제가 왕이나 왕의 신하들에게나 이 백성에게 무슨 죄를 지었다고 저를 감옥에 가두어 두십니까?" (18절) 감옥에 가둘 죄를 짓지 않았다는 말이다.

"바벨론의 왕이 와서 왕과 이 땅을 치지 아니하리라고 예언한 왕의 선지자들이 이제 어디 있나이까." (19절) "왕의 선지자들" (your prophets)은 바벨론 왕이 유다를 치지 않을 것이라 예언했다. 그들은 왕으로부터 녹을 받는 직업적 선지자들로, 왕의 뜻을 하나님께 탄원하고 하나님의 뜻을 왕에게 알리는 책무를 맡은 자들이다. 하지만 그들은 왕과 민심에 편승하여 임의로 예언을 했다. 그들 스스로 거짓 선지자임을 드러낸 것이다.

"내 주 왕이여, 제발 부탁합니다. 나를 서기관 요나단의 집에 있는 감옥으로 돌려보내지 마십시오. 그렇지 않으면 내가 거기서 죽게 될지도 모릅니다." (20절) 예레미야는 왕에게 탄원했다.

그러자 시드기야 왕은 예레미야를 요나단의 지하 감옥에 돌려보내지 말고 감옥 뜰(시위대 뜰, 궁중 감옥)에 두어 떡 만드는 자의 거리, 곧 '빵집 거리'에서 매일 빵 한 개씩 갖다 주라고 명령하였다. 그래서 예레미야는 예루살렘 성안에 빵이 다 떨어질 때까지 그 빵을 얻어먹고 그 곳에 머물러 있었다.

"감옥 뜰"은 시위대 뜰로, 정치범들의 구치소로도 사용되었다. "성중에 떡이 떨어질 때"는 바벨론 군대에 의해 포위된 예루살렘 성에 양식이 떨어진 때를 말한다. 그 후 극심한 기근을 참지 못한 성 사람들은 인육을 먹는 사태까지 이르고, 성벽을 뚫고 성 밖으로 나갔다(왕하 25:4).

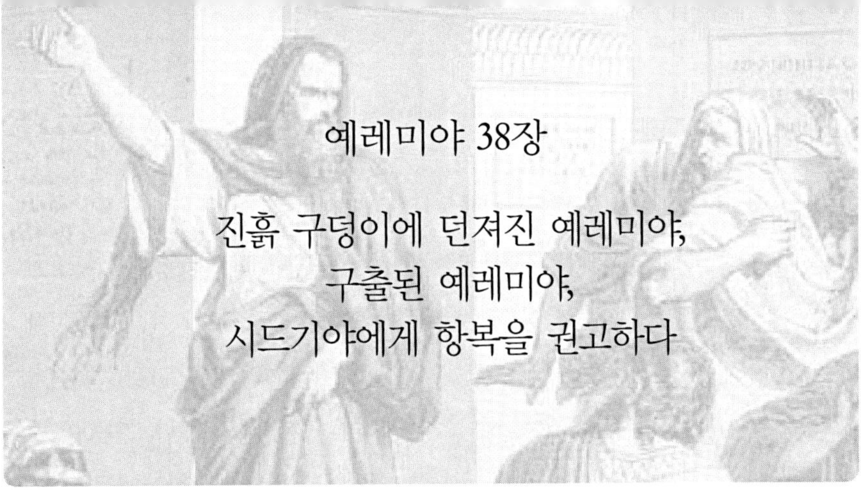

예레미야 38장

진흙 구덩이에 던져진 예레미야, 구출된 예레미야, 시드기야에게 항복을 권고하다

1. 진흙 구덩이에 던져진 예레미야(1-6절)

맛단의 아들 스바댜와 바스훌의 아들 그달리야와 셀레먀의 아들 유갈과 말기야의 아들 바스훌이, 예레미야가 온 백성에게 이렇게 전하는 말씀을 들었다(1절). "유갈"은 "여후갈"(렘 37:3)과 동일인물이다.

"여호와께서 이와 같이 말씀하시되 이 성에 머무는 자는 칼과 기근과 전염병에 죽으리라 그러나 갈대아인에게 항복하는 자는 살리니 그는 노략물을 얻음 같이 자기의 목숨을 건지리라."(2절) 예루살렘 성에 머무는 자는 누구든지 전쟁과 굶주림과 질병으로 죽지만 바벨론 군에 투항하는 자는 산다는 것이다.

"항복하는 자"(*hayyose*, he who goes out)는 문자적으로 "밖으로 나가는 자"라는 뜻이다. 예루살렘 성 밖으로 나가는 것이 항복의 의미다. "노략물을 얻음 같이(as a booty) 자기의 목숨을 건지리라."는 목숨 하나 건지는 것을 불행 중 다행으로 여기게 될 것이라는 말이다(공동번역). 죽을 자리에서 다행히 삶을 선물로 받는다. 적어도 자기 목숨만큼은 건지리라(새번역). (예레미야 21:9의 설명 참조하기 바람.)

"여호와께서 이와 같이 말씀하시니라 이 성이 반드시 바벨론의 왕의 군대의 손에 넘어가리니 그가 차지하리라 하셨다."(3절) 예루살렘 성은 반드시 바벨론 왕의 군대에게 넘어간다. 그들이 이 도성을 점령한다.

그러자 고관들이 왕에게 가서 말했다. "이 사람이 백성의 평안을 구하지 아니하고 재난을 구하오니 청하건대 이 사람을 죽이소서 그가 이같이 말하여 이 성에 남은 군사의 손과 모든 백성의 손을 약하게 하나이다."(4절) 그가 이 성에 남아 있는 병사들과 모든 사람들의 사기를 저하시키고 있다. 그는 이 백성을 도우려고 하는 것이 아니라 오히려 이 백성을 해치려고 한다. 그러니 죽여야 한다는 것이다. 고관들은 대부분 반바벨론파였다.

"손"(*et*, hands)은 사기를 뜻하는 은유적 표현이다. "약하게"(*hu*, weakening, discouraging)는 "용기를 잃게 하다"는 뜻이다. 예레미야의 비관적 메시지로 인해 백성의 마음이 녹아짐을 의미한다.

그러자 시드기야 왕은 대답했다. "그가 너희 수중에 있으니 마음대로 해라. 나는 너희를 막을 수가 없다."(5절) 예레미야의 처리를 그들에게 맡긴 것이다.

그러자 그들은 예레미야를 끌고 가서 왕자 말기야(Malchiah)의 구덩이(*habbowr*, pit, dungeon, cistern)에 밧줄로 달아 내렸다. 그 구덩이는 궁전 수비대 뜰에 있는 것으로 거기에는 물이 없고 진흙탕(진창)뿐이었다. 그래서 나는 그 진흙탕(진창)에 빠지고 말았다(6절). 구덩이는 "우물" "물웅덩이"로도 번역된다. 물이 없지만 진흙구덩이인 우물이다.

2. 구출된 예레미야(7-13절)

왕궁에 구스(에티오피아) 사람으로 에벳멜렉(Ebed-melech)이라고 하는 한 내시(환관)이 있었는데, 그는, 사람들이 예레미야를 구덩이에 집어넣었다는 소식을 들었다. 그 때에 왕은 베냐민 문에 머물러 있었다(7절). "내시"는 성적 불구자로 왕궁에서 궁녀들을 다루는 환관을 말한다. "구스인"은 에티오피아인을 말한다. 베냐민 문은 왕이 백성들의 불만이나 재판의 판결 사례를 직접 듣는 곳이다. 이곳이 탄원의 장소라는 점에서 에벳멜렉도 왕에게 접근하기 쉬웠을 것이다.

에벳멜렉은 왕궁에서 바깥으로 나와 왕에게 가서 아뢰었다(8절)

"내 주 왕이여 저 사람들이 선지자 예레미야에게 행한 모든 일은 악하니이다 성 중에 떡이 떨어졌거늘 그들이 그를 구덩이에 던져 넣었으니 그가 거기에서 굶어 죽으리이다."(9절) 저 사람들이 예레미야에게 행한 일은 모두 악한 짓이다. 그들이 예레미야를 구덩이에 던져 넣었는데, 성 안에 빵이 다 떨어졌으니 그가 거기서 굶어 죽게 될 것(be likely to die)이라는 말이다. "굶어 죽으리이다"(*wayyamot*, and he died)의 원문은 "죽었다"고 기록되어 있다. 이것은 진흙 구덩이에 던져 넣은 그 자체가 곧 죽음 그 자체라는 뜻이다. 그나마 죽지 않고 목숨을 부지하고 있다는 것이 다행이다.

왕은 에벳멜렉에게 명령했다. "너는 여기서 30명을 데리고 가서 선지자 예레미야가 죽기 전에 그를 구덩이에서 끌어내라."(10절) 어떤 사본에는 3명으로 되어있기도 하다. 30명이라면 예레미야 구출을 저지하려는 자들을 막을 수 있도록 배려한 것으로 보인다.

에벳멜렉은 그 사람들을 데리고 왕궁의 곳간 밑 방(의복 창고)로 들어가서, 해어지고 찢어진 옷 조각들을 거기에서 꺼내다가, 밧줄에 매달아서, 구덩이 속에 있는 예레미야에게 내려 주었다(11절) "곳간 밑 방"은 옷을 보관하던 장소로 추정된다.

에벳멜렉이 예레미야에게 말했다. "해어지고 찢어진 옷 조각들을 양쪽 겨드랑이 밑에 대고, 밧줄에 매달리십시오." 예레미야가 그대로 하였다(12절).

그들이 밧줄을 끌어당겨서 예레미야를 구덩이 속에서 끌어올렸다. 이렇게 해서 예레미야는 시위대 뜰 안에서 지내게 되었다(13절). 그 위험에서 예레미야의 생명은 보존되었다.

3. 시드기야에게 항복을 권고하다: 세 번째 시드기야와의 대면(14-28절)

어느 날 시드기야 왕은 사람을 보내 예레미야를 성전의 셋째 문으로 불러다 말했다. "내가 너에게 한 가지 물어 볼 말이 있다. 나에게 조금도 숨기지 말라."(14절) 밀담을 나눈 것이다. 성전의 셋째 문(the third entrance)은 어느 곳인지 확실치 않다. 하지만 왕만 이용하는 문으로 성전과 왕궁의 연결통로인 것으로 추정된다. "한 가지"(*dabar*, a thing, something)는 예레미야가 받은 계시를 가리킨다.

그러자 예레미야가 시드기야에게 대답했다. "제가 만일 숨김없이 말씀드린다면, 왕께서는 저를 죽이실 것입니다. 또 제가 왕께 말씀을 드려도, 왕께서는 저의 말을 들어주시지 않을 것입니다."(15절)

그러자 왕은 비밀히(은밀히) 예레미야에게 맹세하며 말했다. "우리에게 이 영혼을 지으신 여호와께서 살아 계심을 두고 맹세하노니 내가 너를 죽이지도 아니하겠으며 네 생명을 찾는 그 사람들의 손에 넘기지도 아니하리라."(16절) 결코 예레미야를 해치지 않겠다는 약속이다.

그러자 예레미야는 사실대로 말했다. "만군의 하나님, 이스라엘의 하나님께서 왕에게 이렇게 말씀하셨습니다. '네가 만일 바벨론 왕의 고관들에게 항복하면 네가 죽지 않고 이 성도 불타지 않을 것이며 네 가족도 함께 살게 될 것이다."(17절) 바벨론에 항복하면 산다는 말씀이다.

"그러나 네가 만일 그들에게 항복하지 않으면 이 성은 갈대아인(바벨론 사람들)의 손에 넘어갈 것이다. 그들이 이 성에 불을 지를 것이며 너는 그들의 손에서 벗어나지 못할 것이다."(18절) 바벨론에 저항하면 죽음이라는 말씀이다.

그런데도 시드기야 왕은 예레미야에게 이렇게 대답했다. "나는 바벨론 군대에게 투항한 유다 사람들이 두렵소. 바벨론 군대가 나를 그들의 손에 넘겨

주면, 그들이 나를 조롱할까 두렵소." (19절) "조롱할까" (*hitallelu*, abuse, mock, treat harshly)는 문자적으로 "비웃음 당하다", "학대하다"는 뜻이다. 시드기야의 인간중심적인 태도로서 자신이 투항을 하게 되면 동족으로부터 비웃음 당할까, 학대를 당하지 않을까 두렵다는 말이다. 그는 하나님보다 백성들, 곧 사람들의 조롱을 더 두려워했다. 크게 잘못된 생각이다.

예레미야가 말했다. "왕은 그들의 손에 넘어가지 않을 것입니다. 내가 왕에게 말한 대로 왕은 여호와께 순종하십시오. 그러면 왕에게는 아무 일이 없을 것이며 왕은 복을 받아 죽지 않고 생명을 보전하게 될 것입니다." (20절) 여기서 "복을 받아" (*weyitab*, go well)은 "잘 되어" 라는 뜻이다.

"그러나 만일 항복하기를 거절하시면 여호와께서 내게 보이신 말씀대로 되리이다." (21절) 왕이 항복하기를 거절한다면 여호와께서 말씀하신 대로 될 것이다. 그 내용은 22, 23절에 구체적으로 설명되고 있다.

"유다 왕궁에 남아 있는 모든 여자들이 바벨론 왕의 고관들에게로 끌려갈 것이며 그들은 가면서 이렇게 탄식할 것이다. '왕의 친구들이 그를 꾀어내어 짓누르고 그 발이 진흙탕 속에 빠지자 그들은 왕을 버리고 떠나 버렸다.' " (22절) "왕의 친구들" (your friends)은 시드기야의 주위에서 정책을 보좌하는 고관들과 국가의 평안만을 예언하는 거짓 선지자들을 가리킨다. 그들은 왕을 속이고 멋대로 하다가, 왕이 진창에 빠지자 모두 배신하고 떠나버렸다. 왕은 믿던 도끼에 발을 찍혔다는 말이다.

"네 아내들과 자녀는 갈대아인에게로 끌려가겠고 너는 그들의 손에서 벗어나지 못하고 바벨론 왕의 손에 잡히리라 또 네가 이 성읍으로 불사름을 당하게 하리라 하셨나이다." (23절) 왕의 아내들과 자녀들도 바벨론 사람들에게로 끌려갈 것이며, 왕도 바벨론 왕에게 사로잡힐 것이다. 그리고 이 성은 불에 타서 잿더미가 되고 말 것이다.

그러자 시드기야 왕이 예레미야에게 말했다. "너는 이 말을 아무에게도 알리지 말라. 그러면 네가 죽지 않을 것이다."(24절) 함구하도록 한 것이다. 밀담은 은밀히 이루어졌지만 혹시 새어나갈 것을 염려한 것이다.

시드기야 왕은 한 가지 더 부탁을 했다. 왕의 명령이다.

"만일 고관들이 내가 너와 말했다는 소문을 듣고 너에게 와서 '네가 왕과 말한 것을 조금도 숨기지 말고 다 우리에게 말하라. 그러면 우리가 너를 죽이지 않겠다.' 하거든 너는 그들에게 이렇게 대답하라. '나는 왕에게 나를 요나단의 집에 있는 감옥으로 다시 보내 거기서 죽게 하지 말아 달라고 간청했습니다.'"(25, 26절) 거짓말을 하도록 유도한 것이다. 하지만 이것도 사실이기는 하다.

아니나 다를까. 고관들이 모두 예레미야에게 와서 물어 보았다. 그 때 예레미야는 왕이 자기에게 명령한 그 말대로만 그들에게 대답하였다. 그 이야기의 내용은 전혀 탄로 나지 않았고, 대신들은 예레미야에게 더 이상 할 말이 없었다(27절). 예레미야는 끝까지 비밀을 지켜주었다.

이렇게 해서 예레미야는 예루살렘이 함락되는 날까지 시위대 뜰 안에 머물러 있게 되었다(28절). 예루살렘은 B. C. 586년 바벨론 군대에게 함락되었다.

예레미야39장

예루살렘의 함락과 바벨론으로 잡혀간 시드기야, 에벳멜렉이 받은 축복

1. 예루살렘의 함락과 바벨론으로 잡혀간 시드기야(1-14절)

유다의 시드기야왕 9년 10월에 바벨론의 느부갓네살 왕과 그의 모든 군대가 와서 예루살렘을 에워싸고 공격하였다(1절). 포위기간은 시드기야 9년 10월부터 11년 4월까지 약 18개월이다. 시드기야왕 11년 4월 9일에 예루살렘성이 함락되었다(2절). 마침내 성벽이 뚫린 것이다.

바벨론 왕의 고관들이 모두 성 안으로 들어와서 중문(the Middle Gate), 곧 중앙 대문에 앉았다. 그들은 궁중장관(왕의 참모) 네르갈사레셀(Nergal-sarezer), 삼갈네부(Samgar-nebo), 내시장 살스김(Sarsechim) 곧 랍사리스(Rabsaris), 다른 네르갈사레셀 곧 랍막(Rabmag)과 바벨론 왕이 보낸 다른 고관들이, 모두 앉아 있었다(3절). 중문은 예루살렘 전체를 감시할 수 있는 중요한 지점에 위치한 문이다. 이곳에 열거된 인물들은 예루살렘 침공 주력부대를 이끈 자들의 이름이다. 네르갈사레셀은 느부갓네살 왕의 고관 중 한 사람으로 후에 왕의 딸과 결혼했고, 처남인 아멜 마르두크(에윌무로닥)를 제거하고 왕으로 즉위한 네리글리사르(Neriglissar)로 추정된다.

유다의 시드기야 왕과 그의 모든 군대는 그들을 보고 도망하였다. 그들은 밤중에 왕의 동산 길(the king's garden, 궁전 동산 길)을 지나서 두 개의 담 사이에 있는 문(the gate between the two walls, 외성과 내성 두 성벽에 난

문)을 통해 성을 빠져나가 아라바로 향했다(4절). 아라바(Arabah)는 요단 계곡(a steppe or desert plain, a desert valley)을 가리킨다(렘 52:7).

갈대아인(바벨론) 군대가 그들을 추격하여 여리고 평원에서 시드기야 왕을 잡아 하맛 땅 립나에 있는 바벨론의 느부갓네살 왕에게로 데리고 갔으며 왕은 그를 심문하였다(5절) 립나(Riblah)는 팔레스타인 북쪽 경계에 위치한 성읍으로, 예루살렘 점령 당시 느부갓네살은 립나 총사령부에 있었다. "심문하였더라" (*mispatim*, gave judgement, passed sentence)는 "공식 판결을 내리다"는 뜻이다. 이방의 왕도 하나님의 심판을 대행하는 도구로 사용될 수 있음을 보여준다.

바벨론 왕은 립나에서 시드기야의 아들들을 시드기야가 보는 앞에서 처형하였다. 바벨론 왕은 유다의 귀족들도 모두 처형하였다(6절). 그리고 왕은 시드기야의 두 눈을 뺀 다음에 바벨론으로 끌고 가려고 그를 쇠사슬로 묶었다(7절). 바벨론 군대는 왕궁과 민가에 불을 지르고, 예루살렘의 성벽들도 허물어 버렸다(8절). 하나님께서 말씀하신 그대로 이루어졌다. 예언을 거역한 결과다.

그런 다음에, 사령관(the guard captain, 근위대장) 느부사라단은 아직도 성 안에 남아 있는 백성과 자기에게 투항한 사람과 그 밖에 남은 백성을 바벨론으로 잡아갔다(9절). 느부사라단(Nebuzaradan)은 예루살렘 점령 후 한 달 만에 예루살렘에 와서 느부갓네살의 왕명을 집행한 자이다. 그는 요인들을 강제로 끌고 갔고, 빈민은 잔류시켰다. 이 때 친 바벨론 사람들은 그와 함께 바벨론으로 망명했다. 느부사라단은 아무 소유가 없는 빈민을 유다 땅에 남겨두고 그 날에 포도원과 밭(농토)을 그들에게 나누어주었다(10절). 이것은 그동안 안식하지 못했던 빈민들이 인간다운 삶을 누리게 된 것을 말한다.

바벨론 왕 느부갓네살은 사령관 느부사라단에게 예레미야의 처우를 두고, 이렇게 명령하였다(12절). "너는 그를 데려다가 잘 보살펴 주어라. 너는 그를 조금도 해치지 말고, 오직 그가 너에게 요구하는 대로 그에게 해주어라." (12

절) 이것은 느부갓네살 왕이 바벨론에 항복하도록 메시지를 선포한 예레미야를 친 바벨론 인사로 간주했음을 보여준다. 하나님 말씀에 순종한 예레미야는 바벨론 왕으로부터 선대를 받았다.

"이에 사령관 느부사라단과 내시장 느부사스반과 궁중 장관 네르갈사레셀과 바벨론 왕의 모든 장관이 사람을 보내어 예레미야를 감옥 뜰에서 데리고 사반의 손자 아히감의 아들 그다랴에게 넘겨서 그를 집으로 데려가게 하매 그가 백성 가운데에 사니라."(14절) 바벨론 왕의 명령이 내려지자 바벨론 고관들은 사람을 보내 감옥 뜰(the guard' s courtyard, the court of the prison, 시위대 뜰, 경비대 뜰)에 있는 예레미야를 데려다 그다랴(Gedaliah)에게 넘겨주었다. 구금상태에서 풀려난 것이다.

예레미야 40:1에 따르면 예레미야는 포로가 되어 바벨론으로 끌려가던 중 라마에서 풀려났다. 그러므로 이 감옥 뜰은 예루살렘의 시위대 뜰(궁중 감옥)이 아니라 라마에 있는 시위대 뜰을 가리킨다.

그다랴는 바벨론에 의해 새롭게 유다 총독으로 임명된 인물로, 예레미야와 친밀한 가문이며 그의 아버지 아히감은 예레미야가 성전 설교 후 심한 공격을 받았을 때 그를 구해준 적도 있다(렘 26:24). 그의 할아버지 사반은 요시야의 성전 청결 당시 율법 책을 발견했던 인물이다. 그다랴는 시드기야 때 내각의 일원이었다가 바벨론 왕에게 발탁되어 총독에 올랐다.

"그가 백성 가운데에 사니라." 예레미야는 유다에 남기를 원했다. 이 내용은 40장에서 더 자세히 설명되고 있다.

2. 에벳멜렉이 받은 축복(15-18절)

예레미야가 감옥 뜰에 갇혔을 때에 하나님께서 그에게 말씀하셨다(15절).

"너는 가서 구스인 에벳멜렉에게 말하기를 만군의 여호와 이스라엘의 하나님의 말씀에 내가 이 성에 재난을 내리고 복을 내리지 아니하리라 한 나의 말이 그 날에 네 눈앞에 이루리라."(16절)

여호와의 말씀이니라 내가 그 날에 너를 구원하리니 네가 그 두려워하는 사람들의 손에 넘겨지지 아니하리라(17절) 친 이집트 파의 위협에도 불구하고 예레미야를 구덩이에서 구해준 에벳멜렉을 하나님께서 기억하신 것이다. "두려워하는 사람들의 손"은 에벳멜렉을 해칠 수 있는 권한을 가진 유다의 친 이집트 파 고관들을 가리킨다.

내가 반드시 너를 구원할 것인즉 네가 칼에 죽지 아니하고 네가 노략물 같이 네 목숨을 얻을 것이니 이는 네가 나를 믿었음이라 여호와의 말씀이니라 하시더라(18절) 내가 반드시 너를 구원하겠다. 너는 칼날에 죽지 않고 살아서 피신하게 될 것이다. 이것은 네가 나를 신뢰하였기 때문이다.

"노략물 같이"(*lesalal,* like the spoils of war, as a prize)는 에벳멜렉이 죽지 않고 구사일생으로 살아 구원의 기쁨(상급)을 얻게 될 것을 말한다. (예레미야 21:9의 설명 참조하기 바람.) "네가 나를 믿었음이라."(you have put your trust in Me). 하나님을 신뢰하고 의지했기 때문이다. 이것은 에벳멜렉이 예레미야를 구출하게 된 행위의 저변에 있었던 신앙의 동기를 말한다. 그는 하나님을 성실히 섬기는 자였다. 그는 적들의 손에 죽지 않고 보호를 받는다.

예레미야 40장

유다에 남은 예레미야, 그다랴의 정책, 이스마엘의 음모

1. 유다에 남은 예레미야(1-6절)

"사령관 느부사라단이 예루살렘과 유다의 포로를 바벨론으로 옮기는 중에 예레미야도 잡혀 사슬로 결박되어 가다가 라마에서 풀려난 후 하나님께서 예레미야에게 말씀하셨다."(1절) 사령관(근위대장) 느부사라단이 라마에서 예레미야를 석방한 뒤에, 하나님께서 예레미야에게 말씀하셨다. 그 때에 예레미야는 유다와 예루살렘 사람들과 함께 포로가 되어 쇠사슬에 묶인 채 바벨론으로 끌려가고 있는 중이었다. 라마(Ramah)는 예루살렘 북방에 위치한 도시로, 추방당하는 사람이 바벨론으로 보내지기 전 심사를 받았던 곳이다.

사령관은 예레미야를 불러 이렇게 말했다. "너의 하나님 여호와께서 이 땅에 재앙을 선언하시더니 이제 그가 말씀하신 대로 행하셨다. 너희가 여호와께 범죄하고 그에게 순종하지 않았기 때문에 이 모든 일이 너희에게 일어난 것이다."(2, 3절) 하나님이 유다에 내리신 심판이라는 말이다.

"이제 내가 네 손의 사슬을 풀어서 너를 자유롭게 하겠다. 만일 네가 나와 함께 바벨론으로 가기를 원한다면 함께 가자. 내가 너를 선대하겠다. 그러나 네가 원하지 않으면 가지 않아도 좋다. 자, 온 땅이 네 앞에 있으니 네가 가고 싶은 곳으로 가거라."(4절) 예레미야에게 자유를 선포하고 바벨론이든 어디든 가라는 말이다. "선대하겠다."(look after you)는 잘 보살펴 주겠다는 것으로,

문자적으로는 "높은 곳으로 올리리라"는 뜻이다. 이것은 예레미야를 바벨론으로 데리고 가려는 바벨론 장군의 회유가 담긴 말이다.

예레미야가 아직 돌이키기 전에 사령관 느부사라단이 다시 말했다. "너는 바벨론 왕이 유다 총독으로 세운 사반의 손자이며 아히감의 아들인 그다랴에게 돌아가 그와 함께 백성들과 같이 지내든가 아니면 네가 좋아하는 곳으로 가거라." 그리고 그는 예레미야에게 길에서 먹을 양식과 선물을 주어서 보냈다.(5절) "돌이키기"(*subah*, go back)는 문자적으로 "대답하다", "거절하다"는 뜻이다. 바벨론 장군의 질문에 대해 거절하는 답변을 주는 것을 말한다. 예레미야가 답을 주기도 전에(when he still did not respond, ISV) 느부사라단이 이렇게 말했다는 말이다.

"양식과 선물"은 정복자의 관용정책으로도 볼 수 있지만 고난 받기를 주저하지 않았던 예레미야에 대한 하나님의 섭리와 인도의 결과라 할 수 있다.

예레미야는 미스바로 가서, 아히감의 아들 그다랴를 찾아가, 그와 함께 그 땅에 남아 있는 동족과 더불어 살았다(6절). 미스바(Mizpah)는 예루살렘 멸망 후 바벨론의 속방으로 편입된 유다의 수도로, 예루살렘 북쪽 지점에 위치해 있다.

2. 그다랴의 정책(7-12절)

아직도 들에 있으면서 항복하지 않은 군 지휘관들과 그 부하들은 바벨론 왕이 아히감의 아들 그다랴를 그 땅 총독으로 세우고 가난하여 바벨론으로 잡혀가지 않은 남녀 빈민들과 아이들을 그에게 맡겼다는 말을 들었다(7절) 그다랴가 바벨론의 위임을 받아 통치하고 있다는 소식을 접한 것이다.

그들은 미스바에 있는 그다랴를 찾아왔다. 그들은 느다냐의 아들 이스마엘,

가레아의 두 아들 요하난과 요나단, 단후멧의 아들 스라야, 느도바 사람 에배의 아들들, 마아가 사람 여사냐, 그리고 그들의 부하들었였다(8절). 이 곳에 열거된 사람들은 예루살렘 멸망 때 시드기야와 함께 도망했다가 잡히지 않은 자들로 보인다.

사반의 손자이며 아히감의 아들인 그다랴가 그들에게 맹세하며 이렇게 말하였다. "너희는 갈대아 사람을 섬기기를 두려워하지 말고 이 땅에 살면서 바벨론의 왕을 섬기라 그리하면 너희에게 유익하리라."(9절) 두려워하지 말고 바벨론을 섬기라. 그것이 여러분에게도 좋을 것이라 했다.

그리고 "나는 미스바에 살면서 우리에게로 오는 갈대아(바벨론) 사람을 섬기리니 너희는 포도주와 여름 과일과 기름을 모아 그릇에 저장하고 너희가 얻은 성읍들에 살라." 하였다.(10절) 자기는 미스바에 있으면서 바벨론 사람들에게 여러분을 대변하겠으니 여러분은 어디든 포도주와 여름 과일과 기름을 거둬들이고 저장하며 살라 설득했다. 느부갓네살이 예루살렘에 도착한 것이 B. C. 586년 8월이었는데 팔레스타인에서는 포도와 무화과, 올리브 등 여름 실과의 추수가 8, 9월경에 이루어졌다.

모압과 암몬과 에돔과 그리고 다른 모든 지방에 있는 유대인들도 바벨론 왕이 일부 사람들을 유다에 남겨 두고 사반의 손자이며 아히감의 아들인 그달랴를 총독으로 세워 그들을 다스리게 했다는 말을 듣고 그들이 흩어져 있던 각처에서 유다 땅으로 돌아와 미스바에 있는 그다랴에게 왔다. 그리고 그들은 거기서 많은 포도와 여름 과일을 거둬들였다(11, 12절). 쫓겨나 다른 곳에 살고 있던 유대인들도 미스바로 다시 돌아와 농사를 했다.

"세워"(*hipqid*, had set)는 "업무를 맡기다", "임무를 부여하다"는 뜻이다. 바벨론 왕이 유다의 남은 자를 위해 다스릴 책임자를 임명한 것을 말한다.

3. 이스마엘의 음모(13-18절)

가레아의 아들 요하난과 들에 있던 (아직도 항복하지 않은) 군 지휘관들이 미스바에 있는 그다랴에게 와서 말했다(13절). "요하난"(Johanan)은 군 지휘관 중 한 사람으로 보인다. 그다랴의 휘하에 들어왔지만 미스바에 거주하지는 않았다(렘 40:7, 13). "암몬 자손의 왕 바알리스가 당신을 죽이려고 느다냐의 아들 이스마엘을 보낸 사실을 당신은 아는가?" 그러나 아히감의 아들 그달랴는 그들의 말을 믿지 않았다(14절) "바알리스"(Baalis)는 B. C. 597년 반 바벨론 연합전선을 구축하는 일에 주도적 역할을 했던 인물이다(겔 21: 18-32).

"느다냐의 아들 이스마엘(Ishmael)"은 다윗의 혈통이 아닌 그다랴가 유다 총독이 되자 이에 불만을 품은 다윗의 혈족이다. 시드기야 때 장관을 지낸 왕족이다. 그다랴의 휘하에 들어왔지만 미스바에 거주하지는 않았다(렘 41:1). 그는 바알리스의 밀정이었다.

그러자 가레아의 아들 요하난이 그다랴에게 몰래 이렇게 말했다. "내가 가서 느다냐의 아들 이스마엘을 아무도 모르게 죽이도록 허락하라. 어찌 그가 당신을 죽여 당신에게 모여든 모든 유대인들을 흩어지게 하고 유다에 남아 있는 자들을 멸망당하도록 내버려 두겠는가."(15절) 이스마엘이 그다랴 총독을 죽이게 되면 유다에 남아있는 자들이 멸망할 것이니 차라리 자신이 이스마엘을 죽이도록 허락해달라는 것이다.

그러나 그다랴는 요하난에게 "당신은 그런 일을 하지 마시오. 이스마엘에 대하여 당신이 한 말은 진정이 아니오(사실이 아니오)." 하고 대답하였다(16절). "진정이 아니니라"는 문자적으로 "거짓말이다", "사실일 리가 없다", "그럴 리가 없다"는 뜻이다. 그다랴는 이스마엘을 믿고 요하난의 충정어린 제의를 거절했다.

예레미야 41장

그다랴를 죽인 이스마엘, 요하난의 의거

1. 그다랴를 죽인 이스마엘(1-10절)

“그 해 7월에 왕족 엘리사마의 손자이며 느다냐의 아들인 왕의 신하 이스마엘이 열 사람과 함께 미스바에 있는 아히감의 아들 그다랴에게 가서 함께 식사를 하게 되었다(1절).

“7월”은 양력으로 10월에 해당한다. 5월과 7월은 유다 백성이 금식을 하고 금식이 끝나면 함께 식사를 하는 축일이다. 그다랴 총독은 이 축일 만찬을 베풀고 이스마엘을 초청한 것이다. 함께 식사를 하는 것은 화해와 연관이 있는 풍습이 있어서, 그다랴는 이스마엘이 자기를 해를 끼치거나 자기를 죽이지 않을 것이라는 생각을 가졌을 것이다. 그만큼 이스마엘을 믿었다. 그러나 이스마엘은 이 날을 거사일로 잡고, 자기 부하 10사람과 함께 왔다.

“왕의 장관인 이스마엘.” 이스마엘은 시드기야 왕의 장관 역할을 한 인물로, 시드기야에 대한 충성은 그다랴를 암살함으로 나타난다. 유다 총독으로 즉위한 지 두 달밖에 되지 않은 그다랴를 죽인 것은 그를 바벨론의 꼭두각시로 여겼기 때문이다. 그러나 그는 예레미야를 보호해주기도 했다.

그런데 식사 도중에 느다냐의 아들 이스마엘과 그와 같이 온 열 사람이 일어나서 그다랴 총독을 칼로 쳐 죽였다(2절). 이스마엘은 또 그다랴와 함께 미스바에 있던 모든 유대인들과 그 곳에 있던 바벨론 군인들도 죽였다(3절).

이스마엘이 그다랴를 죽였는데도 불구하고 그 살해 사건을 아는 자는 아무도 없었다(4절). 그들이 미스바를 장악하고 성을 봉쇄한 때문이다.

그런데 그 다음 날 수염을 깎고 옷을 찢고 몸에 상처를 낸 80명의 사람들이 여호와의 성전에 바칠 곡식의 소제물과 향을 가지고 세겜과 실로와 사마리아에서 왔다(5절). "여호와의 성전"은 부숴진, 불타 없어진 예루살렘 성전을 말한다. 세겜과 실로와 사마리아는 북이스라엘의 종교중심지였다. 그런데 그 곳 사람들이 예루살렘의 성전이 불탔다는 소식을 듣고 슬퍼하며 예루살렘 성전 터라도 밟고 싶어 한 것이다.

그때 이스마엘은 그들을 맞기 위해 미스바에서 울며 나왔다. 그들과 같은 마음을 가진 것처럼 짐짓 거짓 행동을 한 것이다. 오다가 그들을 만나자 이스마엘이 말했다. "아히감의 아들 그다랴에게 갑시다." 그들이 장악한 미스바로 데려가 죽이고자 한 것이다. 그들이 미스바 성 안에 들어섰을 때 이스마엘과 그 부하들은 그들을 죽이고 그 시체를 구덩이에 던져 넣어 버렸다(6, 7절).

그런데 80명 가운데 10 사람이 이스마엘에게 애걸하였다. "우리가 밀과 보리와 기름과 꿀을 밭에 숨겨 두었으니, 제발 살려 주십시오." 그래서 이스마엘은 다른 사람들은 죽이고 10사람은 살려 주었다(8절). 재물이 탐난 것이다.

이스마엘이 그다랴에게 속한 사람들을 쳐 죽이고 그 시체를 모두 던져 넣은 구덩이는, 유다의 아사 왕이 북이스라엘 왕 바아사를 저지하려고 파 놓은 것인데, 이스마엘이 그 곳을 시체로 가득 채운 것이다(9절).

아사 왕은 유다의 세 번째 왕으로, 우상숭배와 부도덕한 일을 금했다. 바아사 왕은 나답을 죽여 여로보암의 자손을 멸한 후 이스라엘 3대 왕으로 즉위한 악한 왕으로 24년간 통치했다. 아사 왕은 이 구덩이를 요새의 일부로 미스바에 만들었던 것으로 보인다(왕상 15:22). 이 구덩이는 포위 기간 동안 물을 저장하기 위해서도 필요했다.

그런 뒤에 이스마엘은 미스바에 남아 있는 모든 백성과 공주들을 포로로 사로잡았다. 그들은 모두, 사령관 느부사라단이 그다랴에게 맡겨 놓은, 미스바에 남아 있는 백성이다. 그런데 이스마엘은 그들을 포로로 사로잡아서, 암몬 땅을 향해 출발하였다(10절). "왕의 딸들"은 시드기야의 딸들이 아니라 다윗의 혈족이나 고관들의 자녀로 추정된다. "암몬"은 롯의 둘째 딸에게서 난 후손으로, 여호와의 총회에 출석하지 못하는 족속이다. 그런데 이스마엘은 암몬의 첩자가 되어 그다랴를 죽이고, 미스바에 남은 백성을 포로로 삼은 것이다.

2. 요하난의 의거(11-18절)

가레아의 아들 요하난과 그와 함께 있는 모든 군지휘관은 이스마엘이 저지른 범죄 소식을 모두 전하여 듣고, 부하를 다 거느리고 이스마엘을 치러 뒤쫓아갔다. 그들은 기브온에 있는 큰 물가(못) 근처에서 그를 만났다(11, 12절). 기브온은 미스바 동남쪽에 있으며 기브온 큰 물가는 다윗과 사울 시대에 요압 휘하에 있는 군장들과 아브넬 휘하의 군장들이 싸운 곳이다(삼하 2:12-16).

이스마엘에게 끌려가던 사람들이 모두 가레아의 아들 요하난과 그와 함께 온 모든 군 지휘관들을 보고서 기뻐했다. 그리고 미스바에서부터 이스마엘에게 포로로 끌려가던 사람들이 모두 뒤돌아서, 가레아의 아들 요하난에게로 달려갔다(13, 14절).

그러나 느다냐의 아들 이스마엘과 그의 부하 8명은 요하난을 피하여 암몬 땅으로 도망하였다(15절).

요하난과 그와 함께 있던 모든 군 지휘관들은 이스마엘이 그다랴를 죽이고 미스바에서 잡아간 모든 사람들, 곧 군인과 여자들과 아이들과 궁중 관리들을 기브온에서 빼앗아 그들을 이끌고 이집트로 향해 가다가 베들레헴 근처에 있는 게룻김함에 머물게 되었다(16, 17절).

"게룻김함"(Geruth-kimham)은 정확히 어느 곳인지 알 수 없다. 17절의 설명으로 보아 베들레헴 근처로 보인다. 성경에서 "김함"(Kimham)은 지명보다 인명이어서 "길함의 거처"로도 이해된다. 길함은 다윗 왕의 종으로서 압살롬이 죽은 후 다윗과 함께 예루살렘으로 귀환했다(삼하 19:37-40).

요하난 일행이 이집트로 가려 한 것은 바벨론 왕이 그 땅 총독으로 세운 아히감의 아들 그다랴를 이스마엘이 죽였기 때문에 바벨론 사람을 두려워했기 때문이다(18절). 그다랴뿐 아니라 미스바에 거한 바벨론 군인들까지 죽였기 때문에 (자신들은 그 살인사건과 상관없다 할지라도) 바벨론 왕이 가만두지 않을 것이라 생각한 것이다.

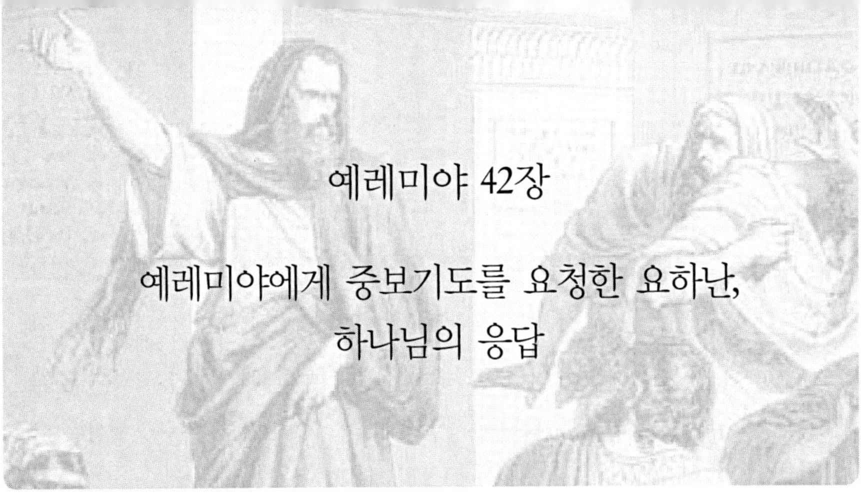

예레미야 42장

예레미야에게 중보기도를 요청한 요하난, 하나님의 응답

1. 예레미야에게 중보기도를 요청한 요하난(1-6절)

그때 모든 군 지휘관들과 가레아의 아들 요하난과 호사야의 아들 여사냐와 모든 계층의 백성들이 다 예레미야에게 왔다(1절). "여사냐"(Jezaniah)는 예레미야 40:8의 여사냐와 동일 인물이다. 그는 그다랴의 심복으로 한 지방을 담당하여 주재했던 것으로 보인다.

그들은 선지자 예레미야에게 간구했다. "선지자께서는 부디 우리의 간구를 받아 주시고, 여기에 남아서, 우리 모두를 위하여, 당신의 하나님께 기도해 주십시오. 선지자께서 지금 보시는 바와 같이, 많은 사람 가운데서, 이제는 우리만 겨우 남아 있을 뿐입니다."(2절) "기도해 주소서." 중보기도를 요청한 것이다. 그러나 하나님의 뜻을 물으려 한 것이 아니라, 이미 국외도피를 확정한 자기들의 의도를 관철하려는 의도가 더 강했다.

"당신의 하나님 여호와께서 우리가 가야 할 곳과 해야 할 일을 우리에게 보여 주시도록 기도해 주십시오."(3절) 그래서 예레미야는 그들에게 대답했다. "내가 당신들의 말을 들었으니 당신들이 요구한 대로 우리 하나님 여호와께 기도하여 여호와께서 말씀하시는 것을 하나도 숨김없이 당신들에게 말해 주겠소."(4절)

그러자 그들이 예레미야에게 말했다. "만일 우리가 당신의 하나님 여호와께서 당신을 통해 우리에게 주시는 모든 말씀에 순종하지 않는다면 우리 사이에 여호와께서 참되고 진실한 증인이 되시기를 바랍니다."(5절) "증인이 되시기를 바랍니다."(May God be a witness against us)는 문자적으로 "경책하다"는 뜻을 담고 있다. 하나님의 말씀을 따르지 않으면 자신들이 책망을 받을 것이라는 의지를 나타낸 것이다. 그들은 하나님을 향해 말씀대로 실행할 것을 맹세했다. 하지만 그것은 거짓 맹세였다.

"우리가 당신을 우리 하나님께 보내 기도해 달라고 부탁했으니 하나님의 말씀이 좋은 것이든 아니든 우리는 그 말씀에 순종하겠습니다. 우리가 우리 하나님 여호와께 순종하면 우리에게 모든 일이 다 잘 될 것입니다."(6절) 그동안 "당신의 하나님"(2, 3, 5절) 또는 "너희 하나님"(4절)이라 한 데서 벗어나 "우리 하나님"(6절)으로 부를 정도로 하나님에 대한 순종을 나타냈다. 하지만 이 구절은 일종의 습관적인 언어로서 사실적인 실행과는 거리가 먼 히브리 관용어다. 그들은 두 번이나 하나님의 뜻을 따르고자 하는 의지를 나타냈지만 자기들이 하고 싶은 대로 결정해버렸다. 입으로는 순종할 것처럼 말했지만 마음은 이미 하나님으로부터 떠나 있었다.

2. 하나님의 응답: 이집트로 가지 말라(7-22절)

열흘이 지난 뒤에 하나님께서 예레미야에게 응답을 주셨다(7절).

그래서 예레미야는 가레아의 아들 요하난과 그와 함께 있는 모든 군 지휘관들과 백성들을 다 불러 놓고 말했다(8절)

"'여러분이 나를 보내 물어보게 한 이스라엘의 하나님 여호와께서 이렇게 말씀하셨습니다."(9절)

"'너희가 만일 이 땅에 계속 머물러 살려고 하면 내가 너희를 세우고 헐지 않을 것이며 너희를 심고 뽑지 않을 것이다. 이것은 내가 너희에게 내린 재난에 대하여 뜻을 돌이킴이라."(10절) 이집트로 가지 않고 유다 땅에 머무르면 하나님이 그들의 안전을 보장하겠다는 약속이다. "돌이킴이라"(*nihamti*, I relent, I am sorry,)는 것은 하나님께서도 그들에게 내린 재앙에 대하여 가슴 아파하신다는 뜻이다. 이것은 재앙 내린 것을 후회하거나 취소한다는 말이 아니다. 앞으로 그들의 행위에 상응하여 하나님의 뜻이 선하게 이루어질 수 있음을 나타낸 것이다.

"너희는 더 이상 바벨론 왕을 두려워하지 말라. 내가 너희와 함께 하여 너희를 구원하고 그의 손에서 너희를 건져내겠다. 너희는 조금도 그를 두려워하지 말라."(11절) "내가 너희를 불쌍히 여기고, 바벨론 왕도 너희를 불쌍히 여겨, 너희를 고향 땅으로 되돌려 보내게 하겠다."(12절)

"그러나 만일 너희가 '우리는 이 땅(유다 땅)에 살지 않겠습니다.' 하며 너의 하나님 여호와께 순종하지 않고 또 '아닙니다. 우리는 전쟁도 볼 수 없고 나팔소리도 들을 수 없으며 먹을 것을 걱정하지 않아도 되는 이집트 땅으로 가서 살겠습니다.' 하고 말한다면 이것은 잘못된 것이다."(13, 14절) 백성들이 이집트로 가고자 하는 것은 잘못된 결정이라는 말씀이다.

"유다에 남아 있는 여러분들은 이제 여호와의 말씀을 들으라. 만군의 여호와 이스라엘의 하나님이 이렇게 말씀하신다. '너희가 만일 이집트로 가서 살겠다고 고집하면 너희가 두려워하는 전쟁과 기근이 이집트에까지 너희를 따라갈 것이며 너희는 거기서 죽게 될 것이다.' "(15, 16절)

"고집하면"(*tesimun*, set your faces, minds)은 문자적으로 "너희 얼굴을 확정하면", "마음을 그리 정하면"이다. 이는 잘못된 생각을 고치지 않고 계속 이집트로 가려고 한다면 죽음뿐이라는 말씀이다.

"이집트로 가서 살겠다고 생각하는 사람들은 모두 전쟁과 기근과 전염병으로 죽을 것이니 내가 내리는 재앙을 피하여 살아남을 자가 하나도 없을 것이다."(17절) "살아남을 자 없을 것이다."는 것은 그들에게 의미심장한 말씀이다. 이집트로 가는 자는, 그들 자신뿐 아니라 그들의 후예도 없으리라는 선언이기 때문이다.

"만군의 여호와 이스라엘의 하나님이 또 이렇게 말씀하셨다. '너희가 만일 이집트로 가면 내가 예루살렘 주민들에게 나의 분노를 쏟은 것같이 내가 너희에게도 나의 분노를 쏟겠다. 그러면 너희가 저주와 증오와 치욕의 대상이 되고 다시는 이 땅을 보지 못할 것이다.'"(18절) 이집트로 갈 경우 온갖 재앙을 쏟아 부으시겠다는 말씀이다.

"유다의 남은 자들아 하나님께서 너희를 두고 하신 말씀에 너희는 이집트로 가지 말라 하셨고 나도 오늘 너희에게 경고한 것을 너희는 분명히 알라."(19절) 확실히 경고했음을 밝히고 있다.

"여러분은 나를 여러분의 하나님 여호와께 보내며 '우리를 위해 우리 하나님 여호와께 기도하고 여호와께서 말씀하시는 대로 우리에게 말해 주십시오. 그러면 우리가 그것을 행하겠습니다.' 라고 말했지만 너희 마음을 속였다."(20절) 겉으로는 그렇게 말했지만 속마음은 그렇지 않았다. 너희는 이 일로 치명적인 실수를 저질렀다.

"나는 오늘 너희에게 이 모든 것을 다 전해 주었다. 그런데도 너희는 나에게 청해서, 너희 하나님의 말씀을 들었는데도, 그대로 순종하지 않았다. 그러므로 이제 너희가 가서 정착하기를 바라는 이집트에서 전쟁과 기근과 전염병으로 죽는다는 것을 분명히 알아 두라."(21, 22절) 그 땅에 가는 정녕 재앙으로 죽게 된다는 사실을 확실히 유념하라는 말씀이다.

예레미야 43장

예레미야까지 데리고 이집트로 간 요하난, 이집트가 바벨론에 정복될 것에 대한 예언

1. 예레미야까지 데리고 이집트로 간 요하난(1-7절)

예레미야가 모든 백성들에게 하나님께서 그들에게 말하게 한 모든 말씀을 다 전하자 호사야의 아들 아사랴와 가레아의 아들 요하난과 그 밖의 모든 교만한 자들이 예레미야에게 이렇게 말했다. “당신은 지금 거짓말을 하고 있소. 우리 하나님 여호와께서는 당신을 보내 우리가 이집트에 가서 살면 안 된다는 것을 말하라고 하지 않았소.”(1, 2절) 예레미야의 예언을 정면으로 거부하고 나선 것이다.

나아가 “이것은 다만 네리야의 아들 바룩이 당신을 선동하여 우리를 대적하게 하고 우리를 바벨론 사람들의 손에 넘겨 우리를 죽이거나 바벨론으로 잡아가도록 하려는 수작에 불과한 것이오.”(3절) 그들은 바룩의 선동과 수작으로 몰아갔다. 바룩은 돌로 침을 당할 위기에 직면했다.

바룩은 예레미야의 예언을 두루마리에 기록했던 서기관이다. 그는 바벨론이 유다를 토벌할 때 재난을 면했다. 이 구절은 그 뒤로도 예레미야와의 관계가 계속 유지되었음을 보여준다.

이와 같이 가레아의 아들 요하난과 모든 군 지휘관들과 백성들은 유다 땅에 머물러 있으라는 하나님의 명령에 불순종하였다. 그들은 흩어졌던 모든 나라에서 유다 땅에 살려고 돌아온 자들과 함께 유다에 남아있는 사람들을 모두

이끌고 이집트로 향했다.(4, 5절)

그 중에는 남자와 여자와 아이들과 왕의 딸들과 그리고 사령관 느부사라단이 사반의 손자이며 아히감의 아들인 그달랴에게 맡겨 다스리게 한 모든 사람들 외에도 나 예레미야와 네리야의 아들 바룩이 포함되어 있었다(6절). 예레미야뿐 아니라 바룩도 이집트로 끌려갔다.

개역개정에는 "모든 사람과 선지자 예레미야와 네리야의 아들 바룩을 거느리고"라 했는데, "거느리고"(hinniah, had left with)는 문자적으로 "잡아가고"라는 뜻이다. 이것은 이집트로 내려간 사람들이 강요에 의해 끌려갔음을 보여준다.

그렇게 해서 그들은 여호와의 명령에 불순종하고 이집트 땅으로 들어가 그곳 다바네스에 이르렀다(7절) "다바네스"(Tahpanhes)는 이집트 동부 델타 지역에 있는 도시이다. 유대인들이 이곳에만 머물러 있지는 않고, 점차 여러 곳에 흩어졌다.

2. 이집트가 바벨론에 정복될 것에 대한 예언(8-13절)

다바네스에서 하나님은 예레미야에게 말씀하셨다(8절).

"너는 유대인들이 지켜보는 가운데 큰 돌 몇 개를 가져다가 다바네스에 있는 바로의 궁전 입구, 벽돌로 쌓은 축대에 진흙으로 감추라."(9절) 남쪽 엘레판틴에 있는 본궁 이외에 별궁이 다바네스에 있었다. "벽돌로 쌓은 축대"는 주로 왕이 거주하는 궁전 입구에 있었다. 벽돌로 "포장된 광장"(the brick pavement, HCSB, 새번역)으로 해석하기도 한다. 진흙을 모르타르(mortar)로 보기도 한다.

그런 다음에 너는 유다 사람들에게 이렇게 전하라. "나 만군의 주, 이스라엘의 하나님이 말한다. 내가 사람을 보내어, 나의 종 바벨론 왕 느부갓네살을 데려오겠다. 그러면 그는 내가 묻어 놓은 이 돌들 위에 자기의 보좌를 차려 놓고, 그 위에 큰 장막(saprirow, His royal pavilion, 차일)을 칠 것이다."(10절) 이 예언은 실제로 이어졌다. B. C. 567년에 바벨론은 바로 아마시스 통치 기간에 이집트를 징벌하기 위해 원정길에 나섰다. 이집트의 거의 전 지역을 휩쓸었고, 이로 인해 이집트는 역사에서 약소국으로 전락되었다.

"그가 와서 이집트를 공격하여 죽일 자는 죽이고 생포할 자는 생포하고 칼로 칠 자는 칼로 칠 것이다"(11절). 그는 또 이집트 신전에 불을 놓아 그것들을 태우고 신상을 가져갈 것이다. 그리고 그는 마치 목자가 그의 몸에 옷을 두름 같이 이집트 땅을 자기 몸에 두르고

자기 옷에서 이를 잡아내듯 이집트 땅을 샅샅이 약탈하여 아무 해도 입지 않고 그의 몸에 옷을 두름 같이 이집트 땅을 자기 몸에 두르고 평안히 그 곳을 떠날 것이다(12절). 이것은 느부갓네살의 이집트 점령이 매우 용이하게 이루어질 것으로 보여주는 비유적인 표현이다. "그의 몸에 옷을 두름 같이 이집트 땅을 자기 몸에 두르고"를 "자기 옷에서 이를 잡아내듯 이집트 땅을 샅샅이 약탈하여 아무 해도 입지 않고"로 옮긴 번역본도 있다.

"그가 또 애굽 땅 벧세메스의 석상들을 깨뜨리고 애굽 신들의 신당들을 불사르리라 하셨다 할지니라 하시니라."(13절) 그는 이집트 땅에 있는 태양 신전(헬리오폴리스)의 돌기둥들을 부수고, 이집트의 신전들을 불살라 버릴 것이다.

벧세메스(Beth Shemesh)는 "태양의 집"이라는 뜻을 가지고 있으며, 나일강 동편, 멤피스 북쪽에 위치해 있었다. 이집트의 벧세메스는 헬리오폴리스(Heliopolis)를 말하며, 그곳에 안치된 태양신의 신상을 오벨리스크라 불렀다. "석상들"(*massebowt*, the sacred pillars)은 원래 "자리 잡고 선 기둥", "비석"을 뜻하지만 여기서는 나무와 쇠로 만든 신상들을 말한다.

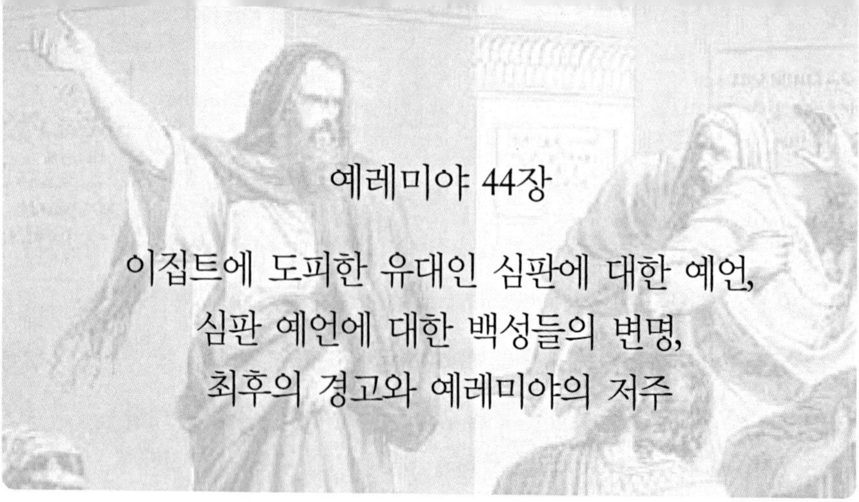

예레미야 44장

이집트에 도피한 유대인 심판에 대한 예언, 심판 예언에 대한 백성들의 변명, 최후의 경고와 예레미야의 저주

1. 이집트에 도피한 유대인 심판에 대한 예언(1-14절)

"이집트에 사는 모든 유대인, 곧 믹돌(Mogdol)과 다바네스(Tahpanhes)와 놉(멤피스)와 그리고 바드로스 지방(Lower Egypt, 이집트 남쪽 지방)에 사는 자들에 대하여 하나님께서 예레미야에게 이런 말씀을 주셨다."(1절).

이집트에 사는 모든 유대인은 두 부류로 나뉜다. 하나는, 이집트 왕 바로느고가 여호아하스를 잡아갔을 때 이집트로 함께 간 유대인이다. 다른 하나는, 요하난의 강요로 인해 이집트에 들어간 유대인들이다. "놉"(Noph)은 카이로 남쪽에 위치한 멤피스(Memphis)를 말한다. "바드로스"(Pathros)는 남부 이집트의 주요 도시를 가리킨다. 이집트에 온 유대인들이 각 지역에 흩어져 살고 있음을 보여준다.

"만군의 여호와 이스라엘의 하나님이 말한다. 너희는 예루살렘과 유다의 모든 성에 내가 내린 재앙을 직접 목격하였다. 오늘날 그 땅들이 황무지가 되고 그 곳에 사는 사람이 없으니 이것은 그들이 악을 행하고 나를 노하게 하였기 때문이다. 그들은 자기 자신들과 너희와 너희 조상들도 알지 못하는 다른 신들에게 분향하고 그것을 섬겼다."(2, 3절) "자기 자신들과 너희"는 예루살렘과 유다의 모든 성읍 사람들과 이집트에 거하는 유다의 남은 백성을 가리킨다. 하나님은 그들 모두 우상을 섬겼음을 지적하셨다.

"내가 계속 내 종 선지자들을 보내고 그들에게 내가 싫어하는 이런 더러운 짓을 하지 말라고 하였으나 그들은 듣지 않고 여전히 다른 신들에게 분향하며 그들의 악에서 돌아서지 않았다."(4, 5절) 하나님은 선지자들을 보내 계속 경고했음에도 불구하고 듣지 않았다.

"그래서 내가 나의 분노를 유다 성들과 예루살렘 거리에 쏟아 버렸더니 지금처럼 삭막한 황무지가 되고 말았다. 만군의 여호와, 이스라엘의 하나님이 말한다. 너희가 어째서 그처럼 큰 악을 행하여 자기 영혼을 해하며 유다에서 너희 남녀와 아이들과 젖먹이까지 다 죽게 해 남은 자가 없게 하려느냐?"(6, 7절) 심판으로 유다는 황무해졌고, 많은 사람들이 죽었다.

"너희가 어째서 너희 손으로 만든 우상으로 나의 분노를 일으키며 너희가 와서 사는 이 이집트 땅에서 다른 신들에게 분향함으로 끊어버림을 당하여(멸망을 자청하여) 온 세계에 저주와 치욕거리가 되려고 하느냐?"(8절) "너희 손이 만든 것"은 손으로 우상을 만드는 행위를 말한다. "끊어버림"(*hakrit*, cut off)은 하나님의 백성으로서의 자격을 상실하고 멸절 당함을 말한다.

"너희는 유다 땅과 예루살렘 거리에서 너희 조상들과 유다의 왕들과 왕비들과 너희와 너희 아내들이 범한 죄를 잊었느냐? 너희는 오늘날까지 겸손하지 아니하며(너희 자신을 낮추지 않고) 나를 두려워하지도 않았으며 너희와 너희 조상들에게 준 나의 법과 규정을 지키지 않았다."(9, 10절) "겸손하지" (*dukkeu*, been humbled)는 "자신을 웅크리다"는 뜻으로, 범죄한 자기 자신의 죄를 인식하고 양심의 가책을 받아 겸손하게 머리 숙임을 말한다. 유대인들은 자신을 낮추지도 않았고, 하나님을 두려워하지도 않았으며, 율법을 지키지도 않았다. "그러므로 만군의 여호와 이스라엘의 하나님이 말한다. 내가 얼굴을 너희에게로 향하여 재앙을 내려 온 유다를 없애 버리기로 결심했다."(11절) "내가 얼굴을 너희에게로 향하여"는 하나님의 굳은 결심을 나타내는 말이다.

"이집트 땅에 들어와 살기로 작정한 유다의 남은 자들을 내가 다 제거하겠다. 그들이 모두 이집트에서 멸망하여 전쟁과 기근에 죽고 저주와 증오와 치욕의 대상이 될 것이다."(12절) "남은 자들"은 요하난의 강요로 이집트에 들어간 자들이다. 하나님은 그들에 대한 재앙을 선언하셨다.

"내가 예루살렘을 벌한 것처럼 이집트 땅에 사는 자들을 전쟁과 굶주림과 질병으로 벌할 것이니 이집트 땅에 들어와 사는 유다의 남은 자 중에 피하거나 살아남아서 그리워하던 유다 땅에 돌아갈 자가 아무도 없을 것이며 몇몇 도망자 외에는 한사람도 돌아가지 못할 것이다."(13, 14절) "도망자들"(*peletim*, fugitives, refugees, those who escape)은 이집트로 내려갔으나 선지자의 충고를 듣고 유다로 귀환하는 자들을 가리킨다.

2. 심판 예언에 대한 백성들의 변명(15-19절)

"그때 자기 아내들이 다른 신들에게 분향하고 있다는 사실을 알고 있는 모든 남자들과 거기에 서 있는 모든 여자들, 곧 이집트 바드로스(남쪽 지방)에 사는 모든 백성들이 나에게 이렇게 말했다."(15절) "우리는 당신이 여호와의 이름으로 하는 말을 듣지 않겠소."(16절) 예레미야가 전한 예언의 말씀을 거부한 것이다.

"우리는 우리가 하고 싶은 대로 하여 우리와 우리 조상들과 우리 왕들과 우리 지도자들이 유다 성들과 예루살렘 거리에서 행한 것처럼 하늘의 여왕에게 분향하고 그 앞에 술을 따라 제사를 드리겠소. 그 때에는 우리가 먹을 것이 많아 풍족하게 살며 재앙 같은 것도 당하지 않았는데 우리가 하늘의 여왕에게 분향하고 그에게 술을 따라 제사 드리던 일을 폐한(그친) 후부터 우리는 모든 것이 부족하고 전쟁과 굶주림에 죽어가고 있소."(17, 18절)

"하늘의 여왕"(queen of heaven)은 고대 근동 지방에서 풍요와 번영을 상징하는 별신(Astar)으로, 이것을 숭배하면서 음란한 성행위가 수반되었다. "폐한 후부터"는 요시야 왕의 종교개혁 이후부터를 말한다. 요시야는 성전 수리 때 발견된 율법 책에 입각하여 모든 이방 신상과 이방 신앙을 철폐하고 하나님 중심의 신앙으로 개혁을 단행했다. 우상에 대한 제사도 철폐되었다. 그런데 그들은 이후에 오히려 모든 것이 악화되고, 전쟁과 기근이 발생했다고 말한다. 요시야 개혁 이후 요시야는 이집트의 바로 느고에게 죽고, 유다는 이집트와 바벨론의 침공에 시달리면서 결국 바벨론에 패하고, 다윗 왕조는 무너져 결국 오늘에 이르지 않았느냐는 말이다. 그것은 역사가 증명해주고 있다는 말이다.

그러나 그것은 자기들의 행위를 정당화하기 위한 것이다. 요시야가 하나님 앞에 최선의 삶을 산 것은 맞지만 그가 죽게 된 것은 선왕 므낫세의 죄가 무겁고, 요시야가 종교개혁을 부르짖었을 때도 유다 백성들은 여전히 므낫세 왕 때의 우상 숭배에 빠져있었기 때문이다. 그로 인해 하나님은 유다에 대한 분노를 돌이키지 않으셨다. 그들은 이 점을 간과하였다.

"그러자 여자들이 덧붙여 말하였다. '우리가 하늘의 여왕에게 분향하고 그 앞에 술을 따르며 그 모양을 본떠서 과자를 만들어 제사지낼 때 우리 남편의 허락 없이 한 줄 아시오?'"(19절) "남편의 허락"은 우상 숭배가 남편의 허락 아래 이루어진 것이라는 말이다. 이것은 여인들이 자신의 범죄행위를 변명하는 말이다. 그들은 자신의 행위를 회개하기커녕 합리화하였다. 이것은 그들의 마음이 얼마나 완악했는가를 보여준다.

3. 최후의 경고와 예레미야의 저주(20-30절)

"그때 예레미야는 그런 식으로 대답한 모든 남녀 백성들에게 이렇게 말하

였다." (20절)

"여러분과 여러분의 조상, 여러분의 왕들과 여러분의 고관들, 그리고 일반 백성 모두가 유다의 성읍들과 예루살렘 모든 거리에서 제물을 불살라 바친 그 분향을, 하나님께서 기억하지 않으시겠는가? 바로 그런 일이 하나님의 마음속에 떠오르지 않으시겠는가?" (21절) 유다 백성들이 우상 섬긴 것을 하나님께서 모르실리 없다.

"여호와께서는 여러분의 악행과 가증한 행위(더러운 소행)을 더 이상 참으실 수 없어서 여러분의 땅을 오늘날처럼 사람이 살지 않는 황폐한 땅으로 만들어 놀람과 저주의 대상이 되게 하셨다." (22절) "악행과 가증한 행위"는 우상을 만들고, 그것을 숭배한 것을 말한다.

"여러분이 다른 신들에게 분향하고 여호와께 범죄하며 여호와께 복종하지 않고 여호와의 법과 규정과 모든 명령을 지키지 않았으므로 오늘날과 같은 이런 재앙이 여러분에게 내렸다." (23절) 너희가 우상을 섬김으로 재앙 또한 현실로 다가왔다는 것이다. 그리고서 예레미야는 다시 남녀 모든 백성들에게 말했다. "이집트 땅에 사는 유다 백성 여러분, 하나님의 말씀을 들으라." (24절)

만군의 여호와 이스라엘의 하나님이 이렇게 말씀하셨다. "너희와 너희 아내들은 하늘의 여왕에게 분향하고 그 앞에 술을 따라 제사를 지내겠다고 서원(약속, 서약)했으니 너희의 서약을 지킬 테면 지키고, 실천할 테면 해보라." (25절) 여기서 서원은 우상을 섬기리라는 유대인들의 결심을 말한다(44:17). 이러한 서원은 하나님의 뜻에 반하는 것이다.

"그러나 이집트 땅에 사는 유다 백성들이여, 하나님의 말씀을 들으라. 하나님께서 이렇게 말씀하셨다. '내가 분명히 말하지만 이집트 땅에 사는 모든 유다 사람들 가운데 다시는 내 이름을 부르며 주 여호와의 살아 계심을 두고 맹세하노라 하는 자가 없으리라.'" (26절) 그들이 하나님의 요구를 거부한 것은 언약 백성으로서의 특권도 거부한 것이다. 이제 그들은 하나님과의 관계도 끊어지고, 하나님을 향한 예배도 끊어지게 된다는 말씀이다.

"보라 내가 깨어 있어 그들에게 재난을 내리고 복을 내리지 아니하리니 애굽 땅에 있는 유다 모든 사람이 칼과 기근에 망하여 멸절되리라."(27절) 그들을 향해 저주가 선포되고 있다. "깨어 있어"(*soqed*, I will watch)는 깨어서 주의하여 이집트에 사는 유대인의 흥성을 좌절시키며 그들에게 선언한 저주를 실행하겠다는 하나님의 결심을 말한다. "그러나 너희 중에 소수의 사람들은 칼날을 피하여 이집트에서 유다 땅으로 돌아올 것이다. 그때 그 살아남은 자들은 내 말이 성취되었는지 그들의 말이 성취되었는지 알게 될 것이다."(28절) 이집트에 사는 유대인 중 아주 적은 수가 유다 땅으로 돌아가게 될 터인데, 그 때 누구의 말이 참 말인지 알게 되리라는 말씀이다.

"여호와의 말씀이니라 내가 이 곳에서 너희를 벌할 표징이 이것이라 내가 너희에게 재난을 내리리라 한 말이 반드시 이루어질 것을 그것으로 알게 하리라."(29절) "표징"(*haowt*, a sign)은 "나타나다", "동의하다"에서 유래된 말이다. 모두가 인정할 수밖에 없도록 분명히 나타나는 신적 증거 또는 표시를 말한다. 그것을 보면 하나님께서 너희에게 재앙을 내리겠다고 하신 말씀이 반드시 이루어진다는 것을 알게 될 것이라는 말씀이다.

"내가 유다 왕 시드기야를 그의 원수, 곧 그를 죽이려고 한 바벨론 왕 느부갓네살의 손에 넘겨 준 것처럼 이집트의 호브라 왕을 그의 목숨을 노리는 원수들의 손에 넘겨주겠다."(30절) "호브라"(Hophra)는 이집트 제26왕조의 4대 왕이다. 호브라를 그 원수들 손에 넘겨주신다는 것은 호브라를 바벨론의 손에 넘겨준다는 말이 아니라 그를 반대하는 자들에게 넘겨준다는 말이다. 그는 이집트의 제27왕조를 이룩한 아마시스에게 암살당했다. 하나님의 말씀이 실현된 것이다.

예레미야 45장

바룩에 대한 예레미야의 메시지

요시야의 아들인 유다의 여호야김 왕 4년에 네리야의 아들 바룩이 내가 불러 준 모든 말을 책에 기록하였는데 그때 예레미야는 바룩에게 이스라엘의 하나님 여호와께서 이렇게 말씀하신다고 일러 주었다(1, 2절). 여호야김 왕 4년은 B. C. 605년으로 갈그미스 전쟁에서 이집트가 바벨론에게 패한 때이다. 당시 이집트의 영향 아래 있던 유다의 운명은 바벨론으로 인해 위기에 처했었다.

이 메시지는 그 때 주어졌다. 예레미야의 조력자인 바룩은 그 해에 선지자가 의뢰한 대로 두루마리에 예언의 말씀을 기록했을 뿐 아니라 그 말씀을 성전에서 가끔씩 낭독해주었다. 이 소식을 들은 고관들은 그들 앞에서 두루마리를 읽게 하였고, 마침내 재앙에 대한 말씀이 왕의 귀에 들렸다. 왕은 두루마리 내용을 다 들었지만 뉘우치지 않고 태워버렸다. 그리고 예레미야와 바룩을 체포하도록 했지만 하나님은 두 사람 모두 안전한 곳에 숨겨주셨다. 두루마리조차 불태워지자 바룩은 슬픔과 절망에 사로잡혔다. 하지만 불태워진 두루마리도 다시 기록되었고, 하나님으로부터 절망과 슬픔에 대한 위로도 받았다.

"네가 일찍이 말하기를 화로다 여호와께서 나의 고통에 슬픔을 더하셨으니 나는 나의 탄식으로 피곤하여 평안을 찾지 못하도다."(3절) 힘든 그 시기에 바룩은 이런 말을 했다. "아, 괴롭다. 하나님께서 나의 고통에 슬픔까지 더하셨으니 내가 탄식하다가 지쳐 평안을 얻지 못하는구나." 하지만 하나님은 그가 한 이 말을 기억하고 계셨다.

"너는 그에게 이르라 여호와께서 이와 같이 말씀하시기를 보라 나는 내가 세운 것을 헐기도 하며 내가 심은 것을 뽑기도 하나니 온 땅에 그리하겠거늘."(4절) 하나님께서는 예레미야더러 바룩에게 전하라고 하시면서, 이렇게 말씀하셨다. "나는, 내가 세운 것을 헐기도 하고, 내가 심은 것을 뽑기도 한다. 온 세상을 내가 이렇게 다스린다." 하나님만이 온 우주의 주권자라는 말씀이다.

"네가 너를 위하여 큰일을 찾느냐 그것을 찾지 말라 보라 내가 모든 육체에 재난을 내리리라 그러나 네가 가는 모든 곳에서는 내가 너에게 네 생명을 노략물 주듯 하리라 여호와의 말씀이니라."(5절) "네가 네 자신을 위해 큰일을 찾고 있느냐? 그만 두어라. 이제 내가 모든 사람에게 재앙을 내릴 것이다. 하지만 너만은 내가 보호하여, 네가 어디로 가든지, 너의 목숨만은 건져 주겠다. 나 주의 말이다." "네가 너를 위하여 큰일을 찾느냐 그것을 찾지 말라." 하나님은 바룩에게 이기적인 노력은 단념하도록 하셨다. 자신의 성공을 추구하지 말고 계속 예레미야의 말에 순종하라는 말씀이다.

"네 생명을 노략물 주듯 하리라." 이것은 그가 어떤 재앙의 자리에서 극적으로 살아나게 될 것을 말씀하신 것으로, 바룩에게 생명의 보존을 약속하신 것이다. 바룩은 교만하고 반역한 백성들을 응징하는 재난이 지난 뒤에 자신도 구원 받게 될 것을 약속받았다.

바룩의 형제 스라야(Seraiah)가 시드기야 왕의 수석보좌관(렘 51:59)이었을 정도로 집안은 막강했다. 바룩 자신도 얼마든지 이기적 야망을 드러낼 수 있었다. 하지만 그는 그런 야망을 드러내지 않았고, 스스로 생명을 위해 도망하는 길을 택하지 않았다. 그는 예레미야와 함께 했고, 이집트까지 내려왔다. 고난 받는 예레미야와 함께 한 것이다. 이집트에 오기 전 예레미야 편에 섰다가 동족들이 던진 돌아 맞아 죽었을 수도 있었다(렘 43:3). 그러나 그는 개의치 않았다. 하나님이 지켜주시리라 믿었기 때문이다.

예레미야 46장

열방에 대한 예언, 이집트에 대한 예언, 이스라엘 백성들에 대한 권면

1. 열방에 대한 예언(1절)

하나님께서 예레미야에게 이방 나라들에 대하여 말씀하셨다(1절). 46장에서 51장까지 이집트, 블레셋, 모압, 암몬, 에돔, 다마스쿠스, 게달과 하솔, 엘람, 바벨론 등 이방의 여러 나라들에 대한 예언의 말씀이 소개되고 있다.

2. 이집트에 대한 예언(2-26절)

1) 이집트의 패주(2-12절)

이것은 이집트에 대한 말씀으로, 요시야의 아들인 유다의 여호야김 왕 4년에 유프라테스 강변의 갈그미스에서 바벨론의 느부갓네살 왕에게 패한 이집트의 바로 느고의 군대에 대한 하나님의 말씀이다(2절) 갈그미스(Carchemish)는 메소포타미아와 이집트를 잇는 요충지로, 유프라테스 강 상류에 위치해 있다. 이집트의 바로 느고(Pharaoh Necho 또는 Neco)는 이집트 제26왕조 6대 왕이다. 그는 나일강에서 홍해까지 이어지는 운하를 만들기도 했다. B.C. 605년 이집트는 3년 전의 패배를 설욕하고자 출병했다. 그러나 바벨론 군에 대패했다. 바벨론은 후퇴하는 이집트 군대를 팔레스타인 남부까지 추격했다.

이집트의 장교들이 외친다. "크고 작은 방패로 무장하고 싸움터로 나가라." (3절) "너희는 말에 안장을 지워서 타고 투구를 쓰고 전열을 갖추며 너희 창을 갈고 갑옷을 입어라."(4절) 전투에 임하도록 독려한다.

하지만 하나님 보시기엔 다르다. 하나님께서 말씀하신다. "보라, 그들이 놀라 도망하고 있다. 그들의 용사들이 대패하여 뒤도 돌아보지 않고 급히 도망하니 두려움이 사방에 도사리고 있구나."(5절) 그들의 용사들마저 격파되어 겁에 질려서 뒤도 돌아보지 않고 정신없이 도망한다.

"발이 빠른 사람도 달아나지 못하고, 용사도 도망하지 못한다. 그들은 저 북녘 유프라테스 강 가에서 비틀거리다가 쓰러져 죽는다."(6절) "유프라테스 강가"는 갈그미스를 간접적으로 가리키는 말이다.

7-8절은 이집트의 출병 모습을 보여주고 있다.

"나일 강 물처럼 불어 오르는 저것이 무엇이냐? 범람하는 강물처럼 불어 오르는 저것이 무엇이냐?"(7절) 이집트가 나일 강 물처럼 불어 올랐다. 범람하는 강물처럼 불어 올랐다. 이집트는 외쳤다. "내가 강물처럼 불어 올라서 온 땅을 덮고, 여러 성읍과 그 주민을 멸망시키겠다."(8절) 나일 강이 범람하듯 이집트 군대가 일어났다. 엄청난 기세로 온 땅을 쓸어버리겠다고 한다.

"말들아, 달려라. 기병들아, 전차를 무섭게 몰아라. 용사들아, 진군하라. 방패 든 구스 사람과 붓 사람과 활을 쏘는 루딤 사람들아, 출전하라."(9절) 구스(Cush) 사람은 에티오피아인을, 붓(Put) 사람은 아프리카 북부 해안에 거주하는 리비아(Libya)인을, 루딤(Lud) 사람은 이집트 북방에 거주하는 리디아(Lydia) 인을 말한다. 이들 모두 이집트와 군사동맹을 맺었었다. 용병을 포함한 이집트 연합군들이 바벨론을 치고자 한 것이다.

10-12절은 하나님께서 느부갓네살을 통해 의기충천한 이집트의 기세를 꺾으시는 모습을 보여준다.

"그 날은 만군의 여호와의 날이다. 그 대적에게 원수를 갚는 보복의 날이다. 그의 칼이 만족을 얻을 때까지 그들을 삼키며 그들의 피를 마실 것이다.

이것은 만군의 여호와께서 유프라테스 강변 북쪽 땅에서 많은 희생자들이 생기게 할 것이기 때문이다."(10절) 그 날은 하나님께서 이집트를 심판하시는 날이다. 이집트는 크게 패배를 당할 것이다.

"이집트 사람들아, 길르앗으로 올라가서 향유를 구하라. 너희가 아무리 약을 많이 써도 효과가 없을 것이며 낫지 않을 것이다."(11절) 길르앗의 향유(balm)는 고급 의약품으로 쓰였는데, 그런 의약품을 쓴다 해도 아무 효과가 없을 것이라는 말씀이다. 백약이 무효하다. 나을 병이 아니기 때문이다.

"이제는 너의 수치스러운 소문이 세계 만민에게 퍼졌고, 너의 용사들마저 서로 부딪쳐 함께 쓰러져 죽었으므로, 너의 울부짖는 소리가 온 땅에 가득하다."(12절) 이집트의 완패다.

2) 바벨론의 이집트 침략과 점령(13-26절)

하나님께서 예레미야에게, 바베론 왕 느부갓네살이 이집트 땅을 치려고 올 것을 말씀하셨다(13절)

너는 이집트에 선포하되 믹돌과 놉(멤피스)과 다바네스에 이렇게 선포하라. "너희는 자기 위치를 지키고 대비하라. 칼이 너희를 다 삼켜 버릴 것이다."(14절)

너희는 애굽에 선포하며 믹돌과 놉과 다바네스에 선포하여 말하기를 너희는 굳건히 서서 준비하라 네 사방이 칼에 삼키웠느니라(14절) "준비하라"(*haken*, prepare, get ready). 이 말은 "세우다", "형성하다"는 뜻을 가지고 있다. 어떤 일관된 목적을 이루기 위해 조직적으로 계획하는 것을 말한다.

"너희 장사들이 쓰러짐은 어찌함이냐 그들이 서지 못함은 여호와께서 그들을 몰아내신 까닭이니라."(15절) 어째서 너희 힘 센 아피스 신(황소)이 쓰러졌는가? 그가 일어설 수 없으니 하나님께서 그를 넘어뜨렸기 때문이다.

"장사들"(*abbireka*, your mighty men)은 이집트 군대를 가리킨다는 주장도 있고, 이집트의 신 오리시스(Osiris)의 화신인 황소 아피스(Apis)라는 주장도 있다. 이집트인들은 황소를 힘의 상징으로 취급했다. 멤피스에서 그 같은 우상숭배가 많았다. "쓰러짐"(*nishap*, fallen, laid low, swept away, prostrate)을 70인 역에서는 "황소가 도망하다"로 번역했다.

"너희 병사들이 계속 넘어지고 쓰러지니 너희 외국 용병들이 '우리 민족과 고향 땅으로 돌아가서 원수의 칼날을 피하자' 하는구나."(16절) 전의를 완전히 상실했다. 살아남는 것이 그들의 과제가 되었다.

"그들이 그 곳에서 부르짖기를 애굽의 바로 왕이 망하였도다 그가 기회를 놓쳤도다."(17절) 이제 너희는 바로 왕을 가리켜 기회를 놓친 허풍선이(*saown*, a loud noise, loudmouth)이라 불러라.

만군의 여호와께서 말씀하신다. "내가 분명히 말하지만 다볼 산이나 해변의 갈멜 산처럼 의젓한 자가 이집트를 치러 나올 것이다."(18절)

다볼(Tabor) 산은 갈릴리 바다 남서쪽에 있는 산으로, 승리를 상징한다. 갈멜(Carmel) 산은 이스르엘 평원 서쪽에 있는 산으로, 엘리야가 바알 신과 투쟁하여 이긴 곳이다. 여기서는 두 산 모두 이집트를 침공하는 바벨론 왕의 위용을 비유적으로 나타내고 있다.

"이집트에 사는 딸이여(이집트 사람들아), 너희는 포로로 잡혀갈 준비를 하라. 놉(멤피스)이 황폐하여 사람이 살지 않는 폐허가 될 것이다."(19절) "이집트는 심히 아름다운 암송아지일지라도 북으로부터 쇠파리 떼가 줄곧 오리라."(20절) 아름다운 암송아지 이집트가, 이제는 북녘에서 마구 몰려오는 쇠파리 떼에 시달리는 암송아지가 될 것이다. 오히려 바벨론 군대로부터 침략을 당할 것임을 말해주고 있다.

"또 그 중의 고용꾼은 살진 수송아지 같아서 돌이켜 함께 도망하고 서지 못하였나니 재난의 날이 이르렀고 벌 받는 때가 왔음이라."(21절) 그들이 고용한 외국인 용병까지도 외양간에 갇혀 있는 송아지처럼 무력하여 맞서 싸우지 못하고 모두 돌아서서 달아난다. 그들에게 재앙의 날이 이르렀고 그들이 벌 받을 때가 되었다. "고용꾼"(*sekireha*, her mercenaries)은 변방을 지키기 위해 이집트인들이 고용한 외국의 용병을 말한다.

"애굽의 소리가 뱀의 소리 같으리니 이는 그들의 군대가 벌목하는 자 같이 도끼를 가지고 올 것임이라."(22절) 이집트 사람들이 뱀처럼 슬그머니 달아날 것이다. 적군이 벌목하는 자처럼 도끼를 가지고 쳐들어올 것이기 때문이다. "뱀의 소리 같으리니"는 숲에 숨어서 소리만 내는 뱀처럼 이집트인들이 저항하지 못하고 도망할 것이란 말이다.

"여호와의 말씀이니라 그들이 황충보다 많아서 셀 수 없으므로 조사할 수 없는 그의 수풀을 찍을 것이라."(23절) 이집트의 숲이 아무리 울창하여도 적군들이 그것을 찍어 버릴 것이니 그들의 수가 메뚜기떼보다 많아 헤아릴 수 없기 때문이다. 헤아릴 수 없는 바벨론 군이 이집트를 침공한다.

"딸 애굽이 수치를 당하여 북쪽 백성의 손에 붙임을 당하리로다."(24절) 이집트 백성이 수치를 당하고 북쪽 사람들에게 정복당할 것이다.

만군의 여호와 이스라엘의 하나님께서 말씀하신다. "보라 내가 노의 아몬과 바로와 애굽과 애굽 신들과 왕들 곧 바로와 및 그를 의지하는 자들을 벌할 것이라."(25절) 내가 테베의 신 아몬에게 벌을 내리고, 바로와 이집트와 그 나라의 신들이나 왕들에게도 벌을 내리고, 바로뿐만 아니라 그를 의지하는 사람들에게도 벌을 내리겠다.

"노의 아몬"에서 "노"는 남부 이집트의 수도 테베(Thebes)이고, 이곳에 안치된 이집트의 최고의 신이 아몬(Amon)이었다. 아몬은 노의 주신으로 수양 형상을 가진 생산 신이다.

“내가 그들의 목숨을 노리는 바벨론 왕 느부갓네살과 그 부하들의 손에 그들을 넘겨주겠다. 그러나 그런 다음에도 그 땅에는 다시 예전처럼 사람이 살게 될 것이다. 하나님의 말씀이다.”(26) 이집트가 바벨론에 패하지만 하나님께서 그곳에 사람이 살도록 하시겠다는 말씀이다.

3. 이스라엘 백성들에 대한 권면(27, 28절)

“내 백성 야곱(이스라엘)아, 두려워 말고, 놀라지 말라. 내가 너희를 멀리 포로 된 땅에서 구해 내겠다. 너희가 다시 고국으로 돌아와 평화롭고 안전하게 살 것이니 너희를 두렵게 할 자가 없을 것이다.”(27절) 하나님은 이스라엘에 대한 구원을 선포하신다. 바벨론에서 해방되고, 고국으로 돌아오리라.

“내 종 야곱아 내가 너와 함께 있나니 두려워하지 말라 내가 너를 흩었던 그 나라들은 다 멸할지라도 너는 사라지지 아니하리라. 하지만 내가 너를 법도대로(정당하게) 징계할 것이요 결코 무죄한 자로 여기지 아니하리라.”(28절) 포로로 잡혀갔던 나라들이 멸망된다 해도 하나님은 너희를 멸망시키지 않을 것이다. 하지만 너희 죄가 커서 너희를 전혀 벌하지 않은 채 그대로 내버려 두지는 않을 것이다. 구원을 하지만 징계는 피하지 못한다는 말씀이다.

예레미야 47장

블레셋에 대한 예언

이집트 군이 가사를 공격하기 전에 하나님께서 예레미야에게 블레셋 사람들에 관해서 다음과 같은 말씀을 주셨다(1절) 가사(Gaza)는 블레셋 5개 도시 중 가장 큰 성으로, 이집트로 통하는 길목에 있다. 이집트의 바로 느고는 B. C. 609년 아시리아를 정복한 바벨론에 대항하기 위해 북상하면서 가사를 공격하였다. 가시를 치기 전 하나님의 말씀이 예레미야에게 임한 것이다.

"보라. 북녘에서부터 물이 불어 올라서, 범람하는 강물이 되었다. 강물이 땅과 땅 위에 있는 모든 것을 휩쓸며 흐르고, 성읍과 그 주민을 다 같이 휩쓸고 지나갈 것이다. 모든 사람이 살려 달라고 울부짖으며, 그 땅의 모든 주민이 통곡할 것이다."(2절) 이것은 북쪽에 있는 바벨론이 홍수처럼 밀려와 블레셋을 휩쓸어버릴 것이라는 말씀이다. 범람하는 강물처럼 휩쓸고 지나간다. 이것은 갑자기 감당할 수 없을 만큼 밀려와 피해가 극심할 것을 말해준다. 팔레스타인에는 평소 말라있던 시내(Wadi)가 소나기가 오면 갑자기 불이 불어 큰 하천이 되는 경우가 많다.

"군마들의 요란한 말발굽소리, 덜컹거리며 달려오는 병거들의 소란한 바퀴소리에, 아버지들은 손이 풀려서 자식들을 돌볼 겨를도 없을 것이다."(3절) 군마와 전차의 돌진 소리에 아버지들은 대적할 용기가 나지 않고 자녀들의 생존마저 신경 쓸 겨를도 없으리라.

"블레셋 사람들을 모조리 죽이고 두로와 시돈을 도와 줄 모든 생존자들까지 파멸시킬 날이 왔다. 나 여호와가 갑돌(Caphtor, 크레타) 섬에 남아 있는 모든 블레셋 사람들을 아주 없애 버리겠다."(4절) 두로와 시돈은 페니키아를 이루는 주요 도시로, 그들은 당시 블레셋과 동맹을 맺고 있었다. 페니키아가 블레셋보다 먼저 망해 블레셋을 도울 수 없게 되리라는 것이다. 갑돌 섬은 크레타(Crete) 섬을 가리킨다. 그 섬은 블레셋 사람들의 본향이다. "갑돌 섬에 남아 있는 블레셋 사람"은 "크레타 섬에서 온 블레셋 사람", "갑돌 섬에서 온 피난민의 후손"(공동번역)을 뜻한다. 그 섬에서 온 블레셋 사람들을 멸하시겠다는 말씀이다. 블레셋이 아주 망할 날이 왔다.

"가사가 대머리가 되었고 아스글론이 멸망을 당했다(말문이 막히게 되었다). 계곡(the valley)에 남아 있는 아낙의 후손들아, 너희가 언제까지 너희 살을 베며 슬퍼하겠느냐?"(5절) 가자 사람들은 슬플 때 머리를 깎는 풍습이 있었고, 아스글론(Ashkelon) 사람들은 몸을 베는 (몸에 칼자국을 내는) 관습이 있었다. 아스글론은 블레셋 5대 성읍 중 하나로, 가사 위쪽에 있다. 계곡의 남은 자들아(거인족 이 아낙의 후손들아), 언제까지 몸에 칼자국을 내면서 애곡할 것인가. 계곡을 "평지"(the plain, NIV)로 번역하기도 한다.

6절은 블레셋 사람들이 하나님의 징벌을 받아 소리치는 것을 표현하고 있다.

"오호라 여호와의 칼이여 네가 언제까지 쉬지 않겠느냐 네 칼집에 들어가서 가만히 쉴지어다."(6절) 블레셋 사람들은 말한다. "여호와의 칼아, 네가 난도질을 멈출 때는 언제인가? 제발 칼집에 들어가서 가만히 있어주려무나." 칼은 전쟁을 비유하는 말로, 백성에게 임하는 하나님의 진노를 상징한다.

7절은 이에 대한 선지자 예레미야의 답변을 담고 있다.

"여호와께서 이를 명령하셨은즉 어떻게 잠잠하며 쉬겠느냐 아스글론과 해변을 치려 하여 그가 정하셨느니라 하니라."(7절) 그러나 하나님께서 그렇게 하라고 명령하였으니 어떻게 그것이 쉬겠느냐? 하나님께서 아스글론과 해변가에 사는 자들을 치라 하셨다. 그러니 멸망당할 수밖에 없다.

예레미야 48장

모압에 대한 예언

1) 모압에 대한 파멸 예언(1-10절)

이것은 모압에 대한 예언의 말씀이다. 만군의 여호와 이스라엘의 하나님이 말씀하신다. "오호라 느보여 그가 유린당하였도다 기랴다임이 수치를 당하여 점령되었고 미스갑이 수치를 당하여 파괴되었다."(1절) 슬프다. 느보가 황폐해졌고, 기랴다임이 수치를 당하고 점령되었으며 그 요새도 수치를 당하고 파괴되었다. 느보(Nebo)는 헤스본 남쪽에 있는 도시이다. 기랴다임(Kiriathaim)은 메드바와 디본 사이에 있다. 미스갑(*hammisgab*, the high stronghold), 은 "언덕" 또는 "요새"로 번역할 수 있다. 모압 멸망에 대한 이 예언은 느부갓네살 왕 때 성취되었다.

"모압의 찬송 소리가 없어졌도다 헤스본에서 무리가 그를 해하려고 악을 도모하고 이르기를 와서 그를 끊어서 나라를 이루지 못하게 하자 하는도다 맛멘이여 너도 조용하게 되리니 칼이 너를 뒤쫓아 가리라."(2절) 모압에 영화(자랑할 것)이 없어지고 말았다. 헤스본에서 사람들이 모압에 대한 음모를 꾸미며 '그 나라를 아주 없애 버리자' 하는구나. 맛멘아, 너도 적막하게 될 것이며 칼이 너를 뒤쫓아 갈 것이다.

헤스본(Heshbon)은 예루살렘 동쪽에 있는 성읍이다. 바벨론 군대는 이곳에서 모압 정복을 계획하였다. 맛멘(Madmen)은 사해 동쪽, 아르논 강 북쪽에 위치한 도시로, 디본(디몬, 사 15:9)으로 불리기도 한다.

"호로나임이 부르짖는 소리를 들어 보아라. 황폐와 큰 파멸의 소리이다."(3절). 호로나임(Horonaim)의 정확한 위치는 알 수 없으나 5절로 미루어 볼 때 산기슭에 위치 있는 것은 명백하다. "모압이 파괴되었다," 하고 울부짖는 어린 아이들의 소리가 들린다(4절). "그들이 루힛(Luhith) 언덕으로 올라가면서 계속 울고 부르짖으니 호로나임 내리막길에서 패망의 가슴 아픈 통곡 소리를 들었기 때문이다."(5절). 루힛은 라밧 모압과 소알 사이 언덕에 위치한 도시이다.

"모압아, 너는 급히 달아나 네 생명을 구하고 광야의 노간주나무(떨기나무)와 같은 신세가 되어라."(6절)

"네가 네 업적과 보물을 의뢰하므로 너도 정복을 당할 것이요 그모스는 그의 제사장들과 고관들과 함께 포로 되어 갈 것이라."(7절) "업적"(*maasayik*, your works)은 문자적으로 "일들"이다. 자기 힘으로 국가를 유지하려는 여러 책략을 의미한다. 그모스(*kemis*, Chemosh)는 모압 족속이 으뜸으로 섬기는 우상이다. 이 신의 이름을 따 모압 족속을 그모스 족속이라 하기도 한다. 그런데 이 백성들뿐 아니라 그모스마저 포로로 잡혀갈 것이다.

"멸망시키는 자가 성읍마다 쳐들어올 것이며, 어떤 성읍도 이것을 피할 수 없을 것이다. 골짜기는 폐허가 되고, 고원도 황폐하게 될 것이다."(8절)

"너희는 모압에게 날개를 달아 주어 마음껏 도망치게 하여라. 모압의 성읍들은 이제 아무도 살 수 없는 황무지가 되고 말 것이다."(9절) "날개를 주어"(*tenu sis*, give wings)는 문자적으로 발로는 재난을 피할 수 없기에 "날개를 이용하여 도망하라"는 뜻이다. 인간의 힘으로는 하나님이 계획하신 심판을 피할 수 없다는 것을 보여준다.

"여호와의 일을 게을리 하는 자는 저주를 받을 것이요 자기 칼을 금하여 피를 흘리지 아니하는 자도 저주를 받을 것이로다."(10절) 하나님의 심판의 도구로 사용된 느부갓네살이 모압 공격을 소홀히 할 때 오히려 그 화가 느부갓네살에게 미칠 것이라는 말이다.

2) 모압의 참패와 하나님의 심판(11-28절)

11-17절은 모압이 비록 적군이 침입해오는 통로에 있지 않지만 그들을 응징하러 오는 군대의 공격을 받아 결국 멸망당한다는 것을 말해주고 있다.

"모압은 젊은 시절부터 평안하고 포로도 되지 아니하였으므로 마치 술이 그 찌끼 위에 있고 이 그릇에서 저 그릇으로 옮기지 않음 같아서 그 맛이 남아 있고 냄새가 변하지 아니하였도다."(11절) "술이 그 찌끼 위에 있고." 이것은 모압이 징계를 받지 않아서 그 악이 그대로 남아있음을 비유하는 말이다. 술맛과 술 냄새는 모압의 악함을 비유적으로 나타낸 말이다.

"그러므로 여호와께서 말씀하시니라 날이 이르리니 내가 술을 옮겨 담는 사람을 보낼 것이라 그들이 기울여서 그 그릇을 비게 하고 그 병들을 부수리니."(12절) "술을 옮겨 담는 사람"(wine-workers)은 하나님의 심판을 대행하여 모압을 치는 바벨론 군대를 가리킨다. 그들이 와서 술그릇을 비우고 술병을 깨뜨릴 것이다. 모압은 철저히 약탈당하고 짓밟힌다.

"이스라엘 집이 벧엘을 의뢰하므로 수치를 당한 것 같이 모압이 그모스로 말미암아 수치를 당하리로다."(13절) 벧엘(Bethel)은 여로보암 1세가 금송아지를 만들어놓고 예배드렸던 장소이다. 이스라엘이 벧엘에서 우상을 섬긴 악행 때문에 심판을 받았듯이 모압도 그모스 신을 섬김으로 인해 하나님의 심판을 받을 수밖에 없음을 말하고 있다.

"어떻게 너희가 '우리는 용사들이요, 전투에 능한 군인들이다' 하고 말할 수 있느냐?"(14절)

"만군의 여호와라 일컫는 왕께서 말하노라. 모압과 그 성읍들을 멸망시킬 자가 쳐들어오면, 모압의 젊은이들 가운데서 뽑힌 용사들이 살육을 당할 것이다."(15절) "모압의 재난이 가까웠고 그 고난이 속히 닥치리로다."(16절) 모압의 멸망이 가까이 왔고, 모압에 내릴 재앙이 다가왔다.

"그 주변에 사는 자들아, 그의 명성을 아는 자들아, 그를 위해 슬퍼하며 '너의 강한 막대기, 아름다운 지팡이가 부러졌구나!' 하라."(17절) 모압 주변에 있는 나라들로 하여금 모압에게 위로의 말을 하라는 것이다. "강한 막대기, 아름다운 지팡이"는 모압의 왕권을 말한다. 하지만 결국 그 나라들도 모압과 같은 운명을 맞게 된다.

"디본에 사는 딸(자들)아, 너희 영광의 자리에서 내려와 메마른 땅에 앉아라. 모압을 멸망시킬 자가 와서 너희를 치고 너희 요새를 파괴할 것이다."(18절) 디본(Dibon)은 사해 동쪽, 아르논 북쪽 메드바 평지에 위치한 모압의 주요 도시중 하나로, 철기시대에 매우 강성한 성읍이었다. 지금은 디반이라 한다. "아로엘에 사는 여인이여 길 곁에 서서 지키며 도망하는 자와 피하는 자에게 무슨 일이 생겼는지 물을지어다."(19절) 아로엘(Aroer)은 아르논 골짜기에 있는 성읍으로, 디본의 동남쪽에 위치해 있다. 고대 아모리 족속의 왕국이었다.

"모압이 패망하여 수치를 당하고 있다. 너희는 울고 부르짖으며 모압이 멸망했다고 아르논 강가에서 선언하라."(20절)

"재앙이 밀어닥친 곳은, 모압의 고원지대와 홀론과 야사와 메바앗과 디본과 느보와 벳디불라다임과 기랴다임과 벳가물과 벳므온과 그리욧과 보스라와 모압 땅의 원근 각처에 있는 모든 성읍들이다. 이렇게 모압의 뿔이 잘리고, 모압의 팔이 부러졌다. 나 여호와의 말이다."(21-25절)

홀론(Holon)은 모압의 고원지대에 있던 성읍으로, 정확한 위치는 알려져 있지 않다. 야사(*yahsah*, Jahaz)는 메드바와 디본 사이에 있던 성읍이다. 메바앗(Mephaath)은 원래 레위인의 도성이었다. 현 요르단의 암만 남쪽에 위치해 있었다.

느보(Nebo)는 르우벤 족속에 할당된 땅이다. 벧디불라다임(Beth Diblathaim)은 디본 북쪽에 위치해 있었다. 기랴다임(Kirathaim)은 르우벤 지파에 분배되었던 곳이다. 벧가물(Beth Gamul)은 디본 동편에 있는 모압 성읍이다. 벧므온(Beth Meon)은 벧바알 므온, 바알 므온, 브온 등으로 불리던 성읍으로, 메드바 남쪽에 있는 메인과 동일시된다. 이스라엘과 모압은 이곳을 차지하기 위해 여러 번 싸웠다.

"모압의 뿔이 잘리고, 모압의 팔이 부러졌다." 뿔은 권위를 상징하고, 팔은 힘을 상징한다. 이것은 모압의 힘과 권위가 완전히 무너졌다는 말씀이다.

26-27절에서 모압은 하나님의 진리를 더럽히는 거짓 종교의 가르침을 상징한다.

"모압으로 취하게 할지어다 이는 그가 여호와에 대하여 교만함이라 그가 그 토한 것에서 뒹굴므로 조롱거리가 되리로다."(26절) 모압을 취하게 하라. 그가 교만하여 나 여호와를 거역하였다. 모압은 자기가 토한 것에 뒹굴 것이며 모든 사람의 조롱거리가 될 것이다. 이것은 모압이 하나님의 진노의 잔을 받아 마셨음을 말해준다.

"모압으로 취하게 할지어다."(make him drunk) 그들이 거짓되고 악한 가르침과 교만한 마음에 빠져 자기 앞가림도 못한다. 진노의 잔을 마실 수밖에 없다.

"모압아, 네가 얼마나 이스라엘을 조롱했는지 한번 생각해 보아라. 그가 도둑질하다가 붙들렸느냐? 네가 그에 대해서 말할 때마다 머리를 흔드는구나."(27절) 이스라엘은 도둑질 때문이 아니라 우상을 섬기다 멸망했다. 너희도 예외가 아니다. 그런 너희가 이스라엘을 조롱할 수 있느냐.

"모압 백성들아, 너희는 성을 버리고 떠나 바위산에 가서 살며 출입문 어귀 가장자리에 깃들이는 비둘기같이 되어라."(28절) 너희는 이제 바벨론 군대로 인해 성에서 살 수 없다. 바위산으로 가 살든지 협곡 어귀에 둥지를 틀고 사는 비둘기가 되어보라. 그곳이 너희의 피난처가 될지 모른다. 하지만 그곳 또한 살 곳이 못된다.

"바위 사이에 살지어다."에서 "바위 사이"는 주로 바위와 암석으로 된 아르논 골짜기를 가리킨다. 그곳에서 살라는 것은 사막은 피난처가 되지 못하기 때문이다. 하지만 그곳도 살 곳이 아니다. "출입문 어귀 가장자리"는 동굴 입구, 깊은 협곡의 어귀를 가리킨다. 이곳에 둥지를 틀고 사는 비둘기가 되어보라는 것이다. 이곳도 불안정하기는 마찬가지다. 이젠 그 어느 곳도 너희가 평안히 거할 곳이 없다. 이스라엘만 망한 것이 아니라 너희도 망하게 되었다.

3) 모압의 멸망 원인은 심한 교만(29-47절)

29-33절은 이사야가 모압의 교만에 대해 예언한 부분(사 16:6-11)과 유사하다.

"우리가 모압의 교만을 들었나니 심한 교만 곧 그의 자고와 오만과 자랑과 그 마음의 거만이로다."(29절) 모압의 교만(geown, the pride)에 대해서 듣고 보니 그 교만이 대단하다. 거드럭거리고 뽐내며 자만하고 잘난 척하며 그 마음이 아주 거만하다.

"나 여호와의 말이다. 나는 모압의 교만함을 안다. 그의 자랑도 허풍뿐이며, 그가 이루었다는 일도 거짓말이다."(30절) 그가 잘난 척해도 성취한 것은 아무것도 없다.

"그러므로 내가 모압 때문에 통곡하고, 모압의 모든 백성을 생각하여 애곡하겠다. 길헤레스의 주민을 생각하여 슬피 울겠다."(31절) 길헤레스(Kir

Heres)는 아르논 강 남쪽, 사해 동쪽에 있는 모압의 성읍으로, 지금은 엘 케락이다. 물이 부족하여 수로 공사가 잘 되어 있었고 건포도 떡으로 유명했다(사 16:7). 하나님은 모압을 위해 애곡하신다. 하나님은 세계 모든 나라의 주인이시기 때문이다.

"십마의 포도나무여 너의 가지가 바다(사해)를 넘어 야셀 바다까지 뻗었더니 너의 여름 과일과 포도 수확을 탈취하는 자가 나타났으니 내가 너를 위하여 울기를 야셀이 우는 것보다 더하리로다."(32절) 십마 사람들아, 내가 야셀을 위해 우는 것보다 너희를 위해 훨씬 더 많이 울 것이다. 너희가 사해를 넘어 야셀 바다까지 뻗은 포도나무와 같더니 너희 여름 과일과 포도에 파멸하는 자(spoiler, destroyer, 바벨론 군대)가 밀어닥쳤구나.

십마(Sibmah)는 모압의 대표적 포도산지로, 헤스본 북서쪽에 있는 성읍이다. 한 때 시혼에 속했었다. 야셀(*Yazer*, Jazer)은 길르앗 라못과 헤스본 사이에 있는 성읍이다. "십마의 포도나무"는 모압 전체의 경제적인 부를 표현한 말이다. "야셀이 우는 것"(*mibbeki*, the weeping)은 문자적으로 "야셀의 샘"이다. 마르지 않는 샘처럼 눈물이 계속 흐를 것이라는 말이다.

"모압의 옥토에서 기쁨과 즐거움이 사라지고 말았다. 내가 포도주 틀에서 포도주가 나오지 않게 하였으니 기뻐서 외치며 포도주 틀을 밟는 자가 아무도 없을 것이다. 만일 외치는 소리가 있어도 그것이 즐거운 소리가 되지 못할 것이다."(33절) 모압에서 기쁨과 환희는 사라졌다.

"헤스본에서부터 엘르알레와 야하스까지, 그리고 소알에서부터 호로나임과 에글랏 셀리시야까지 흩어져 사는 사람들이 소리 높여 부르짖는다. 니므림의 물까지 말랐기 때문이다."(34절)

엘르알레(Elealeh)는 헤스본 북쪽에 있는 성읍으로, 지금의 엘 알이다. 니므림(Nimrim)의 물은 사해 남쪽 지점에서 발원하여 사해로 들어가는 건천(Wadi)

이다. 이 유역의 토지는 관개만 잘 되면 매우 비옥하고 소출도 많았다. 이 구절은 바벨론 군대가 모압을 정복하기 위해 물의 근원을 끊어버린 것을 암시하고 있다.

35-39절은 모압이 비탄에 빠지게 될 것에 대한 예언이다.

"여호와의 말씀이라 모압 산당에서 제사하며 그 신들에게 분향하는 자를 내가 끊어버리리라."(35절) 모압인들이 통곡하게 될 이유 가운데 하나는 그들이 우상을 숭배했기 때문이다.

"피리로 조가를 부는 사람처럼 내 마음이 모압과 길헤레스 사람들을 위해 슬퍼하는 것은 그들이 모은 재물이 다 없어졌기 때문이다."(36절) 피리는 당시 장례식 때 사용되던 악기였다.

37-38절은 깊은 슬픔에 빠졌을 때 고대 아랍과 이집트에서 유행하던 풍습이 소개되고 있다. 이스라엘에게는 이런 풍습이 금기로 되어 있다.

"모든 사람이 대머리가 되었고 모든 사람이 수염을 밀었으며 손에 칼자국이 있고 허리에 굵은 베가 둘렸고."(37절) 모압 사람들이 모두 머리털을 밀고, 수염을 자르고, 손마다 상처를 내고, 허리에 굵은 베를 걸치고 있다. 이것은 모압 사람들이 슬픔을 표현할 때 관습적으로 행하는 것들로, 그만큼 슬픔이 크다는 말이다.

"모압의 모든 지붕 위에서와 거리 곳곳에서 슬피 우는 소리가 들리니 내가 모압을 마음에 들지 않는 그릇처럼 깨뜨려 버렸기 때문이다. 이것은 나 여호와의 말이다."(38절) "마음에 들지 않는 그릇"은 쓸모가 없어 마음에 들지 않는 그릇으로, 하나님이 모압을 쓸모없는 그릇으로 여겨 부순다는 말씀이다.

"어찌하여 모압이 파괴되었으며 어찌하여 그들이 애곡하는가 모압이 부끄러워서 등을 돌렸도다 그런즉 모압이 그 사방 모든 사람의 조롱 거리와 공포의 대상이 되리로다."(39절) 모압이 파괴되어 통곡하고, 부끄러워 등을 돌렸다. 모압이 그 주변의 모든 자들에게 조롱거리와 증오의 대상이 되었다.

40-47절은 모압 심판에 대한 마지막 예언이다. 그들이 바벨론 포로로 끌려가지만 다시 고국으로 돌아오게 될 것을 말씀하고 있다.

"이는 여호와의 말씀이니라 보라 그가 독수리 같이 날아와서 모압 위에 그의 날개를 펴리라."(40절) 독수리가 먹이를 사냥하기 위해 공격하는 것처럼 바벨론 군대가 모압을 맹렬히 공격할 것을 말한다. 독수리는 하나님의 심판의 권능을 상징한다. "모압의 성들이 함락되고 요새가 점령당하는 날 모압 용사들의 마음은 마치 해산하는 여인의 심정과 같을 것이다."(41절) 모압의 멸망에 모압 군사들은 공포에 사로잡히게 되리라.

"모압이 여호와를 거슬러 자만하였으므로 멸망하고 다시 나라를 이루지 못하리로다."(42절) 이 구절은 모압이 멸망할 수밖에 없는 이유가 하나님을 거슬러 교만했기 때문임을 밝히고 있다.

"여호와의 말씀이니라 모압 주민아 두려움과 함정과 올무가 네게 닥치나니."(43절) 두려움(pahad, fear)과 함정(pahat, pit)과 올무(pah, snare, 덫)는 자비가 전혀 나타나지 않는 진노를 상징하는 표현으로, 하나님의 심판 날과 관련된 단어들이다.

"두려움에서 도망하는 자는 함정에 떨어지겠고 함정에서 나오는 자는 올무에 걸리리니 이는 내가 모압이 벌 받을 해가 임하게 할 것임이라 여호와의 말씀이니라."(44절) 두려움에서 피하는 자는 함정에 빠지고, 함정에서 나오는 자는 덫에 걸릴 것이다. 이것은 내가 모압이 벌 받을 때를 정하였기 때문이다. 하나님의 심판을 피할 자는 아무도 없다.

도망하는 자들이 기진하여 헤스본 그늘 아래 서는구나. 불이 헤스본에서 나오고 불꽃이 시혼 가운데서 나와 모압의 살쩍과 시끄럽게 떠들어대는 자들의 정수리를 사르는구나

"도망하는 자들이 기진하여 헤스본 그늘 아래에 서니 이는 불이 헤스본에서 나며 불길이 시혼 가운데 나서 모압의 살쩍과 떠드는 자들의 정수리(*qadeqod*, the crown of the head, scalps)를 사름이로다."(45절) 도피하는 자들이 기진하여 헤스본 성벽의 그늘 속에 머물러 선다 해도 헤스본 성 안에서 불이 나오고, 시혼의 왕궁에서 불꽃이 뿜어 나와서, 모압 사람들의 이마와 소란 피우는 자들의 정수리를 살라 버릴 것이다.

예레미야는 아모리 왕 시혼이 모압 전역을 파멸로 이끌었던 역사적 사건을 회상하면서 모압 사람들이 바벨론 군대로 인해 처절하게 쓰러져 갈 모습을 예언하고 있다. 시혼은 아모리 족속의 왕 시혼에게 딸렸던 요단 동편 땅을 가리킨다. "살쩍"(peat, brow, forehead)은 관자놀이와 귀 사이에 난 털(옆머리털)을 말한다. 이것을 깎는 것은 우상숭배와 연관이 있다. "떠드는 자들"(bene saown, the sons of tumult, the noise makers)은 시끄럽게 떠드는 자들로, 이방인들이 우상에게 제사할 때 소란을 떠는 것을 말한다.

"모압이여 네게 화가 있도다 그모스의 백성이 망하였도다 네 아들들은 사로잡혀 갔고 네 딸들은 포로가 되었도다."(46절) "그모스의 백성"(the people of Chemosh)은 그모스 신을 숭배하는 모압 족속을 말한다. 모압 사람들이 굳게 믿었던 그모스 신은 무기력하게 모압 백성이 포로로 잡혀가도 아무런 힘을 쓰지 못했다. 모압 백성뿐 아니라 그모스 자신까지 잡혀가는 신세가 되고 말았다.

"그러나 내가 마지막 날에 모압의 포로를 돌려보내리라 여호와의 말씀이니라 모압의 심판이 여기까지니라."(47절) 하나님의 분노가 풀리는 마지막 날(the latter days), 모압을 충분히 단련시키고 난 그 날에 하나님께서 모압을 고국으로 돌려보내시겠다는 예언이다. 이것은 하나님이 사랑의 하나님이시자 이스라엘뿐 아니라 온 세계의 역사를 주관하는 분이심을 보여준다.

예레미야 49장

암몬, 에돔, 다마스쿠스, 게달과 하솔, 엘람에 대한 예언

1. 암몬에 대한 예언(1-6절)

"이것은 암몬 자손(the Ammonites)에 대한 여호와의 말씀이다. 이스라엘에게 자손이 없느냐? 그에게 상속자가 없느냐? 어째서 말감이 갓을 점령하며 그 백성이 갓의 성에서 사는가?" (1절) "말감" (Malkam)은 암몬의 신으로, 밀곰(Milcom) 또는 몰렉(Molek)이라고도 한다. 그 뜻은 "저희들의 왕" 이다. "갓" (Gad)은 이스라엘지파 중 하나로, 요단 동편에 기업을 얻었다. 그런데 그곳에 왜 암몬 족속이 사느냐 물으신다. 에돔은 여러 차례 르우벤, 갓, 므낫세 지파의 땅을 침범하였고, 갓 족속의 땅을 빼앗았다. 따라서 여기서는 암몬 자손을 점령자로 묘사되고 있다.

"그러므로 나 여호와가 말한다. 네가 암몬 자손의 랍바에 전쟁 소리가 들리게 할 날이 있을 것이다. 랍바는 폐허의 무더기로 변하고 그 주변 부락들은 불에 탈 것이며 그때 이스라엘은 자기를 점령한 자를 점령할 것이다." (2절) "랍바" (Rabbah)는 암몬의 수도이다. 지금의 요르단 수도 암만이다. 그곳이 전쟁으로 폐허가 될 것을 예언하고 있다.

"헤스본아, 통곡하라. 아이가 황폐하였다. 랍바의 주민들아, 부르짖어라. 너희는 굵은 베 옷을 입고 슬피 울며 재빨리 울타리 사이에 숨어라. 너희 신 밀곰이 그 제사장들과 대신들과 함께 다 사로 잡혀갈 것이다." (3절) 헤스본은 원래 모압의 도시이다. 이 구절은 당시에 암몬이 이 성을 점령한 것으로 보인다. "아이"(Ai)는 "폐허"라는 뜻으로 정확한 위치는 알 수 없다. 여호수아서에 기록된 여리고 근처 아이는 아니다. 아이가 황폐했다는 말을 "그 성"으로 해석하기도 한다. 암몬은 이스라엘 지파의 영토뿐 아니라 모압 땅을 점령했다. 승승장구한 것처럼 보이지만 이제 바벨론의 침략으로 황폐해질 것이라는 말씀이다.

"패역한 딸아 어찌하여 골짜기 곧 네 흐르는 골짜기를 자랑하느냐 네가 어찌하여 재물을 의뢰하여 말하기를 누가 내게 대적하여 오리요 하느냐."(4절) 너희 방종한 딸(신실치 못한 백성들)아, 어째서 너희가 비옥한 골짜기를 자랑하느냐? 너희가 너희 재물을 믿고 '누가 우리를 공격할 것인가?' 하는구나. "패역한 딸"(faithless, backsliding daughter)은 풍부한 자원으로 인해 배금주의에 빠져있는 암몬 족속을 가리킨다.

"보라, 내가 너의 사방에서 무서운 적들을 데려다가 너를 치겠다. 그러면 너의 백성이 제각기 흩어져 도망할 것이고, 아무도 도주하는 사람들을 모을 수 없을 것이다."(5절) 암몬의 멸망을 묘사하고 있다. "그러나 그렇게 한 뒤에는 내가 사로잡혀 간 암몬의 포로를 돌아오게 하겠다. 여호와의 말씀이니라."(6절) 그런 다음에 암몬 자손을 원상태로 회복시킬 것이다.

2. 에돔에 대한 예언(7-22절)

이것은 에돔에 대한 하나님의 말씀이다. "너희 지혜로운 자들이 다 어디 갔느냐? 데만에 남은 자 중에 지혜로운 자가 하나도 없느냐?"(7절)

에돔에 대한 말씀이라 만군의 여호와께서 이와 같이 말씀하시되 데만에 다시는 지혜가 없게 되었느냐 명철한 자에게 책략이 끊어졌느냐 그들의 지혜가 없어졌느냐(7절) 하나님의 심판 앞에서는 인간의 지혜도 무용지물일 수밖에 없다는 말씀이다.

"데만"(Teman)은 에돔의 한 지역, 곧 셀라(페트라)에서 동쪽으로, 실용도덕철학이 유명했다(욥 1:8). 욥의 세 친구 중 엘리바스도 이곳 출신이다. 여기서는 에돔 전역을 지칭하고 있다. "드단에 사는 자들아, 너희는 멀리 도망하여 깊은 은신처에 숨어라. 내가 에돔을 벌할 때에 에서의 재앙을 그에게 내릴 것이다."(8절) 드단 사람들아, 멀리 달아나라. 내가 에서에게 재앙을 내려 그를 벌할 때가 되었다. "드단"(Dedan)은 에돔 남동편에 있는 성읍으로, 오아시스를 끼고 있어 에돔에서는 풍요의 상징이었다. 에돔은 에서의 후손들이다.

"포도를 거두는 자들이 네게 이르면 약간의 열매(some gleaning grapes)도 남기지 아니하겠고 밤에 도둑이 오면 그 욕심이 차기까지(until they have enough) 멸하느니라"(9절) 이 구절은 바벨론 군대가 마치 밤의 도적같이 그리고 포도 거두는 자 같이 와서 에돔을 크게 칠 것임을 말해주고 있다.

"그러나 나는 에서를 완전히 벌거숭이가 되게 하여 그의 숨을 곳을 다 드러내었으니 그가 자기를 숨길 수 없게 되었다. 그 자손과 형제와 이웃이 멸망하였은즉 그가 없어졌느니라."(10절) 포도를 따는 자들도 가난한 자를 위해 약간씩 남겨 두며 밤에 도둑도 자기가 원하는 것만 가져간다. 그러나 나는 에서를 샅샅이 뒤지고, 그가 숨을 수 있는 곳들을 다 들추어내었으니 그는 더 이상 숨을 곳조차 없다. 그의 자손이 다 망하고, 그의 친족이 모두 망하고, 그의 이웃이 모두 망하고, 에돔도 살아남지 못할 것이다.

"네 고아들을 버려도 내가 그들을 살리리라 네 과부들은 나를 의지할 것이니라."(11절) 너희는 너희 고아들을 나에게 맡겨라. 네가 그들을 보살펴 주겠다. 그리고 너희 과부들도 나를 의지하게 하라. 하나님은 고아와 과부를 돌보신다.

하나님께서 에돔에게 말씀하신다. "보라 술잔을 마시는 습관이 없는 자도 반드시 마시겠거든 네가 형벌을 온전히 면하겠느냐 면하지 못하리니 너는 반드시 마시리라."(12절) 이 잔을 마시도록 판결을 받지 않은 백성(죄 없는 사람)도 꼼짝없이 이 형벌의 잔을 마셨는데, 하물며 너 에돔이 벌을 받지 않고 벗어나려고 하느냐? 너는 절대로 벌을 면할 수가 없다. 너는 그 잔을 마셔야만 한다. 에돔은 하나님의 진노의 잔을 마실 수밖에 없다. 이 잔은 하나님의 분노의 잔이다.

"나 여호와가 분명히 말하지만 보스라가 황폐하여 놀람과 조소, 치욕과 저주의 대상이 될 것이며 그 모든 성들이 영원히 폐허가 되고 말 것이다."(13절) "보스라"(Bozrah)는 에돔의 최강의 도시로 난공불락의 요새였다. 모압의 보스라와 다르다. 예레미야 당시 에돔의 수도로 보인다. 이 도시의 파괴는 에돔 전체의 파멸을 의미한다. "내가 여호와의 말씀을 들으니 여호와께서 여러 나라에 사절을 보내며 이렇게 전하라고 말씀하셨다. '너희는 모여와서 그를 치며 일어나서 싸우라.'"(14절) 연합군을 만들어 에돔을 치라.

"보라 내가 너를 여러 나라 가운데에서 작아지게 하였고 사람들 가운데에서 멸시를 받게 하였느니라."(15절) 많은 나라 가운데서 내가 너 에돔을 약하게 하겠다. 모든 사람들이 너를 멸시할 것이다.

"바위틈에서 살며 산의 정상을 점령한 자야, 너의 명성과 네 마음의 교만이 너를 속였다. 네가 독수리처럼 네 보금자리를 높이 지어도 내가 너를 거기서 끄집어 내리겠다."(16절) 에돔이 바위와 산 등 천연요새 위에 세워져 난공불락이라 자만하고 어느 누구도 침범하지 못할 것이라 생각하지만 하나님의 심판을 피할 수 없다. "바위"(*hassela*, the rock)는 보스라 서쪽에 위치한 바위로 된 성읍 셀라(바위라는 뜻의 페트라)를 가리키는 것으로 보인다.

"에돔이 참혹하게 파괴되어 그곳을 지나가는 자마다 그 광경을 보고 놀라며 비웃을 것이다."(17절) 여호와의 날이 어떤 지를 보여주는 말씀이다.

"여호와께서 말씀하시니라 소돔과 고모라와 그 이웃 성읍들이 멸망한 것 같이 거기에 사는 사람이 없으며 그 가운데에 머물러 살 사람이 아무도 없으리라."(18절) 에돔의 멸망을 소돔과 고모라, 그리고 그 이웃도시들의 멸망과 비교하여 설명하고 있다.

"사자가 요단 강가의 깊은 숲속에서 뛰어나와 푸른 목장으로 달려듯이 갑자기 침략자가 밀어닥칠 것이니 내가 에돔 사람들을 그 땅에서 쫓아내고 내가 택한 자를 세워 그 나라를 다스리게 하겠다. 나와 같은 자가 누구인가? 나에게 도전할 자가 누구이며 나와 맞설 목자가 누구인가?"(19절) "택한 자"(*bahur*, a chosen man)는 하나님의 징계의 도구로서 에돔을 공격할 바벨론을 가리킨다. 하나님이 세우신 계획은 변하지 않는다.

"그러므로 나 여호와가 에돔에 대하여 계획한 것과 데만 사람들에게 행하려고 하는 일을 들어라. 양 떼의 어린 것들(어린 아이들)까지 다 끌려갈 것이며 그 땅은 황폐해질 것이다."(20절) 사자가 짐승 떼를 흩어놓는 것처럼 바벨론 군대가 에돔 사람들을 흩어놓고, 포로로 잡아갈 것이다.

"에돔이 넘어지는 소리에 땅이 진동할 것이며 그 백성들이 부르짖는 소리는 홍해까지 들릴 것이다."(21절) 에돔의 멸망 소식이 홍해 건너 이집트까지 들린다는 말이다. 바벨론은 에돔을 점령한 후 14년만에 이집트도 휩쓸어버렸다.

"보라, 날개를 펴고 내리 덮치는 독수리처럼 원수가 와서 보스라를 칠 것이다. 그 날에는 에돔 용사들의 마음이 해산하는 여인의 마음처럼 공포에 사로잡힐 것이다."(22절) "독수리"는 느부갓네살 왕을 의미한다. 그러나 에돔에 대한 좀 더 완전한 정복은 B. C. 550년 아랍의 나바틴에 의해 이루어진다.

3. 다마스쿠스에 대한 예언(23-27절)

이것은 다마스쿠스에 대한 예언의 말씀이다. "하맛과 아르밧이 흉한 소문

(bad news)을 듣고 두려워하며 낙담하는구나. 바다에 파도가 일듯이 그들의 마음에 근심이 일고 있으니 그들에겐 평안이 없다." (23절) "다마스쿠스" (*dammeseq*, Damascus)는 아람의 중심도시다. "하맛" (Hamath)은 다마스쿠스 북쪽 오론테스 강변에 위치한 시리아의 중심도시로, B. C. 738년에 아시리아에 멸망당했다. "아르밧" (Arpad)은 다마스쿠스 북쪽에 위치한 도시로, 역시 아시리아에 멸망당했다. 세 도시 모두 아람을 구성하는 대표적인 도시들이다.

"바닷가에서 비틀거리며 평안이 없다"는 문자적으로 "거센 파도가 이는 바다처럼 마음이 혼동되어 있다", "걱정이 파도처럼 몰아치니, 평안을 잃었다"는 뜻이다. 이들이 멸망당한 이유는 요단 동편에 있는 이스라엘 족속을 잔인하게 죽였기 때문이다(암 1:3)

"다마스쿠스가 용기를 잃고 몸을 돌이켜 달아나려 하지만, 공포가 그를 사로잡고 해산하는 여인의 고통과 슬픔처럼 그를 사로잡았다." (24절) "어찌하여 찬송의 성읍, 나의 즐거운 성읍이 버린 것이 되었느냐." (25절) 칭찬을 받던 도성, 나의 기쁨이었던 성읍(한때 명성을 떨치며 행복했던 성)이 어떻게 하다가 버림을 당했는가? "만군의 여호와가 말한다. 그 날에 다마스쿠스의 청년들이 거리에 쓰러지고 그 병사들은 전멸할 것이다. 내가 다마스쿠스 성벽에 불을 놓아 벤하닷의 궁전을 태워 버리겠다." (26, 27절)

"벤하닷" (Ben-Hadad)은 "하닷의 아들"이란 뜻으로, 시리아 왕들에 대한 공식명칭이다. 하닷은 아람의 신이다. B. C. 9-8세기에 다마스쿠스를 지배하던 왕조의 이름이기도 하다.

4. 게달과 하솔에 대한 예언(28-33절)

이것은 바벨론의 느부갓네살 왕에게 패한 게달족과 하솔 왕국에 대한 여호와의 말씀이다. "너희는 일어나 게달을 치고 저 동방 사람들을 멸망시켜라."

(28절) “게달”(Kedar)은 요단 동편 사막에 거하는 아라비아 유목 부족의 명칭으로, 이스마엘 자손이다. 베두인 족이라 부르기도 한다. 암몬의 동쪽에 거주했다. “하솔”(Hazor)은 북팔레스타인에 있는 성읍으로 별로 유명하지는 않았다. 반유목민인 아라비아 족속이 그곳에 살았기 때문에 이 족속을 국가화시킨 것으로 이해되고 있다. 원문에는 “하솔 왕국들”(the kingdoms of Hazor)이라 했다.

“그들의 장막과 양떼를 빼앗고, 그들의 휘장과 세간도 모조리 빼앗아라. 그들에게서 낙타도 빼앗아라. 그리고 그들에게 외치기를 ‘너희 사방에는 두려움(무서운 적들)만 있다’ 하라.”(29절) “두려움이 사방에 있다”는 말은 “너희는 포위되었다”는 뜻으로, 공포를 일으키는 침략자의 말이다.

“나 여호와가 말한다. 하솔 백성들아, 너희는 멀리 도망하여 깊숙한 곳에 가서 숨어라. 바벨론의 느부갓네살 왕이 너를 칠 계획과 방안을 세워 놓았다.”(30절) 공격을 피할 수 없다.

“바빌로니아야, 저렇게 마음을 놓고 평안히 사는 (태평하게 살아가는) 민족에게 어서 쳐 올라가거라. 그들은 성문도 없고 빗장도 없이 멀리 떨어져 홀로 살고 있다. 여호와의 말씀이니라.”(31절) “평안히”(*labetah*, securely)는 “안정하다고 생각하며”의 뜻을 가지고 있다. 하나님의 심판을 깨닫지 못하고 자신의 장래를 낙관적으로 생각하는 것을 말한다. 그런 가운데서 당할 것이다.

“그들의 낙타와 가축이 약탈당할 것이다. 살쩍을 깎는(옆머리를 잘라 낸) 이 이방인들을 내가 아무 데나 흩어 버리고 사방에서 재앙을 불러들여 그들에게 밀어닥치게 하겠다.”(32절) “살쩍을 깎는 자들”은 하솔 족속을 가리키는 말이다. 살쩍(옆 머리털)을 깎는 것은 그들의 우상숭배와 관련이 있다.

“하솔이 시랑의 소굴이 되어 영영 황폐할 것이므로 거기에 머물거나 사는 자가 아무도 없을 것이다. 이것은 나 여호와의 말이다.”(33절) 하솔은 B. C.

598년 느부갓네살의 침략으로 멸망되어 역사에서 사라졌다. 시랑(*tannim*, jackals)은 여우와 이리의 중간형으로, 개과에 속한다. 용(dragons, YLT)으로 번역한 것도 있다. 개역개정에는 "큰 뱀"으로 번역했다.

5. 엘람에 대한 예언(34-39절)

이것은 시드기야가 유다 왕이 된지 얼마 되지 않은 때에 하나님께서 엘람에 대하여 예레미야에게 하신 말씀이다(34절) "엘람"(Elam)은 "높은 지대"라는 뜻으로, 좁게는 지금의 이란 동남쪽에 있는 도시로 보기도 하며 도시국가를 형성했던 것으로 보인다. 넓게는 바벨론 동쪽에서 페르시아 만까지의 지역을 가리키기도 한다.

만군의 여호와께서 말씀하신다. "보라 엘람의 힘의 원천인 활을 내가 꺾어 버리겠다."(35절) 엘람은 활 쏘는 기술이 뛰어났다. 그런데 그 활을 꺾으시겠다는 것이다.

"내가 하늘 사방에서 바람을 일으켜 엘람을 곳곳에 흩어 버릴 것이니 엘람에서 쫓겨난 자들이 가지 않는 나라가 없을 것이다."(36절) 엘람 사람들이 각 나라로 유배될 것이라는 말씀이다.

"내가 엘람 백성들로 그들의 생명을 노리는 원수들 앞에서 두려워 떨게 할 것이며 나의 분노의 재앙을 그들에게 내리고 그들을 전멸시킬 때까지 칼을 보내 그들의 뒤를 따르게 할 것이다."(37절) 하나님이 엘람에 내릴 심판이다.

"나는 엘람 왕과 고관들을 그 땅에서 멸절시키고, 엘람에 나의 보좌를 놓겠다. 나 주의 말이다."(38절) 이것은 징벌의 의미를 나타낸다. "그러나 훗날에는 내가 사로잡혀 간 엘람의 포로를 돌아오게 할 것이다."(39절). 심판 후 엘람을 다시 원상태로 회복시키시겠다는 말씀이다.

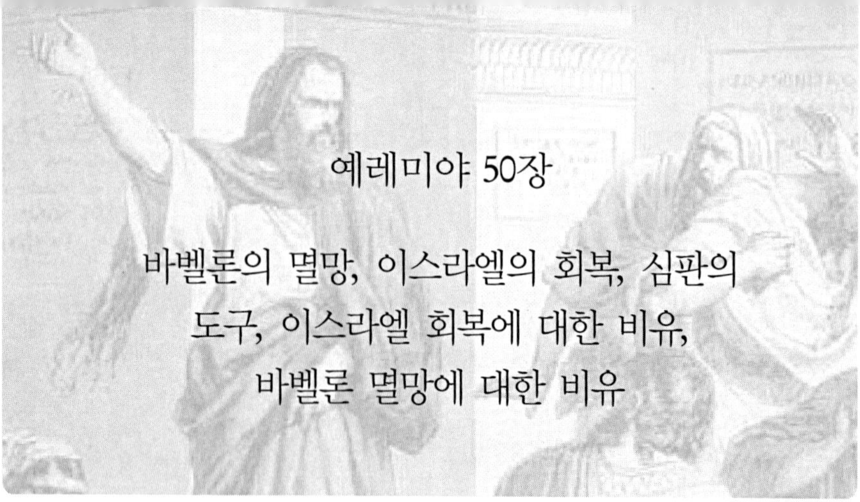

예레미야 50장

바벨론의 멸망, 이스라엘의 회복, 심판의 도구, 이스라엘 회복에 대한 비유, 바벨론 멸망에 대한 비유

1. 바벨론의 멸망(1-3절)

"여호와께서 선지자 예레미야에게 바벨론과 갈대아 사람의 땅에 대하여 하신 말씀이라."(1절) 이것은 하나님께서 예레미야를 통해 바벨론과 그 백성에 대하여 하신 말씀이다

"너희는 나라들 가운데에 전파하라 공포하라 깃발을 세우라 숨김이 없이 공포하여 이르라 바벨론이 함락되고 벨이 수치를 당하며 므로닥이 부스러지며 그 신상들은 수치를 당하며 우상들은 부스러진다 하라."(2절) 바벨론의 멸망을 온 세계에 선포하라는 말씀이다. "바벨론이 함락되고 벨 신이 수치를 당하고 마르둑 신이 공포에 떤다. 그 신상들은 부끄러움을 당하고 바벨론의 우상들이 다 부서지고 말았다."

"벨"(Bel)은 "주"(主) 또는 "신"(神)이란 뜻의 아카드어 "벨루"에서 유래되었으며, 바벨론의 최고 의 신이다. 벨의 또 다른 이름은 "므로닥"(Marduk)이다. 바벨론 제국이 바빌로니아를 수도로 삼은 후 바벨론의 주신으로 추대되었다. 바벨론 왕은 나라의 안녕과 번영을 위해 이 신상 앞에 엎드려 경배했다.

"한 나라가 북쪽에서 나와 바벨론을 치고 그 땅을 황폐하게 할 것이니 사람이나 짐승이 다 달아나고 그 곳에는 살 자가 아무도 없을 것이다."(3절) "한 나라가 북쪽에서 나와서." 이 표현은 지금까지 주로 바벨론을 두고 사용되었지만 여기서는 바벨론을 물리칠 페르시아를 가리킨다. 바벨론이 멸망한다는 말씀이다.

2. 이스라엘의 회복(4-8절)

"나 여호와가 말한다. 그때 이스라엘과 유다 백성들이 울면서 함께 돌아와 그들의 하나님 나 여호와를 찾을 것이다."(4절) "울면서 그 길을 가며"는 바벨론 포로에서 귀환하는 자의 감격을 표현한 말이다. 이스라엘과 유다 백성들이 고국으로 돌아와 하나님을 찾게 된다.

"그들이 그 얼굴을 시온으로 향하여 그 길을 물으며 말하기를 너희는 오라 잊을 수 없는 영원한 언약으로 여호와와 연합하라 하리라."(5절) 그들은 시온으로 가는 길을 물어 그곳을 바라보며 찾아올 곳이다. 돌아온 그들은 잊어버리지 않을 영원한 계약(an everlasting covenant)을 맺고 다시 나 여호와와 연합하게 될 것이다.

"시온"(Zion)은 좁게는 예루살렘 남쪽 언덕을, 넓게는 예루살렘 전체를 의미한다. 다윗의 성과 동일시되기도 한다. 바벨론 포로에서 해방되어 기쁨이 넘치는 사람들은 "시온으로 돌아온 사람"으로 묘사되었다. "연합하라"(*nilwu*, let us join)는 문자적으로 "부부관계가 되다"는 뜻이다. 인생들이 회심하여 하나님과 언약관계를 맺고 그의 백성이 되는 것을 의미한다.

"나의 백성은 길 잃은 양 떼였다. 목자들이 그들을 곁길(그릇된 길)로 인도하여, 그들이 산 속에서 헤맸다. 양 떼가 산과 언덕에서 방황하며, 쉬던 곳을 잊어버렸다."(6절) "목자들"은 이스라엘과 유다의 백성을 잘못 인도한 왕, 선지자, 제사장들을 가리킨다. "산"과 "언덕"은 이방 신상이 안치되어 우상 숭배가 자행되었던 곳을 말한다. 과거 지도자들의 잘못된 인도로 백성들이 우상을 섬김으로써 길 잃은 양떼가 되었음을 지적하고 있다.

"그들을 보는 자마다 그들을 잡아먹었다. 양 떼를 잡아먹은 원수들은 이르기를 '그들이 그들의 주, 곧 의로운 처소이며 조상의 희망인 그들의 주에게 범죄하였으니, 우리에게는 죄가 없다' 하고 말하였다."(7절) 이스라엘과 유다를 치는 자들은 말하기를 "그들이 여호와께 죄를 범했기 때문에 우리가 그들을 쳐도 우리에게는 아무 죄가 없다"고 한다. 죄로 인해 심판을 받았다는 말이다.

"너희는 바벨론 가운데에서 도망하라 갈대아 사람의 땅에서 나오라 양 떼에 앞서가는 숫염소 같이 하라."(8절) 이스라엘 백성들아, 너희는 바벨론에서 도망하라. 그 땅에서 나오되 서로 앞장서서 그 곳을 떠나라. "양 떼에 앞서가는 숫염소 같이 하라."는 것은 하나님께서 바벨론의 포로에서 유다 백성을 풀어주실 때 서둘러 나오라는 뜻이다.

3. 심판의 도구: 연합군에 의한 바벨론의 멸망(9-16절)

"보라 내가 큰 민족의 무리를 북쪽에서 올라오게 하여 바벨론을 대항하게 하리니 그들이 대열을 벌이고 쳐서 정복할 것이라 그들의 화살은 노련한 용사의 화살 같아서 허공을 치지 아니하리라."(9절) "큰 민족의 무리"는 메대와 페르시아 연합군을 말한다. 바벨론은 연합군의 침략을 받을 것이다.

"바벨론(갈대아)이 약탈당할 것이니, 약탈하는 자들이 모두 마음껏 털어갈 것이다. 여호와의 말씀이니라."(10절)

"나의 소유, 나의 백성을 노략한 바벨론아, 너희는 그저 즐거워하고 기뻐서 뛰는구나. 너희는 그저 초원의 송아지처럼 뛰어다니고, 힘센 말처럼 소리를 지르는구나."(11절) 이것은 바벨론이 유다를 삼키며 기뻐하는 모습을 표현한 것이다. "나의 소유"(*nahalati*, My heritage, inheritance)는 이스라엘에 대한 하나님의 소유권을 나타내는 말이다.

"그러므로 너희의 어머니가 큰 수치를 당하리라 너희를 낳은 자가 치욕을 당하리라 보라 그가 나라들 가운데의 마지막과 광야와 마른 땅과 거친 계곡이 될 것이며."(12절) 그러므로 너희의 어머니 바벨론 도성이 크게 수치를 당할 것이며, 너희를 낳은 여인이 치욕을 당할 것이다. 보라, 이제 바벨론은 온 세상에서 가장 뒤떨어진 나라, 메마르고 황량한 사막이 될 것이다.

"어머니"는 도시나 땅, 나라 전체를 가리키는 말이다. "너희 어머니"(*immekem*, your mother)는 도성 바벨론 또는 나라 바벨론을 가리킨다. 바벨론은 망하여 수치를 당한다. "마지막"(aharit, the least)은 "가장 약한 것"을 말한다. 이것은 이제 바벨론은 열방가운데 제일 보잘것없는 나라가 될 것을 말해준다.

"나 여호와의 진노 때문에 바벨론은 사람이 살지 않는 황무지가 될 것이며 그리로 지나는 자마다 그 모든 재앙을 보고 놀라며 조롱할 것이다."(13절) 하나님의 진노로 바벨론은 황무지로 변할 것이다.

"활을 당기는 모든 사람들아, 너희는 바벨론 도성을 에워싸고 진을 쳐라. 그 도성에 활을 쏘아라. 화살을 아끼지 말고 쏘아라. 그 도성은 나에게 범죄하였다."(14절) 바벨론이 하나님 앞에서 죄를 범했으니 전열을 갖추고 그 성을 향해 아낌없이 화살을 쏘라.

"그 주위에서 고함을 지르리로다 그가 항복하였고 그 요새는 무너졌고 그 성벽은 허물어졌으니 이는 여호와께서 그가 행한 대로 그에게 내리시는 보복이라 그가 행한 대로 그에게 갚으시는도다."(15절) 도성을 에워싸고 사방에서 함성을 지르며 그를 쳐라. 이제 바벨론은 항복하였고 그들의 보루(her foundations, 성벽을 받친 기둥 벽들)는 무너졌으며 그 성벽은 파괴되었다. 이것은 나 여호와의 복수이다. 너희도 그에게 복수하며 그가 행한 대로 갚아 주어라.

"파종하는 자와 추수 때에 낫을 잡은 자를 바벨론에서 끊어 버리라 사람들이 그 압박하는 칼을 두려워하여 각기 동족에게로 돌아가며 고향으로 도망하리라."(16절) 너희는 바벨론에서 씨 뿌리는 사람도 멸절시키고, 추수 때에 낫을 든 사람도 멸절시켜라. 그 땅에 씨를 뿌리거나 낫을 휘둘러 추수하지 못하게 하라는 말씀이다. 바벨론에 살고 있는 외국 사람들은, 연합군의 무서운 공격을 피하여 저마다 자기 민족에게로 돌아가고, 자기 나라로 도망할 것이다.

4. 이스라엘 회복에 대한 비유(17-20절)

""이스라엘은 사자들에게 쫓겨서 흩어진 양이다. 처음에는 아시리아 왕이 이스라엘을 양처럼 잡아먹었고, 그 다음에는 바벨론 느부갓네살 왕이 마침내 그 뼈까지 먹어 치웠다."(17절) "이스라엘"은 북이스라엘을 가리킨다. 그들은 아시리아에 망했고, 그 다음 유다는 바벨론에 망했다.

"그러므로 만군의 여호와, 이스라엘의 하나님이 말한다. 내가 아시리아 왕에게 벌을 내렸듯이, 바벨론 왕과 그의 나라에도 벌을 내리겠다."(18절) "내가 아시리아 왕에게 벌을 내렸듯이." 아시리아는 B. C. 612년에 멸망했다.

"이스라엘을 다시 그의 목장으로 돌아가게 하리니 그가 갈멜과 바산에서 양을 기를 것이며 그의 마음이 에브라임과 길르앗 산에서 만족하리라."(19절) 내가 이스라엘 백성을 그의 초장(자기 땅)으로 돌아오게 하겠다. 그들이 갈멜과 바산에서 풀을 뜯고, 에브라임 산지와 길르앗에서 마음껏 먹을 것이다. 갈멜산과 바산에서 자란 식물을 먹고, 에브라임과 길르앗 땅에서 재배되는 농작물을 마음껏 먹을 것이라는 말씀이다. 이것은 이스라엘이 완전히 회복될 것을 말한다.

"갈멜과 바산"은 이어서 나오는 "에브라임과 길르앗 산"과 평행을 이룬다. 갈멜은 이스르엘 평원에 있는 기름진 땅을, 바산은 목축지에 적합한 요단 동편의 길르앗 땅을 말한다.

"여호와의 말씀이니라 그 날 그 때에는 이스라엘의 죄악을 찾을지라도 없겠고 유다의 죄를 찾을지라도 찾아내지 못하리니 이는 내가 남긴 자를 용서할 것임이라."(20절) 하나님께서 말씀하신다. "그 때에는 이스라엘의 죄를 찾아도 없을 것이며 유다의 죄를 찾아도 발견하지 못할 것이다." 이것은 하나님께서 남긴 자(those whom I reserve as a remnant), 곧 살아남게 한 자(남겨둔 자)들을 용서할 것이기 때문이다. 이스라엘과 유다에 대한 용서와 회복이다. 메시야의 날에는 이런 용서와 회복이 있게 된다.

5. 바벨론 멸망에 대한 비유(21-46절)

"이것은 하나님의 말씀이다. 너희는 므라다임의 땅을 치고 브곳 주민들을 공격하여 내가 너희에게 명령한 대로 그들을 섬멸하라."(21절) "므라다임"(Merathaim)은 "거듭된 반역"이라는 뜻을 가진 바벨론 도시이다. 티그리스강과 유프라테스 강이 만나는 남바벨론 마트 마라팀 지역에 자리했다. "브곳"(Pekod)은 "어리석음","징벌"이라는 뜻을 가진 동바벨론 푸쿠드 지역에 있는 도시이다. 예레미야는 이 두 지명을 사용하여 바벨론이 반역의 땅, 징벌 받을 거민이 사는 땅임을 풍자적으로 표현하였다.

"그 땅에 싸움의 소리와 큰 파멸이 있으리라."(22절) "온 세계의 망치가 어찌 그리 꺾여 부서졌는고 바벨론이 어찌 그리 나라들 가운데에 황무지가 되었는고."(23절) "온 세계의 망치"(the hammer of the whole earth)는 바벨론을 가리킨다. 심판의 도구로 사용되었던 바벨론이 세계가 놀라도록 망했다.

"바벨론아, 내가 너를 잡으려고 덫을 놓았는데 네가 알지 못하고 걸려들었다. 네가 여호와와 싸웠으므로 발각되어 잡히고 말았다."(24절) 바벨론을 하나님을 대적한 자로 묘사하고 있다. "싸웠으므로"(hitgarit, contended, challenged)는 문자적으로 "자신을 위해 타인을 격동시키다"는 뜻으로, 교만히 행함으로 하나님을 대적하는 것을 말한다.

"하나님께서 그의 병기창(무기 창고)를 열고 분노의 무기를 끄집어낸 것은 바벨론에 행할 일이 있기 때문이다."(25절) "분노의 무기"(the weapons of His indignation)는 바벨론을 징벌하기 위해 하나님께서 들어 쓰실 나라를 말한다.

"멀리 있는 너희는 와서 그를 치고 곡식 창고를 부수며 성과 집들을 파괴하여 폐허의 무더기로 만들고 하나도 남은 것이 없게 하라."(26절) "먼 곳에 있는 너희"는 페르시아를 가리킨다.

"그의 황소를 다 죽이라 그를 도살하려 내려 보내라 그들에게 화 있도다 그들의 날, 그 벌 받는 때가 이르렀음이로다."(27절) 바벨론의 젊은 황소들을 다 죽여라. 그들을 도살장으로 끌고 가거라. 바벨론이 벌 받을 때가 다가왔기 때문이다. "그의 황소"(her bulls)는 바벨론 거민을 가리킨다. 황소는 힘, 권력, 부 등을 상징하는 은유적 표현이다. 여기서는 페르시아에 의해 멸망당할 바벨론의 유력인사들, 특히 전쟁에 동원된 전사들을 가리킨다.

"바벨론에서 도망쳐 나온 내 백성들이 고국으로 돌아가 그들의 하나님 여호와가 성전을 파괴한 바벨론 사람들에게 어떻게 복수했는지 시온에서 외칠 것이다."(28절) 그들은 외친다. "주 우리의 하나님께서 복수하셨다. 그의 성전을 부순 자들에게 복수하셨다."

"너희는 활 쏘는 사람들을 불러다가 바벨론을 쳐라. 그들이 이스라엘의 거룩한 하나님 앞에서 오만하게 행동하였다. 너희는 바벨론 도성을 포위하고 쳐라. 아무도 빠져 나가지 못하게 하라. 너희는 그들의 소행대로 보복하되 그들이 했던 것과 똑같이 너희도 그들에게 갚아 주어라."(29절) 하나님을 향해 교만한 바벨론에게, 그가 행한 대로 갚아주라.

"그러므로 그 날에 바벨론 청년들이 거리에서 쓰러질 것이며 그 모든 병사들이 전멸될 것이다 여호와의 말씀이니라."(30절) 젊은이와 병사들이 죽는 날이다.

"주 만군의 여호와의 말씀이니라 교만한 자여 보라 내가 너를 대적하나니 너의 날 곧 내가 너를 벌할 때가 이르렀음이라."(31절) 하나님은 자신을 대적한 교만한 자를 벌하신다. "만군의 여호와"(God of Hosts)는 "천군천사의 하나님"으로 "전능하신 하나님", "승리하시는 하나님"의 뜻을 가지고 있다.

"교만한 자가 비틀거리다가 쓰러져도, 일으켜 줄 사람이 아무도 없을 것이다. 그 때에 내가 바벨론 성읍에 불을 질러, 그의 주변까지 다 태워 버리겠다."(32절) 하나님을 대적한 자에게 자비는 없다.

"만군의 여호와께서 이와 같이 말씀하신다. 이스라엘 자손과 유다 자손이 다 함께 억압을 받고 있다. 그들을 포로로 잡아간 자들이 모두 그들을 단단히 붙잡고, 놓아주지 않는다."(33절) 출애굽 때 이집트가 그랬다. 그런데 바벨론도 그런다. 피정복민에 대한 강제적 잔류조치는 마찬가지다.

"그러나 그들의 구원자는 강하니 그 이름은 만군의 여호와이다. 내가 반드시 그들이 원한을 풀어 주겠다. 그들의 땅에는 평안을 주고 바벨론 사람들에게는 불안을 줄 것이다."(34절) 그들이 막고 풀어주지 않으려 해도 하나님은 강하시다. 이스라엘과 유다에는 평안을, 바벨론에는 불안을 주신다. 하나님은 약자의 하나님이시다.

35-38절은 징벌의 방법과 징벌의 범위를 기록하고 있다.

"하나님이 말씀하신다. 칼(전쟁)이 바벨론 사람들과 그 고관들과 지혜로운 자들을 칠 것이다."(35절) "칼이 자랑하는 자(점쟁이)들을 칠 것이니 그들이 어리석은 자가 될 것이다. 칼이 그 용사들을 칠 것이므로 그들이 두려워할 것이다.” (36절) “자랑하는 자” (*habbaddim*, the soothsayers)는 원래 “허풍선이” 라는 뜻이며, 바벨론의 점쟁이들을 가리킨다. 이들의 점술 또한 거짓으로 드러난다.

“칼이 그들의 말과 전차와 그들 중에 있는 여러 민족을 칠 것이니 그들이 여자처럼 무력할 것이며 그들의 보물도 칼날에 약탈당할 것이다.” (37절) “그들 중에 있는 여러 민족” (*haereb*, the mixed peoples)은 잡족으로, 그 땅에 주둔하고 있는 모든 외국군을 말한다. 용병들로 변방에서 고용된 자들이다.

“그 땅에는 조각한 신상이 가득하고 그 백성은 우상에 미쳐 있다. 그러므로 가뭄이 그 땅에 밀어닥쳐 물을 모조리 말려 버릴 것이다.” (38절) “조각한 신상” (carved images)은 문자적으로 “험상궂게 생긴 것들” 로, 우상을 경멸하는 표현이다. 우상을 숭배하는 그 나라 백성들에게 칼(전쟁)에 이어 가뭄의 징벌이 내려진다.

39-40절은 하나님의 심판이 휩쓸고 간 뒤 바벨론의 폐허 모습을 기록하고 있다.

“바벨론은 사막의 들짐승이 들끓고 승냥이(여우, 이리)와 타조가 사는 소굴이 될 것이며 다시는 그 땅에 사는 자가 없고 대대로 그 곳에 머물 자가 없을 것이다.” (39절) 바벨론이 망해 폐허의 땅이 될 것임을 말해준다.

“여호와의 말씀이니라 하나님께서 소돔과 고모라와 그 이웃 성읍들을 뒤엎었듯이 거기에 사는 사람이 없게 하며 그 가운데에 머물러 사는 사람이 아무도 없게 하시리라.” (40절) 바벨론도 소돔과 고모라처럼 멸망시킬 것이라는 말씀이다.

41-46절은 하나님께서 누구를 들어 바벨론을 칠 것인가를 말해주고 있다.

“보라 한 민족이 북쪽에서 오고 있다. 큰 나라가 온다. 여러 왕(수많은 왕)이 충동을 받아 땅 끝에서 일어나리니(저 먼 땅에서 떨치고 일어났다).” (41

절) “한 민족”(am, a people)은 바벨론을 멸망시킬 민족이다. 큰 나라(a great nation)는 페르시아다. “여러 왕”은 한 종주국에 부속된 속방의 왕들이 종주국의 전쟁에 참여하는 것을 말한다.

“그들은 활과 창으로 무장하였으며 잔인하고 무자비하여 그들이 말을 타고 달리는 소리는 성난 바다의 설레임(파도 소리) 같다. 바벨론아, 그들이 너를 치려고 전열을 갖추고 전투태세를 취하고 있다.”(42절) 무자비한 전쟁이 시작된다.

“바벨론의 왕이 그 소문을 듣고 손이 약하여지며 고통에 사로잡혀 해산하는 여인처럼 진통하는도다.”(43절) “손이 약하여지며”(his hands grow feeble)는 대적할 용기를 잃고 맥이 빠져버렸다는 뜻이다. 페르시아의 침략에 직면한 바벨론의 상황을 묘사한 것이다.

44-46절은 에돔을 향한 예언(49:19-21)을 바벨론의 현실에 적용한 것이다.

“보라 사자가 요단 강가의 깊은 숲속에서 푸른 목장으로 나타나듯이 갑자기 침략자가 밀어닥쳐서 견고한 처소, 바벨론을 칠 것이다. 내가 즉시 바벨론 사람들을 그 땅에서 쫓아내고 택한 자를 세워 그 나라를 다스리게 하겠다. 나와 같은 자가 누구인가? 나에게 도전할 자가 누구이며 나와 맞설 목자가 누구인가?”(44절) “택한 자”(*bahur*, a chosdn man)는 페르시아의 고레스 왕을 가리킨다. “목자”(*roeh*, shepherd)는 지상의 통치자를 지칭한다.

“그러므로 나 여호와가 바벨론에 대하여 계획한 것과 그 백성에게 행하려고 하는 일을 들어라. 어린 아이들까지 다 끌려갈 것이며 그 땅은 황폐해질 것이다.”(45절) 바벨론 멸망에 대한 하나님의 계획은 확고하다.

“바벨론이 약탈당하는 소리에 땅이 진동하며 그 부르짖음이 나라들 가운데에 들리리라 하시도다.”(45절) 바벨론이 함락되는 소리가 땅을 흔들고, 바벨론의 통곡소리가 세계 만민에게 들릴 것이다.

예레미야 51장

바벨론의 운명, 하나님의 권능의 심판, 바벨론의 죄악상, 남은 자들을 향한 권고

1. 바벨론의 운명: 바벨론 멸망에 대한 선포(1-14절)

여호와께서 말씀하신다. "내가 바벨론을 치고 레브 카마이의 백성을 치기 위하여, 멸망시키는 자의 심령을 부추기겠다."(1절) 바벨론을 멸망시키는 원수를 일으키겠다. "심령을 부추기겠다."는 것은 "바람을 일으키겠다"는 것으로 대적하는 자를 일으켜 세운다는 뜻이다. "레브 카마이"(*leb*, Leb Kamai)는 갈대아인이라는 뜻을 가진 히브리어 "카스딤"을 암호로 표현한 것이다. 예레미야에서는 이런 암호가 나온다. 바벨론을 "세삭"이라 한 것도 마찬가지다(41절, 렘 25:26).

"또 외국인들을 바벨론에 보내 그 땅을 키질하여 황폐하게 할 것이니 재앙의 날에 그들이 사방에서 바벨론을 공격할 것이다."(2절) "키질"(winnow)은 바람에 곡식을 날려 쭉정이를 버리고 알곡을 모으는 일로, 하나님의 심판을 의미한다.

"바벨론 군대가 활을 당기지 못하게 하고, 갑옷을 입지 못하게 하라 (바벨론 군에게 활을 쏘거나 갑옷 입을 시간을 주지 말라.) 바벨론의 젊은이를 무자비하게 죽이고, 그 모든 군대를 진멸시켜라."(3절) 전광석화처럼 바벨론 군대를 대적해 섬멸하라.

"갈대아(바벨론) 사람들이 자기들의 땅에서 칼에 쓰러져 죽고, 자기들이 사는 거리에서 창에 찔려 죽을 것이다." (4절) "갈대아 사람"은 바벨론의 최후의 왕조를 일컫는 말이기도 하다.

"이스라엘과 유다가 이스라엘의 거룩하신 이를 거역하므로 죄과가 땅에 가득하나 그의 하나님 만군의 여호와에게 버림받은 홀아비는 아니니라." (5절) 이스라엘과 유다가 나에게 범죄하였으나 이스라엘의 거룩한 자, 나 만군의 나 여호와는 그들을 버리지 않았다(not forsaken). "버림받은 홀아비는 아니니라." (not left widowed, HCSB)는 하나님과 이스라엘의 관계를 혼인한 부부관계로 표현한 말이다. 하나님의 버림을 받아 아주 불쌍한 신세가 되지는 않는다는 것이다.

"바벨론에서 도망하여 모두 자기 생명을 구하라. 바벨론의 죄 때문에 멸망당하지 말라. 지금은 나 여호와가 복수할 때이므로 그가 행한 것만큼 갚아 주겠다." (6절) "여호와가 보복할 때"는 약자의 편에 서서 공평과 정의를 실현시키는 하나님의 의를 나타내는 말이다.

"바벨론은 내 손에 들린 금잔이었다. 거기에 담긴 포도주가 온 세상을 취하게 하였다. 세계 만민이 그 포도주를 마시고 미쳐 버렸다." (7절) "금잔" (a golden cup)은 하나님의 진노의 잔을 말한다. 그 진노를 담은 잔이 바벨론이었다. 바벨론은 하나님의 심판의 도구가 되어, 그 진노의 잔을 유다와 이스라엘에게, 열국에게 부었고, 결국 파멸로 이끌었다. 금잔을 바벨론의 찬란한 부와 영광을 상징하는 것으로 보기도 하지만 여기서는 진노의 잔으로 보는 것이 바람직하다.

"바벨론이 갑자기 파멸하였다. 그를 애도하고 통곡하라. 유향을 가져다가 그 상처에 발라 보아라. 어쩌면 나을지도 모른다." (8절) 이제 진노의 잔이 바벨론에 부어져 바벨론이 졸지에 파멸했다. 그 상처가 깊어 길르앗의 유향을 가져다 발라보라. 혹시 나을지도 모른다. 사실 그럴 가능성은 없다는 말이다.

(그 곳에 있는 외국인들의 말을 들어 보라.) "우리가 바벨론을 치료하려고 하였으나, 낫지 않는다. 이제는 바벨론을 내버려 두고, 각자 고향 땅으로 돌아가자. 바벨론의 재앙이 하늘에까지 닿았고, 창공에까지 미쳤다."(9절) 바벨론을 도우려고 하였으나 때는 너무 늦었다. 이젠 바벨론을 버리고 우리 땅으로 돌아가자. 하나님의 심판으로 바벨론이 완전히 망하였다.

"여호와께서 우리 공의를 드러내셨으니 오라 시온에서 우리 하나님 여호와의 일을 선포하자."(10절) 하나님께서 우리의 의로움을 밝혀 주셨으니, 어서 시온으로 가서 우리의 하나님께서 하신 일을 선포하자. "우리 공의"(*sidqotenu*, our righteousness)는 하나님께서 이스라엘을 선택받은 나라로 다시 세우시는 것 자체가 이스라엘에게는 의가 된다는 뜻이다.

"너희는 화살촉을 갈고, 방패를 준비하라. 주님께서 메대(the Medes) 왕의 마음을 움직이셔서 바벨론을 멸하기로 뜻을 세우셨다. 이것은 하나님께서 그의 성전을 무너뜨린 자들에게 하시는 복수다."(11절) "방패를 준비하라"는 것은 무장을 하라는 말이다.

"너희는 바벨론 도성의 성벽을 마주 보며 공격 신호의 깃발을 올려라. 경계를 강화하라. 보초를 세워라. 복병을 매복시켜라. 하나님께서 바벨론 백성에게 하기로 계획하신 것을 말씀하신 그대로 이루실 것이다."(12절)

"많은 물가에 살면서 재물이 많은 자여 네 재물의 한계 곧 네 끝이 왔도다."(13절) 물이 많은 곳에 살며 재물이 많은 자여, 네 수명이 다하였고 네 종말의 때가 되었다. "많은 물가"(many waters)는 바벨론 강변들과, 당시 유프라테스 강을 따라 개발된 거대한 관개수로들을 말한다. "한계"(*qissek*, your end)는 "막다른 골목"이라는 뜻이다. 악인들이 더 이상 악을 행할 수 없도록 하나님께서 해 놓으신 경계를 말한다. 직공이 베를 걷어 말음과 같다.

만군의 하나님께서 그의 삶을 두고 맹세하셨다. "내가 메뚜기 떼처럼 많은 군대로 너를 공격하게 할 것이니, 그들이 너를 이겨 승리의 환호를 할 것이다." (14절) 연합군은 승리하고, 바벨론은 망한다.

2. 하나님의 권능의 심판(15-32절)

15-19절은 회복에 대한 찬양을 담고 있다.

15-16절은 예레미야 10:11-12의 반복이다. 여기서는 창조를 통해 하나님의 위엄을 나타내고 있다.

"권능으로 땅을 만드시고, 지혜로 세계(*tebel*, the world)를 세우시고, 명철로 하늘을 펼치신 분은 하나님이시다." (15절) 하나님께서 권능(power)과 지혜(wisdom)와 명철(understanding)로 창조하셨다. 이것은 바벨론 신화에 나오는 창조설화가 창조의 본질이 아니며, 진정한 창조는 하나님으로부터 비롯되었음을 보여주고 있다.

"하나님께서 호령하시면 하늘에서 물이 출렁이고, 땅 끝에서 먹구름이 떠오르게 하시며, 번개를 일으켜 비를 내리시며, 바람 창고에서 바람을 내보내신다." (16절) 그들이 섬기는 풍요의 신(우상)이 자연을 주관하는 것이 아니라 하나님께서 자연을 주관하신다.

"그러나 사람들은 다 어리석고 무식하다. 금장색(금세공업자들)이 만든 우상으로 수치를 당한다. 이것은 그들이 만든 우상들이 거짓되고 그 안에 생명이 없기 때문이다." (17절) 거짓된 우상을 섬겨 무엇을 얻겠는가. "금장색" (goldsmith, metalsmith)은 금으로 물건을 만드는 일을 업으로 삼는 사람을 말한다.

"그것들은 헛된 것이요 조롱거리이니 징벌하시는 때에 멸망할 것이나." (18절) 우상은 무가치하여 놀림감에 불과하고, 심판 때(벌 받을 때)에 멸망할 수밖에 없다.

"그러나 야곱의 분깃이신 하나님은 그런 것들과는 전혀 다르시다. 그분은 만물을 만드신 분이시고, 이스라엘을 택하여 당신의 소유로 삼으신 분이시다. 그분의 이름은 만군의 여호와이시다."(19절) "분깃"(*beleq*, the portion)은 "한 몫"을 말한다. 본래는 제비뽑기를 뜻하는 말로, 자기의 몫을 차지할 때 제비를 뽑아 결정한 것에 기인하여 "분깃", "몫"이란 말이 나오게 되었다.

20-44절은 바벨론 파멸에 대해 거듭 예언하는 말씀을 기록하고 있다.

하나님께서 말씀하셨다. "바벨론아, 너는 나의 철퇴요, 나의 무기다. 나는 너를 시켜서 뭇 민족을 산산이 부수고, 뭇 나라를 멸망시켰다."(20절) 하나님은 지금까지 바벨론을 심판의 도구로 사용하셨다는 말씀이다. "철퇴"는 쇠몽둥이로 된 병기의 일종이다.

"나는 너를 시켜서 말과 기병들을 분쇄하고(산산이 부수고), 병거(the chariot)와 병거대(its rider)를 산산이 부수었다."(21절) 바벨론을 이용해 멸절시켰다는 말씀이다. "분쇄하고"(break in pieces) "부수다"는 "산산조각을 내다", "가루로 만들다"는 뜻으로, 완전한 멸절을 의미한다.

"나는 너를 시켜서 남자와 여자를 산산이 부수고, 늙은이와 어린 아이도 산산이 부수고, 처녀와 총각도 산산이 부수었다."(22절) 남자와 여자, 노인과 청년, 소년 소녀들을 박살냈다.

"나는 너를 시켜서 목자와 양 떼도 산산이 부수고, 농부와 소도 산산이 부수고, 총독과 지방장관들도 산산이 부수었다."(23절) 목자와 양떼, 농부와 소, 통치자들과 고위 관리들을 박살냈다.

"그러나 이제는 내가 바벨론 땅과 그 백성에게 원수를 갚겠다. 그들이 시온에 와서 저지른 모든 죄악을, 너희들이 보는 앞에서 내가 그들에게 갚아 주겠다. 나 여호와의 말이다."(24절) 이제는 바벨론이 지은 죄악을 갚아주겠다. 바벨론이 심판을 받는다는 말씀이다.

"여호와의 말씀이니라 온 세계를 멸하는 멸망의 산아 보라 나는 네 원수라 나의 손을 네 위에 펴서 너를 바위에서 굴리고 너로 불 탄 산이 되게 할 것이니." (25절) 바벨론아, 너는 온 세상을 멸망시키는 산과 같구나. 그러나 나 여호와는 너의 대적이다. 내가 너를 잡아 절벽에서 굴려 내리고 불탄 산처럼 만들어 버리겠다. "멸망의 산" (destroying mountain)은 바벨론을 비유한 말이다. 위엄 있는 존재라는 측면에서 이 용어를 바벨론에 적용하고 있지만 동시에 멸망할 것이라는 뜻으로 "불 탄 산" (burnt mountain)이라 하였다.

"네가 영원히 황무지가 되어 사람들이 너에게서 모퉁잇돌 하나, 주춧돌 하나도 얻을 수 없을 것이다. 나 여호와의 말이다." (26절) 바벨론이 완전히 파괴될 것을 말해주고 있다.

"땅에 깃발(banner)을 세우고 모든 나라에 나팔을 불어 바벨론을 칠 전쟁 준비를 하라. 아라랏과 민니와 아스그나스 군대를 불러오고 그들을 인솔할 사무관(tipsar, a general, 지휘관, 장수)을 세워 극성스런 메뚜기 떼처럼 그 말들을 몰아오게 하라." (27절) 바벨론을 대적할 연합군이다. 아라랏(Ararat)과 민니(Minni)는 아시리아의 비문에 언급되어 있으며, 아르메니아의 한 지방으로 간주되고 있다. "아그나스" (Ashkenaz)는 우르미아 호수 근처의 도시국가이다. 아시리아에 반기를 들었고, 후에 메대에 편입되었다.

"너희는 세상 만민을 동원하여, 바벨론을 쳐라. 메대의 왕들과, 그 땅의 총독들과, 모든 지방장관과, 그들이 지배하는 모든 속국들을 동원하여, 바벨론을 쳐라." (28절) 연합군을 총동원하여 바벨론을 치라. "메대" 는 지금의 이란 북서부 지역으로 엘벌즈, 페르시아, 메소포타미아 등의 사이에 위치해 있었다. 사르곤 왕에게 추방당한 이스라엘 백성이 갔던 곳에 메대 사람의 여러 고을이 있다(왕하 17:6, 18:11).

"땅이 진동하며 소용돌이치나니 이는 여호와께서 바벨론을 쳐서 그 땅으로 황폐하여 주민이 없게 할 계획이 섰음이라."(29절) 바벨론 땅을 아무도 살지 못할 황무지로 만들려는 나의 계획이, 그대로 이루어지니 땅이 진동하고 뒤틀린다. "소용돌이치나니"(*tahol*, tremble, writhe, sorrow)는 개역한글성경에서 "고통하나니"로 번역했다. 이것은 "뒤틀리다", "심신의 괴로움을 느끼다"는 뜻이다. 하나님의 형벌로 인해 극도로 괴로움에 빠져있는 것을 말한다.

"바벨론의 용사들은 싸우는 것을 포기하고, 그저 산성에 들어앉아 있다. 그들은 힘이 빠져서, 여인들처럼 되어 버렸다. 바벨론의 집들은 불에 타고, 성문의 빗장들도 부러졌다."(30절)

"보발꾼과 보발꾼이 서로 뒤를 이어 달려가고, 전령과 전령이 서로 뒤를 이어 달려가서, 바벨론 왕에게 왕의 도성 사방이 함락되었다고 보고한다."(31절) "보발꾼"(runner)은 전쟁의 소식을 본부에 전하는 전령(messenger)을 말한다. 그들은 패전의 소식을 전한다.

"모든 나루(강나루)도 점령되었으며, 갈대밭도 불에 탔으며, 군인들은 겁에 질려 있다고 보고한다."(32절) "모든 나루는 빼앗겼으며"는 유프라테스 강의 방어선이 무너졌음을 말한다. "갈대밭이 불탔으며." 갈대밭은 복병을 숨겨두어 강을 건너오는 적군을 공격하기 좋은 지형지물이다. 이것이 불탔다는 것은 최후의 방어선이 무너졌다는 뜻이다.

3. 바벨론의 죄악상(33-44절)

나 만군의 주 이스라엘의 하나님이 말한다. "딸 바벨론은 타작마당이다. 농부가 타작마당의 곡식을 밟듯이, 군대가 들어가서 그들을 짓밟을 것이다. 이제 곧 그 마당에서 타작을 할 때가 온다."(33절) 적들이 타작마당이 된 바벨론을 공략해 짓밟을 때가 올 것이다. 일 년에 한 차례씩 타작기회가 돌아오듯이 바벨론에 대한 심판이 필연적이라는 말이다.

시온의 백성이 이렇게 호소할 것이다. "바벨론 왕 느부갓네살이 나를 먹었습니다. 그가 나를 멸망시켰습니다. 그가 나를 빈 그릇처럼 만들어 놓았습니다. 그는 바다의 괴물처럼 나를 삼켜 버렸습니다. 맛있는 음식처럼 나를 먹어 제 배를 채우고는 나를 버렸습니다." "그러니 내가 당한 폭행을 그대로 바벨론에게 갚아 주십시오." 예루살렘이 이렇게 호소할 것이다. "바벨론 백성이 나의 피를 흘렸으니 그들에게 그대로 갚아 주십시오."(34, 35절)

"시혼 백성이 말하리라." "예루살렘이 말하리라." 성전훼파와 바벨론의 잔혹함에 대한 보복을 시온과 예루살렘이 하나님께 호소한다.

그러므로 나 여호와가 말한다. "보라, 내가 너의 송사(호소)를 들어주며, 너의 원수를 갚아 주겠다. 내가 바벨론의 바다를 말리고, 그 땅의 샘들도 말려 버리겠다."(36절) "바벨론은 폐허의 무더기가 되고 여우의 소굴이 되어 놀람과 조소의 대상이 될 것이며 사람이 살지 않는 곳이 될 것이다."(37절)

"바벨론 사람들이 모두 젊은 사자처럼 으르렁거리고, 어미 사자에게 매달리는 새끼들처럼 부르짖을 것이다."(38절) 바벨론은 전리품으로 만족하지 않는 사자이다. 욕망이 대단하다.

"열정이 일어날 때에 내가 연회를 베풀고 그들이 취하여 기뻐하다가 영원히 잠들어 깨지 못하게 하리라 여호와의 말씀이니라."(39절) 그러나 그들이 흥분해 있을 때 내가 그들에게 잔치를 베풀고 그들을 취하게 하여 그들이 기뻐하다가 영원히 잠들어 깨어나지 못하게 하겠다. 그들의 욕망이 최고조로 달해 있을 때 하나님은 그들의 만족을 채워주시겠지만 그 만족은 죽음과 멸망에 이르는 만족이 될 것이다. "취하여"(make them drunk)는 그들이 하나님의 진노의 잔을 마신 것을 말한다.

"내가 그들을 어린 양과 수양과 수염소처럼 도살장으로 끌고 갈 것이다."

(40절) 바벨론의 운명은 파멸이다.

"슬프다 세삭이 함락되었도다 온 세상의 칭찬 받는 성읍이 빼앗겼도다 슬프다 바벨론이 나라들 가운데에 황폐하였도다." (41절) "세삭" (*sesak*, Sheshach)은 바벨론에 대한 별칭이다. "칭찬 받는 성읍"은 열국이 강하고 풍성하다고 칭송하며 부러워하던 바벨론 성을 말한다.

"바다가 바벨론에 넘침이여 그 노도 소리가 그 땅을 뒤덮었도다." (42절) "바다"는 바벨론을 침략하는 메대와 페르시아의 연합군을 말한다. "노도 소리"는 연합군의 저돌적인 공격과 승승장구하는 모습을 나타낸다.

"그 성읍들은 황폐하여 마른 땅과 사막과 사람이 살지 않는 땅이 되었으니 그리로 지나가는 사람이 없도다." (43절) 바벨론 성읍들은 황무지로 변하고, 아무도 살 수 없는 땅이 되었다. 완전히 멸망했다는 말이다.

"내가 바벨론의 신 벨을 벌하고 그가 삼킨 것을 토해 내도록 하겠다. 세상 나라들이 다시는 그를 섬기지 않을 것이다. 바벨론 성벽이 무너졌기 때문이다." (44절) 벨은 바벨론이 섬기는 최고의 신이다. "그가 삼킨 것"은 벨의 이름으로 자행된 열국의 식민화를 뜻한다. 외벽과 내벽으로 이루어진 바벨론 성벽이 무너졌다.

4. 남은 자들을 향한 권고(45-64)

1) 이스라엘을 향한 권면(45-53절)

"나의 백성아, 너희는 바벨론에서 탈출하여 목숨을 건져라. 하나님의 무서운 분노 앞에서 벗어나라." (45절)

"너희는 마음을 나약하게 말며 이 땅에서 들리는 소문에 낙담하거나 두려워하지 말라. 이 해에는 이런 소문이 떠돌고, 저 해에는 저런 소문이 떠돌 것이다. 온 나라에 폭력이 판을 치고, 통치자들이 서로 싸운다는 소문도 들릴 것이다." (46절) "나약하게" (*yerak*, faint)는 "완화하다"는 뜻으로, 어떤 목표를 위하여 품었던 용기가 다른 요인에 의해 상실되는 것을 말한다.

"그러므로 보라, 내가 바벨론의 신상들에게 벌을 내릴 날이 다가왔다. 그 날에 온 나라가 수치를 당하고, 칼에 찔려 죽은 모든 사람이 그 한가운데 널려 있을 것이다." (47절) "날"은 여호와의 날, 곧 심판 날을 말한다.

"바벨론을 멸망시키는 자들이 북녘에서 밀려올 것이니, 하늘과 땅과 그 안에 있는 모든 것이 바벨론의 파멸을 보며 기뻐서 노래할 것이다. 여호와의 말씀이다." (48절)

"바벨론이 이스라엘 백성을 죽인 것처럼 이제 바벨론 땅에서도 수많은 사람이 죽어 쓰러질 것이다." (49절)

"칼을 모면한 이스라엘 사람들아, 멈추지 말고 어서 떠나거라. 너희는 먼 곳에서라도 하나님을 생각하고, 예루살렘을 마음속에 두어라." (50절) "멈추지 말고" (do not stand still)는 문자적으로 "우물쭈물하지 말고"로 "서성거리며 남아있지 말라"는 것이다. 어서 바벨론에서 피하라는 말씀이다. 이를 자신의 삶을 돌이켜 죄악가운데서 떠나라는 말로 해석하기도 한다.

"예루살렘"은 성전이 있던 곳으로, 하나님과 하나님의 통치를 대변하는 중심지를 가리킨다. "예루살렘을 마음에 두라"는 것은 하나님의 임재와 그의 임재로 말미암는 공의와 평화, 거룩함과 사랑을 마음에 두라는 말이다.

너희는 말한다. "외국인이 여호와의 성전에 들어가므로 우리가 수치와 부끄러움을 당하여 얼굴을 들 수 없게 되었다." (51절) "그러나 보아라, 그 날이 오고 있다. 그 날에 내가 바벨론의 우상들에게 벌을 내릴 것이며, 바벨론 온 나라에서 칼에 찔린 자들이 신음할 것이다. 여호와의 말씀이니라." (52절) "우상들을 벌할 것"이라는 것은 바벨론이 성전을 파괴하여 하나님을 이겼다고 잘못 생각한 것에 대한 하나님의 보복이다.

"바벨론이 비록 하늘까지 올라가서 그 높은 곳에 자기의 요새를 쌓아 놓는다 해도, 내가 파괴자들을 보내어 그것을 부수겠다. 여호와의 말씀이니라."(53절) "멸망시킬 자"는 북방에서 나오는 메대와 페르시아의 연합군을 말한다.

2) 바벨론 멸망에 관한 마지막 예언(54-58절)

"바벨론에서 울부짖는 소리가 들려온다. 바벨론 사람들의 땅에서 파멸을 탄식하는 통곡이 들려 온다."(54절)

"나 여호와가 바벨론을 멸망시켜 그 큰 소리(loud voice, 떠드는 소리)를 사라지게 하겠다. 그들의 대적이 많은 물(great waters, 큰 파도)처럼 사납게 밀려오니 그 물결이 요란한 소리(a noise of their voice)를 내는구나."(55절) 연합군이 바벨론을 공격해오는 소리다.

"바벨론을 파괴하는 자가 바벨론으로 쳐들어오니, 바벨론의 용사들이 사로잡히고, 그들의 활이 꺾인다. 하나님은 보복의 하나님(보응하시는 하나님)이시니, 반드시 보복하실 것이다."(56절)

만군의 여호와께서 말씀하신다. "내가 바벨론의 고관들과, 지혜 있는 자들과, 총독과 지방장관들과, 용사들까지 술에 취하게 하여, 그들을 영영 깨어날 수 없는 잠에 빠지게 하겠다."(57절) 바벨론은 하나님의 진노의 잔을 피할 수 없다.

만군의 여호와께서 이와 같이 말씀하신다. "바벨론 도성의 두꺼운 성벽도 완전히 허물어지고, 그 높은 성문들도 불에 타 없어질 것이다. 이렇게 백성들의 수고가 헛된 일이 되고, 여러 민족이 애써 이룩해 놓은 것들이 화염 속에 사라질 것이다."(58절) "수고"(labor, toil)는 문자적으로 "노심초사하다", "매진하다"의 뜻이다. 악인들이 헛된 목표를 이루기 위해 모든 정성을 기울이는 것을 말한다. 그것들이 하나님의 진노로 모두 헛된 일이 되고 만다.

3) 바벨론 멸망 예언의 결론(59-64절)

"유다의 시드기야왕 4년에 마세야의 손자이며 네리야의 아들인 스라야(Seraiah)가 볼 일이 있어 왕과 함께 바벨론으로 가게 되었다. 그때 나는 왕의 수행원인 스라야에게 몇 가지 일을 지시했다. 스라야는 병참감이었다."(59절) 시드기야 제4년은 유다와 모압, 암몬, 이집트 등의 반바벨론 연합세력이 형성된 해이다. "병참감"(*menuhah*, quartermaster)은 군대의 식량과 군수품을 취급하는 관리로, 공물도 관리했을 것으로 추정된다. 스라야는 예레미야를 돕는 바룩의 형제이다.

"예레미야는, 바벨론에 내릴 모든 재앙 곧 바벨론을 두고 선포한 이 모든 말씀을, 한 권의 책으로 기록하였다."(60절) "한 책"은 두루마리를 가리킨다.

그리고 예레미야가 스라야에게 말했다. "당신이 바벨론에 도착하면 이 책에 기록된 모든 말씀을 반드시 다 읽고 이렇게 말하시오. '여호와여, 주께서는 이 곳을 멸망시키고 사람이나 짐승이 살지 못하게 하여 영영 황폐한 곳으로 만들어 버리겠다고 말씀하셨습니다.'"(61, 62절)

"그리고 당신이 이 책을 다 읽으면 여기에 돌을 매달아 유프라테스 강에 던져 넣고 이렇게 말하시오. '여호와께서 내릴 재앙으로 바벨론이 이처럼 가라앉아 다시는 일어나지 못할 것이다. 다시는 떠오르지 못하고 쇠퇴할 것이다.'" 여기까지가 예레미야의 말이다.(63, 64) 하나님의 징벌로 인해 바벨론이 회복이 불가능할 정도로 멸망하게 되리라는 말씀이다. 이것으로 바벨론에 대한 예레미야의 예언이 끝났다.

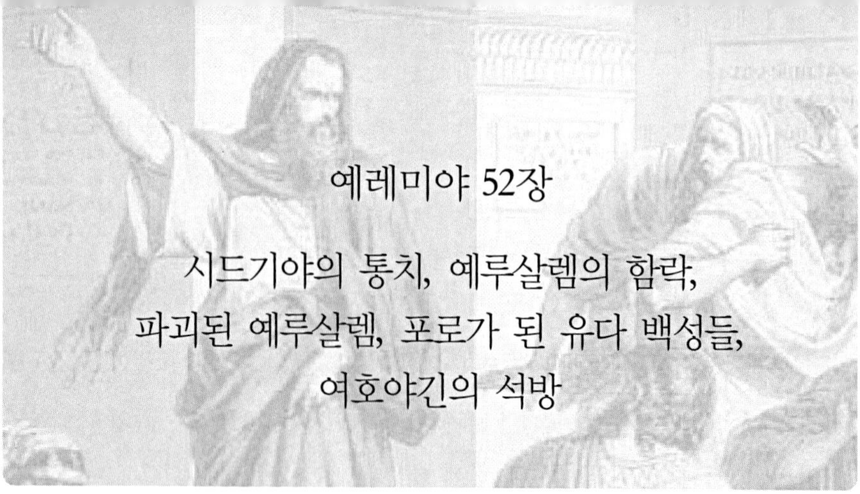

예레미야 52장

시드기야의 통치, 예루살렘의 함락, 파괴된 예루살렘, 포로가 된 유다 백성들, 여호야긴의 석방

1. 시드기야의 통치(1-3절)

"시드기야는 21세에 왕위에 올라 예루살렘에서 11년을 통치하였다. 그리고 그의 어머니는 립나 사람 예레미야의 딸인 하무달이었다."(1절). 시드기야는 B. C. 597년 바벨론에 의해 여호야긴의 후임으로 세워진 유다 20대 왕으로, 유다 마지막 왕이다. 여호야긴의 삼촌이자 요시야의 셋째 아들이다. 시드기야는 11년 동안 통치했다. 하무달(Hamutal)은 요시야의 아내이자, 여호아하스와 시드기야의 어머니다.

"그는 여호야김의 모든 행위를 본받아 여호와께서 보시기에 악을 행하였다."(2절) 시드기야에 대한 하나님의 평가이다. 하나님 보시기에 악한 왕이었다. 이것은 그가 종교적으로 혼합주의 정책을 답습한 때문인 것으로 추정된다(렘 32:31). "그래서 하나님께서는 예루살렘과 유다 백성에게 노하셔서 결국 그들을 하나님 앞에서 쫓아내셨다. 게다가 시드기야는 바벨론 왕을 배반했다."(3절) 바벨론에 의해 세움을 받은 시드기야가 반기를 든 것이다. 배반은 B. C. 593년의 일이다.

2. 예루살렘의 함락(4-11절)

"그래서 시드기야 왕 9년 10월 10일에 바벨론의 느부갓네살 왕이 그의 모든 군대를 이끌고 와서 예루살렘 주변에 토성을 쌓고 시드기야 왕 11년까지 포위하였다."(4, 5절) 예루살렘은 B. C. 587년 1월부터 B. C. 586년 7월까지 18개월 동안 포위되었다.

"그런데 성 안에 기근이 심하여 그 해 4월 9일에 백성들이 먹을 식량이 다 떨어지고 말았다."(6절)

"드디어 성벽이 뚫렸다. 이것을 본 왕은, 바벨론 군대가 도성을 포위하고 있는데도 밤을 틈타서 모든 군사를 거느리고, 왕의 정원 근처, 두 성벽을 잇는 통로를 지나 도성 바깥으로 빠져 나와 아라바 쪽으로 도망하였다."(7절) 성벽을 파괴하는 자의 접근을 막을 수 없을 만큼 유다의 힘이 쇠잔했다. "아라바"(Arabah)은 사해 남쪽의 험준한 계곡이다.

"그러나 바벨론 군대가 시드기야 왕을 추격하여, 여리고 평원에서 그를 사로잡았다. 그러자 시드기야의 군사들은 모두 그를 버리고 흩어졌다."(8절) 시드기야는 생포되고, 그의 군사들은 혼비백산하여 도망했다.

"그들은 왕을 잡아 가지고 하맛 땅의 리블라에 머물러 있던 바벨론 왕에게 끌고 갔으며 느부갓네살 왕은 거기서 그를 심문하였다."(9절) 하맛 땅 리블라(Riblah)는 다마스쿠스 북방에 있는 하맛 땅에 있는 전략적 요충지이다. 립나라 하기도 한다. 느부갓네살은 예루살렘 공격 때 이곳에 본영을 설치하고 있었다.

10-11절은 시드기야와 그 일족, 유다 요인들의 처참한 최후를 기록하고 있다.

"바벨론 왕은 시드기야의 아들들을 그가 보는 앞에서 처형하고, 역시 리블라에서 유다의 고관들도 모두 처형하였다."(10절) 시드기야가 두 눈으로 마지막으로 본 것은 가족에 대한 학살 장면이었다.

"그리고 바벨론 왕은 시드기야의 두 눈을 뺀 다음, 쇠사슬로 묶고, 바벨론으로 끌고 가서, 그가 죽는 날까지 감옥에 가두어 두었다."(11절) 소경이 된 시드기야는 바벨론에 끌려가 옥사하고 말았다. 왕의 옥사 기록은 여기에만 나타나 있다.

3. 파괴된 예루살렘(12-23절)

"바벨론 왕 느부갓네살 제19년 5월 10일에, 바벨론 왕의 어전 사령관(근위대장) 느부사라단이 예루살렘으로 왔다."(12절) 유대에서는 즉위하는 해를 통치 1년으로 계산하는 반면, 바벨론에서는 즉위 다음 해를 통치 1년으로 계산한다. 29절의 18년과 그 시기가 다른 것은 연대를 유대적 관점에서 기록했기 때문이다.

"그는 성전과 궁전에 불을 지르고 예루살렘의 모든 집과 중요한 건물들을 다 태워 버렸다."(13절) 개역개정에는 "고관들의 집"(the great houses)이라 번역했다. 이것은 "중요한 건물들", "큰 건물들"을 말한다.

"또 그의 부하들은 예루살렘의 성벽을 모조리 헐어 버렸다."(14절) 성벽조차 모두 헐린 것이다.

"사령관 느부사라단은 백성 가운데서 가장 가난한 사람들과, 도성 안에 남은 나머지 사람들과, 바벨론 왕에게 투항한 사람들과, 나머지 기술자들을 모두 포로로 잡아갔다."(15절) 바벨론은 유다의 모든 지도급 인사들을 모조리 잡아가고, 백성 가운데 가난한 자 일부, 도성 안 사람들을 포로로 잡아갔다.

"그는 그 땅에서 가난한 사람들 일부를 남겨 두어 포도원을 가꾸고 농사를 짓게 하였다."(16절) 가난한 자, 비천한 자는 남겨두어 농사를 짓게 했다. 하나님은 바벨론으로 하여금 가난한 자를 돌보지 않았던 유대 지도자들을 벌하시고 가난한 백성들에게 땅을 나눠주게 하셨다.

"바벨론 군대는 성전의 두 놋기둥(pillars)과 놋받침(carts)과 놋대야

(bronze sea, 놋으로 만든 거대한 물탱크)를 깨뜨려 그 놋을 바벨론으로 가져 갔다." (17절) "두 놋기둥"은 성전을 지탱하는 지주가 아니라 장식품으로 제조된 우편기둥 야긴과 좌편기둥 보아스를 가리킨다. 이 두 기둥은 광야의 불기둥을 상징한 것으로 추정하고 있다. 놋대야는 놋바다로 번역하기도 하는데, 이것은 제사장들의 정결의식을 위한 것이다.

"또 솥과 부삽과 부집게와, 대야와 향 접시와 제사를 드릴 때에 쓰는 놋쇠 기구를 모두 가져 갔다. 그들은 잔과 화로와 주발과 솥과 촛대와 국자와 술을 따르는 그릇도 가져갔는데 이 모든 것은 금과 은으로 만든 것들이었다." (18, 19절) 각종 성전기물들도 빼앗겼다. 잔은 희생의 피를 담는 기구이다.

"솔로몬 왕이 성전을 위해 만든 두 놋기둥과 거대한 물탱크와 그것을 떠받치고 있는 열두 마리의 놋소와 그리고 놋받침에 사용된 이 모든 놋은 너무 많아 그 중량을 측정할 수가 없었다." (20절) 솔로몬 왕 때 만들어진 이 모든 것들이 잘 보존되어 왔으나 전리품이 되어 바벨론에 모두 빼앗기고 말았다. 하나님은 이런 사건이 일어날 것을 이미 히스기야 때 말씀해주었다. 그가 이 모든 것을 자랑삼아 보여주었기 때문이다.

"두개의 그 놋기둥은 높이가 각각 18규빗(8.1미터)이고 둘레가 12규빗(5.4미터)인데 그것은 속이 비었고 그 두께는 손가락 네 개가 놓일 수 있을 정도였다." (21절)

"그 기둥 위에는 놋으로 덮개를 씌웠으며 그 덮개 높이는 5규빗(약 2.3미터)이고 그 둘레는 그물 세공과 놋석류로 장식되어 있었다. 두 개의 그 놋기둥은 모두 똑같은 모양으로 만들어졌다." (22절)

"기둥 하나에 놋석류가 각각 100개씩 붙어 있으며 측면에서 볼 수 있는 것은 96개였다." (23절) 석류는 "선한 지식"을 상징한다. 제사장의 예복인 에봇 위에도 석류를 수놓았고, 야긴과 보아스 기둥머리에도 석류로 장식했다.

이제 이 모든 것들이 바벨론의 전리품이 되고 말았다.

4. 포로가 된 유다 백성들(24-30절)

"그리고 사령관 느부사라단은 대제사장 스라야, 부제사장 스바냐, 성전 경비원 세 사람, 군 지휘관 한 사람, 왕의 보좌관 7명, 징집 담당 서기관 한 사람, 그 밖에 성 안에 남아 있던 사람 60명을 생포하여 리블라(립나)에 있는 바벨론 왕에게 끌고 갔다."(24-26절)

바벨론 왕은 느부갓네살을 말한다. 요인에 대한 선별 이송을 명령한 사람은 느부갓네살 왕이었다. 느부사라단은 유대 포로들을 왕에게 끌고 갔다.

"바벨론 왕은 하맛 땅에 있는 그 곳 리블라(립나)에서 그들을 모조리 처형시켰다. 이렇게 해서 유다 백성들은 포로가 되어 고국을 떠나게 되었다."(27절) 이 말은 1-27절까지의 결론이다.

"느부갓네살이 포로로 잡아간 사람들의 수는 다음과 같다. 그의 통치 7년(느부갓네살의 통치 연수로, 바벨론의 관점에서 계산한 연대)에 유다 사람 3,023명, 18년에 예루살렘 사람 832명, 23년에 사령관 느부사라단을 통해 잡아간 유다 사람 745명 등 모두 4,600명이었다."(28-30절)

열왕기상 24:14에서는 10,800명으로 나온다. 열왕기상의 숫자는 잡혀간 전체 인원을 말하는 것이라면 예레미야는 성인 남자 수만 계산한 것으로 보인다. (여기에 계수한 4,600인은 특정 계층을 가리키는 것으로 보는 주장도 있다.) 느부사라단이 유대인을 사로잡은 이유는 반란을 진압하고, 그다랴를 암살한 것에 대해 뒤늦게나마 보복을 하기 위한 것으로 보인다. 에스라서에 따르면 훗날 포로에서 돌아온 자의 수가 42,365명이다(스 2:64).

5. 여호야긴의 석방(31-34절)

"유다의 여호야긴 왕이 포로로 잡혀간 지 37년째가 되는 해에 에윌므로닥이 바벨론 왕으로 즉위하면서 그 해 12월 25일에 여호야긴 왕의 머리를 들어 주었고 감옥에서 풀어 주었다.."(31절)

"에윌므로닥"(Evil-merodach, Amel-Marduk)은 "마르둑 신의 종"이라는 뜻으로 B. C. 562-560년 동안 짧게 통치했다. 느부갓네살의 아들인 그는 느부갓네살을 이어 왕이 되었다. 그는 여호야긴을 선대했다. "머리를 들게 하고"(lifted up the head)는 "높이다", "명예롭게 하다", "용서하다", "후대하다"는 뜻을 담고 있다. 처벌을 면제할 뿐 아니라 높은 지위를 주어 명예롭게 한다는 말이다.

"그는 여호야긴에게 친절하게 대접하여 주면서, 그와 함께 바벨론에 있는 다른 왕들의 자리보다 더 높은 자리를 그에게 주었다. 그래서 여호야긴은 죄수복을 벗고, 남은 생애 동안 늘 왕과 한 상에서 먹었다."(32, 33절) 죄수의 신분에서 벗어난 그는 "바벨론에 있는 다른 왕들", 곧 바벨론에 사로잡혀온 (포로생활을 하고 있는) 다른 왕들보다 후한 대접을 받았다.

"그가 날마다 쓸 것을 바벨론의 왕에게서 받는 정량이 있었고 죽는 날까지 곧 종신토록 받았더라."(34절) 그는 죽는 날까지 매일 일정한 양의 물품, 곧 생계비 지원을 받았다. "죽는 날까지." 이것은 죽는 날까지 감옥에 갇혀있던 시드기야와, 감옥에서 풀려나 죽는 날까지 바벨론 왕에게서 극진히 대접을 받은 여호야긴과 대조되고 있다.

예레미야애가의 이해

Lamentations

예레미야애가 1장

예루살렘의 멸망, 예레미야의 슬픔, 하나님을 향한 호소

1. 예루살렘의 멸망: 환난을 당한 예루살렘의 적막함(1-11절)

"슬프다 이 성이여 전에는 사람들이 많더니 이제는 어찌 그리 적막하게 앉았는고 전에는 열국 중에 크던 자가 이제는 과부 같이 되었고 전에는 열방 중에 공주였던 자가 이제는 강제 노동을 하는 자가 되었도다."(1절) 사람들로 붐비던 예루살렘이 적막강산이 되었다. 으뜸이던 예루살렘이 과부처럼 되었다. 모든 나라 가운데 공주였던 예루살렘이 노예가 되었다. 모든 것이 뒤바뀌었다.

"공주"(sarati, princess)는 하나님의 사랑을 받아 영광을 누렸던 예루살렘의 지위를 의미한다. "여왕"으로 번역하기도 한다. "강제 노동을 하는 자"는 공주와 대구를 이루는 말로, 예루살렘이 멸망하여 신분이 격하되었음을 말해주고 있다.

"이 도성이 밤새도록 슬픔에 흐느껴 눈물이 뺨을 적셔도 사랑하던 자 중에 그를 위로하는 자가 없고 친구도 다 그를 배반하여 원수가 되었도다."(2절) 신랑을 잃은 과부 예루살렘이 슬픔으로 밤을 지새운다. 그래도 그를 위로하는 사람이 없다. 친구들은 유다 주변의 우방 국가들을 말한다. 유다가 위기에 처하자 그들도 유다를 버렸다.

"유다가 고통과 고된 노역에 시달리더니, 이제는 사로잡혀 뭇 나라에 흩어져서 쉴 곳을 찾지 못하는데, 뒤쫓는 모든 자들이 막다른 골목에서 그를 덮쳐

잡는구나."(3절) 유다 사람들이 많은 고통과 시련을 겪더니, 결국 포로가 되었다. 이제 남의 땅에 살게 되어 평안을 찾을 수 없다. 그들을 추격하는 자들이 그들을 결국 궁지에 몰아넣고 말았다. 이것은 유다 백성들이 포로로 잡혀가서 막다른 곤궁에 이르렀음을 말한다. 유다 백성들 중에도 바벨론에 항복한 자에게는 평강이 있었다. 그래도 나라를 잃었는데 그것이 어찌 참된 평안이겠는가.

"시온으로 가는 길이 참으로 쓸쓸하다. 명절이 되었는데도 순례자가 없고, 시온 성으로 들어가는 모든 문에도 인적이 끊어졌다. 제사장들은 탄식하고, 처녀들은 슬픔에 잠겼다. 시온이 이렇게 괴로움을 겪는구나."(4절) 여기서 제사장과 처녀들은 당시 예루살렘에는 거한 두 종류의 거민을 대표한다. 제사장들은 무너진 성전을 지키는 하급 제사장들이고, 처녀들은 절기 때마다 춤을 추어 즐겁게 했던 여자들이다. 이젠 순례자들이 없어 그들이 아무 역할도 하지 못하게 되었다.

"이젠 대적들이 머리가 되고, 원수들이 번영하고 있다. 유다의 죄가 많아 하나님께서 그를 슬픔 가운데 빠지게 하셨기 때문이다. 어린 자녀들마저 대적에게 사로잡혀 멀리 끌려갔다."(5절) 완전이 주인이 바뀌었다. 유다의 죄가 커 징벌을 받았기 때문이다.

"딸 시온의 모든 영광이 떠나감이여 그의 지도자들은 꼴을 찾지 못한 사슴들처럼 뒤쫓는 자 앞에서 힘없이 달아났도다."(6절) "모든 영광"(all her splendor)은 유다가 누렸던 모든 영화를 말한다. 그러나 이제 영광의 본질인 하나님 자신의 임재가 떠났다. 지도자들은 시드기야를 비롯한 유다의 통치자들을 가리킨다. 이들을 도망자로 그리고 있다.

"예루살렘이 환난과 유리하는 고통을 겪는 날에, 지난날의 그 모든 찬란함을 생각하는구나. 백성이 대적의 손에 잡혀도 돕는 사람이 없고, 대적은 그가 망하는 것을 보며 좋아한다."(7절) "유리하는 고통"(all her roaming affliction)은 문자적으로 추방 또는 핍박을 뜻한다. 곤고한 날에 과거를 회상한들 무슨 도움이 될까. 아무도 그를 도와주는 자가 없고, 대적은 오히려 비웃는다.

"예루살렘이 크게 죄를 짓더니, 마침내 조롱거리가 되었다. 그를 떠받들던 자가 모두 그의 벌거벗은 모습을 보고서 업신여기니, 그가 탄식하며 자기 얼굴을 가리는구나."(8절) 예루살렘이 죄로 인해 조롱거리가 되었다. 유다를 칭송하던 자들이 돌아서 업신여긴다. 예루살렘은 이제 한숨지으며 얼굴을 들지 못한다.

"그의 더러운 것이 옷깃(치마)에 묻었으나 그의 나중(자기 앞날의 운명)을 생각지 않았다. 그 멸망의 상태가 놀랍도록 비참해도 그를 위로할 자 없다. 그가 부르짖는다. '여호와여, 원수가 스스로 큰 체하오니(의기양양하오니) 나의 환난을 돌아보소서.'"(9절) "더러운 것이 그의 옷깃에 묻어 있으나"는 유다의 죄악(우상숭배)을 간음으로 묘사하고 있다. 하나님과 이스라엘의 언약관계는 자주 혼인관계로 표현된다. "놀랍도록"(*pelaim*, awesome)은 복수형으로 비참함의 정도가 놀라울 정도로 크다는 것을 보여준다.

"대적이 손을 펴서 그의 모든 보물들을 빼앗았나이다 주께서 이미 이방인들을 막아 주의 성회에 들어오지 못하도록 명령하신 그 성소에 그들이 들어간 것을 예루살렘이 보았나이다."(10절) 하나님께서는 이방인이 성전에 들어가는 것을 금하셨는데 예루살렘은 원수들이 성전에 들어가서 보물을 모두 가져가는 것을 목격했다.

"이미 이방인들을 막아." 본래는 암몬 사람과 모압 사람이 주의 성회에 참여하지 못하도록 했다. 그들이 아브라함의 혈족임에도 금지되었다면 다른 이방인들은 더욱 금지된 것이다. 그런데 그들이 성전에 들어가 성전 기물들을 모두 약탈했다.

“그 모든 백성이 생명을 이으려고 보물로 먹을 것들을 바꾸었더니 지금도 탄식하며 양식을 구하나이다 나는 비천하오니 여호와여 나를 돌보시옵소서.”(11절) 이 구절은 심한 기근으로 인해 백성들이 소중히 간직했던 보물이 양식을 위해 헐값에 넘어가는 것을 묘사하고 있다. 예루살렘 주민이 탄식하며 하나님께 부르짖는다. “여호와여, 내가 가련하게 되었습니다. 나를 돌아보소서.”

2. 예레미야의 슬픔: 황폐된 예루살렘으로 인한 슬픔(12-19절)

“지나가는 모든 사람들아, 이것이 너희에게는 아무렇지도 않느냐? 내가 당하는 이런 고통이 어디 있는가? 이것은 하나님께서 분노하시던 날에 그가 나에게 주신 고통이다.”(12절) 너희는 나의 슬픔을 보고 아무렇지도 않느냐. 나와 같은 슬픔을 가져보라. 이것은 다른 사람이 당한 재난을 보고 경계하라는 말이다. 이것은 하나님의 진노 때문이나 결코 당신도 무관하지 않다.

“높은 곳에서 나의 골수에 불을 보내어 이기게 하시고 내 발 앞에 그물을 치사 나로 물러가게 하셨음이여 종일토록 나를 피곤하게 하여 황폐하게 하셨도다.”(13절) 하나님께서 저 높은 곳에서 불을 보내셔서 내 뼈 속 깊이 들어가게 하시고, 내 발 앞에 덫을 놓아서 걸려 넘어지게 하셨으며, 나를 폐인으로 만드셔서 온종일 힘이 없게 하셨다. 하나님께서 징계하셨다는 말이다. “나의 골수”(my bones)는 예루살렘을 상징한다.

“내 죄악의 멍에를 그의 손으로 묶고 얽어 내 목에 올리사 내 힘을 피곤하게 하셨음이여 내가 감당할 수 없는 자의 손에 주께서 나를 넘기셨도다.”(14절) 하나님께서 내가 지은 죄를 묶고 얽어서 멍에를 만드시고, 그것을 내 목에 얹어서 힘을 쓸 수 없게 하셨다. 하나님께서 나를 내가 당할 수도 없는 사람의 손에 넘기셨다.

"주께서 내 영토 안 나의 모든 용사들을 없는 것 같이 여기시고 성회를 모아 내 청년들을 부수심이여 처녀 딸 유다를 내 주께서 술틀에 밟으셨도다." (15절) "내 영토 안 나의 모든 용사들"은 예루살렘 성안의 용사라는 말이다. 이들은 제대로 싸워보지도 못하고 성을 빼앗겼다. "성회를 모아"(called an assembly). 성회는 원래 하나님께 제사를 드리기 위한 명절의 성회를 의미하지만 여기서는 유다를 멸망시키려고 모인 이방 군대를 가리킨다. "술틀"(gat, winepress). 포도원에는 반드시 포도즙을 짜는 틀이 있었다. 포도를 술틀에 넣고 발로 밟아 짰다. 이것은 예루살렘을 향한 하나님의 심판이 얼마나 철저했는가를 보여준다. 누가 하나님의 진노를 피할 수 있을까. 예루살렘은 꼼짝없이 당할 수밖에 없었다.

"이로 말미암아 내가 우니 내 눈에 눈물이 물 같이 흘러내림이여 나를 위로하여 내 생명을 회복시켜 줄 자가 멀리 떠났음이로다 원수들이 이기매 내 자녀들이 외롭도다."(16절) 이 일로 눈에서 눈물이 쏟아진다. 내게 생기를 되돌려 주고(내 영혼을 소생시키고) 위로하여 줄 이가 가까이에 없다. 원수들이 우리를 이기니, 나의 아들딸들이 처량하게 되었다.

"시온이 두 손을 폈으나 그를 위로할 자가 없도다 여호와께서 야곱의 사방에 있는 자들에게 명령하여 야곱의 대적들이 되게 하셨으니 예루살렘은 그들 가운데에 있는 불결한 자가 되었도다."(17절) 시온이 손을 들어 빌었으나, 그를 위로하는 사람 아무도 없다. 아무리 손을 내밀어도 나를 도와주는 자가 없다. 하나님께서 사방에 있는 적들을 시켜서 야곱을 치게 하셨기 때문에 사람들은 예루살렘을 더러운 성(몹쓸 물건)으로 여긴다. "두 손을 폈으나." 이는 항복과 아울러 의뢰함을 나타내는 행동이다. 여기서 "야곱"은 남방 유다를 가리킨다.

"여호와는 의로우신 분이신데도 나는 그의 명령을 거역하였다. 너희 모든 백성들아, 내 말을 듣고 나의 고통을 보아라. 나의 처녀들과 청년들이 다 사로잡혀갔다." (18절) 예레미야는 예루살렘에 임한 고난에 대해 불평하지 않는다. 오히려 하나님을 거역한 죄 때문임을 인정하였다.

"내가 내 사랑하는 자들을 불렀으나 그들은 나를 속였으며 나의 제사장들과 장로들은 그들의 목숨을 회복시킬 그들의 양식을 구하다가 성 가운데에서 기절하였도다." (19절)

"내 사랑하는 자들"은 유다가 믿고 있던 이웃 나라 등을 가리킨다. 유다가 바벨론에 공격을 받고 있을 당시 에돔, 모압, 암몬, 페니키아 등은 반바벨론 동맹을 체결하였으며, 이들 나라의 요청에 따라 유다도 여기에 가담하였다. 그러나 유다가 위기에 처했을 때 그들은 유다를 돕지 않았다. 제사장들과 장로들은 목숨을 이으려고 먹을 것을 구하다가 성 안에서 쓰러지고 말았다.

3. 하나님을 향한 호소(20-22절)

"여호와여, 나의 고통을 보소서. 내가 주를 거역한 죄 때문에 이처럼 번민하여 괴로워하고 있나이다. 거리에는 칼이 사람을 기다리고 집 안에는 죽음 같은 것(질병과 죽음)이 있나이다." (20절) 선지자는 유다의 죄를 자신의 죄로 여기며 하나님께 재앙의 실상을 아뢰고 있다.

"사람들이 나의 탄식 소리를 들었지만 나를 위로하는 자는 아무도 없습니다. 나의 모든 원수들이 내 고통에 대해서 들었으나 오히려 기뻐하고 있습니다. 주께서 선포하신 날이 이르게 하셔서 내 원수들도 나처럼 고난 받게 하소서." (21절) "나를 위로하는 자"는 1절과 9절에서는 하나님을 가리키지만 여기서는 유다와 동맹관계에 있었던 이웃 나라들을 말한다. "선포하신 날"은 하나님께서 그 대적들의 죄악을 심판하시기로 선포하신 날을 말한다. 유다의 죄뿐 아니라 이방나라의 죄까지도 책임을 물으시는 하나님의 공의를 보여준다.

"여호와여, 저들의 죄악(사악함)을 드러내시고 나의 모든 죄 때문에 나를 벌하신 것처럼 저들에게도 벌을 내리소서. 나에게 탄식할 일이 많고(many sighs) 나의 마음이 병들었나이다(my hearts is faint, 내 마음이 나약해졌습니다)."(22절) 예레미야는 심판 날에 저들의 죄도 다스려 달라고 기도한다. 그리고 이 끝없는 한숨소리, 심장이 멎을 것 같다고 고백한다.

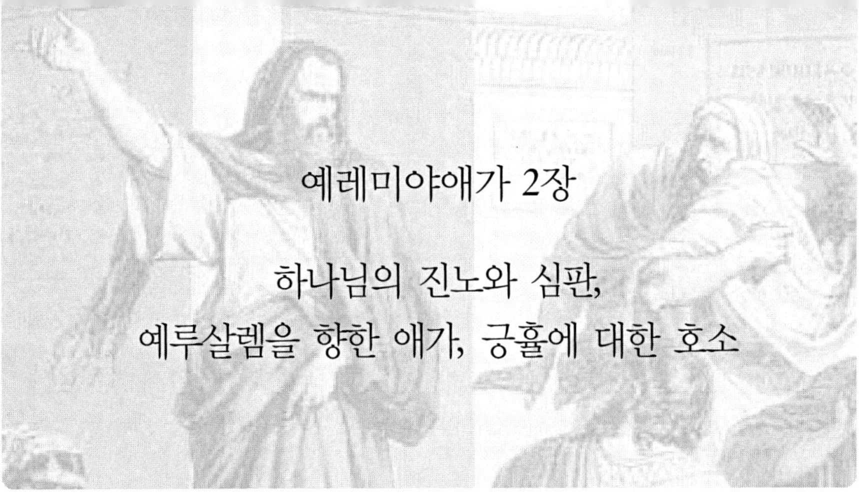

예레미야애가 2장

하나님의 진노와 심판, 예루살렘을 향한 애가, 긍휼에 대한 호소

1. 하나님의 진노와 심판: 성소와 성곽의 훼파(1-10절)

"슬프다 주께서 어찌 그리 진노하사 딸 시온을 분노의 구름으로 덮으셨는가 이스라엘의 아름다움을 하늘에서 땅에 던지셨음이여 그의 진노의 날에 그의 발판을 기억하지 아니하셨도다." (1절)

"딸 시온"은 "이스라엘의 아름다움"과 함께 예루살렘을 상징한다. "구름"은 하나님의 진노를 상징한다. "발판"은 발등상으로, 성전과 그 안에 안치된 법궤를 가리킨다(대상 28:2). 여기서는 성전 또는 예루살렘으로 해석한다.

"하나님께서 야곱의 모든 집을 아낌없이 쓸어버리시고 그의 분노로 유다의 견고한 성을 헐어 바닥까지 무너져 내리게 하셨으며 그 나라와 지도자들을 욕되게 하셨다." (2절) 여기서 야곱은 유다를 가리킨다.

"그가 무서운 분노로 이스라엘의 모든 뿔(힘)을 꺾어 버리셨으며 원수가 접근할 때 도움의 손을 거두시고 맹렬한 불로 야곱 땅을 모조리 태우셨다." (3절) "뿔"(qeren, horn)은 힘과 권위, 그리고 영광을 상징한다. 유다의 힘을 꺾으시고, 그 땅을 진노의 불길로 태우셨다.

"그가 원수처럼 활을 당겨 아름답게 보이는 자들(건장하게 보이는 자들)을 모조리 죽이셨으며 딸 시온의 장막(예루살렘)에 그의 분노를 불처럼 쏟으셨다." (4절) 활은 모든 무기를 통칭하여 대표하는 말이다(신 32:42). 장정들은 죽임을 당했다.

"하나님께서 이스라엘의 원수라도 되신 것처럼 그를 삼키시고, 모든 궁궐들을 삼키시고 견고한 성들(her strongholds, 성채)을 부수시어 딸 유다에 애통(lamentation)과 신음(mourning)을 더하셨다."(5절) 삼키고, 부수고, 애통을 더하셨다.

"주께서 그의 초막을 동산처럼 헐어 버리시며 그의 절기를 폐하셨도다 여호와께서 시온에서 절기와 안식일을 잊어버리게 하시며 그가 진노하사 왕과 제사장을 멸시하셨도다."(6절)

"그의 초막"은 성막을 가리킨다. 원래는 광야시절에 시작되어 사무엘 시대까지 존속했다. 후대에는 성전으로 대치되었다. "그의 초막을 동산처럼 헐어 버리시며", 이것은 이스라엘에서 수확기에 포도원에 초막을 세워 작업을 하다가 수확이 끝나면 철거하듯, 하나님이 영원히 쉴 곳인 성전을 이스라엘의 종교적 타락으로 인해 헐어버리셨다는 말씀이다. "그의 절기"는 백성이 절기를 지키려고 "모이는 장소"(His place of assembly), 곧 성전으로, 그곳을 파괴하셨다. 나아가 하나님께서 시온에서 명절과 안식일을 잊게 하셨고, 분노하심으로 왕과 제사장을 멸시하셨다.

"여호와께서 또 자기 제단을 버리시며 자기 성소를 미워하시며 궁전의 성벽들을 원수의 손에 넘기셨으매 그들이 여호와의 전에서 떠들기를 절기의 날과 같이 하였도다."(7절) 하나님께서 당신의 제단도 버리시고, 당신의 성소도 역겨워하셨다. 궁전 성벽을 원수들의 손에 넘기시니, 그들이 주님의 성전에서 마치 잔칫날처럼 함성을 지른다. "궁정의 성벽들"은 왕궁의 담벽을 가리킨다. "그들이 여호와의 전에서 떠들기를 절기의 날과 같이 하였도다"는 전에는 절기 날에 하나님을 찬양하는 소리로 가득했던 성전이 이제는 바벨론 군대의 연회소리와 소란으로 들끓게 되었음을 말한다.

"여호와께서 딸 시온의 성벽을 헐기로 결심하시고 줄을 띠고 무너뜨리는 일에서 손을 거두지 아니하사 성벽과 성곽으로 통곡하게 하셨으매 그들이 함께 쇠하였도다."(8절) 하나님께서 시온의 성벽을 헐기로 작정하시고 측량줄(qaw, a line)을 갖다 댄 채 무너지게 하시자 망대와 성벽이 통곡하며 폐허로 변하고 말았다.

"줄을 띠고"는 건축자가 집을 지을 때 정확한 자(척량줄)로 치수를 재고 시작하듯, 하나님께서도 택하신 백성들을 지은 죄만큼 엄격히 심판하신다는 상징적인 행동이다. 줄은 하나님의 심판의 척도를 말하며, 이스라엘의 멸망은 하나님의 공의라는 엄격한 기준에 따른 것임을 의미한다.

"그 성문이 땅에 묻히고 빗장은 꺾여 파괴되었으며 왕과 대신들이 이방 나라로 끌려갔다. 이제는 율법도 없고 선지자들은 여호와의 묵시(계시)를 받지 못하는구나."(9절) 성은 파괴되고 왕을 비롯한 지도자들은 포로가 되어 끌려갔다. 율법은 없어지고, 선지자들은 계시를 받지 못한다. 성뿐 아니라 모든 것이 무너졌다.

"딸 시온의 장로들이 땅에 앉아 잠잠하고(아무 말 없이 땅에 주저앉아) 티끌을 머리에 덮어쓰고 굵은 베를 허리에 둘렀음이여 예루살렘 처녀들은 머리를 땅에 숙였도다."(10절) 이 모두 슬픔을 나타내는 행위이다. 장로들은 지도자들을 가리키고, 처녀들은 힘없는 일반 백성들을 가리킨다.

2. 예루살렘을 향한 애가: 심판을 목격한 자의 애가(11-19절)

"내 눈이 눈물에 상하며 내 창자가 끓어지며 내 간이 땅에 쏟아졌으니 이는 딸 내 백성이 패망하여 어린 자녀와 젖 먹는 아이들이 성읍 길거리에 기절함이로다."(11절) 내 백성의 도성이 망하였다. 아이들과 젖먹이들이 성 안 길거리에서 기절한다. 이것을 보니 나의 눈이 눈물로 상하고, 창자가 들끓으며, 간이 땅에 쏟아진다. "간"(meay, heart)은 마음 또는 심장을 나타낸다.

"그들이 성읍 길거리에서 상한 자처럼 기절하여 그의 어머니들의 품에서 혼이 떠날 때에 어머니들에게 이르기를 곡식과 포도주가 어디 있느냐 하도다."(12절) 아이들이 어머니의 품에서 숨져 가면서, 먹을 것 마실 것을 찾으며 달라고 조르다가, 성 안 길거리에서 부상당한 사람처럼 쓰러진다. "기절하여"(attep, swoon, faint)는 심한 굶주림으로 아사 직전의 상태를 가리킨다.

"딸 예루살렘아, 내가 너를 위해 무슨 말을 하며 네 슬픔을 어디에 비할 수 있겠는가? 처녀 딸 시온아, 내가 너를 무엇에 비교하여 너를 위로할까? 네 상처가 바다처럼 깊으니 누가 너를 고칠 수 있겠느냐?"(13절) "바다처럼"은 혼돈과 공허를 연상케 하는 말이다(창 1:2).

"네 선지자들이 네게 대하여 헛되고 어리석은 묵시를 보았으므로 네 죄악을 드러내어서 네가 사로잡힌 것을 돌이키지 못하였도다 그들이 거짓 경고와 미혹하게 할 것만 보았도다."(14절) 하나냐 등 당시 거짓 선지자들은 하나님이 이미 바벨론의 멍에를 깨뜨리셨으며 유다의 포로들이 2년 안에 귀환할 것이라는 등 어리석은 예언을 함으로써 백성들로 하여금 자신들의 죄악이 곧 재앙을 가져올 것이라는 사실에 눈을 돌리지 못하게 했다. 거짓예언으로 백성을 미혹한 것이다.

"모든 지나가는 자들이 다 너를 향하여 박수치며 딸 예루살렘을 향하여 비웃고 머리를 흔들며 말하기를 온전한 영광(더 없이 아름다운 성)이라, 모든 세상 사람들의 기쁨(온 누리의 기쁨)이라 일컫던 성이 이 성이냐 하며."(15절) "박수치며"는 손가락질한다는 말이다. "머리를 흔들며"는 비난과 저주와 거부의 감정을 나타낸 행동으로, 조롱하는 말과 함께 쓰였다. "모든 세상 사람들의 기쁨"은 시온성에 대한 찬사이다. 이 같이 아름다운 성이 멸망을 당해 조롱거리가 되었다. 우리도 죄를 지으면 심판을 면할 수 없고, 세상의 조롱거리가 된다는 것을 명심해야 한다.

"네 모든 원수들이 이를 갈며, 너를 보고서 입을 열어 빈정거린다. '우리가 그를 삼켰다. 이것이 바로 우리들이 기다리던 그 날이 아닌가! 우리가 이제 드디어 그것을 보았구나.'"(16절) 칭찬받던 예루살렘이 원수들로부터 조롱의 대상이 되었다.

"여호와께서 이미 정하신 일을 행하시고 옛날에 명령하신 말씀을 다 이루셨음이여 긍휼히 여기지 아니하시고 무너뜨리사 원수가 너로 말미암아 즐거워하게 하며 네 대적자들의 뿔로 높이 들리게 하셨도다."(17절) 하나님께서는 뜻하신 것을 이루셨다. 오래 전에 선포하신 심판의 말씀을 다 이루셨다. 하나님은 너를 사정없이 부수시고, 네 원수가 너를 이기고 즐거워하게 하시며, 네 대적이 한껏 뽐내게 하셨다. "대적자들의 뿔"은 대적의 권위와 위엄과 영광을 말한다.

"도성 시온의 성벽아, 큰소리로 주님께 부르짖어라. 밤낮으로 눈물을 강물처럼 흘려라. 쉬지 말고 울부짖어라. 네 눈에서 눈물이 그치게 하지 말아라."(18절) 예루살렘 성벽아. 너는 쉬지 말고 계속 울며 슬퍼하라. 네 눈동자를 쉬게 하지 말고, 눈물을 강처럼 흘리라.

"초저녁에 일어나 부르짖을지어다 네 마음을 주의 얼굴 앞에 물 쏟듯 할지어다 각 길 어귀에서 주려 기진한 네 어린 자녀들의 생명을 위하여 주를 향하여 손을 들지어다."(19절) 너는 초저녁(해질녘)부터 일어나 부르짖으며(온 밤 내내 시간을 알릴 때마다 일어나 부르짖으며) 네 마음을 여호와 앞에 물 쏟듯 쏟아 놓아라. 너는 거리에서 굶주려 죽어 가는 네 어린 자녀들의 생명을 위하여 여호와께 손을 들고 부르짖어라. "손을 들지어다."는 간구하라는 말이다.

3. 긍휼에 대한 호소(20-22절)

"여호와여 보시옵소서 주께서 누구에게 이같이 행하셨는지요 여인들이 어찌 자기 열매 곧 그들이 낳은 아이들을 먹으오며 제사장들과 선지자들이 어찌 주의 성소에서 죽임을 당하오리이까."(20절) 주님, 살펴 주십시오. 주님께서 예전에 사람을 이렇게 다루신 적이 있으십니까? 어떤 여자가 사랑스럽게 기른 자식을 잡아먹는단 말입니까? 어찌 주님의 성전에서, 제사장과 선지자가 맞아 죽을 수 있습니까?

"아이들을 먹으오며"는, 예루살렘이 18개월 동안 바벨론에 포위되어 있을 때 굶주리던 부모가 먹을 것이 떨어지자 자기 아이를 잡아먹는 지경에까지 이르게 되었음을 말한다. 예레미야 19:9의 예언이 그대로 이뤄진 것이다. 이런 사건은 요람 왕 당시 북방 사마리아가 포위되었을 때에도 일어났다.

"젊은이와 늙은이가 다 길바닥에 쓰러졌으며 처녀 총각들이 원수들의 칼날에 죽임을 당했습니다. 주께서는 진노의 날에 저들을 불쌍히 여기지 않고 마구 죽이셨습니다."(21절) 진노하시는 날에는 남녀노소 가리지 않고 모두에게 적용된다.

"주께서 내 두려운 일들을 사방에서 부르시기를 절기 때 무리를 부름 같이 하셨나이다 여호와께서 진노하시는 날에는 피하거나 남은 자가 없나이다 내가 낳아 기르는 아이들을 내 원수가 다 멸하였나이다."(22절) "주님께서는 내가 두려워하는 것을, 마치 명절에 사람을 초대하듯, 사방에서 불러들이셨다. (명절날에 사람을 초대하듯이 주는 내 사방에 두려움을 불러들였다.) 그래서 주님께서 분노하신 날에, 피하거나 살아남은 사람이 아무도 없다. (예외가 없다.) 내가 사랑으로 보살피며 기른 것들을 내 원수들이 모두 죽였다." 이 구절은 유다가 하나님의 심판을 피할 수 없다는 것을 말해주고 있다.

예레미야애가 3장

선지자의 비탄, 선지자의 소망, 회개의 요청, 구원과 보응에 대한 간구

1. 선지자의 비탄: 백성과 함께 고난당하는 예레미야(1-18절)

"여호와의 분노의 매로 말미암아 고난당한 자는 나로다."(1절) 여호와께서 가하시는 분노의 매(rod, 몽둥이)에 내가 고통당하는 자가 되었구나. "나를 이끌어 어둠 안에서 걸어가게 하시고 빛 안에서 걸어가지 못하게 하셨으며."(2절) 주님께서 나를 이끄시어, 빛도 없는 캄캄한 곳에서 헤매게 하셨다. "종일토록 손을 들어 자주자주 나를 치시는도다."(3절) 하루 종일 손을 들어 나를 치고 또 치셨다.

"나의 살과 가죽을 쇠하게 하시며 나의 뼈들을 꺾으셨고."(4절) 그가 내 살갗을 약하게 하고 내 뼈를 꺾으셨다. "고통과 수고를 쌓아 나를 에우셨으며."(5절) 고생과 시련의 담으로 나를 가두셨다. "고통"(ros, bitterness)는 문자적으로 "독초" 또는 "독물"이라는 뜻으로 혹독한 시련을 말한다. "나를 어둠 속에 살게 하시기를 죽은 지 오랜 자 같게 하셨도다."(6절) 죽은 지 오래된 사람처럼 나를 흑암 가운데 묻어 버리셨다.

"나를 둘러싸서 나가지 못하게 하시고 내 사슬을 무겁게 하셨으며."(7절) 내가 도망갈 수 없도록 담을 쌓아 가두시고, 무거운 족쇄(heavy chain)를 채우셨다. "둘러싸서"(gadar, hedged, walled)는 외부로 나가는 모든 수단을 차단하여 탈출할 수 없는 상태를 말한다. 하나님이 징계하고 연단하시는 시련이 냉엄함을 나타낸다. “내가 부르짖어 도움을 구하나 내 기도를 물리치시며.”(8절) 살려 달라고 소리를 높여 부르짖어도 내 기도를 듣지 않으신다. “다듬은 돌을 쌓아 내 길들을 막으사 내 길들을 굽게 하셨도다.”(9절) 다듬은 돌(hewn stone, high stone, 큰 돌)로 담을 쌓아서 내 앞길을 가로막아, 길을 가는 나를 괴롭히신다(내가 둘러 다니도록 하셨다).

“그는 내게 대하여 엎드려 기다리는 곰과 은밀한 곳에 있는 사자 같으사.”(10절) 주님께서는, 엎드려서 나를 노리는 곰과 같고, 몰래 숨어서 나를 노리는 사자와 같으시다. “곰”은 사자와 관련하여 병행으로 제시하고 있다. “나의 길들로 치우치게 하시며 내 몸을 찢으시며 나를 적막하게 하셨도다.”(11절) 그가 길에서 나를 덮쳐 갈기갈기 찢고 그대로 내버려 두었다.

“활을 당겨 나를 화살의 과녁으로 삼으심이여.”(12절) 주님께서 나를 과녁으로 삼아서, 활을 당기신다. “화살통의 화살들로 내 허리를 맞추셨도다.”(13절) 주님께서 화살통에서 뽑은 화살로 내 심장을 뚫으신다. “화살통의 화살들”, 곧 진노의 화살은 예레미야를 비롯한 유다 전체를 위해 마련된 것 같은 인상을 준다. “내 허리”(loins)는 문자적으로 “내 신장 또는 심장”, “내 몸 깊은 곳”으로, 하나님의 징계가 얼마나 엄격한가를 보여주는 감각적인 표현이다. “나는 내 모든 백성에게 조롱거리 곧 종일토록 그들의 노랫거리가 되었도다.”(14절) 내가 모든 백성들에게 조롱거리가 되고 온종일 그들의 웃음거리가 되었구나.

“나를 쓴 것들로 배불리시고 쑥으로 취하게 하셨으며.”(15절) 그가 쓴 것으로 내 배를 채우시고 쑥물로 나를 취하게 하셨다. “쓴 것”(bitterness)은 유월절 기간에 먹는 쓴 나물과 같은 것이다. 새번역에서는 “쓸개즙”이라 번역했다. “조약돌로 내 이들을 꺾으시고 재로 나를 덮으셨도다.”(16절) 그가 자갈(돌)로 내 이를 부러뜨리고 나를 재로 덮으셨네. (나의 얼굴을 땅에 비비신다.) "조약돌"은 작은 돌이라는 뜻이다.

"주께서 내 심령이 평강에서 멀리 떠나게 하시니 내가 복을 내어버렸음이여."(17절) 내게서 평안을 빼앗으시니, 나는 행복을 잊고 말았다. 예레미야는 고통에 빠져 마음의 평안과 영적인 기쁨을 잃어버렸음을 탄식하고 있다. "스스로 이르기를 나의 힘과 여호와께 대한 내 소망이 끊어졌다 하였도다."(18절) 그래서 나는 말하였다. "내 힘이 쇠약해졌고 여호와에 대한 내 희망이 사라지고 말았다." "내 힘"(*nishi*, my strength)은 문자적으로 "나의 탁월함"을 뜻한다. 자신이 의지하고 신뢰하는 탁월한 능력을 말한다.

2. 선지자의 소망: 여호와의 인자와 긍휼(19-39절)

"내 고초와 재난 곧 쑥과 담즙을 기억하소서."(19절) 내가 겪은 그 고통, 쓴 쑥과 쓸개즙 같은 그 고난을 기억하소서. "내 마음이 그것을 기억하고 내가 낙심이 되오나."(20절) 내가 이것을 생각하면 낙심도 된다. "이것을 내가 내 마음에 담아 두었더니 그것이 오히려 나의 소망이 되었사옴은."(21절) 그러나 마음속으로 곰곰이 생각하며 오히려 희망을 가지게 되었다. "여호와의 인자와 긍휼이 무궁하시므로 우리가 진멸되지 아니함이니이다."(22절) 주님의 한결같은 사랑이 다함이 없고 그 긍휼이 끝이 없기 때문이다. 그러므로 우리는 소멸되지 않는다. "인자와 긍휼"(His mercies and compassions)은 인간의 부패와 불의에도 불구하고 성도를 사랑하시는 하나님의 사랑이다. 이것은 언약에 성실하신 하나님의 속성을 나타낸다.

"이것들이 아침마다 새로우니 주의 성실하심이 크시도소이다."(23절) 주님의 사랑과 긍휼이 아침마다 새로우니 주님은 정말 신실하신 분이시다. "아침마다"(*labbeqarim*, every morning)는 문자적으로 "아침들에"라는 뜻이다. 복수형태를 써서 지속성과 반복성을 표현했다. "내 심령에 이르기를 여호와는 나의 기업이시니 그러므로 내가 그를 바라리라 하도다."(24절) 내 심령이 말하는구나. "여호와는 나의 전부이시므로 내 희망을 그에게 두리라." 주님은 내가 가진 모든 것이요 주님은 나의 희망이다.

"기다리는 자들에게나 구하는 영혼들에게 여호와는 선하시도다."(25절) 하나님께서는, 주님을 기다리는 사람이나 주님을 찾는 사람에게 복을 주신다. 하나님은 자기에게 희망을 걸고 자기를 찾는 자에게 은혜를 베푸신다. 25-26절에서 "선하시도다(*towb*, good)"와 "좋도다"는 같은 의미로 쓰였다. "사람이 여호와의 구원을 바라고 잠잠히 기다림이 좋도다."(26절) 주님께서 구원하여 주시기를 참고 기다리는 것이 좋다. 유다의 기업이 되시는 하나님이 반드시 그 백성을 돌이키실 것이라는 믿음을 다지고 있다. 시련을 당할 때 백성들은 하나님의 뜻을 믿고 기다리기만 하면 된다. 기다림은 가장 신실한 믿음의 표현이며 그런 믿음은 반드시 이루어진다.

"사람은 젊었을 때에 멍에를 메는 것이 좋으니."(27절) 사람이 젊었을 때 이런 인내를 배우며 훈련하는 것이 좋다. "혼자 앉아서 잠잠할 것은 주께서 그것을 그에게 메우셨음이라."(28절) 혼자 앉아서 조용히 기다려야 하는 것은 여호와께서 그 고난의 멍에를 메게 하셨음이다. 하나님의 백성이 당하는 고난은 모든 것의 끝이 아니라 그들을 더욱 강하고 순결하게 하려는 목적을 가진 하나님의 과정이다. 그러므로 고난을 당하는 자가 취해야 할 첫 번째 태도는 조용히 순복하는 것이다. 침묵은 하나님을 신뢰하여 그 뜻에 복종함을 뜻한다.

"그대의 입을 땅의 티끌에 댈지어다 혹시 소망이 있을지로다."(29절) 입을 티끌에 묻어 버려라. 혹시 희망이 있을지도 모른다. "티끌"은 비천한 상태를 은유하는 말이다. "입을 땅의 티끌에 댈지어다"는 완전한 순종과 겸손한 태도를 가지라는 뜻이다. 고난당하는 자가 그 다음 취해야 할 태도는 온전히 겸손해지는 것이다. "자기를 치는 자에게 뺨을 돌려대어 치욕으로 배불릴지어다." (30절) 때리려는 사람에게 뺨을 대주고, 욕을 하거든 기꺼이 들어라. 뺨을 얻어맞고 모욕을 당할지라도 그 모든 수치를 참고 견뎌라. 고난을 당하는 자가 취해야 할 마지막 태도는 하나님의 도구로 쓰인 원수에게 대적하지 않아야 한다는 것이다. 응징을 받을 땐 괴롭더라도 끝까지 참고 하나님의 뜻에 순종한다.

"이는 주께서 영원하도록 버리지 아니하실 것임이며." (31절) 주님께서는 우리를 언제까지나 버려두지는 않으신다. "그가 비록 근심하게 하시나 그의 풍부한 인자하심에 따라 긍휼히 여기실 것임이라." (32절) 그가 비록 슬픔을 주셔도 그 크신 사랑으로 자비를 베푸시리라.

"주께서 인생으로 고생하게 하시며 근심하게 하심은 본심이 아니시로다." (33절) 우리를 괴롭히거나 근심하게 하는 것은, 그분의 본심이 아니다. 주님은 사람을 고생시키고 근심하게 하는 것을 기뻐하지 않으신다.

"세상에 있는 모든 갇힌 자들을 발로 밟는 것과 지존자의 얼굴 앞에서 사람의 재판을 굽게 하는 것과 사람의 송사를 억울하게 하는 것은 다 주께서 기쁘게 보시는 것이 아니로다." (34-36절)

갇힌 자를 발로 짓밟는 것(세상에서 옥에 갇힌 모든 사람이 발아래 짓밟히는 일)과 하나님이 주신 사람의 권리를 박탈하는 것(가장 높으신 주님 앞에서 인권이 유린되는 일)과 법정에서 재판을 그릇되게 하는 것(재판에서 사람이 억울한 판결을 받는 일)을 주는 기쁘게 여기지 않으신다.

"주의 명령이 아니면 누가 이것을 능히 말하여 이루게 할 수 있으랴." (37절) 말씀으로 명령하시고 그것을 이루시는 분이 누구냐? 주님이 아니시더냐. 여호와의 뜻이 아니면 아무것도 이루어지는 법이 없다. "화와 복이 지존자의 입으로부터 나오지 아니하느냐." (38절) 화와 복이 전능하신 여호와의 입에서 나오는 것이 아닌가? 궂은일도 좋은 일도, 가장 높으신 주님께서 말씀하셔서 일어나는 것이 아니냐? "살아 있는 사람은 자기 죄들 때문에 벌을 받나니 어찌 원망하랴."(39절) 사람이 자기 죄로 벌을 받고 어떻게 원망할 수 있겠는가? 어찌하여 사람이, 자기 죄 값으로 치르는 벌을 불평하는가?

3. 회개의 요청(40-54절)

"우리가 스스로 우리의 행위들을 조사하고 여호와께로 돌아가자."(40절) 지나온 길을 돌이켜 살펴보고, 우리 모두 주님께로 돌아가자. "우리의 마음과 손을 아울러 하늘에 계신 하나님께 들자."(41절) 하늘에 계신 하나님을 향하여 마음을 열고 손을 들어 기도하자. 예레미야는 유다 백성에게 마음을 돌이키고 아울러 그것을 구체적인 행위로 표시하여 온전한 회개를 하도록 촉구하고 있다. 형식적인 회개보다 영적으로 진실한 회개가 이루어져야 한다.

"우리의 범죄함과 우리의 반역함을 주께서 사하지 아니하시고."(42절) 하나님은 우리가 범죄하고 거역한 것을 용서하지 않으셨다. "진노로 자신을 가리시고 우리를 추격하시며 죽이시고 긍휼을 베풀지 아니하셨나이다."(43절) 주는 분노로 자신을 가리고(몹시 노하셔서) 우리를 쫓으시고, 무자비하게 죽이셨다. "주께서 구름으로 자신을 가리사 기도가 상달되지 못하게 하시고."(44절) 주께서 분노의 구름으로 가리고 계시니 우리의 기도가 도달하지 못한다. "구름"은 범죄한 유다에게 자비를 거두신 하나님의 진노를 나타낸다.

"우리를 뭇 나라 가운데에서 쓰레기와 폐물로 삼으셨으므로."(45절) 주님께서 우리를 뭇 민족 가운데서 쓰레기와 오물 더미로 만드셨다. "쓰레기"는 쓸어서 버려둔 오물 더미로, 이어 나오는 "폐물"과 같은 뜻이다. 과거에 높은 자리에서 귀중히 여김을 받던 자가 자신의 죄로 인해 비천해졌음을 나타낸다. 하나님의 백성들이라 할지라도 죄를 범하게 되면 무가치하게 여겨져 버림을 당하고 짓밟히게 된다. "우리의 모든 원수들이 우리를 향하여 그들의 입을 크게 벌렸나이다."(46절) 우리의 모든 대적이 우리를 보고서 입을 열어 놀려댔다. 이것은 대적들이 유다를 마음껏 비방하고 저주하는 모습을 나타낸다. 재난을 당해 괴로워하는 자를 비난하는 것은 가장 가혹한 일이다.

"두려움과 함정과 파멸과 멸망이 우리에게 임하였도다."(47절) 우리에게 남은 것이라고는 두려움과 함정과 파멸과 폐허뿐이다. 우리가 재앙을 당하고 파멸하여 공포와 위험 가운데서 살고 있다. "딸 내 백성의 파멸로 말미암아 내 눈에는 눈물이 시내처럼 흐르도다."(48절) 내 백성이 멸망당한 것을 보니 내 눈에서 눈물이 시내처럼 흐르는구나. "내 눈에 흐르는 눈물이 그치지 아니하고 쉬지 아니함이여"(49절) 눈물이 걷잡을 수 없이 쉬지 않고 쏟아진다. "여호와께서 하늘에서 살피시고 돌아보실 때까지니라."(50절) 여호와께서 하늘에서 살피시고 돌아보는 날까지는 눈물로 세월을 보낼 것이다. 그 날은 오리라. "나의 성읍의 모든 여자들을 내 눈으로 보니 내 심령이 상하는도다."(51절) 성 안의 모든 여자들에게 일어난 일을 보니 내 마음이 상하는구나.

"나의 원수들이 이유 없이 나를 새처럼 사냥하는도다."(52절) 이유없이 나를 미워하는 원수들이 새를 사냥하듯 나를 추격하였다. "그들이 내 생명을 끊으려고 나를 구덩이에 넣고 그 위에 돌을 던짐이여."(53절) 그들이 나를 산 채로 구덩이에 처넣고, 돌로 막아서 못 나오게 하였다. "구덩이"(pit)는 원래 물을 저장하는 곳이지만 물이 없을 때는 죄인들을 감금하는 곳으로 사용되었다(창 37:18-24). 바벨론 군대의 포위가 잠시 해제되었을 때 예레미야가 그들이 다시 올 것이라 경고하자 고관들은 그를 옥에 가두었다. 시드기야 왕이 그를 풀어주었으나 고관들은 그를 다시 진흙 구덩이에 가두었다(렘37, 38장). 예레미야는 이 절에서 임박한 멸망을 앞둔 유다의 상황을 자신의 이전 체험에 비추어 생생하게 표현하였다. "물이 내 머리 위로 넘치니 내가 스스로 이르기를 이제는 멸절되었다 하도다."(54절) 물이 내 머리 위로 넘치자 '나는 이제 죽었구나' 하고 생각하였다.

4. 구원과 보응에 대한 간구: 옥에 갇힌 예레미야(55-66절)

"여호와여 내가 심히 깊은 구덩이에서 주의 이름을 불렀나이다."(55절) 여호와여, 내가 아주 깊은 구덩이에서 주의 이름을 불렀습니다. "심히 깊은 구덩이"는 예레미야가 던져진 시위대 뜰의 깊은 진흙 구덩이로 보인다. 예레미야를 구출하는 데 30명이 동원된 것을 볼 때 그 깊이를 가늠할 수 있다(렘 38:6-11).

"주께서 이미 나의 음성을 들으셨사오니 이제 나의 탄식과 부르짖음에 주의 귀를 가리지 마옵소서."(56절) 나의 부르짖음과 호소에 귀를 기울여 달라고 내가 주께 기도했을 때 주는 들으셨다. "살려 주십시오. 못들은 체 하지 마시고, 건져 주십시오." 울부짖을 때 주님은 내 기도를 들어 주셨다. "내가 주께 아뢴 날에 주께서 내게 가까이 하여 이르시되 두려워하지 말라 하셨나이다."(57절) 내가 주님께 부르짖을 때 주님께서 나에게 가까이 오셔서 두려워하지 말라고 하셨다.

"주여 주께서 내 심령의 원통함을 풀어 주셨고 내 생명을 속량하셨나이다."(58절) 주님께서 내 원한을 풀어 주시고, 내 목숨을 건져 주셨다. "여호와여 나의 억울함을 보셨사오니 나를 위하여 원통함을 풀어주옵소서."(59절) 주님께서 내가 당한 억울한 일을 보셨으니, 내게 바른 판결을 내려 주십시오. (나의 억울한 문제를 해결해 주십시오.) "풀어주옵소서"(*sapetah*, judge)는 문자적으로 "기원하다", "탄원하다"는 뜻으로, 이 절에서는 법정 용어로 사용되어 "변호하다"를 뜻한다. 하나님이 사건에 개입하셔서 변호해 달라는 간구이다.

"그들이 내게 보복하며 나를 모해함을 주께서 다 보셨나이다."(60절) 주는 내 원수들의 모든 보복과 나를 해하려는 그들의 책략을 다 보셨습니다. 나를 치려는 그들의 적개심과 음모를 아십니다. "여호와여 그들이 나를 비방하며 나를 모해하는 모든 것 곧 일어나 나를 치는 자들의 입술에서 나오는 것들과 종일 나를 모해하는 것들을 들으셨나이다."(61, 62절) 주님께서는 그들이 나를 두고 하는 모든 야유와 음모(나를 모욕하며 나를 해할 음모를 꾸미고 있는 소리)를 들으셨습니다. 내 원수들이 나를 치려고 온종일 속삭이며(헐뜯으며) 모략을 꾸미고 있습니다.

"그들이 앉으나 서나 나를 조롱하여 노래하는 것을 주목하여 보옵소서."(64절) 주여, 보소서. 그들이 앉든지 서든지 하루 종일 나를 비웃고 있습니다. "여호와여 주께서 그들의 손이 행한 대로 그들에게 보응하사."(65절) 여호와여, 그들이 행한 대로 갚으소서. 그들이 저지른 그대로 갚아 주십시오. 예레미야는 하나님이 유다를 심판하는 도구로 사용하셨던 바벨론의 범죄에 대해 보응하시기를 간구하고 있다. 그들은 하나님의 도구에 지나지 않았음에도 불구하고 스스로 심판자의 위치에서 유다를 극심하게 탄압했기 때문이다.

"그들에게 거만한 마음을 주시고 그들에게 저주를 내리소서."(66절) 그들의 마음을 굳어지게 하시고(그들의 마음을 돌같이 하시고) 그들에게 저주가 내리게 하소서. "주께서 진노로 그들을 뒤쫓으사 여호와의 하늘 아래에서 멸하소서."(67절) 진노로 그들을 뒤쫓아, 주님의 하늘 아래에서 살 수 없게 하여 주십시오. 주의 진노로 그들을 추격하여 지상에서 아주 없애 버리소서.

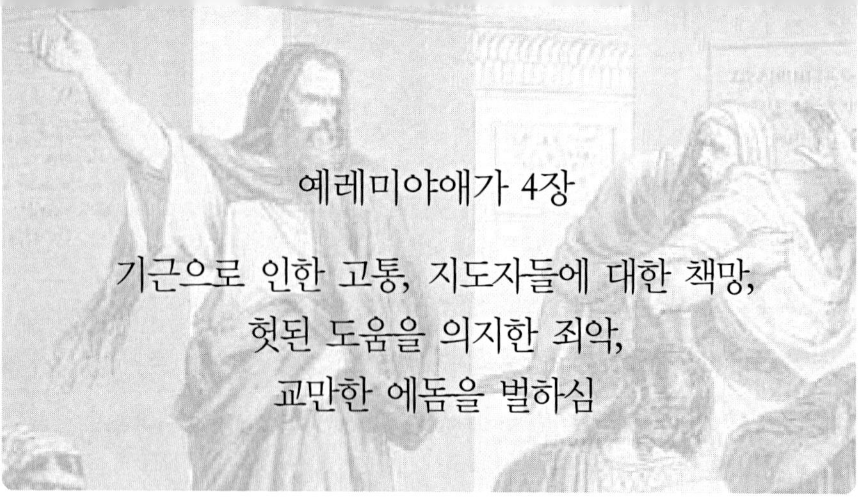

예레미야애가 4장

기근으로 인한 고통, 지도자들에 대한 책망, 헛된 도움을 의지한 죄악, 교만한 에돔을 벌하심

1. 기근으로 인한 고통: 죄과의 열매(1-10절)

"아, 슬프다. 금이 광택을 잃고 순금이 변했으며 성전의 돌들이 거리에 흩어졌구나."(1절) 금, 순금은 택함 받은 유다 백성을 비유적으로 나타낸 것이다. 성소의 돌들은 봉헌했던 성전이 무너져 내려 거리에 흩어져있음을 보여준다.

"순금에 비할 만큼 보배로운 시온의 아들들이 어찌 그리 토기장이가 만든 질항아리 같이 여김이 되었는고."(2절) 시온의 젊은이들이 순금처럼 소중하더니 이제는 흔한 질그릇처럼 되고 말았네. 존귀한 예루살렘 거민의 신분이 산산이 부서진 질그릇처럼 천대를 받게 되었다는 말이다.

"들개들도 젖을 주어 그들의 새끼를 먹이나 딸 내 백성은 잔인하여 마치 광야의 타조 같도다."(3절) 들개들도 제 새끼에게 젖을 물려 빨리는데, 내 백성의 도성은 사막의 타조처럼 잔인하기만 하구나.

들개는 시랑으로도 번역된다. 황무지와 폐허지역에서 떼를 지어 다닌다. 하지만 자식을 먹이는 정성은 있다. 타조는 성경에서 잔인하고 쓸쓸하며 불결하고 어리석은 동물로 나온다. 여기서는 새끼를 버리고 달아나는 타조의 잔인함을 유다에 비유하여 강조하고 있다. 이것은 B. C. 587년 경 예루살렘이 포위되어 있을 때 기근이 심하여 자식들에게 먹을 것조차 줄 수 없었던 상황을 상정하고 있다.

"젖먹이가 목말라서 혀가 입천장에 붙음이여 어린 아이들이 떡을 구하나 떼어 줄 사람이 없도다."(4절) 젖먹이가 목이 말라 그 혀가 입천장에 붙고 아이들이 먹을 것을 구걸하지만 주는 자가 없다.

"맛있는 음식을 먹던 자들이 외롭게 거리거리에 있으며 이전에는 붉은 옷을 입고 자라난 자들이 이제는 거름더미를 안았도다."(5절) 맛있는 것(delicacies)만 먹던 자가 이제는 거리에서 처량한 신세가 되었고 좋은 옷만 입고 자라던 자가 이제는 잿더미에 누웠다. 이젠 그 모든 상황이 변하여 비참한 신세로 전락했다. "붉은 옷"(purple garment)은 호화스럽고 사치스런 생활을 비유한 말이다. 연지벌레에서 취한 붉은 색소로 염색했다(출 16:20, 사 1:18).

"전에 소돔이 사람의 손을 대지 아니하였는데도 순식간에 무너지더니 이제는 딸 내 백성의 죄가 소돔의 죄악보다 무겁도다."(6절) 유다를 소돔에 비긴 것은 우상숭배(영적 음란)과 관련해 볼 때 음란과 방종의 상징이었던 소돔에 뒤지지 않는다. 오히려 그보다 무겁다. 소돔은 심판을 받아 순식간에 멸망했는데, 예루살렘은 오랜 기간에 걸쳐 바벨론에 의해 파멸된다. 죄가 크기 때문이다.

"전에는 귀족들의 몸이 눈보다 더 깨끗하고 우유보다 더 희며 그 혈색이 산호보다 붉고 그 외모가 청옥 같았다."(7절) "청옥"(*sappir*, sapphire)은 사파이어에 해당한다. "그러나 지금은 그 얼굴이 숯보다 검고 그 가죽이 뼈에 붙어 막대기같이 되었으니 아무도 그들을 길거리에서 알아볼 수 없게 되었네."(8절) 완전히 달라져 아름다운 옛 모습은 찾아볼 수 없게 되었다. "가죽이 뼈들에 붙어"는 심히 여윈 상태를 나타내는 표현이다.

"칼날에 죽는 자가 굶어서 죽는 자보다 나은 것은 토지소산(농산물)이 부족하여 먹을 것이 없으므로 그들이 점점 시들어 죽어 가기 때문이다."(9절) 굶어죽는 것보다 차라리 칼에 죽는 것이 나을 정도로 비참하다.

"딸 내 백성이 멸망할 때에 자비로운 부녀들이 자기들의 손으로 자기들의 자녀들을 삶아 먹었도다."(10절) "자비로운"(rahamani, compassionate, merciful)은 "온순하고 부드러운", "자애로운"이란 뜻을 가지고 있다. 이 같은 성격을 가진 예루살렘의 부녀들이 먹을 것이 없어 자식을 잡아먹었다는 것은 죄악과 그로인한 징벌이 인간의 존엄성을 얼마나 철저하게 망가지게 했는가를 보여준다.

2. 지도자들에 대한 책망(11-16절)

"여호와께서 그의 분을 내시며 그의 맹렬한 진노를 쏟으심이여 시온에 불을 지르사 그 터를 사르셨도다."(11절) "그 터를 사르셨다"는 성터에 이르기까지 성 전체가 철저하게 파괴되었음을 가리킨다. 이 말씀은 바벨론, 그리고 로마에 의해 성취되었고, 말세에 최종적으로 이뤄진다(마 24:1-51).

"예루살렘 성문으로 대적과 원수가 쳐들어갈 것이라고는 세상의 어느 왕이나 세상의 어느 민족도 믿지 않았다."(12절) 침략군이 예루살렘 성문으로 들어가리라는 것은 상상조차 하지 못했던 일이다.

"이런 일이 일어나게 된 것은 선지자들의 죄와 제사장들의 죄 때문이다. 그들이 성 안에서 의인들(죄 없는 자들)의 피를 흘렸기 때문이다.(13절) 유대 지도자들이 문제였다는 말씀이다. 그들은 성직을 이용하여 사리사욕을 도모했고, 성전 안에서 간음을 했을 뿐 아니라 권력과 결탁하여 참 선지자 우리야를 살해하는 등 만행을 저질렀다. 특히 선지자들은 닥쳐올 하나님의 진노를 선포함으로써 사람들로 하여금 그 죄악에서 돌이키게 하기 보다는 오히려 바벨론이 몰락할 것이라는 거짓 평화를 예언해 백성들로 하여금 죄악에 안주하도록 만들었다.

"그들이 거리거리에서 맹인 같이 방황함이여 그들의 옷들이 피에 더러워졌으므로 그들이 만질 수 없도다."(14절) 지도자들이 맹인들처럼 거리를 헤매지만, 피로 부정을 탄 몸이라서 아무도 그들의 옷자락을 만지지 않는다. "방황함이여"(nau, wandered, staggered, stumbled)는 "비틀거림이여"로 표현하는 것이 더 적합하다.

사람들이 그들에게 외쳐 이르기를 저리 가라 부정하다, 저리 가라, 저리 가라, 만지지 말라 하였음이여 그들이 도망하여 방황할 때에 이방인들이 말하기를 그들이 다시는 여기서 살지 못하리라 하였도다(15절) 사람들이 그들에게 "저리 가거라. 부정하다! 가라! 만지지 말라!" 하고 외친다. 그들이 먼 땅으로 도망하여 이리저리 방황할 때에 그들을 반겨 주는 자가 아무도 없으리라.

"가라"는 경멸의 언어로, "꺼져라"는 뜻이다. "부정하다, 가라"는 말은 원래 나병환자들에게 하는 말이다. 이것은 예루살렘이 멸망함으로써 제사장과 선지자들의 거짓(영적 더러움)이 드러나게 되었고, 이젠 그들이 나병환자 취급을 받게 되었음을 말한다.

"여호와께서 그들을 흩어 버리고 다시는 돌보지 않으시니 이방인들도 제사장들을 존경하지 않고 장로들을 대우하지 않는구나."(16절) 하나님께서 유다의 사악한 지도자들을 버리시자 그들은 이방인들로부터 존대를 받기는커녕 조롱을 당한다.

3. 헛된 도움을 의지한 죄악(17-20절)

"우리가 헛되이 도움을 바라므로 우리의 눈이 상함이여 우리를 구원하지 못할 나라를 바라보고 바라보았도다."(17절) 우리가 쓸데없는 도움을 바라다가 우리 눈이 쇠약해졌으니 우리를 구원하지 못할 나라에 도움을 기대하였기 때문이다. "눈이 상함이여"는 마음이 상하다는 것을 시적으로 표현한 것이다.

"가는 곳마다 침략자들이 우리를 엿보니 나다닐 수가 없다. 우리의 끝이 가까이 왔고, 우리의 날이 다하였고, 우리의 종말(마지막)이 이르렀다."(18절) 바벨론 군대가 사냥감을 뒤쫓듯 유대인들을 뒤쫓고 있다.

"우리를 뒤쫓는(추격하는) 자들이 공중의 독수리보다 빨라서 우리가 산으로 도망하여도 그들이 우리를 추격하고 우리가 광야에 숨어도 그들이 거기서 잠복하여 우리를 기다리는구나."(19절) 도피하는 유다 사람을 추격하는 바벨론 군대를 생생하게 묘사하고 있다. "독수리"는 바벨론 군대를 가리킨다. 하나님의 심판 도구인 바벨론은 빈틈없이 유다를 징벌한다.

"우리의 콧김 곧 여호와께서 기름 부으신 자가 그들의 함정에 빠졌음이여 우리가 그를 가리키며 전에 이르기를 우리가 그의 그늘 아래에서 이방인들 중에 살겠다 하던 자로다."(20절) 여호와께서 택하신 자, 곧 우리의 생명과 같은 왕이 그들의 함정에 빠지고 말았다. 그는 우리가 세상의 모든 침략자들로부터 우리를 보호해 줄 것으로 믿었던 자 아니던가.

"콧김"(*ruah appenu*, the breath of our nostrils)에서 "김"은 "바람", "영", "숨" 등 원래 생존 자체를 표현하는데, 여기서는 왕을 콧김에 비유하여 왕이 한 국가에서 차지하는 위치가 중요함을 나타내었다. 왕의 존재와 국가의 존재를 동일시한 것이다.

4. 교만한 에돔을 벌하심(21-22절)

"우스 땅에 사는 딸 에돔아 즐거워하며 기뻐하라 잔이 네게도 이를지니 네가 취하여 벌거벗으리라."(21절) 에돔 사람들아, 기뻐하고 즐거워하라. 진노의 잔이 너희에게도 지나갈 것이니 너희도 취하여 별 수 없이 벌거벗은 자가 될 것이다.

교만한 에돔을 벌하시겠다는 말씀이다. 에돔이 예루살렘의 몰락을 보고 기뻐했기 때문이다. 에돔은 오랫동안 유다와 적대적 관계에 있었다. 에돔은 유다와 이집트가 느부갓네살에 대항하기 위해 동맹을 맺었을 때 반 바벨론 동맹에 가담했었다. 그러나 바벨론이 유다를 징벌하러 나오자 에돔은 유다 징벌에 협조했다. 그로 인해 에돔은 바벨론으로부터 유다의 변방을 할당 받았다. 그러나 하나님은 유다를 배신한 에돔은 결국 심판 받게 되리라 하신다.

"우스"(Uz)는 에돔 동북쪽을 가리킨다. "잔"(*kows*, the cup)은 하나님께서 내리신 진노의 잔이다. 에돔도 그 잔을 피할 수 없다. 취하게 된다(become drunk)는 것은 진노의 잔이 강력하게 부어질 것을 말한다.

"딸 시온아 네 죄악의 형벌이 다하였으니 주께서 다시는 너로 사로잡혀 가지 아니하게 하시리로다 딸 에돔아 주께서 네 죄악을 벌하시며 네 허물을 드러내시리로다."(22절) 시온아, 이제 네가 지은 죄의 형벌을 다 받았으니, 하나님께서 다시는 네가 사로잡혀 가지 않게 하실 것이다. 에돔아, 주님께서 네 죄악을 벌하시며, 네 죄를 밝혀내실 것이다.

"다하였으니"(*tam*, be accomplished)는 장차 이루어질 회복과 구원을 이미 성취된 것으로 표현함으로서 이 예언이 확실하다는 것을 강하게 보여주고 있다. "네 허물을 드러내시리로다"는 것은 배반한 에돔을 반드시 징벌하신다는 말씀이다.

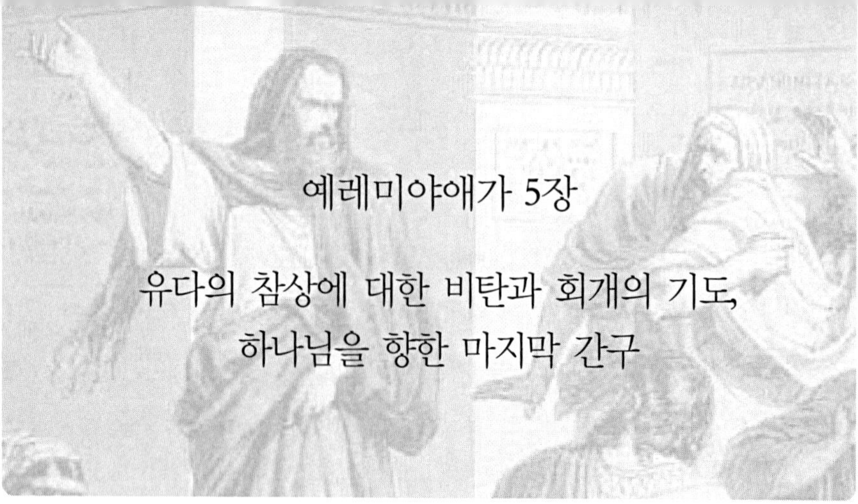

예레미야애가 5장

유다의 참상에 대한 비탄과 회개의 기도, 하나님을 향한 마지막 간구

1. 유다의 참상에 대한 비탄과 회개의 기도(1-18절)

"여호와여 우리가 당한 것을 기억하시고 우리가 받은 치욕을 살펴보옵소서."(1절) 선지자는 언약의 백성인 유다가 당한 일을 하나님께 탄원한다.

"우리의 기업이 외인들에게, 우리의 집들도 이방인들에게 돌아갔나이다."(2절) "유산으로 받은 우리 땅이 남에게 넘어가고, 우리 집이 이방인들에게 넘어갔습니다." "우리의 기업"(our inheritance)은 하나님이 아브라함에게 주신 땅, 곧 가나안을 말한다. 그곳은 유다의 영토이다. 그런데 바벨론에게 점령되자 에돔 족속, 아랍 족속들이 이곳에 거주하기 시작했다.

"우리는 아버지 없는 고아들이오며 우리의 어머니는 과부들 같으니."(3절) "아버지 없는 고아들"은 이제 유다 백성이 왕이 없는 외로운 백성이 되었다는 말이다. 유다의 어머니는 전쟁의 참화로 남편을 잃은 과부신세가 되었다.

"우리가 은을 주고 물을 마시며 값을 주고 나무들을 가져오며."(4절) 유다의 비참한 경제 상태를 묘사하고 있다. "값을 주고 나무들을 가져오며"는 나무도 값을 주고 사들이게 되었다는 말이다. 식수인 물과 더불어 땔감인 나무조차 돈을 주고 사야만 할 정도로 유다 경제가 파탄지경이라는 말이다.

"우리를 뒤쫓는 자들이 우리의 목을 눌렀사오니 우리가 기진하여 쉴 수 없나이다."(5절) "우리를 쫓는 자가 바싹 다가왔기 때문에 우리가 피곤하지만 쉴 수가 없습니다." "목을 눌렀사오니"는 "멍에를 메우다"는 말과 같다. 따라서 "우리의 목에 멍에가 메여 있어서 지쳤으나 쉬지도 못한다."로 번역하기도 한다.

"우리가 애굽 사람과 앗수르 사람과 악수하고 양식을 얻어 배불리고자 하였나이다."(6절) "먹거리를 얻어서 배불리려고 이집트와도 손을 잡고 아시리아와도 손을 잡았습니다." 그러나 이것은 결국 유다가 멸망하는 원인으로 작용하고 말았다. 하나님을 의뢰하기보다 외세의 의존한 결과다.

"우리의 조상들은 범죄하고 없어졌으며 우리는 그들의 죄악을 담당하였나이다."(7절) "죄는 조상들이 지었다. 하지만 이제 그들은 가고 없고, 우리가 조상들의 죄를 짊어지고 있습니다." 물론 남은 자는 자신들의 죄로 벌을 받지만 조상들의 죄악이 가중된 것 때문에 예루살렘이 멸망하게 되었다.

"종들이 우리를 지배함이여 그들의 손에서 건져낼 자가 없나이다."(8절) "종에 불과한 자들이 우리를 다스리나 그 손에서 우리를 건져낼 자가 없습니다." "종들"은 바벨론의 하급관리들을 가리킨다. 그들을 낮게 보려는 뜻이 담겨있다. 유다 백성들이 하나님의 통치에 순종하지 않자 하나님은 그들로 하여금 바벨론의 통치를 받게 하셨다.

"광야에는 칼이 있으므로 죽기를 무릅써야 양식을 얻사오니."(9절) "광야에는 칼이 있으므로 우리가 목숨을 걸어야 양식을 얻을 수 있습니다." 먹을 것을 얻으려면 좇는 자의 칼날에 목숨을 내걸어야 한다는 말이다.

"광야에는 칼이 있으므로"는 "사막으로부터 적들이 칼을 휘두르며 쳐들어오기 때문에"(공동번역)이다. 광야를 근거지로 하여 약탈을 일삼는 무리들(바벨론 사람들 또는 베두인 사람들)을 가리킨다. 이것은 약탈자들의 위협으로 인해 식량을 얻기가 어려움을 나타낸다.

"굶주림의 열기로 말미암아 우리의 피부가 아궁이처럼 검으니이다."(10절) "기근의 열기가 대단하여 우리 피부가 화덕처럼 달아올랐습니다." 굶기를 밥 먹듯 하다가 살갗이 아궁이처럼 까맣게 탔다는 말이다.

"대적들이 시온에서 부녀들을, 유다 각 성읍에서 처녀들을 욕보였나이다." (11절) 예루살렘에서는 여인들이 침략자들에게 짓밟히고(강간을 당하고), 유다 성읍들에서는 처녀들이 짓밟힌다.

"지도자들은 그들의 손에 매달리고 장로들의 얼굴도 존경을 받지 못하나이다." (12절) "매달리고"는 유다의 지도자들이 사형을 당한 후 그 시신이 나무에 매달려진 것을 가리킨다. 유다 지도자들이 적들의 손에 죽임을 당한다. 유다 장로들도 천대를 받는다.

"청년들이 맷돌을 지며 아이들이 나무를 지다가 엎드러지오며." (13절) 여자들의 일이라고 여겨지던 맷돌질을 청년들이 한다. 아이들이 나무를 지다가 엎드러진다는 것은 나뭇짐을 지다가 힘에 겨워 쓰러진다는 말이다. 이것은 사회가 그만큼 어렵고 혼란스럽다는 뜻이다.

"노인들은 다시 성문에 앉지 못하며 청년들은 다시 노래하지 못하나이다." (14절) 여기서 "노인"은 장로들을 말한다. "성문"은 장로들이 앉아서 재판하는 곳이자 정의가 시행되는 곳이다. 그곳이 파괴되었다는 것이다. 젊은이들은 노래할 수 없게 되었다. 노래가 사라졌다.

"우리의 마음에는 기쁨이 그쳤고 우리의 춤은 변하여 슬픔이 되었사오며." (15절) 이제는 우리 마음에 기쁨(즐거움)이 사라지고 춤이 변하여 슬픔이 되었다 (춤이 통곡으로 바뀌었다).

"우리의 머리에서는 면류관이 떨어졌사오니 오호라 우리의 범죄 때문이니이다." (16절) 머리에서 면류관이 떨어졌으니(has fallen), 슬프게도 이것은 우리가 죄를 지었기 때문이다. "면류관" (*ateret*, the crown)은 영화로운 상태를 상징한다. 그런데 지금은 그런 영화는 없다.

"이러므로 우리의 마음이 피곤하고 이러므로 우리 눈들이 어두우며."(17절) 바로 이것 때문에 우리의 가슴이 아프고 (마음이 나약해지고), 우리의 눈이 어두워진다. "시온 산이 황폐하여 여우가 그 안에서 노나이다."(18절) 시온 산이 황폐해지자 여우가 거기서 어슬렁거리고 있다.

2. 하나님을 향한 마지막 간구(19-22절)

"여호와여 주는 영원히 계시오며 주의 보좌는 대대에 이르나이다."(19절) "여호와여, 주는 영원히 다스리시며 (다스려주옵소서) 주의 보좌는 대대로 (세세토록) 있습니다." "주의 보좌"(*kisaka*, Your throne)는 통치의 개념이다. 하나님은 영원한 주권자이시라는 말이다. 유다뿐 아니라 바벨론도 주의 통치를 받는다.

"주께서 어찌하여 우리를 영원히 잊으시오며 우리를 이같이 오래 버리시나이까."(20절) 주는 어째서 우리를 잊으시며 (전혀 생각하지 않으시며) 이처럼 오랫동안 우리를 버리십니까.

"여호와여 우리를 주께로 돌이키소서 그리하시면 우리가 주께로 돌아가겠사오니 우리의 날들을 다시 새롭게 하사 옛적 같게 하옵소서."(21절) "우리를 주님께로 돌이켜 주십시오. 우리가 주님께로 돌아가겠습니다. 우리를 새롭게 하셔서 다시 옛날처럼 되게 하소서." 하나님이 우리의 마음을 움직이게 하셔야 진정한 회개가 이루어진다. "옛적 같게 하옵소서."는 하나님과의 신실한 관계가 옛날처럼 회복되기를 바란다는 뜻이다.

"주께서 우리를 아주 버리셨사오며 우리에게 진노하심이 참으로 크시니이다."(22절) "주께서 우리를 아주 버리셨습니까? 주께서 우리에게 분노하심이 너무 심하십니다." 예레미야는 유다를 향한 진노를 이제 풀어달라는 간구를 드림으로 애가를 마치고 있다. 우리는 언제나 주님의 자비가 필요하다.

Memo